大学赤本シリーズ

259

慶應義塾大学

薬学部

JN060882

教学社

は　し　が　き

　おかげさまで，大学入試の「赤本」は，今年で創刊 70 周年を迎えました。

　これまで，入試問題や資料をご提供いただいた大学関係者各位，掲載許可をいただいた著作権者の皆様，各科目の解答や対策の執筆にあたられた先生方，そして，赤本を使用してくださったすべての読者の皆様に，厚く御礼を申し上げます。

　以下に，創刊初期の「赤本」のはしがきを引用します。これからも引き続き，受験生の目標の達成や，夢の実現を応援してまいります。

　本書を活用して，入試本番では持てる力を存分に発揮されることを心より願っています。

編者しるす

＊　　＊　　＊

　学問の塔にあこがれのまなざしをもって，それぞれの志望する大学の門をたたかんとしている受験生諸君！　人間として生まれてきた私たちは，自己の欲するままに，美しく，強く，そして何よりも人間らしく生きることをねがっている。しかし，一朝一夕にして，この純粋なのぞみが達せられることはない。私たちの行く手には，絶えずさまざまな試練がまちかまえている。この試練を克服していくところに，私たちのねがう真に人間的な世界がはじめて開かれてくるのである。

　人生最初の最大の試練として，諸君の眼前に大学入試がある。この大学入試は，精神的にも身体的にも，大きな苦痛を感ぜしめるであろう。あるスポーツに熟達するには，たゆみなき，はげしい練習を積み重ねることが必要であるように，私たちは，計画的・持続的な努力を払うことによって，この試練を克服し，次の一歩を踏みだすことができる。厳しい試練を経たのちに，はじめて満足すべき成果を獲得できるのである。

　本書は最近の入学試験の問題に，それぞれ解答を付し，さらに問題をふかく分析することによって，その大学独特の傾向や対策をさぐろうとした。本書を一般の参考書とあわせて使用し，まとはずれのない，効果的な受験勉強をされるよう期待したい。

（昭和 35 年版「赤本」はしがきより）

挑む人の、いちばんの味方

赤本創刊70周年

1954年に大学入試の過去問題集を刊行してから70年。赤本は大学に入りたいと思う受験生を応援しつづけてきました。これからも，苦しいとき落ち込むときにそばで支える存在でいたいと思います。

そして，勉強をすること，自分で道を決めること，努力が実ること，これらの喜びを読者の皆さんが感じることができるよう，伴走をつづけます。

そもそも赤本とは…

受験生のための大学入試の過去問題集！

70年の歴史を誇る赤本は，500点を超える刊行点数で全都道府県の370大学以上を網羅しており，過去問の代名詞として受験生の必須アイテムとなっています。

………… **なぜ受験に過去問が必要なのか？** …………

大学入試は大学によって問題形式や頻出分野が大きく異なるからです。

赤本の掲載内容

傾向と対策

これまでの出題内容から，問題の「**傾向**」を分析し，来年度の入試に向けて具体的な「**対策**」の方法を紹介しています。

問題編・解答編

◉ 年度ごとに問題とその解答を掲載しています。

◉ 「**問題編**」ではその年度の試験概要を確認したうえで，実際に出題された過去問に取り組むことができます。

◉ 「**解答編**」には高校・予備校の先生方による解答が載っています。

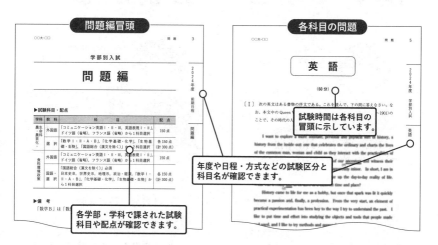

他にも，大学の基本情報や，先輩受験生の合格体験記，在学生からのメッセージなどが載っていることがあります。

2024年度から見やすいデザインに！ NEW

受験勉強は

過去問に始まり，

STEP **1** なにはともあれ

まずは
解いてみる

しずかに…
今，自分の心と
向き合ってるんだから

ムーン

それは
問題を解いて
からだホン!

過去問は，**できるだけ早いうちに
解くのがオススメ!**
実際に解くことで，**出題の傾向,
問題のレベル，今の自分の実力が**
つかめます。

STEP **2** じっくり具体的に

弱点を
分析する

分析の結果だけど
英・数・国が苦手みたい

スリー

必須科目だホン
頑張るホン

間違いは自分の弱点を教えてくれ
る貴重な情報源。
弱点から自己分析することで，**今
の自分に足りない力や苦手な分野**
が見えてくるはず!

**合格者があかす
赤本の使い方**

傾向と対策を熟読
(Fさん／国立大合格)

大学の出題傾向を調べる
ために，赤本に載ってい
る「傾向と対策」を熟読
しました。

繰り返し解く
(Tさん／国立大合格)

1周目は問題のレベル確認，2周
目は苦手や頻出分野の確認に，3
周目は合格点を目指して，と過去
問は繰り返し解くことが大切です。

過去問に終わる。

STEP 3
（志望校にあわせて）

苦手分野の重点対策

明日からはみんなで頑張るよ！
参考書も！問題集も！
よろしくね！

呼んだ？

なにを!? どこから!?

グッ グッ

参考書や問題集を活用して，苦手分野の**重点対策**をしていきます。**過去問を指針**に，合格へ向けた具体的な学習計画を立てましょう！

STEP 1 ▶ 2 ▶ 3
（サイクルが大事！）

実践を繰り返す

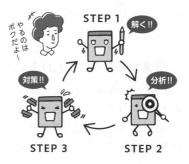

やるのはボクだよ〜

STEP 1　解く!!

分析!!　STEP 2

STEP 3　対策!!

STEP 1〜3を繰り返し，実力アップにつなげましょう！**出題形式に慣れる**ことや，**時間配分を考える**ことも大切です。

目標点を決める
（Yさん／私立大合格）

赤本によっては合格者最低点が載っているので，それを見て目標点を決めるのもよいです。

時間配分を確認
（Kさん／私立大学合格）

赤本は時間配分や解く順番を決めるために使いました。

添削してもらう
（Sさん／私立大学合格）

記述式の問題は先生に添削してもらうことで自分の弱点に気づけると思います。

新課程も赤本で
ばっちり！

新課程入試 Q&A

使える？

2022年度から新しい学習指導要領（新課程）での授業が始まり，2025年度の入試は，新課程に基づいて行われる最初の入試となります。ここでは，赤本での新課程入試の対策について，よくある疑問にお答えします。

Q1. 赤本は新課程入試の対策に使えますか？

A. もちろん使えます！

OK

旧課程入試の過去問が新課程入試の対策に役に立つのか疑問に思う人もいるかもしれませんが，心配することはありません。旧課程入試の過去問が役立つのには次のような理由があります。

● 学習する内容はそれほど変わらない

新課程は旧課程と比べて科目名を中心とした変更はありますが，学習する内容そのものはそれほど大きく変わっていません。また，多くの大学で，既卒生が不利にならないよう「経過措置」がとられます（Q3参照）。したがって，出題内容が大きく変更されることは少ないとみられます。

● 大学ごとに出題の特徴がある

これまでに課程が変わったときも，各大学の出題の特徴は大きく変わらないことがほとんどでした。入試問題は各大学のアドミッション・ポリシーに沿って出題されており，過去問にはその特徴がよく表れています。過去問を研究してその大学に特有の傾向をつかめば，最適な対策をとることができます。

出題の特徴の例	・英作文問題の出題の有無
	・論述問題の出題（字数制限の有無や長さ）
	・計算過程の記述の有無

新課程入試の対策も，赤本で過去問に取り組むところから始めましょう。

Q2. 赤本を使う上での注意点はありますか？

A. 志望大学の入試科目を確認しましょう。

　過去問を解く前に，過去の出題科目（問題編冒頭の表）と 2025 年度の募集要項とを比べて，課される内容に変更がないかを確認しましょう。ポイントは以下のとおりです。科目名が変わっていても，実際は旧課程の内容とほとんど同様のものもあります。

英語・国語	科目名は変更されているが，実質的には変更なし。 ▶▶ ただし，リスニングや古文・漢文の有無は要確認。
地歴	科目名が変更され，「歴史総合」「地理総合」が新設。 ▶▶ 新設科目の有無に注意。ただし，「経過措置」（Q3参照）により内容は大きく変わらないことも多い。
公民	「現代社会」が廃止され，「公共」が新設。 ▶▶ 「公共」は実質的には「現代社会」と大きく変わらない。
数学	科目が再編され，「数学 C」が新設。 ▶▶ 「数学」全体としての内容は大きく変わらないが，出題科目と単元の変更に注意。
理科	科目名も学習内容も大きな変更なし。

　数学については，科目名だけでなく，どの単元が含まれているかも確認が必要です。例えば，出題科目が次のように変わったとします。

旧課程	「数学 I・数学 II・数学 A・数学 B（数列・ベクトル）」
新課程	「数学 I・数学 II・数学 A・**数学 B（数列）・数学 C（ベクトル）**」

　この場合，新課程では「数学 C」が増えていますが，単元は「ベクトル」のみのため，実質的には旧課程とほぼ同じであり，過去問をそのまま役立てることができます。

Q3. 「経過措置」とは何ですか？

A. 既卒の旧課程履修者への対応です。

　多くの大学では，既卒の旧課程履修者が不利にならないように，出題において「経過措置」が実施されます。措置の有無や内容は大学によって異なるので，募集要項や大学のウェブサイトなどで確認しておきましょう。

○旧課程履修者への経過措置の例

- ●旧課程履修者にも配慮した出題を行う。
- ●新・旧課程の共通の範囲から出題する。
- ●新課程と旧課程の共通の内容を出題し，共通範囲のみでの出題が困難な場合は，旧課程の範囲からの問題を用意し，選択解答とする。

　例えば，地歴の出題科目が次のように変わったとします。

旧課程	「日本史B」「世界史B」から1科目選択
新課程	「歴史総合，日本史探究」「歴史総合，世界史探究」から1科目選択※ ※旧課程履修者に不利益が生じることのないように配慮する。

　「歴史総合」は新課程で新設された科目で，旧課程履修者には見慣れないものですが，上記のような経過措置がとられた場合，新課程入試でも旧課程と同様の学習内容で受験することができます。

要チェックだホン

新課程の情報はWEBもチェック！
より詳しい解説が赤本ウェブサイトで見られます。
https://akahon.net/shinkatei/

科目名が変更される教科・科目

	旧 課 程	新 課 程
国語	国語総合 国語表現 現代文A 現代文B 古典A 古典B	現代の国語 言語文化 論理国語 文学国語 国語表現 古典探究
地歴	日本史A 日本史B 世界史A 世界史B 地理A 地理B	歴史総合 日本史探究 世界史探究 地理総合 地理探究
公民	現代社会 倫理 政治・経済	公共 倫理 政治・経済
数学	数学I 数学II 数学III 数学A 数学B 数学活用	数学I 数学II 数学III 数学A 数学B 数学C
外国語	コミュニケーション英語基礎 コミュニケーション英語I コミュニケーション英語II コミュニケーション英語III 英語表現I 英語表現II 英語会話	英語コミュニケーションI 英語コミュニケーションII 英語コミュニケーションIII 論理・表現I 論理・表現II 論理・表現III
情報	社会と情報 情報の科学	情報I 情報II

大学のサイトも見よう

目　次

解答編　※問題編は別冊

基本情報

🏛 沿革

2001（平成 13）	看護医療学部を設置
2008（平成 20）	学校法人共立薬科大学との合併により薬学部設置
	創立 150 周年

ペンマーク

　1885（明治 18）年ごろ，塾生が教科書にあった一節「ペンは剣に勝る力あり」にヒントを得て帽章を自分たちで考案したことからはじまり，その後多数の塾生・塾員の支持を得て公式な形として認められ，今日に至っています。ペンマークは，その発祥のルーツにも見られるように，学びの尊さを表現するシンボルであり，慶應義塾を指し示すだけでなく，広く認知された社会的な存在と位置付けられます。

 # 学部・学科の構成

大　学

●**文学部**　1 年：日吉キャンパス／2 ～ 4 年：三田キャンパス

　人文社会学科（哲学系〈哲学専攻，倫理学専攻，美学美術史学専攻〉，史学系〈日本史学専攻，東洋史学専攻，西洋史学専攻，民族学考古学専攻〉，文学系〈国文学専攻，中国文学専攻，英米文学専攻，独文学専攻，仏文学専攻〉，図書館・情報学系〈図書館・情報学専攻〉，人間関係学系〈社会学専攻，心理学専攻，教育学専攻，人間科学専攻〉）

＊各専攻には 2 年次より分属する。

●**経済学部**　1・2 年：日吉キャンパス／3・4 年：三田キャンパス

　経済学科

●**法学部**　1・2 年：日吉キャンパス／3・4 年：三田キャンパス

　法律学科

　政治学科

●**商学部**　1・2 年：日吉キャンパス／3・4 年：三田キャンパス

　商学科

●**医学部**　1 年：日吉キャンパス／2 ～ 6 年：信濃町キャンパス

　医学科

●**理工学部** 1・2年：日吉キャンパス／3・4年：矢上キャンパス

　機械工学科

　電気情報工学科

　応用化学科

　物理情報工学科

　管理工学科

　数理科学科（数学専攻，統計学専攻）

　物理学科

　化学科

　システムデザイン工学科

　情報工学科

　生命情報学科

＊各学科には2年次より分属する。数理科学科の各専攻は3年次秋学期に選択する。

●**総合政策学部** 湘南藤沢キャンパス

　総合政策学科

●**環境情報学部** 湘南藤沢キャンパス

　環境情報学科

●**看護医療学部** 1・2・4年：湘南藤沢キャンパス／3・4年：信濃町キャンパス

　看護学科

●**薬学部** 1年：日吉キャンパス／2年以降：芝共立キャンパス

　薬学科［6年制］

　薬科学科［4年制］

大学院

文学研究科／経済学研究科／法学研究科／社会学研究科／商学研究科／医学研究科／理工学研究科／政策・メディア研究科／健康マネジメント研究科／薬学研究科／経営管理研究科／システムデザイン・マネジメント研究科／メディアデザイン研究科／法務研究科（法科大学院）

（注）上記内容は2024年4月時点のもので，改組・新設等により変更される場合があります。

大学所在地

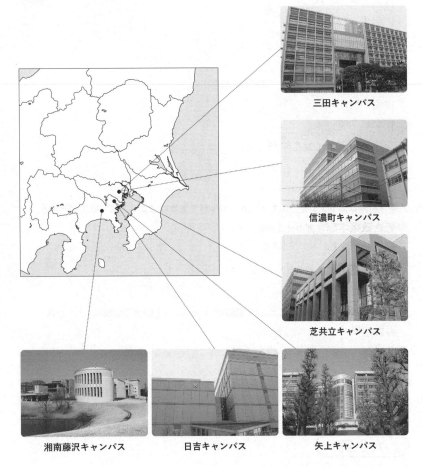

三田キャンパス

信濃町キャンパス

芝共立キャンパス

湘南藤沢キャンパス　　　日吉キャンパス　　　矢上キャンパス

三田キャンパス	〒 108-8345	東京都港区三田 2-15-45
日吉キャンパス	〒 223-8521	神奈川県横浜市港北区日吉 4-1-1
矢上キャンパス	〒 223-8522	神奈川県横浜市港北区日吉 3-14-1
信濃町キャンパス	〒 160-8582	東京都新宿区信濃町 35
湘南藤沢キャンパス	〒 252-0882	神奈川県藤沢市遠藤 5322(総合政策・環境情報学部)
	〒 252-0883	神奈川県藤沢市遠藤 4411(看護医療学部)
芝共立キャンパス	〒 105-8512	東京都港区芝公園 1-5-30

入 試 デ ー タ

　2024 年度の合格最低点につきましては，大学ホームページや大学発行資料にてご確認ください。

 ## 入試状況 （志願者数・競争率など）

○合格者数（第 2 次試験を行う学部は第 2 次試験合格者）と，補欠者許可数との合計が入学許可可者数であり，実質倍率は受験者数÷入学許可者数で算出。

入試統計 （一般選抜）

● 文学部

年度	募集人員	志願者数	受験者数	合格者数	補 欠 者		実質倍率
					発表数	許可数	
2024	580	4,131	3,796	1,060	251	136	3.2
2023	580	4,056	3,731	1,029	288	143	3.2
2022	580	4,162	3,849	1,010	300	179	3.2
2021	580	4,243	3,903	932	276	276	3.2
2020	580	4,351	3,978	937	335	85	3.9
2019	580	4,720	4,371	954	339	79	4.2
2018	580	4,820	4,500	980	323	43	4.4

●経済学部

方式	年度	募集人員	志願者数	受験者数	合格者数	補　欠　者		実質倍率
						発表数	許可数	
A	2024	420	4,066	3,699	875	284	275	3.2
	2023	420	3,621	3,286	865	278	237	3.0
	2022	420	3,732	3,383	856	264	248	3.1
	2021	420	3,716	3,419	855	248	248	3.1
	2020	420	4,193	3,720	857	262	113	3.8
	2019	420	4,743	4,309	854	286	251	3.9
	2018	420	4,714	4,314	856	307	183	4.2
B	2024	210	1,853	1,691	381	138	52	3.9
	2023	210	2,015	1,844	380	138	100	3.8
	2022	210	2,086	1,905	380	130	82	4.1
	2021	210	2,081	1,913	368	132	132	3.8
	2020	210	1,956	1,768	367	148	39	4.4
	2019	210	2,231	2,029	364	141	38	5.0
	2018	210	2,417	2,217	362	143	69	5.1

●法学部

学科	年度	募集人員	志願者数	受験者数	合格者数	補　欠　者		実質倍率
						発表数	許可数	
法律	2024	230	1,657	1,466	334	79	46	3.9
	2023	230	1,730	1,569	334	60	18	4.5
	2022	230	1,853	1,633	330	48	48	4.3
	2021	230	1,603	1,441	314	53	30	4.2
	2020	230	1,511	1,309	302	51	40	3.8
	2019	230	2,016	1,773	308	53	23	5.4
	2018	230	2,089	1,864	351	51	0	5.3
政治	2024	230	1,363	1,212	314	64	10	3.7
	2023	230	1,407	1,246	292	52	37	3.8
	2022	230	1,323	1,190	289	49	12	4.0
	2021	230	1,359	1,243	296	49	40	3.7
	2020	230	1,548	1,369	295	53	0	4.6
	2019	230	1,472	1,328	300	50	12	4.3
	2018	230	1,657	1,506	315	55	0	4.8

●商学部

方式	年度	募集人員	志願者数	受験者数	合格者数	補　欠　者		実質倍率
						発表数	許可数	
A	2024	480	4,615	4,354	1,593	417	76	2.6
	2023	480	4,189	3,947	1,484	375	137	2.4
	2022	480	4,023	3,716	1,434	376	154	2.3
	2021	480	3,641	3,404	1,312	356	244	2.2
	2020	480	3,845	3,502	1,221	322	98	2.7
	2019	480	4,105	3,698	1,202	242	142	2.8
	2018	480	4,072	3,801	1,186	311	71	3.0
B	2024	120	2,533	2,343	385	164	0	6.1
	2023	120	2,590	2,404	344	141	38	6.3
	2022	120	2,867	2,707	316	185	89	6.7
	2021	120	2,763	2,560	298	154	51	7.3
	2020	120	2,441	2,234	296	158	21	7.0
	2019	120	2,611	2,390	307	105	0	7.8
	2018	120	2,943	2,746	289	124	12	9.1

●医学部

年度	募集人員	志願者数	受験者数	合格者数		補　欠　者		実質倍率
				第1次	第2次	発表数	許可数	
2024	66	1,483	1,270	261	139	96	30	7.5
2023	66	1,412	1,219	260	141	92	27	7.3
2022	66	1,388	1,179	279	134	119	44	6.6
2021	66	1,248	1,045	266	128	114	43	6.1
2020	66	1,391	1,170	269	125	113	41	7.0
2019	68	1,528	1,296	274	132	117	27	8.2
2018	68	1,525	1,327	271	131	111	49	7.3

●理工学部

年度	募集人員	志願者数	受験者数	合格者数	補　欠　者		実質倍率
					発表数	許可数	
2024	650	8,248	7,747	2,400	601	95	3.1
2023	650	8,107	7,627	2,303	534	149	3.1
2022	650	7,847	7,324	2,286	523	355	2.8
2021	650	7,449	7,016	2,309	588	0	3.0
2020	650	8,230	7,688	2,444	415	0	3.1
2019	650	8,643	8,146	2,369	488	42	3.4
2018	650	9,050	8,569	2,384	565	148	3.4

（備考）

• 理工学部はA～Eの5つの分野に対応した「学門」制をとっており，学門別に募集を行う。
　入学後の1年間は学門別に基礎を学び，2年次に進級する時に学科を選択する。

• 2020年度の合格者数には追加合格の81名を含む。

●総合政策学部

年度	募集人員	志願者数	受験者数	合格者数	補　欠　者		実質倍率
					発表数	許可数	
2024	225	2,609	2,351	396	101	37	5.4
2023	225	2,852	2,574	407	127	34	5.8
2022	225	3,015	2,731	436	129	82	5.3
2021	225	3,164	2,885	375	104	29	7.1
2020	275	3,323	3,000	285	108	71	8.4
2019	275	3,600	3,254	385	150	0	8.5
2018	275	3,757	3,423	351	157	0	9.8

●環境情報学部

年度	募集人員	志願者数	受験者数	合格者数	補　欠　者		実質倍率
					発表数	許可数	
2024	225	2,287	2,048	344	45	36	5.4
2023	225	2,586	2,319	296	66	66	6.4
2022	225	2,742	2,450	360	111	86	5.5
2021	225	2,864	2,586	232	142	104	7.7
2020	275	2,999	2,664	200	102	82	9.4
2019	275	3,326	3,041	302	151	0	10.1
2018	275	3,123	2,866	333	154	0	8.6

●看護医療学部

年度	募集人員	志願者数	受験者数	合格者数		補　欠　者		実質倍率
				第1次	第2次	発表数	許可数	
2024	70	514	465	231	143	55	39	2.6
2023	70	538	500	234	163	45	0	3.1
2022	70	653	601	235	152	55	8	3.8
2021	70	610	574	260	152	52	45	2.9
2020	70	565	493	249	151	53	7	3.1
2019	70	655	606	247	154	68	20	3.5
2018	70	694	637	249	146	63	10	4.1

●薬学部

学科	年度	募集人員	志願者数	受験者数	合格者数	補　欠　者		実質倍率
						発表数	許可数	
薬	2024	100	1,372	1,252	317	82	0	3.9
	2023	100	1,454	1,314	306	85	0	4.3
	2022	100	1,421	1,292	279	83	54	3.9
	2021	100	1,203	1,105	270	90	25	3.7
	2020	100	1,342	1,215	263	97	19	4.3
	2019	100	1,597	1,424	295	69	8	4.7
	2018	100	1,777	1,573	306	79	0	5.1
薬科	2024	50	869	815	290	98	0	2.8
	2023	50	854	824	247	92	48	2.8
	2022	50	782	726	209	77	63	2.7
	2021	50	737	683	203	77	16	3.1
	2020	50	759	700	204	82	27	3.0
	2019	50	628	587	187	84	42	2.6
	2018	50	663	616	201	70	41	2.5

合格最低点（一般選抜）

●文学部

（合格最低点／満点）

2023 年度	2022 年度	2021 年度	2020 年度	2019 年度	2018 年度
205／350	218／350	232／350	250／350	233／350	228／350

（備考）
- 「地理歴史」は，科目間の難易度の違いから生じる不公平をなくすため，統計的処理により得点の補正を行う場合がある。
- 「合格最低点」は，正規合格者の最低総合点である。

●経済学部

（合格最低点／満点）

年度	A 方 式	B 方 式
2023	248／420	266／420
2022	209／420	239／420
2021	231／420	262／420
2020	234／420	240／420
2019	265／420	259／420
2018	207／420	243／420

（備考）
- 採点方法について

  A方式は，「外国語」の問題の一部と「数学」の問題の一部の合計点が一定の得点に達した受験生について，「外国語」の残りの問題と「数学」の残りの問題および「小論文」を採点する。B方式は，「外国語」の問題の一部が一定の得点に達した受験生について，「外国語」の残りの問題と「地理歴史」および「小論文」を採点する。A・B両方式とも，最終判定は総合点によって合否を決定する。
- 「地理歴史」の科目間の難易度の違いを考慮した結果，統計的処理による得点の補正を行わなかった。
- 「合格最低点」は，正規合格者の最低総合点である。

●法学部
（合格最低点／満点）

年度	法　律　学　科	政　治　学　科
2023	247／400	252／400
2022	239／400	236／400
2021	234／400	235／400
2020	252／400	258／400
2019	227／400	224／400
2018	246／400	249／400

（備考）
- 採点方法について

  「論述力」は，「外国語」および「地理歴史」の合計点，および「地理歴史」の得点，いずれもが一定の得点に達した受験生について採点し，3科目の合計点で合否を決定する。
- 「地理歴史」は，科目間の難易度の違いから生じる不公平をなくすため，統計的処理により得点の補正を行った。
- 「合格最低点」は，正規合格者の最低総合点である。

●商学部
（合格最低点／満点）

年度	A　方　式	B　方　式
2023	237／400	278／400
2022	240／400	302／400
2021	252／400	288／400
2020	244／400	309／400
2019	258／400	288／400
2018	265／400	293／400

（備考）
- 「地理歴史」は，科目間の難易度の違いから生じる不公平をなくすため，統計的処理により得点の補正を行った。
- 「合格最低点」は，正規合格者の最低総合点である。

●医学部（第1次試験）
（合格最低点／満点）

2023 年度	2022 年度	2021 年度	2020 年度	2019 年度	2018 年度
315／500	308／500	251／500	303／500	303／500	305／500

（備考）
- 「理科」の科目間の難易度の違いを考慮した結果，統計的処理による得点の補正を行う場合がある。

●理工学部
（合格最低点／満点）

2023 年度	2022 年度	2021 年度	2020 年度	2019 年度	2018 年度
290／500	340／500	266／500	309／500	280／500	260／500

（備考）
- 「合格最低点」は，各学門における正規合格者の最低総合得点を各学門の合格者数で重み付けして平均した値である。

●総合政策学部
（合格最低点／満点）

年度	「数学」選択		「情報」選択		「外国語」選択		「数学・外国語」選択	
	数　学	小論文	情　報	小論文	外国語	小論文	数学・外国語	小論文
2023	258／400		264／400		257／400		268／400	
2022	261／400		269／400		260／400		275／400	
2021	254／400		261／400		243／400		260／400	
2020	246／400							
2019	267／400		285／400		261／400		277／400	
2018	301／400		272／400		277／400		300／400	

（備考）
- 採点方法について
  選択した受験科目（「数学または情報」あるいは「外国語」あるいは「数学および外国語」）の得点と，「小論文」の採点結果を組み合わせて，最終判定を行う。
- 合格最低点は，選択した試験科目によって異なっているが，これは4種の試験科目の難易度の違いを表すものではない。
- 「数学」「情報」「外国語」「数学および外国語」については統計的処理による得点の補正を行った。

●環境情報学部　　　　　　　　　　　　　　　（合格最低点／満点）

年度	「数学」選択		「情報」選択		「外国語」選択		「数学・外国語」選択	
	数　学	小論文	情　報	小論文	外国語	小論文	数学・外国語	小論文
2023	246／400		246／400		246／400		246／400	
2022	234／400		248／400		234／400		238／400	
2021	254／400		238／400		248／400		267／400	
2020	246／400							
2019	250／400		274／400		263／400		277／400	
2018	257／400		260／400		258／400		263／400	

(備考)
- 採点方法について
  選択した受験科目（「数学または情報」あるいは「外国語」あるいは「数学および外国語」）の得点と，「小論文」の採点結果を組み合わせて，最終判定を行う。
- 合格最低点は，選択した試験科目によって異なっているが，これは4種の試験科目の難易度の違いを表すものではない。
- 「数学」「情報」「外国語」「数学および外国語」については統計的処理による得点の補正を行った。

●看護医療学部（第1次試験）　　　　　　　　（合格最低点／満点）

2023 年度	2022 年度	2021 年度	2020 年度	2019 年度	2018 年度
294／500	310／500	270／500	297／500	273／500	293／500

(備考)
- 選択科目（数学・化学・生物）は，科目間の難易度の違いから生じる不公平をなくすため，統計的処理により得点の補正を行った。
- 第1次試験で小論文を課すが，第1次試験の選考では使用せず，第2次試験の選考で使用する。

●薬学部　　　　　　　　　　　　　　　　　　（合格最低点／満点）

学科	2023 年度	2022 年度	2021 年度	2020 年度	2019 年度	2018 年度
薬	169／350	204／350	196／350	196／350	208／350	204／350
薬科	171／350	209／350	195／350	195／350	207／350	204／350

(備考)
- 「合格最低点」は，正規合格者の最低総合点である。

募集要項（出願書類）の入手方法

　2025年度一般選抜要項は，大学ホームページで公開予定です。詳細については，大学ホームページでご確認ください。

一般選抜・文学部自主応募制による推薦入学者選考・法学部 FIT 入試に関する問い合わせ先

　慶應義塾大学　入学センター

　　〒 108-8345　東京都港区三田 2-15-45

　　TEL　(03)5427-1566

　　慶應義塾大学ホームページ　https://www.keio.ac.jp/

理工学部 AO 入試に関する問い合わせ先

　慶應義塾大学

　理工学部学生課学事担当内　アドミッションズ・オフィス

　　〒 223-8522　神奈川県横浜市港北区日吉 3-14-1

　　TEL　(045)566-1800

総合政策学部・環境情報学部 AO 入試に関する問い合わせ先

　慶應義塾大学　湘南藤沢事務室　アドミッションズ・オフィス

　　〒 252-0882　神奈川県藤沢市遠藤 5322

　　TEL　(0466)49-3407

　　SFC ホームページ　https://www.sfc.keio.ac.jp/

看護医療学部 AO 入試に関する問い合わせ先……………………………………

　慶應義塾大学　湘南藤沢事務室　看護医療学部担当

　　〒252-0883　神奈川県藤沢市遠藤 4411

　　TEL　(0466)49-6200

⋯⋯⋯⋯⋯⋯⋯⋯⋯⋯⋯⋯⋯⋯⋯⋯⋯⋯⋯⋯⋯⋯⋯⋯⋯⋯⋯⋯⋯⋯⋯⋯⋯⋯⋯

 慶應義塾大学のテレメールによる資料請求方法

スマートフォンから　QRコードからアクセスしガイダンスに従ってご請求ください。

パソコンから　教学社 赤本ウェブサイト(akahon.net)から請求できます。

合格体験記
募集

　2025年春に入学される方を対象に，本大学の「合格体験記」を募集します。お寄せいただいた合格体験記は，編集部で選考の上，小社刊行物やウェブサイト等に掲載いたします。お寄せいただいた方には小社規定の謝礼を進呈いたしますので，ふるってご応募ください。

● 応募方法 ●

下記 URL または QR コードより応募サイトにアクセスできます。ウェブフォームに必要事項をご記入の上，ご応募ください。
折り返し執筆要領をメールにてお送りします。

※入学が決まっている一大学のみ応募できます。

☞ http://akahon.net/exp/

● 応募の締め切り ●

総合型選抜・学校推薦型選抜	2025年2月23日
私立大学の一般選抜	2025年3月10日
国公立大学の一般選抜	2025年3月24日

受験川柳 募集

受験にまつわる川柳を募集します。
入選者には賞品を進呈！
ふるってご応募ください。

応募方法　http://akahon.net/senryu/　にアクセス！☞

気になること、聞いてみました！

在学生メッセージ

大学ってどんなところ？　大学生活ってどんな感じ？
ちょっと気になることを，在学生に聞いてみました。

以下の内容は 2020～2023 年度入学生のアンケート回答に基づくものです。ここ
で触れられている内容は今後変更となる場合もありますのでご注意ください。

Message from current students

メッセージを書いてくれた先輩　[経済学部] R.S. さん　M.Y. さん　島田優也さん
　　　　　　　　　　　　　　　[法学部] 関口康太さん　[総合政策学部] T.N. さん
　　　　　　　　　　　　　　　[理工学部] M.H. さん

 ## 大学生になったと実感！

　大きく言うと自由と責任が増えました。大学生になるとどの授業を取る
かもすべて自分で決めることができます。一見自由で素晴らしいことかも
しれませんが，これは誰も決めてくれないということでもあります。高校
のときより，どれがどのような内容や難易度の授業なのかといった正確な
情報を得るということがより重要になったと感じました。また，高校まで
はバイトをしていなかったので，大学生になってからは金銭的な自由と責
任も増えたと感じています。少しずつ大人になっていく感覚を嬉しく思い
つつも，少しだけ寂しいです（笑）。（R.S. さん／経済）

　出会う人の幅が大きく変わったと思います。高校までは地元の子が集ま
ったり，遠くても隣の県まででしたが，慶應に入り，全国からはもちろん
帰国子女や留学生など，そのまま地元にいれば絶対に会えないだろう人材
に多く出会えたことが，高校までとは比べものにならないほど変わったこ
とだと感じました。全員が様々なバックグラウンドをもっているので，話

を聞いていて本当に楽しいです！（関口さん／法）

 ## 大学生活に必要なもの

　タッチペンで書き込みが可能なタブレットやパソコンです。授業形態は教授によって様々ではありますが，多くの授業はアップロードされたレジュメに自分たちで書き込んでいくスタイルです。なかには印刷して書き込む学生もいますが，大半はタブレットやパソコンに直接タッチペンで板書を取っています。自分は基本的にタブレットだけを大学に持って行き，プログラミングやプレゼンのスライドを作成するときにパソコンを持って行くようにしています。タブレットのみだと若干心細いので，両方購入することにためらいがある人はタッチペン付きのパソコンにしておくのが無難だと思います。（R.S. さん／経済）

　パソコンは必須。他には私服。高校までは制服があったので私服を着る頻度が低かったが，大学からはそういうわけにもいかないので春休みに何着か新調した。（M.H. さん／理工）

 ## この授業がおもしろい！

　マクロ経済学です。経済学を勉強したくて経済学部に入学したということもあって以前から楽しみにしていました。身の回りの金銭の流通について，モデル化した図を用いて説明されると改めて経済が合理性をもった動きをしているとわかります。（R.S. さん／経済）

　理工学概論。毎回異なる大学内外の講師が，自身のお仕事や研究内容を話してくださり，今後携わることになるであろう学問や業界の実情を知ることができる。また，あまり関心をもっていなかった分野についても，教養として目を配る必要性に気づくことができた。（M.H. さん／理工）

　自分が最もおもしろいと思った授業は,「生活者の社会参加」という授業です。この授業では,自分が提案した様々なプロジェクトについて実際にNPO法人や行政と協力していき,その成果を発表するという,究極のフィールドワーク型の授業です。教授からは実際の進捗に対してのアドバイスくらいしか言われることはなく,学生が主体的に学べる授業になっています。SFCではこういった授業が他の学部や大学に比べて多く開講されており,SFCに入らなければ経験できない学びを多く得ることができます。(T.N. さん/総合政策)

 ## 大学の学びで困ったこと&対処法

　履修登録です。先輩などの知り合いがほとんどいない入学前から考え始めないといけないので大変でした。自分はSNSを用いて履修の仕組みを調べたり,興味深い授業や比較的単位の取得がしやすい授業を聞いたりしました。先輩方も同じ道を辿ってきているので,入ったら先輩方が受けたい授業の情報を共有してくれるというサークルも多いです。また,ただ単に授業をたくさん取ればよいわけではなく,進級条件や卒業条件でいくつ単位が必要か変わってくる点も考慮する必要があります。1年生では自分がどうしても受けたい授業が必修科目と被ってしまうということが多々あります。(R.S. さん/経済)

 ## 部活・サークル活動

　ダンスサークルと,行事企画の立案・運営を行う委員会に所属しています。ダンスサークルでは三田祭やサークルのイベント公演に向けて週3,4回の頻度で練習しています。委員会は,立案した企画が承認されると大学の資金で活動ができるので規模の大きいものが運営できます。例年ではスキーハウスの運営をして塾生に還元するといったこともしています。公的な活動にもなるので就職の実績にも役立つと思います。(R.S. さん/経済)

謎解きをしたり作ったりするサークルに所属している。新入生は春学期の新入生公演に向け制作を行う。経験を積むと外部向けに販売も行う活動に関われる。単に謎を作るだけでなく，ストーリーやデザインなども本格的であり，やりがいを感じる。（M.H. さん／理工）

体育会の部活のマネージャーをしています。シフト制のため，週 2 回ほど稽古に参加し，学業やアルバイトと両立しています。稽古中の業務は主に，洗濯，掃除，動画撮影，勝敗の記録などです。時々，週末に大会が行われることもあり，選手と同行します。大会では，動画撮影と勝敗の記録，OB へのメール作成を行います。夏季休暇中には合宿があり，料理をしました。慶應には多くの部やサークルがありますので，自分に合った居場所を見つけることができると思います。（M.Y. さん／経済）

 ## 交友関係は？

クラスやサークルで築きました。特に入学当初はほとんどの人が新たに友達を作ることになるので，話しかけたら仲良くしてくれる人が多いです。また，初回の一般教養の授業では隣に座った人に話しかけたりして友達を作りました。サークルの新歓時期に話が弾んだ相手と時間割を見せ合って，同じ授業があれば一緒に受けたりして仲を深めました。みんな最初は大体同じようなことを思っているので，そこまで不安になる必要はないと思います。（R.S. さん／経済）

第二外国語のクラスが必修の授業においても一緒になるので，そこで仲良くなった。私は入学前に SNS などで友達探しをしなかったが，友達はできた。私もそうだが内気な人は勇気を出して話しかけることが大事。1 人でも知り合いがいると心のもちようが全く違うと思う。（M.H. さん／理工）

いま「これ」を頑張っています

　サークル活動です。ダンスサークルに所属しているのですが，公演前などは毎日練習があったりとハードなスケジュールになることが多いです。しかし，そんな日々を乗り越えた後は仲間たちとより親密になった気がして頑張るモチベーションになります。受験勉強はどうしても孤独のなか頑張らなければいけない場面が多いですが，大学に入学した後は仲間と団体で何かを成し遂げる経験を積むのもよいかもしれません。（R.S. さん／経済）

　免許の取得とアルバイト。大学生は高校生よりも一般的に夏休みが長いので，こうした時間がかかるようなこともやりやすい。その一方で支出も増えるので，お金の使い方はより一層考えるようになった。高校までは勉強一本であったが，こうしたことを考えるようになったのも大学生であるという自覚をもつきっかけの 1 つだと思う。（M.H. さん／理工）

　大学生活を無為に過ごさないために，公認会計士の資格の取得を目指しています。オンライン授業やバイトと資格の勉強の両立はかなりハードですが，自分のペースでコツコツと続けていきたいと思います。（島田さん／経済）

 ## 普段の生活で気をつけていることや心掛けていること

　時間や期限を守ることです。当たり前のことではありますが，大学はレポートや課題の提出締め切りを自分で把握し，それまでに仕上げなくてはなりません。前日にリマインドしてくれる人もおらず，ほとんどの場合，どんな理由であっても締め切り期限を過ぎたものは受理してもらえません。欠席や遅刻が一定の回数に達するとテストの点が良くても単位をもらえないこともあります。また，時間を守るということは他人から信頼されるために必要なことでもあります。このように大学は社会に出るにあたって身につけなくてはならないことを少しずつ培っていく場でもあります。（R.S. さん／経済）

Message from current students

　大学に入学した意義を忘れないように心掛けている。大学生は人生の夏休みと揶揄されることもあるが，自分では賄えない額を両親に学費として払ってもらっていることを忘れず，学生の本分をわきまえて行動するようにしている。（M.H. さん／理工）

 ## おススメ・お気に入りスポット

　メディアセンターという勉強やグループワークができる図書館です。塾生からはメディセンという愛称で親しまれています。テスト前や課題をやる際に友達と一緒に勉強する場所として活用しています。メディセンで共に頑張った後は，日吉駅の商店街，通称「ひようら」でご飯やデザートを楽しむ人も多いです。（R.S. さん／経済）

　私が大学で気に入っている場所は，「鴨池ラウンジ」と呼ばれる施設です。ここはたくさんの椅子が並べられた多目的スペースになっています。一部の座席は半個室のような形になっていて，様々なことに 1 人で集中することができます。窓からは SFC のトレードマークである鴨池を一望することができ，リラックスすることも可能です。また，ローソンと学食の隣にあるので，利便性も高い施設になっています。（T.N. さん／総合政策）

 ## 入学してよかった！

　慶應義塾大学の強みは人脈と言われるだけあり，人数も多ければ様々なバックグラウンドをもつ人々が存在します。起業をしている人や留学生，芸能人もいます。そのような人たちと話すと，自分の価値観が変わったりインスピレーションを受けたりすることが多くあります。在籍してる間になるべく多くの人々と交流をしたいと考えています。（R.S. さん／経済）

総合大学なのでいろいろな人がいる。外交的な人が多いというイメージが世間的にはあるだろうが，それだけでなく，問題意識であったり意見であったりをもったうえで自分の目標をしっかりもっている人が多いと感じる。極論すれば，入試は勉強だけでも突破可能だが，プラスアルファでその人の強みというものをそれぞれが備えているのは互いに良い刺激になっている。（M.H. さん／理工）

高校生のときに「これ」をやっておけばよかった

英会話の勉強をもっとしておきたかったです。慶應義塾大学には留学生もたくさんいるので外国人の友達も作りたいと思っていました。しかし，受験で英語の読み書きは上達したものの，実際に海外の人と交流するには話す・聞く技術が重要になってきます。大学からでも決して遅いわけではありませんが，やはり早くからやっておくに越したことはないと思います。（R.S. さん／経済）

自分にとって後悔のない高校生活を送るのが一番だと思う。私個人は小学校，中学校，高校と，節目で過去を振り返るたびにそれまでの環境が一番であったと思っているので，後に大切な思い出になるであろうその一瞬を大事にしてほしいと思う。（M.H. さん／理工）

体育祭や修学旅行といった行事をもっと楽しめばよかったと思いました。こんな言い方はよくないかもしれませんが，勉強はいつでもできます。でも，高校の行事はもう一生ないので，そのような貴重な体験を無駄にしてほしくないと思います。（関口さん／法）

合格体験記

みごと合格を手にした先輩に，入試突破のためのカギを伺いました。
入試までの限られた時間を有効に活用するために，ぜひ役立ててください。

（注）ここでの内容は，先輩方が受験された当時のものです。2025年
度入試では当てはまらないこともありますのでご注意ください。

・アドバイスをお寄せいただいた先輩・

R.K. さん　薬学部（薬学科）
一般選抜 2024 年度合格，東京都出身

　大切なのは，諦めないことだと思います。私は秋の模試でE判定
を取ってしまいました。過去問演習でも思うように点数が伸びず，苦
しみました。それでも，最後の最後まで，試験が終わる最後の1分ま
で諦めずに頑張りました。その結果，みごとに合格できました。なの
で，いま過去問を解いてもう無理だと思っても，諦めないでください。
そして，最後にはここまで頑張ってきた自分を信じてあげてください。
皆さんが，良い結果をつかみ取ることを心より願っています。

その他の合格大学　北里大（薬〈薬〉），星薬科大（薬〈薬〉推薦），明治
薬科大（薬〈薬〉推薦），東京薬科大（薬〈推薦〉）

入試なんでも Q & A

受験生のみなさんからよく寄せられる，
入試に関する疑問・質問に答えていただきました。

 1年間の学習スケジュールはどのようなものでしたか？

A 　高3の4〜6月は，とにかく基礎固めを徹底しました。また，毎週日曜日に第二志望校の過去問を解いていました。そのときの自分にあったレベルの過去問に触れることで，さらに弱点を洗い出すことができました。

7〜8月は，模試の結果を踏まえながら，弱点克服と標準問題にも取り組みました。特に化学を頑張り，有機化学を自信をもってできると言えるレベルにもっていきました。構造決定の問題は慣れが大切なので毎日解き，高分子は基礎を暗記する程度でした。英語は，毎日欠かさず長文を読みました。数学は，塾のテキストと苦手な単元を青チャート（数研出版）を使って解きました。毎日，最低12時間勉強していました。

9〜10月には，公募推薦受験校の過去問演習と，第一志望校に向けて問題の難易度をあげました。

11月は，公募推薦対策に専念しました。心配性だったので6年間分の過去問を解きました。

12月は，とにかく過去問を解きました。過去問を解いては問題集に戻り，弱点をなくしていきました。

1月の最初には，化学は高分子の知識を徹底的に叩き込み，毎日，教科書・資料集を見て知らないことをどんどん覚えました。数学と英語は過去問を解いて弱点の見直しをしていました。

1月は睡眠を削り，毎日14時間勉強していました。

どのように学習計画を立て，受験勉強を進めていましたか？

A 　月ごとに，何を終わらせるという目標を立てました。その計画を実現するために，毎日何をすべきか，その日その日に考えて計画を立てていました。数学・英語・化学それぞれに必ず毎日触れるように設定していました。12月からは過去問を解いては問題集や授業ノートに戻って復習し，また過去問を解く，の繰り返しでした。また，どの科目を中心に勉強するのかを決めていました。中心に勉強する科目を決めることで，好きな科目ばっかり勉強することを防ぐことができます。

慶應義塾大学薬学部を攻略する上で特に重要な科目は何ですか？

A 　化学が特に重要な科目だと思います。慶應薬学部は化学の配点が150点と他の科目より50点高いです。毎年，構造決定が難しかったので，併願校の過去問とともに，あらゆる参考書の構造決定を解きまくりました。たまに，どうやって書いたらいいのかわからない化学式を書く問題が出されている年度があったので，その対策としてあらゆる化学式を暗記しました。高分子，無機の知識は何を聞かれてもいいように，教科書・資料集に載っている知識は最低限すべて頭に入っている状態で試験に挑みました。毎日，教科書・資料集を見ては，知らないことをノートにまとめていました。

学校外での学習はどのようにしていましたか？

A 　塾を利用していました。私は，一人で家で自習するコツや勉強のコツがわからなかったので，塾を利用しました。塾では先生と定期的に面談して，不安を打ち明けたり，勉強で悩んでいるときに助言をもらうことができました。苦手科目は特に自分一人で勉強しようとすると，気分が乗らないときもあると思います。しかし，塾でその科目のプロフェッ

ショナルに教わることで楽しさがわかったり，学びが深まったりしました。私は数学が苦手でしたが，塾で効率よく学ぶことができたとともに，楽しさを知ることもできました。負の感情を抱いていては，1年間その科目と向き合うのが辛いと思います。なので，私は塾に行くことをぜひともおすすめします。

 スランプに陥ったとき，どのように抜け出しましたか？

A 私は，人に話すことでメンタルを維持していました。特に，塾の先生や友だちを頼っていました。夏休みの最後の週，しんどさに勝てず毎日涙していましたが，友だちに不安を打ち明けることでお互いに励まし合って不安を取り除いていました。模試やプレテストでしくじった際には，塾の先生と今後の対策を練ることで，不安を取り除きました。塾の先生が最後まで「大丈夫，受かるよ！」と言ってくれたことで，諦めずに受験を乗り越えることができました。辛いときは，周りに頼ってみることが大切だと思います。

 受験生へアドバイスをお願いします。

A 受験の1年間，きっと月が進むにつれて，辛いことが増していくと思います。特に，過去問を初めて解いた際には，志望校と自分の学力の差に圧倒され，諦めたくなることもあると思います。ですが，諦めずに頑張ってください。私は，秋の模試ではE判定で，過去問演習でもほとんど合格点に届いたことはありませんでした。何度も何度も挫折しそうになりましたが，受かりたいという気持ちをもって，最後まで諦めませんでした。そうやって最後まで諦めなかったことで，私は合格をつかみ取ることができたのだと思っています。皆さんが良い結果をつかみ取ることができるように，心より願っています。

科目別攻略アドバイス

みごと入試を突破された先輩に，独自の攻略法や
おすすめの参考書・問題集を，科目ごとに紹介していただきました。

英　語

慶應薬学部の英語は長文読解がメインなので，長文に慣れることが大切
だと思います。

📖 **おすすめ参考書　『やっておきたい英語長文』シリーズ**（河合出版）

数　学

標準問題から難しめの問題まで，幅広い単元から出題されるので，もれ
がないように対策することが大切だと思います。

📖 **おすすめ参考書　『チャート式 基礎からの数学』シリーズ**（数研出
版）

化　学

知識問題の１問の失点が命取りになります。理論の計算，有機の構造決
定がとても難しい場合，点数の差が生まれてくるのは知識問題だと思うか
らです。知識問題をとにかく落とさないことが大切だと思います。

📖 **おすすめ参考書　『化学』（教科書）**（東京書籍）
『サイエンスビュー化学総合資料』（実教出版）
『実戦 化学重要問題集 化学基礎・化学』（数研出版）

TREND & STEPS

傾 向 と 対 策

　科目ごとに問題の「傾向」を分析し，具体的にどのような「対策」をすればよいか紹介しています。まずは出題内容をまとめた分析表を見て，試験の概要を把握しましょう。

=== 注　意 ===

　「傾向と対策」で示している，出題科目・出題範囲・試験時間等については，2024 年度までに実施された入試の内容に基づいています。2025 年度入試の選抜方法については，各大学が発表する学生募集要項を必ずご確認ください。

英　語

年度	番号	項　目	内　容
2024 ◑	〔1〕	読　解	内容説明，同意表現，内容真偽，空所補充
	〔2〕	読　解	空所補充，内容真偽，内容説明，具体例の説明
	〔3〕	読　解	内容真偽，空所補充，内容説明（50 字他），同意表現
2023 ◑	〔1〕	読　解	空所補充，同意表現，内容説明，内容真偽，語句整序
	〔2〕	読　解	内容真偽，同意表現，空所補充，内容説明（40 字他），段落の主題，アクセント
	〔3〕	読　解	空所補充，段落の主題，内容説明，内容真偽，表の完成
2022 ◑	〔1〕	読　解	空所補充，内容説明，段落の主題，内容真偽，主題，表の完成
	〔2〕	読　解	内容説明，同意表現，空所補充，主題，要約文の完成
	〔3〕	読　解	空所補充，内容真偽，段落の主題，アクセント，同意表現，要約文の完成
	〔4〕	読　解	要約
2021 ◑	〔1〕	読　解	同意表現，空所補充，内容真偽，表の完成
	〔2〕	読　解	内容説明，発音，同意表現，空所補充，内容真偽，要約文の完成
	〔3〕	読　解	内容説明，空所補充，内容真偽，要約文の完成
	〔4〕	読　解	要約
2020 ◑	〔1〕	読　解	内容説明，空所補充，同意表現，段落の主題，要約文の完成
	〔2〕	読　解	段落の主題，内容説明，空所補充，アクセント，内容真偽，要約文の完成（語句整序）
	〔3〕	読　解	内容説明，空所補充，同意表現，段落の主題，主題
	〔4〕	読　解	要約
2019 ◑	〔1〕	読　解	同意表現，内容真偽，内容説明，アクセント
	〔2〕	読　解	空所補充，内容説明，内容真偽
	〔3〕	読　解	同意表現，語句整序，内容真偽，内容説明，空所補充
	〔4〕	読　解	要約

（注）　●印は全問，◑印は一部マークシート方式採用であることを表す。

読解英文の主題

年度	番号	主　　題	語　　数
2024	〔1〕	科学は芸術を越えた	約 1000 語
	〔2〕	科学界の言語多様化の必要性と提案	約 940 語
	〔3〕	ある聡明な物理学者についての回想	約 1370 語
2023	〔1〕	助けを求めることの大切さ	約 930 語
	〔2〕	利他的な行動とは	約 930 語
	〔3〕	思いやりの気持ちとはどういうものか	約 560 語
2022	〔1〕	医療の現場におけるチームの重要性	約 960 語
	〔2〕	アルゴリズムで維持する健康とは	約 680 語
	〔3〕	科学史研究の重要性	約 990 語
2021	〔1〕	患者の後悔をどのように活かすべきか	約 700 語
	〔2〕	反脆弱性とはなにか	約 950 語
	〔3〕	ウイルスとはどのようなものか	約 800 語
2020	〔1〕	細胞の進化について	約 1100 語
	〔2〕	痛みを伝える比喩表現	約 700 語
	〔3〕	社会的な状況での病気の考察	約 1250 語
2019	〔1〕	科学分野における英語	約 880 語
	〔2〕	科学における物理的な道具と知性の道具	約 1010 語
	〔3〕	エリザベス=ジャフィーの研究生活	約 990 語

傾 向　読解力重視の総合問題

01　基本情報

試験時間：80 分。

大問構成：2022 年度までは大問 4 題の出題だったが，2023 年度以降大問 3 題の構成となっている。いずれも読解問題。

解答形式：マークシート方式と記述式の併用。

02　出題内容

　読解力重視の傾向が非常に強く，英文の量も多い。2024 年度は合計 3000 語を超える。長文読解問題の英文のテーマは医学・生物学・数学な

ど自然科学に関するものが多く，自然科学分野のやや専門的な概念や用語が散見されるものもある。2024年度は科学の位置づけの推移，科学界の言語，科学者の昔と今の姿勢の違い，と現代科学をさまざまな角度から検証する文章が並んだ。

　設問は，空所補充，同意表現，内容説明，内容真偽，主題が中心である。2024年度は出題されなかったが，発音・アクセント問題も出題されている。なお，設問文は全問英語となっている。

03 難易度と時間配分

　例年，長文読解問題3題の分量は非常に多く，80分という試験時間ですべての英文を読み通すにはかなりの速読力を要するため，全体的にはかなりハイレベルな問題と言える。

　内容や設問のスタイル，それに学習の状況によって解答のスピードは一律というわけにはいかないが，1題にかけられる時間はおおよそ25分と考えておこう。

対 策

01 語彙力の養成

　高いレベルの語彙力が要求される。自然科学系の英文からの出題が多いので，他の理科系の大学の過去問や，できれば英語の科学雑誌などを利用して，自然科学系の文章や語彙に慣れておこう。また，接頭辞や語幹などの知識があると，その意味を推測できる場合もあるので，未知の単語でもその単語の成り立ちから意味を推測する練習もしておきたい。内容に関するマークシート方式の問題だけでなく，空所補充にも記述問題にも語彙力は不可欠である。該当する箇所や選択肢には，決め手となる部分の語に難解なものも見られる。一方で比較的基本レベルのイディオムも問いに関わる場合がある。難しい語のみに縛られず，土台からしっかりと語彙力をつけよう。

02　読解問題対策

　試験時間は限られているので，手際よく解答する訓練をする必要がある。設問にあらかじめ目を通し，解答に関係しそうな箇所にはチェックを入れながら読むということも1つの方法だが，設問の大半で該当する段落が明確に示されているので，一度にいくつもの段落を続けて読むことよりも，1つ1つの段落ごとに頭の中で内容を要約し，そこに関連した設問に答えていくのがよい。1つの段落の語数も，多い場合には150〜200語になることから，他大学の入試問題なども利用してその程度の長文を速読に役立てよう。たとえば『やっておきたい英語長文500』（河合出版）などでは私大の多種多様な問題が扱われているので，参考になるだろう。また，実際に時間を計って過去問に取り組み，大まかな時間配分を考えておくのも有効である。

03　正確な文法・構文の知識を身につける

　文法知識を直接問う問題はほとんど出題されていないが，英文を正確に読み取るためには，正確な文法・語法・構文の知識は不可欠である。基本的な文法参考書をよく調べながら文法をしっかりと理解することに努めよう。受験生が間違いやすいポイントを完全網羅した総合英文法書『大学入試 すぐわかる英文法』（教学社）などを手元に置いて，調べながら学習すると効果アップにつながるだろう。また，構文は基本例文を暗記するなどして英文を体にしみ込ませよう。入試に頻出の文構造を丁寧に解説している『大学入試 ひと目でわかる英文読解』（教学社）など，英文解釈の参考書を1冊仕上げておくのも効果的である。

04　過去問研究で実戦力の養成を

　長文読解問題の英文は，語彙レベルが高い，医学・生物学・数学など自然科学に関連する内容が多いなど，過去問との共通性がみられる。本書を利用して過去問を十分に研究しておくことが大切である。その際，長文の内容そのものをしっかり理解することによって，頻出分野の背景知識を充

実させるねらいと，実際に問題を解き，実践的な練習を積み重ねていくねらいを分けて（この2つのねらいは同時には果たせない），活用するのがよい。前者のためには慶應義塾大を含む難関私大の過去問を扱った『大学入試 英語長文プラス 速読トレーニング問題集』（旺文社）など，後者のためには『慶應の英語』（教学社）などが役に立つことだろう。

慶應「英語」におすすめの参考書

✓『やっておきたい英語長文500』（河合出版）
✓『大学入試 すぐわかる英文法』（教学社）
✓『大学入試 ひと目でわかる英文読解』（教学社）
✓『大学入試 英語長文プラス 速読トレーニング問題集』（旺文社）
✓『慶應の英語』（教学社）

赤本チャンネルで慶應特別講座を公開中
実力派講師による傾向分析・解説・勉強法をチェック →

数　学

年度	番号	項　目	内　　容
2024	〔1〕	小問 6 問	(1)等比中項，等差数列の和 (2)3 次関数の決定，3 次方程式の実数解の個数 (3)図形と方程式　(4)空間座標　(5)不定方程式 (6)データの分析
	〔2〕	図形と方程式， 積　分　法	円と放物線が接する条件，放物線と直線で囲まれた図形の面積
	〔3〕	確　　率	反復試行の確率，条件付き確率
2023	〔1〕	小 問 7 問	(1)因数分解，素因数分解 (2)直線の方程式，三角形の内接円 (3)3 次関数の決定，3 次不等式 (4)空間図形，メネラウスの定理　(5)連立漸化式 (6)指数方程式の解　(7) n 進法
	〔2〕	図形と方程式， 積　分　法	動点の存在領域，面積　　　　　　　　　　　⊘図示
	〔3〕	データの分析	平均値，分散，四分位数，相関係数
2022	〔1〕	小 問 7 問	(1)虚数の計算　(2)3 次方程式　(3)確率 (4)関数の決定（定積分の計算） (5)対数の計算，方程式の解の個数　(6)三角関数の加法定理 (7)相加平均と相乗平均の関係
	〔2〕	数　　列	二項係数の性質，いろいろな数列の和と一般項
	〔3〕	データの分析	平均値・標準偏差の計算，データの変化・分析
2021	〔1〕	小 問 7 問	(1)虚数の計算　(2)平均変化率　(3)軌跡と領域 (4)三角関数の加法定理　(5) n 進法と等比数列 (6)整数方程式　(7)四面体の体積
	〔2〕	確　　率	3 点を選んで三角形をつくるときの面積が最小となる確率，平均値（期待値）
	〔3〕	微　分　法	接線の方程式，接線の傾きの最小値，三角形の面積
2020	〔1〕	小 問 7 問	(1)定積分で表された関数　(2)対数不等式の自然数解 (3)確率の計算　(4)平面図形　(5)軌跡の方程式 (6)群数列　(7)回転した点の座標
	〔2〕	微・積分法	接線の方程式，領域の面積
	〔3〕	データの分析	平均・分散，箱ひげ図　　　　　　　　　　　⊘図示

2019	〔1〕	小 問 7 問	(1)虚数の計算　(2)指数の計算 (3)階差数列，部分分数分解　(4)不定方程式 (5)ベクトルの内積，ベクトル方程式 (6)三角関数の最大・最小 (7)3次関数の応用（体積の最大値）
	〔2〕	場 合 の 数	同じものを含む順列，辞書式配列
	〔3〕	積 分 法	グラフの交点の個数，面積

出題範囲の変更

　2025 年度入試より，数学は新教育課程での実施となります。詳細については，大学から発表される募集要項等で必ずご確認ください（以下は本書編集時点の情報）。

2024 年度（旧教育課程）	2025 年度（新教育課程）
数学Ⅰ・Ⅱ・A（場合の数と確率，整数の性質，図形の性質）・B（数列，ベクトル）	数学Ⅰ・Ⅱ・Ⅲ・A（図形の性質，場合の数と確率，数学と人間の活動のうち整数の性質に関する部分）・B（数列，統計的な推測）・C（ベクトル，平面上の曲線と複素数平面）

旧教育課程履修者への経過措置

　2025 年度については各教科・科目とも，旧教育課程履修者を考慮するものの，特別な経過措置はとりません。

 傾　向　標準的問題が中心だが，計算量多し

01 基本情報

試験時間：2024 年度までは 80 分であったが，2025 年度は 100 分となる予定。

大問構成：例年，大問 3 題となっており，大問〔1〕は小問集合である。

解答形式：例年，答えのみを解答用紙に記入する方式となっている。

02 出題内容

例年，〔1〕は小問集合となっており，幅広く出題されている。〔2〕以降の大問としては，微・積分法，確率，数列，データの分析などが頻出している。扱われる題材はいたって典型的なものばかりである。2020年度は平面図形（初等幾何）が出題された他，データの分析が大問として扱われ，箱ひげ図を描く問題が出題された。データの分析は2022・2023年度も大問として扱われ，2024年度は〔1〕の小問集合の中で扱われた。2025年度入試より，出題範囲が変更される予定なので，追加される分野（数学Ⅲの微・積分法や数学Cの平面上の曲線と複素数平面など）からの出題に注意したい。

03 難易度と時間配分

教科書の章末問題から入試の標準レベルまでの問題が出題されており，いわゆる難問は少ない。しかし，計算量がとても多いので，迅速で正確な計算力が必要である。また，〔1〕の小問集合も内容は決して易しくはなく，本来なら大問として出題されてもいいようなものが多いので，注意が必要である。

試験時間に対して，計算量を考えると，余裕があるとはいえないので手際よく処理できるようにしておく必要がある。最初にすべての問題に目を通し，問題を見極めて，解答しやすい問題から手早く確実に処理していくことが大切である。

対策

01 基礎力の充実

標準問題中心の出題なので，まずは教科書をマスターしておくこと。公式や定理の丸暗記ではなく，その原理や使い方の練習を教科書で完璧にしておこう。幅広い分野から出題されているので，苦手分野をなくすことも

大切である。2022・2023 年度のデータの分析は，単なる求値問題ではなく，まさしく「分析」をする設問も出題されている。また，2020 年度は，箱ひげ図の図示問題が出題されており，データの分析は今後も要注意の分野である。

02 標準問題の演習

　教科書を終えたあとは，標準レベルの参考書または入試問題集で，いろいろな考え方や解き方を習得していこう。グラフを使って解く問題や領域に関する問題も出題されているので，注意すること。答えのみを要求する出題形式だが，日頃から記述問題のつもりで解答づくりの練習をしておいたほうがよい。〔1〕は小問集合であるが，各小問は〔2〕以下の大問と難易度に差はなく，簡単に答えが出る問題は1つもないので，しっかり考察して記述する練習が大切である。問題集としては，『入試数学「実力強化」問題集』（駿台文庫）などがよいだろう。

03 頻出事項の学習

　ひととおりの学習を終えて仕上げ段階に入ったら，微・積分法の応用，確率，数列，データの分析を中心に頻出事項をさらに深く学習しよう。また，2025 年度入試より追加される予定の分野（数学Ⅲの微・積分法や数学Cの平面上の曲線と複素数平面など）の対策もしっかりしておこう。

04 計算力のアップ

　難問が少ないだけに，計算力で結果に差が出てくる可能性が高い。計算量が多いのが慶應義塾大学薬学部の最大の特徴の1つなので，日頃から練習問題をしながら計算力をつけておくこと。空所補充形式の場合，問題の文章そのものが解答を導くヒントとなっていることが多いので，よく問題を読むことと，苦手な分野だとしてもあきらめないことが大切である。

化　学

年度	番号	項　目	内　容
2024 ◐	〔1〕	変化・無機	Al の製法と性質と反応，Al の溶解塩電解（50 字 2 問）　⊘論述・計算
	〔2〕	変　化	反応速度を大きくする原因，反応速度定数を求める実験（30・40・50 字）　⊘論述・描図・計算
	〔3〕	変　化	化学反応とエネルギー，熱化学の計算，ラジカル反応　⊘計算
	〔4〕	有　機	分子式 $C_5H_7NO_3$ と $C_5H_9NO_4$ の構造決定，元素分析，アミノ基転移反応
	〔5〕	高 分 子	リン脂質，核酸の構造，合成高分子とアミノ酸の構造（15字）　⊘論述
2023 ◐	〔1〕	無機・変化	銅の性質と反応，銅の電解精錬，ダニエル電池（25字）　⊘計算・論述
	〔2〕	状　態	気体の法則と水蒸気圧，蒸気圧降下（30字，45字2問）　⊘計算・論述
	〔3〕	変化・無機	窒素化合物の性質，熱化学の計算，化学平衡と平衡移動（60字）　⊘計算・論述
	〔4〕	有　機	分子式 $C_{28}H_{27}NO_3$ の構造決定，元素分析，オゾン分解，ロキソプロフェンの構造決定　⊘計算
	〔5〕	高 分 子・変 化	合成樹脂，アミノ酸の化学平衡と等電点（40字）　⊘論述・計算
2022 ◐	〔1〕	構造・無機	元素の周期表と化学結合，イオン結晶の性質（25・50・70字）　⊘論述
	〔2〕	変化・無機	$Al(OH)_3$ の溶解の性質と溶解度積，電離平衡　⊘計算
	〔3〕	変　化	酸化還元反応式，硝酸銀水溶液の電気分解，酸化還元滴定（40字）　⊘計算・論述
	〔4〕	有　機	分子式 $C_9H_{10}O$ の構造決定と元素分析，オゾン分解（40字）　⊘計算・論述
	〔5〕	高 分 子	糖類の構造と性質，セルロースの誘導体（75字）　⊘論述・計算

2021 ◐	〔1〕	構造・無機	Na, Mg, Al の反応と性質, 化学結合と結晶の構造（25字）☑論述・計算
	〔2〕	変　　化	酸・塩基の定義, 酢酸の電離平衡, 中和滴定と pH（30字）☑計算・論述
	〔3〕	状　　態	気体の法則と蒸気圧, 反応量計算 ☑計算
	〔4〕	有　機・高　分　子	分子式 $C_{19}H_{22}O_2$ の構造決定と元素分析, オゾン分解 ☑計算
	〔5〕	高 分 子・有　　機	タンパク質, 油脂, 糖類, DNA の分類と性質, セッケン, 油脂と糖類の計算, 合成高分子の原料（60字）☑論述・計算
2020 ◐	〔1〕	無機・変化	ハロゲンの性質と反応, 酸化還元反応, 鉄の錯イオン, 酸素結合度の平衡反応 ☑計算
	〔2〕	変　　化	反応速度と反応次数, 反応速度定数（40字）☑計算・論述
	〔3〕	状態・無機	コロイドの性質とコロイド粒子, 浸透圧 ☑計算
	〔4〕	有　　機	分子式 $C_{16}H_{13}NO_3$ の構造決定と元素分析, ベンゼンの誘導体, 分子量122の化合物の構造決定（25字）☑論述・計算
	〔5〕	高 分 子・有　　機	核酸と DNA の構造, DNA の質量, 糖類と油脂の代謝 ☑計算
2019 ◐	〔1〕	理論・無機	硫黄と硫黄化合物の性質と反応, 酸化還元滴定, 水の三態変化と熱量（25字）☑計算・論述
	〔2〕	状　　態	気体の溶解度とヘンリーの法則, 浸透圧 ☑計算
	〔3〕	変　　化	色々な電池の仕組み, 濃淡電池 ☑計算
	〔4〕	有　　機	分子式 $C_9H_8O_2$ のエステルの構造決定と元素分析 ☑計算
	〔5〕	高 分 子・変　　化	糖類, 脂質, タンパク質の性質と消化酵素, アミノ酸の等電点と電気泳動 ☑計算

（注）　●印は全問, ◐印は一部マークシート方式採用であることを表す。

思考力・読解力を必要とする問題が多く, 計算力も必要
見慣れない題材が扱われることも

01 基本情報

出題範囲：「化学基礎・化学」

試験時間：100 分。

大問構成：大問 5 題。

解答形式：マークシート方式と記述式の併用。記述式では, 空所補充問題, 計算問題, 化学反応式や構造式を書かせる問題, 字数指定の論述問題などが出題されている。2024 年度は描図問題も出題された。計算問題は結果の数値をマークする形式で, 有効数字が指定されている。

02　出題内容

　理論分野と有機分野からの出題が中心である。理論分野は，広い範囲から満遍なく出題されており，煩雑な計算を伴う問題が多く，計算力が要求される。有機分野は，構造決定や異性体の問題が多く，アミノ酸や糖類に関する天然有機化学の単元も頻出である。無機分野は理論分野との融合問題で出題されることが多い。

03　難易度と時間配分

　2019〜2021 年度は易化傾向にあったが，2022〜2024 年度はやや難化した。2022 年度〔2〕Al(OH)₃ の溶解平衡，2023 年度〔4〕イブプロフェンやロキソプロフェンの構造決定，2024 年度〔4〕アミノ基転移反応など，高校化学では見慣れない題材を扱った思考力・読解力を問う問題が出題されることもあるので，難度の高い問題にもあたっておくべきである。

　試験時間に対して，分量はやや多いと思われる。大問 1 題あたり 15〜20 分程度で解けるように練習しておこう。知識問題や得意な分野を手際よく解答し，計算問題や論述問題に時間を確保したい。

対　策

01　理　論

　例年，思考力・読解力が問われる問題が多い。特に，2022 年度〔2〕の Al(OH)₃ の溶解平衡，2023 年度〔3〕NO₂ の濃度平衡の問題は難しかったと思われ，2024 年度〔3〕の熱化学の計算は煩雑であった。有効数字 3 桁の問題もあり，短時間で計算を正確に行う練習が必要である。標準的な問題を確実にこなすだけでなく，難度の高い問題にもあたっておこう。また，見慣れない題材を扱った文章を読解する練習を，過去問を通して行ってほしい。熱化学，中和，酸化還元，電気分解，気体の法則，化学平衡，希薄溶液など，どの単元も満遍なく学習しておきたい。

02　無　機

　単独での出題率が低く，理論化学に絡めての出題がほとんどである。これまでに，周期表と原子の構造，塩の決定，陽イオン分析，沈殿形成反応とその色の変化，錯イオン，気体の製法と性質などが出題されている。ただ，2024 年度〔1〕で Al の製法が出題された。教科書を中心に重要事項を整理して覚えておこう。

03　有　機

　主な有機化合物の構造・性質・異性体および反応系統図などに関する基本事項は確実に身につけておくこと。構造決定と異性体の問題は例年多く出題されている。特に構造決定はヒントの少ない問題も多いので，このタイプの問題を解く練習を積み重ねておきたい。2023 年度〔4〕のオゾン分解の問題と 2024 年度〔4〕のアミノ基転移反応の問題は難しかった。また，2019 年度のアミノ酸の電気泳動，2020 年度の DNA の構造と質量計算，2021 年度の生体を構成する物質，2022 年度の糖類の構造，2023 年度のジペプチドの構造など，天然有機化合物の出題率が高い。特に糖類は構造式が複雑なので，必ず正確に書けるようにしておくこと。さらにアミノ酸の配列順序の問題も演習を積んでおきたい。

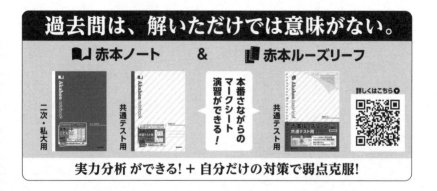

2024

年度

解 答 編

一般選抜

解　答　編

英　語

Ⅰ　**解答**　Q1—2　Q2—3　Q3—5　Q4—2　Q5—4
　　　　　Q6—4　Q7—3　Q8—2　Q9—2　Q10—3

―――――――― 全訳 ――――――――

《科学は芸術を越えた》

①　400 年近く前，現代科学が始まったばかりの頃，フランス=ベーコンは『知は力なり』と書いた。しかしベーコンは科学者ではなかった。彼はこれを隠居した官僚の立場で書いた。彼の言葉はそれ以後に，科学に金を費やすことを官僚が互いに，そして王あるいは納税者に対して，正当化するよりどころとなった期待を現実的に初めて明確に述べたものだった。知は力である。さらに私たちは今日それより弱々しくではあるが，科学はテクノロジーに不可欠だ，と言うだろう。ベーコンの期待は見事に，すばらしく実現されてきた。知ることへの熱狂は作ることへの熱狂に沿ったものだった。したがって何度となく立証されてきたように，基礎研究のどのプログラムが，正確にどんなテクノロジーをいつ生み出すのかは予測可能なことがめったにないということを条件として，その期待は西洋の科学者たちに，前代未聞の探究の自由をもたらしてきた。それにもかかわらず，ベーコンの期待はほとんどの科学者を動かすような事象にはあまり浸透していない。科学はいくつかの報いを得ているが，最大の報いは，科学は私たちがこれまでに認めた中で最も興味深く困難で無慈悲で，心躍る美しい探究だということである。科学は私たちの世紀の芸術なのだ。

②　この台頭が起こった日は，ほとんどの時代の始まりよりもより正確に示すことができる。1905 年 6 月 30 日金曜日である。この日ベルンのスイ

ス特許庁の職員だったアルバート=アインシュタインが，雑誌『アナーレン・デア・フィジーク』に「運動物体の電気力学について」という31ページの論文を投稿した。それ以降に書かれたどんな詩もどんな戯曲もどんな音楽も，その力において相対性理論には及ばない。人はそれを理解しようと懸命に努力し，その知性を喜びで震撼させようとするからである。50年前には相対性理論を理解している人は40人に満たないかもしれないとしばしば言われていたが，アインシュタイン自身も述べているように，今日ではその本質的な見解は，ほどよく利口な高校生なら誰にでも理解できることであり，そのこともまた芸術における，新しいものを理解する早さに特徴的なことである。

③ 遺伝子構成物質の分子構造のことも考えてみよう。DNAのよく知られた二重らせん構造である。これは2本の反復性をもつ鎖であり，その1本はねじれながら上に向かい，もう1本はねじれながら下に向かうものだが，何組かのペアの化学物質の配列によって，2本のらせん状の鎖の間にある筒状の空間のまわりで互いに結合している。この化学物質は4種類あり，それらが2つ1組になって2種類のペアを作り，ちょうど10組でらせん状の鎖が1回転するようにできている。これは1つの彫刻作品だ。しかし形や機能が1つにまとまっていることをよく見よう。その配列には独特の二重性がある。一方ではその配列が，化学物質のペアリングのルールすなわち相補的関係にある鎖の複製によって2本の鎖を別々に保ち，それぞれの鎖を独立したものとして組み立てている。もう一方でその配列は，生物を構成する物質の詳細な設計仕様全体を，アルファベット4文字を使って符号化している。このようにしてこの構造物が遺伝および発生学的な成長，すなわち潜在能力の遺伝とその発現を成し遂げるのである。1953年3月に起こったこの分子構造の解明は抜群の説明力をもったものであったため，それは人類に残された時間があとどれほどだとしても，その間じゅうずっと影響を与え続けることだろう。またその構造は全く無駄がなく，この上なく上品でもある。これほどまでにうっとりさせるような彫刻作品は今世紀に作られたものの中に存在しない。

④ もしも今世紀の最後の25年において，科学を芸術と比べることが，科学が行っていることを軽視することのように思えるとすれば，それは少なくとも部分的には，今私たちが芸術にあまり期待することがないからで

あるに違いない。今世紀に入る前には，芸術家は自然を模写するものだともちろん誰もが考えていた。アリストテレスがそう言っているし，芸術は2000年間栄え進化してきたのだからその考えは明白だった。さらに芸術について考える人たちはそれに付け加えていた。芸術家はたまたまそこに起きている自然を模写するだけでなく，自然があるべき姿を理解して模写するのだ，と。しかし今日ではそれは科学者を表すものだ。メダワーも言っている。「科学的な推論は仮説と，その仮説が生んだ論理的予測の間の絶え間ない相互作用である。すなわちそこには思考の絶え間のない往復運動，つまりいくつもの仮説の公式化と再公式化があり，最後に，広く知られている知識の限りにおいて，その事象に見事に当てはまる１つの仮説にたどりつくのである」　ここまでのところ「仮説」という語だけを変えれば，メダワーは画家や詩人が自分の作品を作り上げる際の経験をうまく表現している。「科学的な推論は可能性と現実，ありうることと実際の事実との間のある種の対話である」と彼は続けている。そしてそこに違いが存在する。科学者は真実とそうでないものの，より厳しい秩序を愉快に思う。自然の模写をその厳しい形で追求するのは画家や詩人ではなく，むしろ科学者なのである。

⑤　多くの科学者，中でも特に数学者と物理学者は，理論の中の美は理論自体が証拠という形に近いものだと考えている。例えば彼らは「優雅さ」という言葉を使う。ポール＝ディラックは反物質の存在を，それが実際にどのような形であれ観察される数年前に予測した（彼がいなければSFはどうなっていることだろう）。彼は1933年，その予測を含む研究で他の研究者とともにノーベル物理学賞を受賞した。「方程式を実験に合わせることよりも，方程式の中に美しさをもたせることのほうが重要である」とディラックは何年も後になって書いている。「もしも自分の方程式の中に美を見出そうという観点から研究しているとすれば，そして真に正しい洞察力があれば，その人は確実に進歩の道を歩んでいる」

⑥　ここで科学者は芸術家と別の道を歩み始める。洞察力は正しくなければならない。対話はありうることと実際の事実との間で行われる。科学者は事象を正しく判断しようとしているのである。世界はそこにある。

⑦　そして他の科学者たちもそこにいる。科学の社会組織は，大学院生が上級科学者の実験室にいる同輩や先輩たちのグループとともに実習をする

ところから始まる。そして実習は作業台や黒板を使っての共同研究へと続き，さらには正式な発表論文へと続く。そしてこれは正式に批評される場に登場するということだ。科学の社会組織の最も重要な機能は，想像と判断の間の相互作用を，個人的な活動から公的な活動へと拡大することである。満ちあふれる幸福感という芸術家の真の判断基準は，科学者にとって，たとえ最も幸運で才能のある科学者にとってさえも，科学を極める過程の単なる通過点であるにすぎない。

=== 解 説 ===

Q1. 選択肢の訳は以下の通り。

1.「『知は力なり』という考え方は時代を越えて等しく，個人にとって重要なだけでなく意義のあることだ」

2.「『知は力なり』などの，一見して普遍的な言葉の有用性は，実は社会的な状況によって変わるかもしれない」

3.「ベーコンがその言葉を書いた歴史上の時代とは違って，現代の世界では知は力だとはもう考えられていない」

4.「『知は力なり』という言葉から私たちが引き出せるはずの教訓は，現代の人々には全く役に立たない」

5.「現代の官僚も国家の予算に関する自分たちの決定について一般の人々の理解を深めるために知を力として誇示するだろう」

　問いは，ベーコンの言葉「知は力なり」を繰り返して言っている（reiterates）ことの意義を尋ねるものである。1は，for individuals が間違い。第①段第3文（He wrote as …）に，ベーコンは「官僚の立場で（この言葉を）書いた」とあり，国家のために発言していることが推測されるし，同段第5文（Knowledge is power; …）および第7文（The rage to …）より，現代の「知は力なり」は現代の科学研究がテクノロジーの発展を主な目的として行われていることを示し，いずれも個々の人間にとっての意義を指すものではない。このように，「知は力なり」という言葉の有用性は時代によって異なると言うことができ，2はそれを一般化した内容になっているので正解。具体的には，ベーコンの「知は力なり」は同段第1～4文（Nearly four hundred … money on science.）より，近代科学の黎明期に，科学研究による知力向上を国家として推進するために使われているのに対し，現代においては，同段第5文（Knowledge is power：…）および第7文（The rage to …）より，その言葉は科学研究が（もっと目先の利益を生むような）テクノロジー，モノ作りの技術発展のために使われていると解釈できる。3のno longerと4のnot at all useful … eraは同段第4文（His slogan was …）と矛盾する。5は，同段第4文後半（by which, ever …）に一致するように見えるものの，科学以外のどんな予算案に対しても「知は力」という考えで通すわけではないはずなので，their decisions on federal budgets「国家予算に関する自分たちの決定」という部分が一般化されすぎていると判断する。

Q2. 選択肢の訳は以下の通り。

1．「芸術は私たちの世紀の科学である」

2．「科学者の創造性は限りがない」

3．「基礎的な研究結果の将来の有用性について予見するのは難しい」

4．「自由は，科学を含む西洋の近代化の基盤ではない」

5．「提示された期待が具現化されるには，予測できないほどの時間がかかるだろう」

　下線部の直前のダッシュ（―）ではさまれた部分（with the provision, … technology and when）に注目する。with the provision thatは「～という条件で」という意味。どんな基礎研究がいつ役に立つかわからないということを踏まえた上で，下線部にあるように科学者に探究の自由が与えられてきたということである。この内容から3が正解。5については，本文の下線部のある文では期待そのものを具現化することについて時間がかかるといっているのではないので間違い。

Q3. 本文では現在完了の肯定文を用いたthat節にyetが使われており，このthat節の前では最上級（the greatest）が使われているので，yetは「これまで」「今まで」の意味である。5が正解。

Q4. apprehendは「理解する」なので2が最も近い。

Q5. 選択肢の訳は以下の通り。

1．「すべての新しい時代の正確な始まりは，常に非常に容易に確認できる」

2．「1930年代にはたった100人しかアインシュタインの画期的な発表論文を理解していなかった」

3．「相対性理論の発見は芸術が私たちの時代の科学だということを証明

している」

4．「私たちの時代には高校生の中にも相対性理論を理解できる人がいるだろう」

5．「1904 年にアルバート＝アインシュタインによって書かれた革新的な論文は，芸術家が科学者より劣るというこれまでの何世紀にも渡る状態を逆転させた」

1 には新しい時代の始まりについて has always been … identifiable とあるが，これは第②段第 1 文（The takeover can …）の内容と矛盾する。たいていの時代の始まりはそれほど正確に示すことはできないと言っている。2 には only one hundred people とあるが，1930 年代にアインシュタインを理解していたのは，第②段最終文（Whereas fifty years …）にあるように hardly twoscore people つまり「40 人に満たない」人数だったので矛盾する。3 では後半に the art is our century's science とあるが，第①段最終文（Science is our …）にあるように Science is our century's art がここのテーマなので矛盾する。4 の内容は第②段最終文（Whereas fifty years …）の，ダッシュ（―）の直前部分 within reach of … に一致する。5 についてはアインシュタインの論文発表は第②段冒頭にあるように 1904 年ではなく 1905 年であり，また選択肢の後半 the inferiority of artists … も，科学者と芸術家の扱い方が本文第④段（If to compare …）に書かれているものと逆なので間違い。

Q 6． 一般に代名詞 it が指す内容は直前の単数名詞だが，本文ではそうならない。第③段（Consider also …）では遺伝子の分子構造について冒頭から説明されており，同段第 2 文（This is two …）最初の This is two repetitive strands … 以降は 2 本のらせん状の鎖の説明で，it で受ける単数名詞はない。it はこの第 2 文冒頭の This を受けると考えるのが自然で，さらにこの This は同段第 1 文（Consider also the …）にさかのぼり DNA の構造を指すので 4 が正解。

Q 7． entrancing の原形は entrance「入口」だが，つまり「別領域に渡ること」であり，「～を有頂天にする，～に我を忘れさせる」という動詞につながる。第③段最終 2 文（The structure is … is so entrancing.）では DNA の分子構造の美しさを強調し，こんなに entrancing な彫刻は他にない，と締めくくっているという文脈もしっかり理解して考えよう。3

が正解。

Q8. 選択肢の訳は以下の通り。

1.「芸術家が自然を模写するということは一般に受け入れられている」

2.「論理的思考の過程は一般的に，科学者や芸術家が行うことに内在している」

3.「相互作用による推論の厳格さについては科学者のほうが芸術家よりも勝るかもしれない」

4.「あるレベルでは，科学者と芸術家はどちらも自然を模写することに携わっているという点で類似している」

5.「科学と芸術は矛盾し相容れないと考える人たちは，科学が行っていることを軽視しているのかもしれない」

　1・4については第④段全体にわたって述べられていることに一致する。同段第2文（Before our century …）以降で「前世紀までは芸術家は自然を模写する」という考え方が詳しく説明されている。その後同段第4文（Yet today that …）で，今世紀になって科学についてのほうがむしろそうだという考え方がメダワーの言葉を用いて示されている。さらに同段第6文（Thus far, change …）では芸術家が行うことも同じだと言えると続いている。3については同段最終2文（The scientist enjoys … imitation of nature.）で，「科学のほうが自然の模写の仕方が厳格だ」と言っているため一致する。残った2と5で迷うかもしれないが，5は第④段全体で，かつては芸術が行っていたこと「（自然の本質への洞察による）自然の模写」を，現代では科学がより説得力ある形で行っていることが述べられており，「科学と芸術は相容れない（＝科学は芸術の領域に入れない）と考える人は，科学が行っていることを軽視しているかもしれない」という選択肢の意味に合致する。2については，本文中で芸術におけるlogical thought process「論理的思考過程」については明確に述べられておらず，芸術家に内在しているとは言い切れないため，本文に不一致。よって2が正解。

Q9. 選択肢の訳は以下の通り。

1.「ここで科学者と芸術家が協力し合っていることがわかる」

2.「ここが，科学者と芸術家が互いに別れる点である」

3.「科学者と芸術家は常によい道連れであるということを認識しておく

のは重要なことだ」

4.「ここが，科学者と芸術家が相互に作用しながら関わり合い始めるところだ」

5.「科学者と芸術家はこの点で不変の共通点を示しているということに注目すべきである」

　第⑥段の下線部と本質的に同じ内容を表している選択肢を選ぶ問題。下線部の part は「～を引き離す，別れさせる」という意味の動詞で，company は「仲間，同伴」である。つまり下線部全体は，前段までの科学と芸術の共通点を中心とした内容から一転して「科学者が芸術家と別々の道を歩む」という意味である。この意味に近いのは 2 のみで，diverge from ～は「～から別れる」の意味。なお下線部冒頭の Here は前段最終文（"It seems that …"）のポール=ディラックの言葉を指していることも理解しておこう。

Q10. 文法的な点を確認しておくと，まず選択肢 1・4 のような so S V の形は「その通りだ」と前文の内容への同意を表し，選択肢 2・3・5 のような so V S の倒置形は「S（別の主語）もそうである」の意味を表す。例えば，He is a kind man. に対する応答として，So he is. は相手に同意の「本当に彼は親切な男だ」となり，So are you. なら「君も親切な男だ」となる。

　本問の空所は，前文である前段最後の The world is there.「世界はそこにある」を受けた表現と考えられ，so S V（同意）の形をとりながら主語が異なる選択肢 1・4 はまず除外できる。空所に続く第⑦段の内容は，同段第 2 文文頭にある The social system of science「科学の社会組織」という概念に関するもので，apprenticeship「実習，見習い，奉公」から始まって，collaboration「共同研究」，そして最後は正式に批評される場に立つことが述べられており，つまり科学を研究する上での組織としての活動について述べているとわかる。したがって 3 を選び，「（世界だけではなく）他の科学者たちもそこにいる」とするのがふさわしい。

――――――――――――― **語句・構文** ―――――――――――

（第①段）bureaucrat「官僚」 justify「～を正当化する」 rage「熱狂」 penetrate to ～「～に浸透する，貫く」 pitiless「無慈悲な」

（第②段）takeover「引き継ぎ，乗っ取り」 patent office「特許庁」

strain to *do*「～しようと努力する」　tremble with delight「喜びに震える」　assimilation「理解，吸収」

(第③段) celebrated「よく知られた，著名な」　helix「らせん状のもの」　repetitive「繰り返しの，反復の」　wind「曲がりくねって進む」　sequence「配列」　chemical entity「化学物質」　sculpture「彫刻」　duality「二重性，二元性」　assemble「集まる，組み立てられる」　duplicate「複製」　specification「詳しい記述」　organism「生物」　encompass「～を成し遂げる」　heredity「遺伝」　elucidation「説明，解明」　surpassing「並外れた，素晴らしい」　explanatory「説明の」　reverberate「反響する」　economical「経済的な，無駄がない」

(第④段) compare *A* to *B*「*A* を *B* と比べる，*A* を *B* に例える」　undervalue「～を軽視する」　imitate「～を模倣する，模写する」　flourish「繁栄する」　evolve「進化する」　reasoning「推論」　interplay「相互作用」　hypothesis（複数形は hypotheses）「仮説」　to-and-fro「あちこちに動く，行ったり来たりする」　formulation「公式化」　prevailing「一般的な，広く行き渡った」　dialogue「対話」　harsh「厳しい」　discipline「秩序」　stringent「厳しい」

(第⑤段) antimatter「反物質」　equation「方程式」　insight「洞察力」

(第⑦段) graduate student「大学院生」　peer「同輩，仲間」　publication「出版，公表」　criticism「批評，批判」　oceanic「大海の（ような）」　touchstone「試金石，基準」　midpoint「中間点」

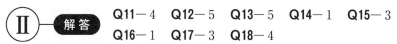

Ⅱ　**解答**　　**Q11**─4　**Q12**─5　**Q13**─5　**Q14**─1　**Q15**─3
　　　　　　　　Q16─1　**Q17**─3　**Q18**─4

Question One. (a) (Be sure to) distinguish language skills from scientific quality.

(b) Be aware of language balance in (a variety of) scientific activities.

(c) Use scientific knowledge sourced from multiple languages.

·· **全訳** ··

《科学界の言語多様化の必要性と提案》

①　言語の壁は科学に大きな影響を及ぼす，広範囲にわたる問題である。どんな科学者も，あるいは科学を扱う者も，一般の人が多くの他の状況下

でおそらくそうであるのと全く同様に，科学を取り扱ったり科学の情報伝達をする際に自分の母語以外の言語が関わってくると困難に直面する。これは特に英語を母語としない人たちが，自分の言語能力の欠如のせいで直面する「英語」の壁としてしばしば認識されてきた。これはまず間違いなく，世界の人口の95％を構成する，英語を母語としない人々にとっての教育や職業の機会に，しばしば極めて深刻に影響を及ぼしている。私たちは言語の（すなわち英語の）壁を克服するという仕事を，英語を母語としない科学者の社会に，そして最終的には本人の努力と投資によってその壁を克服しようとする個人に，ほとんど全面的に任せることが多い。しかし私たちが学究界に存在する不平等に対処するつもりならば，言語の壁の問題に取り組むことは科学者の社会全体が行うべき明らかに急を要する仕事である。

②　さらに指摘しておきたいことは，言語の壁によって引き起こされる問題が，英語を母語とする人々を含む科学者の社会全体にとって重大な影響を及ぼしかねないということである。なぜなら(i)さまざまな言語でばらばらに存在する科学的知識の世界的な蓄積を十分に利用できないことで，知識の非常に偏った情報源に依存することになってしまったり，(ii)研究論文が英語のみでしか存在せず，したがって世界中で入手できるわけではないということで，現在でさえすでに十分とは言えない，意思決定における科学の利用や一般の人々への科学普及を一層滞らせることになってしまったりするからである。このように言語の壁は科学の進歩を大幅に遅らせ，また例えば疾病の世界的流行（パンデミック）や気候変動，そして生物多様性の危機といった進行中の，そして将来起こりそうな地球規模の難題解決への科学の貢献をも大幅に遅らせることになりかねない。したがって，英語を母語とする人のためにもそうでない人のためにも，言語の壁の問題は取り組む価値があると私たちは確信する。

③　しかし言語の壁の問題についてはさまざまな機会に議論され続けているものの，科学界では十分真剣に取り組まれることがめったになく，広範囲に見られる問題のままというのが現実である。現在の，一致協力した努力の欠如という状態を変えるためには，言語の壁の問題に取り組みそれを解決するための明確なチェックリストが，科学者の社会に必要だと私たちは考える。ここで私たちは，科学のさまざまな分野で働く英語を母語とし

ない者から成るグループとして，この重大な問題，すなわち科学において存在する言語の壁をどのようにして克服すればよいかということに集中的に取り組む。科学，技術，工学，そして数学（STEM）に携わる誰もがこの問題への取り組みと解決をし始める手助けになるよう，私たちはいくつもの助言を用意した。すなわち言語の壁を克服する努力を意識することに加えて，調査研究を多様な言語で公表すること，多様な言語を情報源とする科学的知識を利用すること，科学用語を翻訳すること，言語的技能を科学的な質と区別するよう留意すること，サポートを提供して英語を母語としない人たちに配慮すること，科学のさまざまな活動における言語的なバランスを意識すること，今ある情報源と機会を活用することである。

④　科学は一言語を用いて誰にでも簡単に情報伝達ができると考えてはいけない。科学者は一般に自分の調査研究を，英語と母語の両方あるいは一方で公表するが，関連があるかもしれない他の言語で公表することはまずない。このことによって科学的知識が一般の人々や意思決定者たちの間であまり理解されないことにつながっていく恐れがある。雑誌や見本刷りの担当者が著者に促すことが多くなっていることだが，論文の英語版以外のものを用意することや，政策立案者のために報道機関への公式発表や要約を多様な言語で出すことにより，言語の壁を越えてその言葉が普及することの役に立つはずである。

⑤　言語の壁というこの問題が今なお十分に解決されていないにもかかわらず，学究界の状況は確実に改善の道を歩んできた。これは主として，数多くの言語のために発音の問題解決を提供する，比較的信頼のおける翻訳機やサイトなど，役に立つさまざまなオンラインの手段のおかげである。さらにメンターのプログラムも，英語を母語としない人がその人の母語を話すメンターとの話し合いを通して，ライティングやコミュニケーションの技能を向上させたり一般的な職業上の助言を得たりするのに役立つ。

⑥　ここに掲げた助言は，学究界が言語の壁を克服するのに健全で理想的な環境だと私たちが信じるものを示している。すなわち最新の調査研究を多様な言語で学ぶことができ，知識が，それが最初に発見されたときに使われていた言語に関わらず広く応用でき，ある言語を母語としない人たちが，自分の職業経験を積み重ねていく全過程において言語の十分なサポートを受けることができ，そして自分の母語ではない言語で情報伝達をする

人々に対して誰もが配慮するという環境である。提案したことの中には実行するのにさらなる努力と手段と費用が必要なものもあるかもしれないし，またそのことによって短期的には科学的な生産性に影響を与えることがあるかもしれない。しかし長期的には，上に述べたことを学究界が本当に実現できるならば，科学者の社会全体にとって莫大な利益となるだろう。というのは，言語の壁のせいで現状では埋もれている才能と知識という財産は，効果的に活用されれば科学の進歩を促し，また進行中の，そして将来起こりそうな地球規模の難題解決への科学の貢献度も高めるからである。

⑦ これらの助言の中には STEM のすべての人たちに必ずしも適合するものではないものがあるかもしれない。それでも私たちは，科学における言語の壁を克服するために，学究界と科学を扱う人たち全体を含めることによって社会的改革を起こす必要があると信じている。それゆえに各助言に対して故意の対象を添えることを意図的に避けたのである。同時に英語を科学における共通言語としてもつことの有用性と，それによって英語を母語としない人々が英語の能力を向上させる努力を継続することの重要性も，強く言いたいと思う。私たちはここで扱った点の多くで困難に直面している，英語を母語としない人たちに言及している。これは単に，学究界およびより広い社会で英語が完全に支配しているからだということもしばしばある。しかし，それほど明白にはされないことだが，他の言語も同様の重大な壁となる可能性があるということを心に留めておくことは重要である。

⑧ 今日私たちが直面している現実は，言語が（しばしば英語を）母語としない人々の，まだ活用されていない潜在能力が解き放たれることをひどく阻害している多くの障害物の1つであるということである。明らかなことだが，科学における言語の壁を克服するのに，ここに述べられていない方法が他にもあるに違いない。そして私たちは解決策となる可能性のある他の提案を心から歓迎する。その一方でこれらの助言が学究界およびその他の世界で意識を喚起し，迅速な行動を促すことの一助となることを願っている。

=== 解説 ===

Q11. 空所直前の who の先行詞は non-native English speakers である。また空所の後には「世界の人口の 95％」とあることから「〜を構成する，

占める」と考えるのがよい。したがって 4 の constitute「～を構成する」が正解。 3 の consolidate は「～を統合する」の意味。

Q12.　選択肢の訳は以下の通り。

1．「言語の壁は英語を母語とする人には何の影響も及ぼさないということは指摘しておかなければならない」

2．「言語の壁の問題は主として英語を母語としない人たちによって取り組まれるべきものである」

3．「疾病の世界的流行や気候変動などの問題は，言語の壁の克服を容易にするという効果がある」

4．「すべての科学的知識は英語で書かれているので，英語を話す人は世界で最も重要な知識に触れることができる」

5．「調査研究の結果をもっと広い範囲の人々の手に届くようにすることは，科学を意思決定の過程や一般の人々の理解範囲に広く組み込むことの役に立つだろう」

　　1 は第②段第 1 文（Also note that …）の including native English speakers と矛盾し， 2 は同段最終文（Therefore, we believe …）の空所［Q14］の後と矛盾する。 3 は同段第 2 文（Language barriers can …）と矛盾する。本文には言語の壁がさまざまな問題解決を impede「遅らせる」とあるので，選択肢は facilitate「容易にする」が間違いであり，因果関係が逆になっている。 4 は同段第 1 文（Also note that …）の(i)の内容と矛盾し， 5 は(ii)の内容と一致する。本文では英語だけの研究では意思決定における科学の利用や一般の科学知識の普及を exacerbate「悪化させる」と言っている。選択肢はこの内容を，英語以外の研究も含めることで科学を意思決定や一般の理解範囲に incorporate「組み込む，取り入れる」と表している。なお，outreach とは「手の届く範囲，奉仕活動」という意味だが，本文では科学者が一般の人々に対して，科学への興味や関心を高めるために行う普及活動を指していると考えられる。

Q13.　第②段の空所も第⑥段の空所も contribution to の後に続く正しい形を選ぶ問いである。contribution to ～「～に貢献する」で，～は名詞要素が入る。さらにいずれの空所の後にも challenges「難問」が続いているので，solve challenges「難問を解決する」という意味のつながりとなる。これを名詞化するので，空所に必要なのは動名詞である 5 の solving とな

る。2の being solved は受動態で，後に名詞を続けることができないので間違い。

Q14. 空所のある文は we believe の後に language barriers から始まる節が文末まで続いている。空所の前までの意味は「言語の壁は取り組む価値のある問題」であり，空所の後は「英語を母語とする人と母語としない人の両方」と続く。そこで選択肢のうち後に「人」が続くものは1「（人の）ために」，3「（人に対する）責任があり」，5「（人を）除いて」である。第①段では「言語の壁」が英語を母語としない人に与える悪影響，第②段ではそれが英語を母語にする人に与える悪影響を論じていることを考えると，1が正解。

Q15. 選択肢の訳は以下の通り。

1.「科学者は幸運にも，言語の壁を簡単に克服することができる」

2.「言語の壁を克服するために非常に真剣な努力が常になされてきた」

3.「筆者は言語の壁を克服するにあたって考慮すべき多くのことをまとめた」

4.「英語を母語とする人としない人は，たいてい異なった科学分野で仕事をすることはない」

5.「言語の壁を克服するためには科学だけでなく技術や工学，それに数学のすべての分野を学ぶことが義務づけられている」

1・2は第③段第1文（The reality is, …）と矛盾する。3は同段第3～最終文（Here we, as … overcome language barriers.）と一致する。筆者は言語の壁を克服するためのさまざまな取り組みを考えていて，それらを organize「まとめ」ている。4は同段第3文（Here we, as …）に筆者たちが，科学のさまざまな分野（discipline）で働いている，英語を母語としない人たちの集団であることが述べられているものの，英語を母語とする科学者とそうでない科学者が，科学のどのような分野で仕事をするのかは本文に言及がない。5は，STEM については同段第4文（We have a number …）に言及があるが，そのすべてを学ぶことを mandatory「義務的な」ものとは言っていないので間違い。

Q16. 選択肢の訳は以下の通り。

1.「言語の壁という問題は改善の方向に前進している」

2.「科学における言語の壁という問題を解決するためには回り道をする

のが最善である」

3．「言語の壁を克服することは道のりが非常に長く，最小限の進展がなされてきただけである」

4．「言語の壁という問題は完全にはまだ解決されていないが，それを素早く解決する非常に簡単な方法がある」

5．「学究界の科学者たちは，言語の壁という問題を克服するための最善の方法を研究しようという十分な努力をしていない」

　下線部文頭の Despite は逆接なので，下線部で最も重要なのは the situation 以下の情報だと考えることがヒントになる。下線部最後の come a long way は「大いに進歩する」で，1の move forward とは「（よい方向に）前進させる」なので，意味が近く，これが正解。2～5は間違いで，2の a roundabout way「回り道」，3の minimal progress「最小限の進展」，4の後半の very easy ways と quickly，5の do not make や the best ways が下線部の内容と異なる。

Q17. 選択肢の訳は以下の通り。

1．「英語を母語としない人にとって英語の能力を向上させ続けることはあまりにもつらい」

2．「翻訳機などの出現によって，英語を学ぶ必要性は消えつつある」

3．「英語という科学者の社会の共通言語を学び続けることは重要である」

4．「英語を母語としない人の英語の技能を向上させようという絶え間ない努力は，職業として科学を追求するのに何の効果も生まないだろう」

5．「英語を母語とする人が調査を行い続け，科学においてなぜ英語が共通言語となったのかを説明することは最も重要である」

　下線部で筆者が強く言いたい（stress）ことは，英語が科学の共通言語（lingua franca）なので，英語を母語としない人は引き続き英語を学んでほしいということである。この内容に沿った選択肢は3である。1は it is too stressful，2は disappearing，4は no impact，5は native English speakers および explain why 以下が下線部の内容と合わない。2の advent は「出現」の意味。

Q18. 選択肢の訳は以下の通り。

1．「挙げられたすべての助言が成し遂げられれば，科学界の言語の壁は非常に容易にすっかり克服できる」

2．「言語の壁を克服することに関してここに挙げられた助言の有用性は，研究室の研究者にのみ当てはまる」

3．「筆者は，英語を母語としない科学者が自分の才能が埋められるように，言語の壁を打破しようとする努力をするのに役立つよう助言を示した」

4．「英語を母語としない研究者が言語の壁のせいで科学の進歩に貢献できないことは，克服すべき難題である」

5．「筆者は，言語の壁を取り除くことを超えた断続的な努力が，英語を母語としない科学者の才能につけこむために必要だということを強く主張した」

　1は第⑧段第2文（Undoubtedly, there must …）の内容と矛盾する。2は同段最終文（Meanwhile, we hope …）の最後，in academia and beyond と矛盾する。3～5はいずれも同段第1文（The reality we …）がその該当箇所である。同段第1文では impede（＝prevent）A from B「AがBすることを邪魔する」を使って，言語の壁がまだ活用されていない（untapped）能力が解き放たれる（being released）ことを邪魔することを説明している。この内容に一致するのは4である。3は最後の buried が間違いで，5は discontinuous「不連続の」や capitalize on ～「～につけこむ」が間違い。

Question One. 問いは第③段にある助言のうち(a)～(c)の場面に当てはまるものはそれぞれどれかを選び，完全な文で書くことを求めている。本文で該当する助言は同段第4文（We have a number …）の途中のコロン（：）以降（disseminate research in …）に1つずつカンマ（，）で区切られて8点挙げられている。

(a)　「国際会議を開催した科学者たちはすべての出席者に対して，会議の終了時に提示される最終評価は，その評価を決定するもとになった議論に参加した人たちの言語の流ちょうさではなく，議論された科学的内容だけに基づいていなければいけないということを，事前の注意事項の中で強く言うべきである」

　この内容は，言語の流ちょうさと科学的な質を分けるという4番目の助言（be sure to …）の，特に distinguish language skills … に当てはまる。解答には be sure to を含んでもよいだろう。

⒝　「会議の発表者を選ぶ際には，論文集の編集委員会に新しいメンバーを加えたり新しい職員を雇ったりして，英語を母語としない人たちを含める意識をもつよう努める」

　この内容は，英語に偏らない会議を構成するということなので6番目の助言（be aware of …）に当てはまる。

⒞　「科学の国際会議の出席者が，出版されている科学文献を包括的に検索していて，英語による関連情報が単に見つからなかったり実用的でなかったりする場合には，他の言語による関連事項を確認したり引用したりすることを勧めるべきである」

　この内容は，英語以外による情報も利用していこうということなので2番目の助言（use scientific knowledge …）に当てはまる。

～～～～～～～～～～　語句・構文　～～～～～～～～～～

（第①段）multifaceted「広範囲にわたる」 linguistic「言語の」 inequality「不平等」 academia「学問研究の世界，学究界」

（第②段）note「～を指摘する，特筆する」 take advantage of ～「～を利用する」 scattered「散在している」 reliance「依存」 biased「偏った」 inaccessible「手が届かない」 uptake「（新しいことの）理解，利用」 biodiversity「生物多様性」

（第③段）pervasive「広がっている」 concerted「一致協力した」 disseminate「広める，普及させる」

（第④段）press release「公式発表」 summary「要約」 policymaker「政策立案者」

（第⑤段）translation「翻訳」 mentorship「経験者や有識者（メンター）による制度」

（第⑥段）initially「最初に」 productivity「生産性」 in the near term「短期的に」 in the long run「長期的に，最終的に」 bury「～を埋める」 deploy「～を活用する」 boost「～を高める」

（第⑦段）applicable「当てはまる」 societal「社会的な，社会の」 deliberately「意図的に」 intended「故意の」 sheer「全くの」

（第⑧段）prompt「即座の，迅速な」

Ⅲ　解答　　**Q19**—5　**Q20**—1　**Q21**—2　**Q22**—3

Question Two. ある人の業績を深く理解し敬意を払うことによって，今度は他人から自分自身へ敬意が払われるということ。(40〜50字)

Q23—1　**Q24**—2　**Q25**—1　**Q26**—5

·· 全訳 ··

《ある聡明な物理学者についての回想》

① 私は四半世紀前に初めてスブラマニアン=チャンドラセカールと知り合った。それは私がシカゴ大学で約40年行ってきた社会人向けの一般教養セミナーの学生だった，彼の優秀な妻であるラリサを通じてのことだった。彼と私は時折，木曜日の物理学セミナーの前のお茶の時間に，大学のキャンパスでたいていは2，3分話をしたものだった。

② 多忙な生活を送る彼にとっては明らかに些細なものではあったが，この関係があったからこそ，私は1995年8月28日にアメリカ公共ラジオ放送の私たちの地元局で放送されるチャンドラセカール教授追悼番組に，物理学の専門家（ロバート=ウォールド氏）とともに，アンドリュー=パトナーから招かれることとなった。この仕事のために私自身がきちんと準備を整えようとしたことは有益なことだった。チャンドラセカール氏が長年の間に私に送ってくれていたものも含めて，彼が書いたり彼について書かれたりした多数の書物を読んだのである。

③ とりわけ意味深かった発見は，シカゴ大学公文書館にあったチャンドラセカール氏の論文である。それらの中にはきわめて整然とした手書きの原稿も含まれている。それを見ると，80年ほど前にインドで，非常に聡明で感性の豊かな子どもが家庭教師から受けていた，将来のためになる教育を感じ取ることができる。またそれとは対照的に自分自身の仕事がいかにいい加減なものかということも感じ取ることができる。

④ 私のチャンドラセカール氏に対する敬意は，シカゴ大学のキャンパスやその他の場所で，彼の大勢の科学者仲間と放送前の1週間に交わした会話によってより深くなった。アルバート=アインシュタインやエンリコ=フェルミにさほど劣らないとする，チャンドラセカール氏への彼らが思う位置づけは，彼を知っているからこその，偽りのない心からのもののように思われた。

⑤　チャンドラセカール氏の科学者仲間にとっておそらく最も注目すべきことは，10年ほどが過ぎるたびに新しい分野に注意を向ける彼の能力だった。その分野はたいてい，天体物理学あるいは物理学の中で誰も見向きをしなかった分野で，彼はそれを熱心に研究し，自分の分野とし，そのテーマに関するすばらしい著書を同僚たちに寄贈していた。このようなことをする能力に明らかに重大だったのは，数学者としての彼の能力だった。1983年に彼に授与されたノーベル賞は，半世紀前に彼が成し遂げた業績（それが結果的に驚くべき，そしてある意味では今もなお信じられない「ブラックホール」の予測につながったのである）を強調したものだったが，ノーベル委員会によって高く評価されたのは彼の研究全体だった。

⑥　たいていの物理学者は重要視することもまずないだろうが，チャンドラセカール氏が全身全霊で打ち込んだ最後の研究は，ニュートンの著書『プリンキピア』の中で彼が万有引力の法則を発見することに直接つながったと思われる部分の集中的な解釈だった。これは，このテーマに関してチャンドラセカール氏が亡くなる少し前に出版された，見事に整った1冊の本に最高の状態で集約されている。それは『一般読者のためのプリンキピア』である。この本の優雅さは，チャーミングな妻とともにハイドパークの遊歩道を夕方散歩しているのがよく見られた慎重な男の優雅さを見事に反映している。

⑦　私たちのラジオ番組出演のために私が準備したことの中には，『プリンキピア』に関するチャンドラセカール氏の本をどうにか読破することも含まれていた。その本の中でチャンドラセカール氏はニュートンの法則の多くに対して現代の物理学者が好むような種類の証拠を提供している。これらの問題に関していろいろな優れた科学者に話すよりも前には，ニュートンを読むには自分たちにその能力がいかに不十分だと彼らが考えているかということを，私はわかっていなかった。彼らはいずれにしてもニュートンを読もうという気はないのだが。チャンドラセカール氏は彼らにニュートンの「翻訳」を提供した。それはチャンドラセカール氏が独自のコメントを加えることによって精度を高めたもので，そのコメントの多くは，『プリンキピア』をどんどん深く掘り下げて生まれた彼のニュートンへの畏敬の念を証明するものになっている。このようにして示されたニュートンに対する彼の尊敬の念は，今度はそれが彼自身への尊敬の念を示すこと

にもなっている。

⑧ 現代科学の「進歩的な」特性は，たとえどれほど今日の実践科学者たちがニュートンの発見を認め，それを土台としているとしても，彼らがニュートンを理解できないことに反映されている。現代科学の孤立，それもおそらく険悪な孤立は，教養のある素人の科学的な理解度に何が起きてきたかということによって示唆される。1800年当時なら，教養のある素人はニュートンのテキストをもとに勉強して，ニュートンをいくらか理解できれば嬉しいと思っていた。200年後，教養のある素人が，自分の時代の科学の最も影響力のある人々による，自然に関してどんどん技術的になりつつある研究からは，得られることはほとんどないと言ってもよいほどである。

⑨ どういうわけか，ニュートンとその後の100年間の読者たちは，人間がものごとに対して自然に理解していることを，今日のそういう者たちよりもうまく利用することができた。ニュートンが採用した幾何学的な様式による説明は，今日の彼の継承者たちが採用する代数的な（そしてそれゆえにますます「抽象的」で工夫を凝らした）様式と比べると，たとえどれほどガリレオやニュートンおよび彼らの仲間たちがアリストテレスおよび彼の真に自然な理解とは距離を置こうと努めたとしても，自然の物事により近く，それによって物事の具体的な側面により一層沿ったもののように思われる。自然を適切に把握することが，真に信頼できる科学の基盤であるのみならず私たちの間の恒久的な倫理の基盤でもあるにもかかわらず，今日の教養のある一般の人々がもつ，自然に対する現代風でいくらか力のない位置づけは，あまり十分には認識されていないようである。現代の物理学者は，私たちの時代の科学とそのテクノロジーが，当たり前の倫理や（本物ではないにしても）保守的な哲学に及ぼす，あまり意図しない影響を忘れがちである。どこでもそうだがここでも，一方では真実に対する自然な追求と，もう一方では正義と公共の利益の追求との間の緊張を感じ取ることができる。

⑩ たとえそうであっても，チャンドラセカール氏の先駆的な努力，すなわち今世紀で最も優れた科学者による『プリンキピア』のおそらく最も深遠な理解は，現代科学とそれに付随するテクノロジーの紛れもない驚異を確実に手に入れるために支払われてきた，本物の理解に対する代償につい

て，物理学のあらゆる専門家に考えるよう促しているはずである。

⑪　この人物について，そして現代科学について，1993年4月，学部のセミナーの前にチャンドラセカール氏と物理学の談話室で交わした会話から，さらにもう1つ別のことが思い起こされる。彼は私がまだ毎週のセミナーに出席していることに触れた。私は，それは定期的に私がオーケストラホールに出かけているのと同じようなものだと答えた。彼は，セミナーで聞くことができる音楽を私が過大評価していると言った。私は次のように説明した。どちらの場所でも私は聞こえてくることのほとんどを理解しているからということではなく，どちらの場所でも観察できる想像力と能力，それに献身の深さを称賛せずにはいられず，時にはすべてが非常に啓発的であるばかりでなく教訓的でもあるような素晴らしい事柄が目の前に広げられるのを垣間見ることができるからなのだ，と。私を知る人なら誰にでも明白であるはずのことは付け加える必要もなかった。すなわち音楽でも物理学でも私にはまだ学んでいないことがたくさんあるということだ。

⑫　それから私はチャンドラセカール氏に尋ねた。「このところニュートンを研究しているらしいですね。ニュートンは期待していたほど興味深いと感じておられますか？」　チャンドラセカール氏は，彼がニュートンを研究していると聞いた他の人が最近彼に「どう感じていますか？」と尋ねてきた，と答えた。そして（チャンドラセカール氏は続けた）彼は「まるで動物園に初めて行ってライオンを見た少年のような気持ちだよ」と答えたのだそうだ。もちろんチャンドラセカール氏の中にも威厳のあるライオンのようなところがあり，それゆえに私はこのように彼についてさらに観察する気になっているのだ。偶然のことなのだが，私と妻はチャンドラセカール氏が死亡したとわかった日，夕方の散歩から帰宅してすぐ，空にとても明るい光を見つけた。それは際立って明るかったので，私はシカゴ大学の天文学部に所属している隣人に家から出てくるように呼びかけた。彼によるとその光は木星だった。翌朝，チャンドラセカール氏の死を知ったとき，この壮麗な天体ショーが私たちの家の南西方向，彼が住んでいた方向で繰り広げられていたというのは素晴らしい符合のように私には思われた。

===== 解説 =====

Q19. 選択肢の訳は以下の通り。

１．「すべての人たちは（科学以外において）非常に教養のある人たちだったが，チャンドラセカール氏は科学セミナーの間に約 25 年間，定期的に彼らに講義をしていた」

２．「筆者とチャンドラセカール氏の 25 年にわたる親密な協力関係は，彼らにとって重要な他の人たち（その人たちもまた他の分野で著名な科学者だった）との間の，親しい関係を必然的に生み出す結果にもなった」

３．「筆者の妻は科学の別の分野の専門家だったのだが，彼女のおかげで彼はチャンドラセカール氏に紹介してもらうことができ，このことによってチャンドラセカール氏と数十年続く親密な関係ができあがった」

４．「チャンドラセカール氏の妻は筆者の妻と仲のよい友人関係にあり（２人とも科学者ではない），このことによって結局 50 年近くも続くことになる筆者とチャンドラセカール氏との深い友好関係ができた」

５．「筆者とチャンドラセカール氏との（筆者の考えでは）取るに足りない付き合いは，（この文章が書かれたときより）約 20 年前に一般教養科目で非常に優秀だったチャンドラセカール氏の妻の仲立ちによって始まった」

　１・２の 25 years は第①段第 1 文（I first came …）の a quarter of a century ago だが，本文は 25 年前に筆者がチャンドラセカール氏と知り合ったという内容で，１・２はこのことと無関係である。また３の冒頭の The author's spouse「筆者の配偶者」については本文に説明がない。これは４についても同様である。５が正解。第①段第 1 文（I first came …）にチャンドラセカール氏の優秀な妻を通じて知り合ったという記述があり，第②段第 1 文（It was this …）にはチャンドラセカール氏にとって筆者との短時間の会話が marginal「わずかな，限られた」ものだと筆者が思っているとある。５の insignificant「取るに足りない，意味のない」がこの内容と一致する。

Q20. 選択肢の訳は以下の通り。

１．「チャンドラセカール氏は，同世代の人々に非常に尊敬されていた」

２．「筆者はチャンドラセカール教授と，彼がノーベル賞を受賞する前には知り合いではなかった」

３．「アインシュタインとフェルミの業績は，チャンドラセカール教授の科学的業績と全く同じ水準のものだった」

４．「チャンドラセカール氏は，多くの異なった分野について多くのこと
を知る人だとは，彼の時代の他の科学者から思われていなかった」

５．「シカゴ大学は物理学者がチャンドラセカール氏の業績を注目すべき
ものだと概して考えている主として唯一の場所だった」

　問いは本文の前半についての内容に一致する記述を選ぶものである。１
は第④段最終文（Their ranking of …）に一致する。チャンドラセカール
氏の仲間たちは彼をアインシュタインやフェルミにさほど劣らない人だと
評価している。２は，第⑤段第３文（Although the Nobel …）より彼が
ノーベル賞を受賞したのが 1983 年であり，筆者と知り合ったのは，第①
段第１文（I first came …）よりこの文章が書かれたよりも 25 年前
（1972 年）なので矛盾する。３は１と同じ該当箇所第④段最終文（Their
ranking of …）の内容と矛盾する。４は第⑤段第１文（Perhaps most
noteworthy …）と矛盾する。５は第⑤段最後の which was recognized
by the Nobel Prize Committee にあるように，ノーベル委員会も彼の業
績を認めていることから矛盾する。

Q21. 空所の直後の，critical「重大な，不可欠な」という形容詞を修飾
する副詞が問われている。本文の構造は were skills からわかるように C
V S の倒置で，語順を直してみると Skills as *A* were [　　] critical to *B*
「*A* としての技能は *B* に [　　] 不可欠なものだった」となる。*B* の部分
（本文空所直後）の ability to do this は，第⑤段第１文（Perhaps most
noteworthy …）にあるようにチャンドラセカール氏の 10 年ごとに新しい
分野を極める能力を指している。*A* の部分には「数学者」が入る。「数学
者としての技能は 10 年ごとに新しい分野を極める能力に不可欠だった」
となり，空所に critical を否定する語は入らない。２が正解。

Q22. 空所の１つ前の文（This culminated in …）ではニュートンの『プ
リンキピア』に関してチャンドラセカール氏が書いた本を a handsome
volume「見事に整った１冊」としている。彼の著作を絶賛している場面
である。空所はその本の素晴らしさとチャンドラセカール氏本人の素晴ら
しさを同じ名詞で表しているので，３がふさわしい。１と５はいずれも
「辛辣さ」。

Question Two. 下線部の意味を説明する問題だが，単に下線部の訳で
はなく，general lesson「普遍的，一般的教訓」と付記されていることに

注目する。まず下線部の意味を取ると，in this fashion は in this way と同意で「このようにして」という意味である。ここでは下線部の前文の内容，チャンドラセカール氏がニュートンに付けた注釈の多くは，ニュートンに畏敬の念をもっていたことを証明しているという内容を指す。また in turn「今度は」の意味を正しく理解しておくことが大切。下線部の2文前（I had not …）にあるように，現代の優秀な科学者でもニュートンを理解することができない状況があるため，チャンドラセカール氏がニュートンを理解し敬意を示すことが「今度は」原因となって，他の科学者が彼に敬意を示すことになったということである。「ニュートン」や「チャンドラセカール氏」などの固有名詞は使わずこれを一般化し，40～50字でまとめる。

Q23. 選択肢の訳は以下の通り。

1．「科学を十分に理解していない一般の人々がいるのは潜在的によくないことになりうる」

2．「現代の科学のわかりやすさはニュートンの時代よりもはるかに高く，広く行き渡っている」

3．「科学がかつて理解されていなかったということは現代の状況と正反対である」

4．「科学に対する理解力のなさは，現代では懸念すべきことではない，というのは今はそれを補ってくれるコンピューターがあるからだ」

5．「一般の素人の理解力は常に十分であり，実際このことが，科学が人類にこれほど多くの恩恵をもたらしてきた主な理由の1つである」

　問いの ominous は「険悪な，不気味な」。「現代科学」に関して，「険悪な孤立」とはどういうことかを尋ねている。具体的な内容は第⑧段最終2文（In 1800 … his own time.）に説明があり，「1800年当時はニュートンの本を読んでいくらか理解しようという人がいたが，今では現代の科学の研究を読んでも得ることはほとんどない」という部分である。この内容と一致する1が正解。2・3は内容が本文と正反対で，4は本文に記述がない。5は has always been adequate が間違い。

Q24. *A*'s counterparts とは「相手側で *A* と同じ立場にいる人たち」のことで，比較の文などによく使われる。本文でも第⑨段第1文（Somehow or other, …）の主語 Newton and his readers for a century thereafter に their counterparts today が対応していて，their とは his readers を指す。さらに his readers は前の第⑧段第3文（In 1800 …）から，当時ニュートンの本を読んでいた教養のある素人たちのことを指す。したがって2が正解。

Q25. 選択肢の訳は以下の通り。

1．「自然を適切に理解することは科学にも倫理にも重要である」

2．「ニュートンは理論の説明をするのに幾何学的な様式よりも代数的な様式を用いることを好んだ」

3．「現代では教養のある素人は，ニュートンの理論を彼の著書からいくらか理解するのに全く困難を伴わない」

4．「現代の物理学者は自分たちの発見が保守的な哲学と日常的な倫理に及ぼす影響についてひどく懸念している」

5．「ニュートンとその読者のほうが現代の教養ある素人よりも，世の中について自分たちが理解していることにうまく頼っていたということはない」

　第⑨段はニュートン当時の科学と現代の科学を対照的に説明している。1は同段第3文（The contemporary, somewhat …）の後半 even though 以下の部分と一致している。2は同段第2文（The geometrical mode …）の内容と矛盾し，3も第⑨段にこのような内容はないし，第⑧段で述べられている内容と矛盾する。4については第⑨段第4文（The modern physicist …）に The modern physicist tends to be oblivious …とあり，be oblivious to ～は「～を忘れている，～に気づいていない」という意味なので，選択肢の are extremely concerned は矛盾する。5は同段第1文（Somehow or other, …）と矛盾する。fall back on ～は「～に頼る」の意味。

Q26. 選択肢の訳は以下の通り。

1．「ある分野で専門家になるために研究する目標は非常に大きな目標ではあるが，未知のものへの恐れを克服しさえすれば達成できる」

2．「天体の不確定さは未知のものに対する不安を引き起こし，最終的に自然界をさらに深く理解しようとすることへの報われない苦難をもたらす」

3．「檻の中のライオンの力や『プリンキピア』に関する永遠の近づき難さ，それにチャンドラセカール氏本人に対する理解の不可能さにまさに匹

敵するものとして，空想的な追求が示されている」

４．「科学を極めることは，達成するには権威と力と威嚇，それに献身が求められるという点において，野生動物を飼い馴らしたり他の惑星を訪れようとしたりする過程と全く同じである」

５．「小さな少年が初めて野獣を見たときに感じるのと全く同じように，チャンドラセカール氏はニュートンを読んで感じた。筆者はスブラマニアンと会って同じように感じている。つまり彼のことを，尊敬を呼び起こすような，堂々としていながらも非常に鮮やかな影響力をもつ人物だと見ている」

　　第⑫段のエピソードがどんなことの比喩なのかという問いである。１つ目のエピソードは同段第４文（And（Mr. Chandrasekhar …）にあるように，チャンドラセカール氏が自らのニュートンについての研究を，初めて動物園に行ってライオンを見た少年のような気持ちだと言っている場面である。第⑦段にもあったように彼はニュートン研究に献身的に取り組み，敬意を抱いているのであって，決してニュートンを恐れたりしていない。２つ目のエピソードは同段第６文（It chanced that …）以降，筆者が彼のことを空に輝く木星に例えている場面である。この２つのエピソードをまとめている５が正解。reverence は「尊敬」の意味。１の goal や fear of the unknown は間違いで，２の uncertainty や unrewarding といった否定的な表現も矛盾する。３でも unapproachability などの否定的な表現が間違いで，４の the taming of a wild animal は本文と無関係である。

～～～～～～～～～～～　語句・構文　～～～～～～～～～～～

（第①段） liberal education「一般教養（科目）」

（第②段） eventful「多事の，多忙な」　tribute to～「～への追悼」instructive「ためになる」　assignment「任務，仕事」

（第③段） manuscript「原稿」　orderly「整然とした」　discipline「訓練，教育」　be subjected to～「～（検査や訓練）を受ける」　by comparison「それとは対照的に」

（第④段） reinforce「～をより強める」　informed「詳しい，よく知っている」　sincere「心からの」

（第⑤段） turn A to B「A を B に向ける」　astrophysics「天体物理学」intensely「熱心に」　endow A with B「A に B を寄贈する」　conjecture

「予測，推測」

(第⑥段) make much of ～「～を重視する」 devote *oneself*「献身する」 extended「集中的な」 interpretation「解釈」 culminate「結局～になる，最高潮に達する」 meticulous「慎重な，注意深い」 stroll「散歩する，ぶらぶら歩く」

(第⑦段) labor「取り組む，精を出す」 provide *A* for *B*「*A*を*B*に与える（第1文では provide for *B A* の形）」 proposition「定理，法則」 distinguished「優れた」 ill-equipped「十分に備わっていない」 enhance「（精度を）高める」 testify to ～「～を証明する」 awe「畏敬の念」 delve into ～「～を徹底的に調べる」

(第⑧段) literacy「読み書きの能力，理解力」 layman「素人，門外漢」 influential「影響力のある」

(第⑨段) thereafter「その後の」 geometrical「幾何学的な」 defer to ～「～（の考え）に従う」 bodily「具体の，実際の」 algebraic「代数的な」 inventive「工夫に富む」 successor「継承者」 distance *oneself* from ～「～に近寄らない」 enduring「恒久的な」 morality「倫理，道義」 tension「緊張」 quest「追求」 common good「公共の利益」

(第⑩段) pioneering「先駆的な」 first-rate「一流の」 price「犠牲」 marvel「驚異的なこと」 attendant「付随する」

(第⑪段) overestimate「～を過大評価する」 competence「能力」 instructive「教訓的な」 edifying「啓発的な」 have yet to *do*「まだ～していない」

(第⑫段) magisterial「威厳のある」 It chance that S V「偶然SがVする」 prove to be ～「～であると判明する」 identify *A* as *B*「*A*を*B*だと確認する」 fitting「ぴったりの」 majestic「威厳のある」 heavenly「天体の」

講評

　長文の内容は3題とも科学に関わるもので，部分的には専門的な内容も含まれているため，読みづらいと感じることがあったかもしれない。Ⅰは特に難解で，設問の選択肢も迷うものが多かった。しかし全体的に

は設問はほとんどがパラグラフごとになっていて，本文を頭の中でしっかりと要約しておけば間違いが明らかな選択肢も少なからずあった。

　問いは内容に関するものが中心。空所補充や指示語の内容に関する設問は，文法的な側面も意識すれば解答できたはずだ。Ⅲの記述問題の設問になっている箇所そのものは難解な英文ではないが，本文の内容を正しく踏まえた上で，一般化することが求められているという点で難易度が高かった。本文はもちろん，問題の指示をしっかりと把握することが必要である。

　全体として非常に分量が多いので，長文を速く正確に読む力が求められていると言えよう。英文1文ずつの語数が多いため，構文を素早く把握し，どんどん読み進める練習が必要である。

数　学

I

発想

独立した小問6問。

(1) 条件を等比中項の関係式で言い換えて，数列 $\{a_n\}$ の公差を求めて，一般項 a_n と和 S_n を求めればよい。

(2) 極値と解の条件から $f(x)$ を決定する。(ii)では，定数分離する。

(3) 領域 D を図示して，円 $x^2+y^2=k$ $(k>0)$ が D と共有点を持つような k の範囲を考える。

(4) 問題文にベクトルの表記があるが，辺と角の条件からベクトルを利用せずに正弦定理や余弦定理を利用したほうが簡単である。点Cが $y=\dfrac{1}{\tan\theta}x$ $(x>0)$ 上にあることにも注意する。

(5) 等式の左辺を因数分解し，左辺のどの因数が素因数 p を持つか考える。a，b が自然数であることから，左辺の因数の大小を考えれば，場合分けが少なくて済む。

(6) 最大値，最小値，中央値が定められているので，これらに無関係な $2n-4$ 個のデータの和の最大・最小を考える。上位のデータは中央値以上最大値以下であり，下位のデータは最小値以上中央値以下であることに注意する。

解答 (1)**ア.** $-3n+28$　**イ.** 18

(2)**ウ.** 1　**エ.** -1　**オ.** 2　**カ.** $\dfrac{229}{27}$, -1

(3)**キ.** $\dfrac{32}{5}$　**ク.** 64

(4)**ケ.** 4　**コ.** $10+8\sqrt{3}$　**サ.** $-40+24\sqrt{3}$

(5)**シ.** (1, 2, 3), (3, 2, 5)

(6)**ス.** $21 \leqq S_8 \leqq 31$

セ. $A_{2n} + (n-1) B_{2n} + nC_{2n} \leqq S_{2n} \leqq (n-1) A_{2n} + B_{2n} + nC_{2n}$

=========== 解 説 ===========

《小問 6 問》

(1) (ⅰ) $\{a_n\}$ の公差を d とすると，$d \neq 0$ であり，$a_1 = 25$ より

$$a_n = 25 + (n-1) d$$

a_9，a_{10}，a_8 の順に等比数列をなすことから

$$a_9 \cdot a_8 = a_{10}^{\ 2}$$

$$(25 + 8d) (25 + 7d) = (25 + 9d)^2$$

$$25^2 + 25 \cdot 15d + 56d^2 = 25^2 + 2 \cdot 25 \cdot 9d + 81d^2$$

$$25d^2 + 25 \cdot 3d = 0$$

$$\therefore \quad d(d+3) = 0$$

$d \neq 0$ より　　$d = -3$

よって

$$a_n = 25 - 3(n-1)$$

$$= -3n + 28 \quad \rightarrow \text{ア}$$

(ⅱ) (ⅰ)より

$$S_n = \frac{1}{2} n(a_1 + a_n)$$

$$= \frac{1}{2} n(-3n + 53)$$

したがって，$S_n < 0$ となるのは

$$-3n + 53 < 0$$

$$\therefore \quad n > \frac{53}{3}$$

これを満たす最小の n の値は　　18　$\rightarrow$イ

(2) (ⅰ) $f(x) = x^3 + ax^2 + bx + c$ より

$$f'(x) = 3x^2 + 2ax + b$$

$f(x)$ は $x = -1$ で極値 3 をとり，方程式 $f(x) = 0$ は $x = -2$ を解に持つことから

$$\begin{cases} f'(-1)=0 \\ f(-1)=3 \\ f(-2)=0 \end{cases}$$

$$\therefore \begin{cases} 3-2a+b=0 \quad \cdots\cdots① \\ -1+a-b+c=3 \quad \cdots\cdots② \\ -8+4a-2b+c=0 \quad \cdots\cdots③ \end{cases}$$

②-③ より

$$7-3a+b=3$$

$$\therefore \quad b=3a-4 \quad \cdots\cdots④$$

④を①に代入して

$$3-2a+3a-4=0$$

$$\therefore \quad a=1$$

よって，④より

$$b=-1$$

ゆえに，②より

$$-1+1+1+c=3$$

$$\therefore \quad c=2$$

このとき

$$f'(x)=3x^2+2x-1$$
$$=(x+1)(3x-1)$$

より，$f(x)$ は確かに $x=-1$ で極値をとる。

よって

$$a=1,\ b=-1,\ c=2 \quad →ウ〜オ$$

(ii) (i)より，$f(x)=x^3+x^2-x+2$ であるから

$$x^3+x^2-x+2=4x+K$$

$$\therefore \quad x^3+x^2-5x+2=K \quad \cdots\cdots⑤$$

$g(x)=x^3+x^2-5x+2$ とすると

$$g'(x)=3x^2+2x-5$$
$$=(x-1)(3x+5)$$

よって，$g(x)$ の増減は右の通り。

⑤が持つ異なる実数解の個数が2個となるとき，$y=g(x)$ と $y=K$ が2つの共有点

x	$\cdots$	$-\dfrac{5}{3}$	$\cdots$	1	$\cdots$
$g'(x)$	$+$	0	$-$	0	$+$
$g(x)$	$\nearrow$	$\dfrac{229}{27}$	$\searrow$	-1	$\nearrow$

を持つから，そのときの K の値は

$$\frac{229}{27},\ -1 \quad →カ$$

(3)　$x + y = 4$ ……①

$5x - 7y = -40$ ……②

$x - 3y = -8$ ……③

とする。

①と②より　　$(x, y) = (-1, 5)$

①と③より　　$(x, y) = (1, 3)$

②と③より　　$(x, y) = (-8, 0)$

よって，領域 D は右図の網かけ部分である。ただし，境界線を含む。

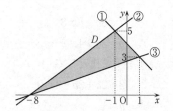

点 $\mathrm{P}(x, y)$ に対して

$$x^2 + y^2 = k \quad ……④$$

とおくと，x, y が満たすべき条件は，円④が図の網かけ部分と共有点を持つことである。

ここで，原点を通り③に垂直な直線は

$$y = -3x \quad ……⑤$$

③と⑤より　　$(x, y) = \left(-\frac{4}{5},\ \frac{12}{5}\right)$

点 $\left(-\frac{4}{5},\ \frac{12}{5}\right)$ は領域 D に含まれるので，$x^2 + y^2$ が最小となるのは，④

が点 $\left(-\frac{4}{5},\ \frac{12}{5}\right)$ を通るときで，その最小値は

$$\left(-\frac{4}{5}\right)^2 + \left(\frac{12}{5}\right)^2 = \frac{32}{5} \quad →キ$$

また，$x^2 + y^2$ が最大となるのは，図より，④が3点 $(-1, 5)$，$(1, 3)$，$(-8, 0)$ のいずれかを通るときである。

④が点 $(-1, 5)$ を通るとき　　$k = (-1)^2 + 5^2 = 26$

④が点 $(1, 3)$ を通るとき　　$k = 1^2 + 3^2 = 10$

④が点 $(-8, 0)$ を通るとき　　$k = (-8)^2 + 0^2 = 64$

よって，$x^2 + y^2$ の最大値は

$$64 \quad →ク$$

(4) (i)　△OAB において，∠AOB = 90°，

∠ABO = 30° であるから

$$AB = 2OA = 2\sqrt{6}$$

よって，△ABC において正弦定理から

$$\frac{BC}{\sin 45°} = \frac{2\sqrt{6}}{\sin 60°}$$

∴ $|\overrightarrow{BC}| = 4$　→ケ

(ii)　加法定理より

$$\sin 75° = \sin(45° + 30°)$$

$$= \sin 45° \cos 30° + \cos 45° \sin 30°$$

$$= \frac{1}{\sqrt{2}} \cdot \frac{\sqrt{3}}{2} + \frac{1}{\sqrt{2}} \cdot \frac{1}{2}$$

$$= \frac{\sqrt{3} + 1}{2\sqrt{2}}$$

よって，△ABC において正弦定理から

$$\frac{AC}{\sin 75°} = \frac{2\sqrt{6}}{\sin 60°}$$

∴ $AC = 2\sqrt{3} + 2$

ゆえに，△OAC において三平方の定理から

$$|\overrightarrow{OC}|^2 = AC^2 - OA^2$$

$$= (2\sqrt{3} + 2)^2 - (\sqrt{6})^2$$

$$= 10 + 8\sqrt{3}　→コ$$

(iii)　点 $C\left(t, \dfrac{t}{\tan\theta}, 0\right)$，$t > 0$ より，C は xy 平面上の半直線 $y = \dfrac{1}{\tan\theta}x$

$(x > 0)$ 上にあり，$\dfrac{1}{\tan\theta} = \tan(90° - \theta)$，$0 < \theta < 90°$ より，∠BOC = θ で

ある。

△OAB において，∠AOB = 90°，∠ABO = 30° であるから

$$OB = \sqrt{3}\,OA = 3\sqrt{2}$$

ゆえに，△OBC で余弦定理から

$$\cos\theta = \frac{(3\sqrt{2})^2 + (\sqrt{10 + 8\sqrt{3}})^2 - 4^2}{2 \cdot 3\sqrt{2} \cdot \sqrt{10 + 8\sqrt{3}}}$$

$$= \frac{3 + 2\sqrt{3}}{3\sqrt{5 + 4\sqrt{3}}} = \frac{2 + \sqrt{3}}{\sqrt{3} \cdot (5 + 4\sqrt{3})}$$

したがって

$$\tan^2\theta = \frac{1}{\cos^2\theta} - 1 = \frac{3 \cdot (5 + 4\sqrt{3})}{(2 + \sqrt{3})^2} - 1$$

$$= \frac{3 \cdot (5 + 4\sqrt{3}) - (7 + 4\sqrt{3})}{(2 + \sqrt{3})^2} = \frac{8 + 8\sqrt{3}}{(2 + \sqrt{3})^2}$$

$$= 8 \cdot (1 + \sqrt{3})(2 - \sqrt{3})^2 = 8 \cdot (1 + \sqrt{3})(7 - 4\sqrt{3})$$

$$= 8 \cdot (3\sqrt{3} - 5) = -40 + 24\sqrt{3} \quad \rightarrow サ$$

(5)　　$a^4 - 4a^2b + 4b^3 - b^4 = p^2$

　　　$a^4 - b^4 - 4b(a^2 - b^2) = p^2$

　　　$(a^2 - b^2)(a^2 + b^2 - 4b) = p^2$

　∴　$(a + b)(a - b)(a^2 + b^2 - 4b) = p^2$　……①

a, b が自然数であることから

　　$a + b \geqq 2,\ a + b > a - b$

(I)　$a \geqq 2$ のとき

　$a^2 + b^2 - 4b = a^2 + (b - 2)^2 - 4 \geqq 0$ であるから，①を満たすのは

　　$a - b = 1$

　∴　$a = b + 1$　……②

よって，$a \geqq 2$ より，$b \geqq 1$ であり，①は

　　$(2b + 1)(2b^2 - 2b + 1) = p^2$

$2b + 1 \geqq 3$ より

$$\begin{cases} 2b + 1 = p^2 \\ 2b^2 - 2b + 1 = 1 \end{cases} \quad または \quad \begin{cases} 2b + 1 = p \\ 2b^2 - 2b + 1 = p \end{cases}$$

　∴　$\begin{cases} b = 1 \\ p = \sqrt{3} \end{cases}$　または　$\begin{cases} b = 2 \\ p = 5 \end{cases}$

p は素数であるから，②と合わせて

　　$(a,\ b,\ p) = (3,\ 2,\ 5)$

(II)　$a = 1$ のとき

　①は

　　　$(1 + b)(1 - b)(1 + b^2 - 4b) = p^2$

$1 + b > 1 - b,\ 1 + b \geqq 2,\ 1 - b \leqq 0$ より

$$\begin{cases} 1+b=p \\ 1-b=-1 \end{cases} \text{または} \begin{cases} 1+b=p \\ 1-b=-p \end{cases} \text{または} \begin{cases} 1+b=p^2 \\ 1-b=-1 \end{cases}$$

$$\therefore \begin{cases} b=2 \\ p=3 \end{cases} \text{または「解なし」または} \begin{cases} b=2 \\ p=\sqrt{3} \end{cases}$$

p は素数であるから

$$(a,\ b,\ p)=(1,\ 2,\ 3)$$

(I), (II)より，①を満たす $(a,\ b,\ p)$ をすべて求めると

$$(a,\ b,\ p)=(1,\ 2,\ 3),\ (3,\ 2,\ 5) \quad \to シ$$

(6) $x_1 \leqq x_2 \leqq \cdots \leqq x_{2n}$ としても一般性を失わない。このとき

$$x_{2n}=A_{2n},\ x_1=B_{2n},\ \frac{x_n+x_{n+1}}{2}=C_{2n}$$

であり

$$B_{2n} \leqq x_2 \leqq \cdots \leqq x_n \leqq C_{2n} \leqq x_{n+1} \leqq \cdots \leqq x_{2n-1} \leqq A_{2n}$$

(i) $A_8=6$, $B_8=1$, $C_8=3$ であるとき，S_8 が最大となるのは

$$x_1=1,\ x_2=x_3=3,\ x_6=x_7=x_8=6$$

のときであり，このとき

$$S_8=1+3+3+2\cdot3+6+6+6=31$$

また，S_8 が最小となるのは

$$x_1=x_2=x_3=1,\ x_6=x_7=3,\ x_8=6$$

のときであり，このとき

$$S_8=1+1+1+2\cdot3+3+3+6=21$$

よって，S_8 のとりうる値の範囲は

$$21 \leqq S_8 \leqq 31 \quad \to ス$$

(ii) $B_{2n}<C_{2n}<A_{2n}$ より，S_{2n} が最大となるのは

$$x_1=B_{2n},\ x_2=x_3=\cdots=x_{n-1}=C_{2n},\ x_{n+2}=x_{n+3}=\cdots=x_{2n}=A_{2n}$$

のときであり，このとき

$$S_{2n}=(n-1)A_{2n}+B_{2n}+nC_{2n}$$

また，S_{2n} が最小となるのは，

$$x_1=x_2=\cdots=x_{n-1}=B_{2n},\ x_{n+2}=x_{n+3}=\cdots=x_{2n-1}=C_{2n},$$

$$x_{2n}=A_{2n}$$

のときであり，このとき

$$S_{2n}=A_{2n}+(n-1)B_{2n}+nC_{2n}$$

よって，S_{2n} のとりうる値の範囲は

$$A_{2n} + (n-1)B_{2n} + nC_{2n} \leq S_{2n} \leq (n-1)A_{2n} + B_{2n} + nC_{2n} \quad \rightarrow セ$$

Ⅱ 〜〜〜〜〜〜〜〜 ＼ 発 想 ／ 〜〜〜〜〜〜〜〜

(1) x 軸の正方向からの動径 PQ の偏角を考えて，$\overrightarrow{PQ}$ を求める。これにより動点 Q の座標がわかるので，直線 PQ の方程式が求められる。

(2) Q における円の接線であることは，Q における放物線の法線が円の中心を通るとすることで言い換えられる。面積計算では，いわゆる「$\dfrac{1}{6}$ 公式」を使いたい。

〜〜〜〜〜〜〜〜〜〜〜〜〜〜〜〜〜〜〜〜〜〜〜〜〜〜〜

解 答 (1)ソ. $x=0$ 　タ. $y = -\dfrac{1}{\tan\theta}x + 6$

(2)チ. $\dfrac{1}{12\cos\theta}$ 　ツ. $-3\cos\theta - \dfrac{3}{\cos\theta} + 6$ 　テ. $\dfrac{128\sqrt{3}}{3}$

══════════ 解説 ══════════

《円と放物線が接する条件，放物線と直線で囲まれた図形の面積》

(1) 　　$x^2 + y^2 - 12y = 0$

∴ 　$x^2 + (y-6)^2 = 36$

よって，円の中心 P は $(0,\ 6)$ であり，円の半径は 6 である。

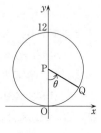

x 軸の正方向からの動径 PQ の偏角は $-\dfrac{\pi}{2} + \theta$ であるから

$$\overrightarrow{PQ} = \left(6\cos\left(\theta - \frac{\pi}{2}\right),\ 6\sin\left(\theta - \frac{\pi}{2}\right)\right)$$

$$= (6\sin\theta,\ -6\cos\theta)$$

ゆえに

$$\overrightarrow{OQ} = \overrightarrow{OP} + \overrightarrow{PQ}$$

$$= (6\sin\theta,\ -6\cos\theta + 6)$$

したがって $\theta = 0$ のとき，点 Q は $(0,\ 0)$ であるから，直線 PQ を表す

方程式は

$$x = 0 \quad \to ソ$$

また，$\theta \neq 0$ のとき，$\sin\theta \neq 0$ であるから，直線 PQ を表す方程式は

$$y = \frac{-6\cos\theta}{6\sin\theta}x + 6$$

$$\therefore \quad y = -\frac{1}{\tan\theta}x + 6 \quad \to タ$$

(2)　(i)　$y = ax^2 + b$ より　　$y' = 2ax$

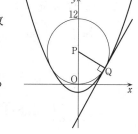

よって，Q$(6\sin\theta, \ -6\cos\theta + 6)$ における放物線の接線の傾きは

$$2a \cdot 6\sin\theta = 12a\sin\theta$$

Q における放物線の接線と直線 PQ が直交するので

$$12a\sin\theta \cdot \left(-\frac{1}{\tan\theta}\right) = -1$$

$$-12a\cos\theta = -1$$

$$\therefore \quad a = \frac{1}{12\cos\theta} \quad \to チ$$

さらに，Q$(6\sin\theta, \ -6\cos\theta + 6)$ が $y = ax^2 + b$ 上にあるので

$$-6\cos\theta + 6 = \frac{1}{12\cos\theta} \cdot (6\sin\theta)^2 + b$$

$$b = -\frac{3\sin^2\theta}{\cos\theta} - 6\cos\theta + 6$$

$$\therefore \quad b = -3\cos\theta - \frac{3}{\cos\theta} + 6 \quad \to ツ$$

(ii)　$\theta = -\dfrac{\pi}{3}$ のとき，(i)より，$a = \dfrac{1}{6}$，$b = -\dfrac{3}{2}$ であるから，放物線の方程式は

$$y = \frac{1}{6}x^2 - \frac{3}{2} \quad \cdots\cdots ①$$

また，(1)より，直線 PQ の方程式は

$$y = \frac{1}{\sqrt{3}}x + 6 \quad \cdots\cdots ②$$

①，②より

$$\frac{1}{6}x^2 - \frac{3}{2} = \frac{1}{\sqrt{3}}x + 6$$

$$x^2 - 2\sqrt{3}x - 45 = 0$$

$$(x + 3\sqrt{3})(x - 5\sqrt{3}) = 0$$

$$\therefore \quad x = -3\sqrt{3}, \ 5\sqrt{3}$$

よって，直線 PQ と放物線で囲まれる部分は
右図の網かけ部分である。

この部分の面積 S は

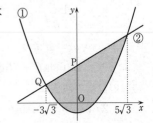

$$S = \int_{-3\sqrt{3}}^{5\sqrt{3}} \left\{ \left(\frac{1}{\sqrt{3}}x + 6 \right) - \left(\frac{1}{6}x^2 - \frac{3}{2} \right) \right\} dx$$

$$= -\frac{1}{6} \int_{-3\sqrt{3}}^{5\sqrt{3}} (x + 3\sqrt{3})(x - 5\sqrt{3}) \, dx$$

$$= -\frac{1}{6} \left\{ -\frac{1}{6} (5\sqrt{3} + 3\sqrt{3})^3 \right\}$$

$$= \frac{1}{36} (8\sqrt{3})^3$$

$$= \frac{128\sqrt{3}}{3} \quad \rightarrow テ$$

Ⅲ

＼ 発 想 ／

条件より，ウイルス X，Y の保有者と非保有者の人数を割り出
す。(3)(ⅰ)は反復試行の確率であり，(ⅱ)は条件付き確率である。
「少なくとも1人」は直接数え上げるのが煩雑なので否定を考え
る。このとき，条件の中での否定になることに注意する。

解答　(1)ト. $\dfrac{2}{25}$　(2)ナ. $\dfrac{23}{400}$　(3)ニ. $\dfrac{225}{512}$　ヌ. $\dfrac{1973}{3125}$

━━━━━ 解説 ━━━━━

《反復試行の確率，条件付き確率》

条件より，ウイルス X，Y の保有者と非保有者の人数は次の通り。

X\Y	保有	非保有
保有	5000 人	20000 人
非保有	15000 人	60000 人

(1)　無作為に選ばれた1人がウイルスXを保有してない確率は

$$\frac{80000}{100000} = \frac{4}{5}$$

ウイルスX非保有者の発熱の確認は $\frac{1}{10}$ であるから，求める確率は

$$\frac{4}{5} \cdot \frac{1}{10} = \frac{2}{25} \quad \rightarrow ト$$

(2)　無作為に選ばれたウイルスY保有者が，ウイルスXを保有しているかどうかで場合分けして考えて，求める確率は

$$\frac{5000}{100000} \cdot \frac{3}{4} + \frac{20000}{100000} \cdot \frac{1}{10} = \frac{23}{400} \quad \rightarrow ナ$$

(3)　(ⅰ)　無作為に選ばれた人がウイルスYを保有しているかどうかで場合分けして考えて，1回の試行で選ばれた人に腹痛がみられる確率は

$$\frac{25000}{100000} \cdot \frac{9}{10} + \frac{75000}{100000} \cdot \frac{1}{5} = \frac{3}{8}$$

よって，3回の試行で選ばれた人のうち，1人のみに腹痛がみられる確率は

$$_3C_1 \cdot \left(\frac{3}{8}\right)^1 \cdot \left(1 - \frac{3}{8}\right)^2 = \frac{225}{512} \quad \rightarrow ニ$$

(ⅱ)　事象 A, B を次のように定める。

　　　A：3回の試行で選ばれた人のうち1人のみに腹痛がみられる

　　　B：3回の試行で選ばれた人のうち少なくとも1人がウイルスYを保有している

　このとき

　　　$A \cap \overline{B}$：3回の試行で選ばれた人すべてがウイルスYを保有しておらず，このうち1人のみに腹痛がみられる

　ここで，1回の試行で選ばれた人がウイルスYを保有しておらず，かつ腹痛がみられる確率は

$$\frac{75000}{100000} \cdot \frac{1}{5} = \frac{3}{20}$$

また，1回の試行で選ばれた人がウイルスYを保有しておらず，かつ腹痛がみられない確率は

$$\frac{75000}{100000} \cdot \frac{4}{5} = \frac{3}{5}$$

よって

$$P(A \cap \overline{B}) = {}_3C_1 \cdot \left(\frac{3}{20}\right)^1 \cdot \left(\frac{3}{5}\right)^2 = \frac{81}{500}$$

これと(i)より，求める確率は

$$P_A(B) = \frac{P(A \cap B)}{P(A)}$$

$$= \frac{P(A) - P(A \cap \overline{B})}{P(A)}$$

$$= 1 - \frac{\dfrac{81}{500}}{\dfrac{225}{512}} = 1 - \frac{1152}{3125} = \frac{1973}{3125} \quad \to \text{ヌ}$$

─────────────────

講　評

　Ⅰは小問6問で，基本から応用まで混在している。(1)，(2)，(3)はよくみられる基本的な問題である。(4)はベクトルの表記があるものの，ベクトルを利用せずに考えたほうが簡単であったが，そのように工夫しても計算量が多く，難しい問題であった。(5)は因数分解したあとの素因数 p の配置が考えにくく，難しかった。(6)は近年の頻出問題である「データの分析」からの問題で，見慣れないタイプである。しかし，各変数の変域を丁寧に考えれば解答でき，計算量はほとんど無いので標準的だと言える。

　Ⅱは円と放物線についての問題。動径 PQ の回転角が y 軸の負の方向からの回転角になっているので考えにくかったかもしれない。(2)(i)では，円と放物線が接する条件を言い換えることになるが，これは典型的なもので練習できているかどうかで差がついたであろう。(2)(ii)の面積

は，2023 年度Ⅱでも同じ公式が利用できた。全体として標準的だと言える。

　Ⅲは確率の問題で，薬学部らしい出題である。題意の把握が難しいかもしれないが，(1)，(2)，(3)(ⅰ)は正答したいレベルである。(3)(ⅱ)は条件の中での否定を考えるところが難しかった。

　全体としては例年通りの形式で，分量も多い。1つ1つは難問ではないが，計算力を要するものもあり，時間内に解ききることはかなり難しい。解けそうなものを見極める力も必要である。そのような力を，過去問を解くことで養っておきたい。

2024年度　一般選抜

数学

化　学

① **解答**　**問1.** (1) 3　(2) 1　(3) 3
問2. **ア.** ボーキサイト　**イ.** 水酸化アルミニウム
ウ. 溶融塩電解（融解塩電解）　**エ.** 酸化物イオン　**オ.** 一酸化炭素
カ. 二酸化炭素　**キ.** テルミット　**ク.** 両性　**ケ.** 不動態
コ. アルマイト
問3. アルミニウムはイオン化傾向が大きく，水溶液を電気分解すると，水が還元されて水素が発生するため。（50字以内）
問4. $Al_2O_3 + 2NaOH + 3H_2O \longrightarrow 2Na[Al(OH)_4]$
問5. $2Al(OH)_3 \longrightarrow Al_2O_3 + 3H_2O$
問6. Na_3AlF_6
問7. (4)～(6) 2.0×10^3　(7)～(9) 1.2×10^3
問8. $2Al + Fe_2O_3 \longrightarrow Al_2O_3 + 2Fe$
問9. アルミニウムが酸化されると，表面に緻密な酸化被膜が生じ，内部が保護され反応が進まなくなるため。（50字以内）

=========== **解説** ===========

《Alの製法と性質と反応，Alの溶融塩電解》

問3. アルミニウムよりイオン化傾向の大きいアルカリ金属やアルカリ土類金属も溶融塩電解でないと単体は得られない。

問4. アルミニウムは両性金属で酸化物も両性酸化物なので，強塩基には錯イオンとなって溶ける。

問6. 酸化アルミニウムの融点は2000℃以上と高いので，融解した氷晶石に溶かして1000℃程度で融解させる。

問7. この電気分解で流れた電子の物質量は

$$\frac{1.0 \times 10^5 \times 60 \times 60 \times 60}{9.65 \times 10^4} = \frac{216 \times 10^5}{96.5} \text{[mol]}$$

陰極でアルミニウムが析出する反応式は

$$Al^{3+} + 3e^- \longrightarrow Al$$

なので，得られた質量は

$$\frac{216 \times 10^5}{96.5} \times \frac{1}{3} \times 27 = 2.01 \times 10^6 \fallingdotseq 2.0 \times 10^6 〔g〕$$

∴ $2.0 \times 10^3 〔kg〕$

陽極で炭素が消費される反応は

$$C + O^{2-} \longrightarrow CO + 2e^-$$

$$C + 2O^{2-} \longrightarrow CO_2 + 4e^-$$

CO と CO_2 の物質量の比が $5:1$ なので,CO と CO_2 から放出される電子の物質量の比が $10:4=5:2$ である。

これより,CO から放出される電子の物質量は

$$\frac{216 \times 10^5}{96.5} \times \frac{5}{7} 〔mol〕$$

CO_2 から放出される電子の物質量は

$$\frac{216 \times 10^5}{96.5} \times \frac{2}{7} 〔mol〕$$

よって,それぞれの反応で消費される炭素の質量の合計は

$$\left(\frac{216 \times 10^5}{96.5} \times \frac{5}{7} \times \frac{1}{2} + \frac{216 \times 10^5}{96.5} \times \frac{2}{7} \times \frac{1}{4} \right) \times 12$$

$$= \frac{216 \times 10^5}{96.5} \left(\frac{5}{7} \times \frac{1}{2} + \frac{2}{7} \times \frac{1}{4} \right) \times 12$$

$$= \frac{216 \times 10^5}{96.5} \times \frac{6}{14} \times 12 = 1.15 \times 10^6 \fallingdotseq 1.2 \times 10^6 〔g〕$$

∴ $1.2 \times 10^3 〔kg〕$

問 8. テルミット反応は,多量の光と熱を発生する。また,酸化クロムとも同様の反応をする。

$$2Al + Cr_2O_3 \longrightarrow Al_2O_3 + 2Cr$$

問 9. 鉄,ニッケル,クロム,コバルトもアルミニウムと同様に不動態になる。鉄の不動態の組成式は,Fe_3O_4 である。

 **解答** 〔I〕**問 1. ア.** 均一(系) **イ.** 不均一(系)
ウ. 黄褐 **エ.** 酸素

問 2. (10)— 3 (11)— 1 (12)— 1

問 3. 活性化エネルギーを超える運動エネルギーをもつ分子の割合が増加するため。(40 字以内)

問４. 活性化エネルギーを小さくし，反応が進行しやすくなるため。（30字以内）

問５. 2

理由：塊状では粉末状よりも表面積が小さくなり，過酸化水素と接する面積が減少し，反応速度が小さくなるため。（50字以内）

〔Ⅱ〕**問６.**

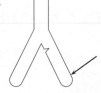

問７. (13)～(15) 1.2×10^{-3} 　(16)～(18) 4.0×10^{-1}

(19)～(21) 4.0×10^{-3} 　(22)～(24) 7.8×10^{-3}

━━━━━━━━━━ 解説 ━━━━━━━━━━

《反応速度を大きくする原因，反応速度定数を求める実験》

〔Ⅰ〕**問１.** 均一触媒は，反応物質とともに溶けてはたらく。例えば，カルボン酸とアルコールからエステルをつくるときの触媒である濃硫酸は均一触媒。

　不均一触媒は，固体の状態のままはたらく。例えばエチレンに水素が付加するときの白金触媒などがある。

問２. 反応物の濃度を濃くすると，反応速度は大きくなるが，反応速度定数には無関係である。反応速度定数は，絶対温度と活性化エネルギーの関数であり，絶対温度が上がる，あるいは活性化エネルギーが下がると，反応速度定数は大きくなる。

問３. 化学反応が起こるためには，衝突するだけではなく，活性化エネルギー以上の分子同士が衝突しないと反応が始まらない。

問４. 触媒を加えると，活性化エネルギーの小さい反応経路を通るため，反応速度が大きくなる。

問５. 小麦粉やアルミニウム粉末で粉塵爆発が起こるのは，小さな粉末になるほど表面積が大きくなり，反応速度が上がるためである。

〔Ⅱ〕**問６.** ふたまた試験管の突起は，反応を止めるときに固体が液体の方へ入らないようにするためにある。

問７. 1） 酸素の圧力は，大気圧から水蒸気圧を引いた数値なので，酸

素の物質量を n〔mol〕とすると，気体の状態方程式より

$$(1.01 \times 10^5 - 4.00 \times 10^3) \times 0.0312 = n \times 8.31 \times 10^3 \times 300$$

$$0.97 \times 0.0312 = n \times 8.31 \times 3$$

$$n = 1.21 \times 10^{-3} \fallingdotseq 1.2 \times 10^{-3} \text{〔mol〕}$$

2） 反応の前後で過酸化水素水の体積が変化しないものとすると

$$\left(0.640 \times \frac{10.0}{1000} - 2 \times 1.21 \times 10^{-3}\right) \times \frac{1000}{10.0} = 0.398$$

$$\fallingdotseq 4.0 \times 10^{-1} \text{〔mol/L〕}$$

3） $\bar{v} = \dfrac{2 \times 1.21 \times 10^{-3}}{10.0 \times 10^{-3} \times 60} = 4.03 \times 10^{-3} \fallingdotseq 4.0 \times 10^{-3} \text{〔mol/(L·s)〕}$

4） $\overline{[H_2O_2]} = (0.640 + 0.398) \times \dfrac{1}{2} = 0.519 \text{〔mol/L〕}$

よって

$$k = \frac{4.03 \times 10^{-3}}{0.519} = 7.76 \times 10^{-3} \fallingdotseq 7.8 \times 10^{-3} \text{〔/s〕}$$

③ 解答　　**問 1．ア.** 化学発光　**イ.** ルミノール　**ウ.** 酸化
　　　　　　　　　　エ. 触媒　**オ.** 光化学反応

問 2． ⑵⑸～⑵⑺ 1.1×10^2　⑵⑻～⑶⑼ 2.7×10^4　⑶⑴～⑶⑶ 4.0×10^2
　　　⑶⑷～⑶⑹ 2.8×10^2

問 3． ⑶⑺～⑶⑼ 1.3×10^0　⑷⑼— 2

問 4． ⑷⑴～⑷⑶ 04.6

問 5． ⑷⑷— 3

問 6． 1，2

問 7． ·CH₃

問 8． $CH_3· + Cl· \longrightarrow CH_3Cl$
　　　　$CH_3· + CH_3· \longrightarrow CH_3CH_3$

═══════════ **解 説** ═══════════

《化学反応とエネルギー，熱化学の計算，ラジカル反応》

問 1． 化学発光とは化学反応（主に酸化）によってエネルギーの高い状態（励起状態）になった物質がエネルギーの低い状態（基底状態）に戻る際に，その差のエネルギーを光として放出する現象である。

問2. 表1について，それぞれを熱化学方程式で表す。

$$H_2 + \frac{1}{2}O_2 = H_2O \text{（液）} + 290 \text{ kJ} \quad \cdots\cdots ①$$

$$C \text{（黒鉛）} + O_2 = CO_2 + 390 \text{ kJ} \quad \cdots\cdots ②$$

$$CH_3CH=CH_2 + \frac{9}{2}O_2 = 3CO_2 + 3H_2O \text{（液）} + 2036 \text{ kJ} \quad \cdots\cdots ③$$

$$CH_3CH_2CH_3 + 5O_2 = 3CO_2 + 4H_2O \text{（液）} + 2220 \text{ kJ} \quad \cdots\cdots ④$$

$$CH_3CH_2OH \text{（液）} + 3O_2 = 2CO_2 + 3H_2O \text{（液）} + 1370 \text{ kJ} \quad \cdots\cdots ⑤$$

1） 式Vの反応熱を x〔kJ/mol〕とする。

$$CH_3CH=CH_2 + H_2 = CH_3CH_2CH_3 + x \text{〔kJ〕} \quad \cdots\cdots ⑥$$

⑥＝①＋③－④より

$$x = 290 + 2036 - 2220 = 106$$

∴　1.1×10^2〔kJ/mol〕

2） フラーレンの燃焼熱を y〔kJ/mol〕，ダイヤモンドの燃焼熱を z〔kJ/mol〕とする。

$$C_{60} \text{（固）} + 60O_2 = 60CO_2 + y \text{〔kJ〕} \quad \cdots\cdots ⑦$$

$$C \text{（ダイヤモンド）} + O_2 = CO_2 + z \text{〔kJ〕} \quad \cdots\cdots ⑧$$

$$60C \text{（黒鉛）} = C_{60} \text{（固）} - 3200 \text{ kJ} \quad \cdots\cdots ⑨$$

$$60C \text{（ダイヤモンド）} = C_{60} \text{（固）} - 2600 \text{ kJ} \quad \cdots\cdots ⑩$$

⑦＝②×60－⑨より

$$y = 390 \times 60 - (-3200) = 26600$$

∴　2.7×10^4〔kJ/mol〕

⑧＝②－（⑨－⑩）×$\frac{1}{60}$より

$$z = 390 - (-3200 + 2600) \times \frac{1}{60} = 400$$

∴　4.0×10^2〔kJ/mol〕

3） エタノールの生成熱を Q〔kJ/mol〕とする。

$$2C \text{（黒鉛）} + 3H_2 + \frac{1}{2}O_2 = C_2H_5OH \text{（液）} + Q \text{〔kJ〕}$$

（反応熱）＝（右辺の生成熱）－（左辺の生成熱）なので，⑤式を用いて

$$1370 = 2 \times 390 + 3 \times 290 - Q$$

∴　$Q = 280 = 2.8 \times 10^2$〔kJ/mol〕

問3. KNO_3 の式量は 101 なので，KNO_3 の物質量は

$$\frac{3.03}{101} = 0.030 \, [\text{mol}]$$

発熱量＝質量×比熱×温度変化なので，温度変化を Δt として

$$-35.7 \times 10^3 \times 0.030 = (197 + 3.03) \times 4.2 \times \Delta t$$

$$\Delta t = -1.27 \fallingdotseq -1.3 \, [\text{℃}]$$

問4. 酢酸の物質量は　　$0.40 \times \dfrac{500}{1000} = 0.20 \, [\text{mol}]$

水酸化ナトリウムの物質量は　　$0.20 \times \dfrac{500}{1000} = 0.10 \, [\text{mol}]$

$$CH_3COOH + NaOH \longrightarrow CH_3COONa + H_2O$$

反応前	0.20	0.10	0	〔mol〕
反応量	−0.10	−0.10	+0.10	〔mol〕
反応後	0.10	0	0.10	〔mol〕

酢酸の電離定数より

$$K_a = \frac{[CH_3COO^-][H^+]}{[CH_3COOH]} = 2.7 \times 10^{-5}$$

$[CH_3COOH] = [CH_3COO^-]$ より　　　$[H^+] = 2.7 \times 10^{-5} \, [\text{mol/L}]$

$$pH = -\log_{10}(2.7 \times 10^{-5}) = 6 - 3\log_{10}3 = 4.56 \fallingdotseq 4.6$$

問5. 化学反応によってエネルギーが光として放出されるのが，化学発光である。

1．黄リンと酸素との化学反応。

2．シュウ酸ジフェニルと過酸化水素との化学反応。

3．貴（希）ガスに電圧をかけるだけで，化学反応ではない。

4．ルシフェリンと酵素との化学反応。

問6. 貴（希）ガスのヘリウム He は閉殻構造なので，不対電子をもっていない。

問8. ラジカル同士が反応して共有結合を生成すると，反応が停止する。

2024年度　一般選抜　化学

④ **解答**　問1．$C_5H_7NO_3$

問2．A．

問3．$C_5H_6O_5$

問4．$C_4H_7NO_4$

問5．$HO-\underset{O}{C}-CH_2-\underset{O}{C}-\underset{O}{C}-OH$

問6．D．$HO-\underset{O}{C}-CH_2-\underset{OH}{CH}-CH_2-\underset{O}{C}-OH$

　　　E．$CH_3-CH_2-\underset{OH}{\overset{\overset{O}{\parallel}}{\underset{\ }{C}}}\!\!{-}\underset{O}{C}-OH$

=========================== 解　説 ===========================

《**分子式 $C_5H_7NO_3$ と $C_5H_9NO_4$ の構造決定，元素分析，アミノ基転移反応**》

問1． 炭素の質量は　　$1101 \times \dfrac{12}{44} \fallingdotseq 300\,(mg)$

　　水素の質量は　　$316 \times \dfrac{2}{18} \fallingdotseq 35.1\,(mg)$

　　酸素の質量は　　$645 - 300 - 35.1 - 69 \fallingdotseq 241\,(mg)$

　　よって，それぞれの原子の物質量の比は

　　$C : H : N : O = \dfrac{300}{12} : \dfrac{35.1}{1.0} : \dfrac{69}{14} : \dfrac{241}{16}$

　　　　　　　　　$= 25 : 35.1 : 4.92 : 15$

　　　　　　　　　$\fallingdotseq 5 : 7 : 1 : 3$

　　ゆえに，組成式は，$C_5H_7NO_3$ で式量は 129 となる。分子量は 200 以下なので，分子式も同じく $C_5H_7NO_3$ となる。

問2． 実験2より，化合物Aは，炭酸水素ナトリウムと反応して同じ物質

量の二酸化炭素を発生するので，カルボキシ基が1つある。次に化合物**A**は加水分解し，酸素の個数が3個なのでアミド結合をもつ。さらに，加水分解して分子量が18増加した化合物**F**のみが生じたことより，化合物**A**は環状アミド構造をもつラクタムであるとわかる。

そして，化合物**F**はタンパク質を構成するアミノ酸なので，α-アミノ酸である。化合物**F**の分子式は，化合物**A**に H_2O を加えたものであるため，$C_5H_9NO_4$ となる。

A.
$$\begin{array}{c} O \\ \| \\ C-OH \\ | \\ CH \\ | \quad \backslash \\ CH_2 \quad N-H \\ | \quad | \\ CH_2 \quad C=O \end{array}$$

F. $H_2N-\underset{\underset{O}{\overset{|}{\underset{C-OH}{}}}}{CH}-CH_2-CH_2-\underset{\underset{O}{\|}}{C}-OH$

問3. 実験3より，化合物**F**がアミノ基転移反応をすると

$H_2N-\underset{\underset{O}{\overset{|}{C-OH}}}{CH}-CH_2-CH_2-\underset{\overset{\|}{O}}{C}-OH \longrightarrow O=\underset{\underset{O}{\overset{|}{C-OH}}}{C}-CH_2-CH_2-\underset{\overset{\|}{O}}{C}-OH$

化合物**F** 化合物**G**

となるので，化合物**G**の分子式は，$C_5H_6O_5$ である。

問4. 実験4より，化合物**B**，**C**の分子式は $C_5H_9NO_4$ である。

化合物**B**，**C**を加水分解すると，分子量が14減少した化合物**H**が生じたことより，水の分子量18を加えて，14減少しているので，分子量が32の化合物が外れたと推測できる。加水分解で外れるのは，アルコールかカルボン酸で，そのうち分子量が32なのは，メタノールだけである。

よって，化合物**H**の分子式は

$C_5H_9NO_4 + H_2O - CH_3OH = C_4H_7NO_4$

となり，その構造式は

$HO-\underset{\overset{\|}{O}}{C}-CH_2-\underset{\underset{NH_2}{\overset{|}{}}}{CH}-\underset{\overset{\|}{O}}{C}-OH$

化合物**B**，**C**の構造式は次の2つのどちらかである。

$CH_3-O-\underset{\overset{\|}{O}}{C}-CH_2-\underset{\underset{NH_2}{\overset{|}{}}}{CH}-\underset{\overset{\|}{O}}{C}-OH$

$HO-\underset{\overset{\|}{O}}{C}-CH_2-\underset{\underset{NH_2}{\overset{|}{}}}{CH}-\underset{\overset{\|}{O}}{C}-O-CH_3$

問5. 実験5の反応は次のとおり。

$$\underset{\text{化合物H}}{\underset{O \quad NH_2 \, O}{HO-C-CH_2-CH-C-OH}} \xrightarrow{\text{アミノ基転移}} \underset{\text{オキサロ酢酸}}{\underset{O \qquad O \, O}{HO-C-CH_2-C-C-OH}}$$

問6. 化合物Dは，アルコールで不斉炭素原子をもっていない。さらに，実験7より，第二級アルコールで酸化するとケトンIが生じる。化合物Iの分子式は，化合物Gと同じ$C_5H_6O_5$である。

よって，化合物Dの分子式は，$C_5H_8O_5$となり，構造式は

$$\underset{O \qquad OH \qquad O}{HO-C-CH_2-CH-CH_2-C-OH}$$

化合物Eの分子式も，$C_5H_8O_5$である。実験8より，化合物Eは，第三級アルコールで不斉炭素原子をもたないので

$$\underset{OH \, O}{\overset{\overset{\textstyle O}{\parallel}}{\underset{}{CH_3-CH_2-C}}}\overset{C-OH}{\underset{}{-C-OH}}$$

⑤ **解答**

問1. ア. グリセリン イ. 疎水 ウ. 親水 エ. ヌクレオチド オ. グアニン カ. ウラシル キ. チミン ク. カゼイン

問2. (45)— 3

問3. (46)— 3

問4.

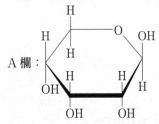
A欄：

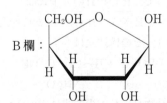
B欄：

問5. 1

問6. (47)— 5 (48)— 3 (49)— 1

問7. (50)— 3

問8. 水素結合の数が多いため。（15字以内）

問9. 1，5

問10. 3

アミノ酸の構造：HO—〈 〉—CH₂-CH-C〈 $_{OH}^{O}$

（NH₂）

━━━━━━━ 解　説 ━━━━━━━

《リン脂質，核酸の構造，合成高分子とアミノ酸の構造》

問1. 細胞の内外は水で満たされているので，親水基を外側，疎水基を内側に向けている。

問2. リン酸と五炭糖のヒドロキシ基でエステル結合をし，その結合が繰り返されて長い鎖状分子となる。

問3. 図1のエステル部分を加水分解して得られる脂肪酸は，$C_{17}H_{33}COOH$ のオレイン酸と $C_{17}H_{35}COOH$ のステアリン酸だが，問題文に飽和脂肪酸とあるので，$C_{17}H_{35}COOH$ のステアリン酸を選ぶ。

問4. リボースは水溶液中で次のような平衡状態となる。

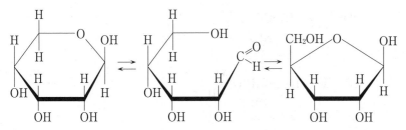

問5. スクロースは，グルコースとフルクトースが互いの還元性を示す部分同士で縮合しており，ヘミアセタール構造をもたない。よって銀鏡反応を示さない。

問6. 1．ウラシル，2．アデニン，3．シトシン，4．チミン，5．グアニンである。

問7. アデニンとチミン，グアニンとシトシンが塩基対を形成する。

問8. アデニンとチミンは2本の水素結合で塩基対を形成し，グアニンとシトシンは3本の水素結合で塩基対を形成する。

問9. 1．ナイロン6の原料となる単量体は，ε-カプロラクタムで，環状アミドである。

$$CH_2 \begin{matrix} CH_2-CH_2-C=O \\ CH_2-CH_2-N-H \end{matrix}$$

ε-カプロラクタム

5．メラミン樹脂の原料となる単量体は，メラミンとホルムアルデヒドで，メラミンは窒素原子を3個含む環状構造をもつ。

（メラミンの構造式：トリアジン環に NH_2 が3個）

その他は，2．尿素とホルムアルデヒド，3．フェノールとホルムアルデヒド，4．エチレングリコールとテレフタル酸が原料となる単量体で，いずれも複素環を含まない。

問10. それぞれの構造式は以下の通り。

$$\begin{matrix} CH_2-C \lesseqgtr^O_{OH} \\ NH_2 \end{matrix}$$
1．グリシン

$$HS-CH_2-CH-C\lesseqgtr^O_{OH} \\ \quad\quad\quad NH_2$$
2．システイン

$$HO-\bigcirc-CH_2-CH-C\lesseqgtr^O_{OH} \\ \quad\quad\quad\quad\quad NH_2$$
3．チロシン

$$CH_3-S-(CH_2)_2-CH-C\lesseqgtr^O_{OH} \\ \quad\quad\quad\quad\quad\quad NH_2$$
4．メチオニン

$$H_2N-(CH_2)_4-CH-C\lesseqgtr^O_{OH} \\ \quad\quad\quad\quad\quad NH_2$$
5．リシン

講評

2024年度も2023年度と同様，大問5題，論述問題6問の出題であった。2024年度も大問3の熱化学，大問4の構造決定は思考力を問う問題で，時間がかかったと思われる。大問5は，天然有機化合物の知識をきちんと理解していないとやや難しかったであろう。

1　問1は，基礎的な空所補充。問2は，アルミニウムの製法で頻出。この2問は完答したい。問3・問9の論述問題も頻出ではあるが，50字以内にまとめるのが難しい。問4・問5・問8の反応式，問6の化学式は頻出問題。問7の計算問題は煩雑。特に CO と CO_2 の物質量の比から炭素の消費量を求めるのは，やや難しい。

2　問1・問2は，基本的な空所補充と選択問題で完答したい。問3～問5の論述問題は，反応速度の分野では頻出の問いだが，論述の練習をしていないと字数制限内にまとめるのに苦労したであろう。問7は，反応速度の実験から反応速度定数を求める典型的なタイプである。計算は多少煩雑ではあるが，この問いは完答したい。

3　化学発光と光化学反応の問題は，見慣れない受験生も多かったであろう。この辺りの単元は知識がないと，空所補充や選択問題は類推だけでは答えられない。また，光化学反応のラジカル反応は，学校での取り扱いがあまりなく，戸惑ったと思われる。問2・問3の熱化学は，難しくはないが熱化学方程式を多く使うので，短時間で処理するのが難しかったであろう。

4　窒素を含む化合物の構造決定は，慶應義塾大学の定番である。また，分子量の変化から構造を予想するタイプもよく見かける。過去問をしっかりと解いて研究していた受験生には有利だったかと思われる。しかし，最初の元素分析も計算が複雑で時間がかかり，見慣れないアミノ基転移反応を使った構造決定も複雑で，構造決定の練習を相当積んでいないと解きにくい問題であった。

5　リン脂質の単元は，入試で取り上げられることが少ないので，戸惑ったかもしれない。核酸の問題は，この分野が出題されるときの頻出問題なので，きちんと対策をしていれば答えられたであろう。ただ，リボースの構造式を書くのは，やや難しい。

//////////////// · **memo** · ////////////////

//////////////// · memo · ////////////////

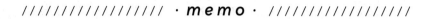

2023
年度

解答編

解答編

英語

I 解答　Q1－1　Q2－2　Q3－3　Q4－5　Q5－3
　　　　　　　Q6－5　Q7－2　Q8－3

Question〔A〕　(In fact, kids sometimes) go so far as to (cheat at) simple games in order to look smart(.)

━━━━━━━◆全　訳◆━━━━━━━

≪助けを求めることの大切さ≫

①　大人は，助けを求めることを恥ずかしいと思うことがたびたびある。それは，無防備だと感じる行動だからである。道を尋ねる時というのは，結局のところ，道に迷ったかもしれないということを明らかにすることなのだ。誰かの助けを求めるということは，自分の無能ぶりを公表しているようだと感じさせることがある。

②　新しい研究では，同じ理由で，子供が，助けが必要な時ですら，学校で助けを求めないということが示唆されている。比較的最近まで，心理学者は，子供は，9歳ごろまでは自分の評判や仲間の感じ方を気にし始めることはないと想定していた。だが，過去数年間に相次いだ知見が，この想定に異議を唱えている。この研究は，わずか5歳の子供でも，周りが自分をどう考えているかをとても気にしているということを明らかにしている。事実，子供たちは，自分を賢く見せるために，単純なゲームでずるをすることすら，時々あるのだ。

③　私たちの研究では，7歳の時からすでに，子供は助けを求めることを他者の前で無能に見えることと結びつけ始めることが示唆されている。子供たちの評判に対する不安は，特に教育ということとなると，重大な結果をもたらすかもしれない。ある時期に，子供はみな教室の中で苦闘をする。もしも同級生が見ているという理由で助けを求めることを恐れるのなら，学びがうまくいかなくなる。このことを理解しつつ，教師や，保護者は，

自分の実践を評価し，どうしたら子供たちが気楽に援助を求めるようにできるかをよく考えるべきだ。

④　子供が評判についてどう考えているのかをもっと知るために，私たちは発達心理学で伝統的に用いられている技法を応用した。周りの世界についての子供の推論は非常に精巧な場合があるが，自分の心の中に何が起こっているのかを常に説明できるわけではない。そこで私たちは，簡単な物語を作り，子供が自分たちの思考を明らかにすることを可能にするために，その筋書きについての質問をした。

⑤　いくつかの研究を通して，私たちは，4歳から9歳までの576人の子供に，物語の中の2人の子供の行動を予測するように求めた。登場人物の一方の子供は純粋に賢くなりたいと思っており，もう一方の子供は単に他者の前で賢く「見せ」たいと思っているだけであった。1つの研究において，私たちは子供たちに，物語の中の2人の子供はテストの成績が悪かったと伝えた。その上で私たちは，この2人の登場人物のどちらが，教師の助けを求めるためにクラスメートの前で挙手をする可能性がより高いかを尋ねた。

⑥　4歳の子供たちは，どちらの子供も同様に助けを求めるだろうと考えた。だが，7，8歳までの子供たちは，賢く思われたい子供が援助を求める可能性は低いだろうと考えた。そして，子供たちの予測は本当に，事実上「評判を気にする」ものであった――彼らは特に，この2人の登場人物が「仲間の前で」どのように行動するかについて考えていた。子供たちはさらに，賢く思われたい子供が助けを求める状況を想像することもできた。つまり，援助を（面と向かってではなくコンピューター上で）密かに求めることが可能な時なら，子供たちはどちらの登場人物も同等に助けを求めるだろうと考えたのだ。

⑦　私たちは子供たちに，他の筋書きについても尋ねた。子供たちは，例えば失敗を認めるとか謙遜して成功を軽く扱うというような，仲間の子供たちの前であまり賢く思われないようにするいくつかの行動を認識していることに私たちは気づいた。したがって，子供たちは，人の行動が他者の目の前であまり賢く見えないようにするいくつかの方法に敏感に気づいているのである。

⑧　私たちの研究成果を前提とすると，子供自身が苦闘している時も，も

し彼らが評判を気にしているとすれば，助けを求めることを回避する可能
性が非常に高いように思える。もしそうならば，他者がいる時に助けを求
めることをためらうこの気持ちは，勉強の進み具合をひどく妨げるだろう。
向上するためにはどのような分野においても，人は一生懸命に学び，困難
な課題を引き受け（たとえその課題が苦闘や失敗に終わるとしても），質
問をしなければならない。こういった努力はどれも，他人にどう見えるか
を気にしていると難しいものになる。

⑨　子供たちがこういった障害を克服するために私たちはどのように支援
ができるだろうか？　最初の直感は，その教育上の利点を強調することで
助けを求めるよう動機づけることであろう。だが，こういう努力も，能力
がないように見えることが一番気にかかる子供の支援にはならないかもし
れない。研究は，他者が助けを求める時，とにかくどれだけ落ち着かない
気持ちになるのかを，私たちが過小評価している可能性を示唆している。

⑩　むしろ，評判を気にするという障害には，おそらく評判に基づく解決
策が必要だろう。第一に，大人は助けを求めることの社会的な危険度を低
くすべきだ。例えば，教師は，クラスメートがグループワークをしている
傍らで，一対一の会話ができるようにすることによって，個人的に助けを
求めるより多くの機会を子供たちに与えることができるだろう。教師は，
この努力を，生徒が他者の前で質問をすることが普通の積極的な行動であ
るということを認識する助けとなる段階と結びつけるべきである。例えば，
指導者は，それぞれの生徒が異なるテーマの「専門家」になるような活動
を作り上げるというのもいい。そうすれば，子供たちは，教材のすべてを
マスターするために互いに質問をしなければならなくなる。もし，助けを
求めることが通常の教室の活動として理解されれば，子供たちは質問をす
ることが自分の能力を示すものとは考えなくなるだろう。

⑪　助けを求めることを社会的に望ましいと定義することすら可能だろう。
親は，その会話において家族全員が一緒に語り学び始める，価値のある会
話が，子供の質問によって始まる様を指摘することができるだろう。結局
のところ，助けを求めることは，しばしば，助けを求める人のためになる
だけでなく，同じような疑問をもち，困っていて，聞き入っている他者の
ためにもなる。さらに，大人は，援助を求めたことで子供をほめることも
できるだろう。そういう反応は，大人が，努力を要しない成功だけでなく，

助けを求める気持ちを評価していることを表す。

⑫　いずれは，心理学者や教育研究者は，こういった提案を評価し，小さな子供が仲間の評価についての恐れを脇へ押しやるような新しい方略を開発すべきである。乳幼児の保護者や教師同様，彼らもしっかりと心に留めておかなければならない1つのことがある。すなわち，私たちが想定している以上に，子供は自分の評判について考え，それに対処しようとしているということだ。

━━━━━━◀解　説▶━━━━━━

▶**Q 1.**「パラグラフ②（2行目と4行目）において，次の内のどの組み合わせが，[Q 1a] と [Q 1b] にそれぞれ入れるのに最適か」

特に [Q 1a] を含む文（Until relatively recently … age nine.）が，心理学者が従来信じていたことを述べているから，assume「～だと想定する」を用いている1が正解と判断できる。2．deposit「～を置く」　3．manipulate「～を操作する」　4．punctuate「～を強調する」　5．regulate「～を規定する」

▶**Q 2.**「パラグラフ②（3行目）において，下線の語 peer は…に最も意味が近い」

下線部の peer は「仲間」という意味であるから，文脈を考えると2．classmate「クラスメート」が最も意味が近いと考えられるだろう。1．「大人」　3．「両親」　4．「校長」　5．「教師」

▶**Q 3.**「パラグラフ④（3行目）において，下線の語 sophisticated は…に最も意味が近い」

下線部の sophisticated は「精巧な」という意味で，選択肢の中では，3．knowledgeable「詳しい」が最も意味が近いと考えられるであろう。1．「収縮した」　2．「創造力のある」　4．「特別な」　5．「唯一の」

▶**Q 4.**「次の中で，パラグラフ⑤，⑥，⑦において筆者が言及していないことはどれか」

1．「4歳の子供は，他者が評判を気にするとは考えていない」

2．「8歳の子供は，他者が評判を気にすると認識し始める」

3．「7歳の子供は，助けを求めるのがより簡単な状況を想像することができる」

4．「7歳の子供は，失敗を認めることは自分の評判を損なう結果になる

ということを理解できる」

5.「4歳未満の子供は，自分の成功を控えめに報告することがしばしば
である。というのも，彼らは，他者との関係の中での自分の評判に関心が
あるからである」

1については第⑥段第1文（The four-year-olds were …），2は第⑥段第
2文（But by age …），3は第⑥段第最終文（They could still …），4は
第⑦段第2文（We found that …）に，それぞれ該当の記述があるが，5
の内容と合致する記述はないので，これが正解となる。

▶ **Q 5.**「パラグラフ⑧（3行目）において，下線の語 reluctance は…に
最も意味が近い」

下線部の語 reluctance は「気が進まないこと」という意味の名詞である。
選択肢の中では，3．hesitance「ためらい」がほぼ同義と考えてよいだ
ろう。1．「同盟」　2．「排除」　4．「長所」　5．「理解が早い」

▶ **Q 6.**「パラグラフ⑨と⑩における筆者の説明と一致しないのは次のど
れか」

1．「心理学者は，助けを求める時に子供がどう感じるかを多少は理解で
きる」

2．「子供が質問をすることの教育上の価値を理解することは重要である」

3．「授業中に子供が一対一で質問できる状況を作ってあげることがよい
方法だ」

4．「子供が，質問をすることは能力を測ることではないと理解すること
が大切である」

5．「子供が，4歳もしくはそれより前までに，仲間の前で質問をするこ
とに完全に慣れることが絶対に必要だ」

1については第⑨段第4文（Research suggests that …），2は第⑨段第
2文（Our first instinct …），3は第⑩段第3文（For instance, teachers
…），4は第⑩段最終文（If seeking help …）にそれぞれ該当の記述があ
るが，5の内容と合致する記述は見当たらない。

▶ **Q 7.**「パラグラフ⑪（2行目）の下線の表現 kicked off は…に最も意
味が近い」

kick off ～ は「～を始める」という慣用表現である。選択肢の中では2の
commence に「～を始める」という意味がある。1．「～を無効にした」

３．「去った」　４．「亡くなった」　５．「取り去った」

▶ **Q 8**. 「本文における筆者の説明と合致しているものは次のどれか」

１．「助けを求めたくない気持ちは学力の向上を援助する可能性がある」

２．「子供は，４歳の時点で助けを求めることに困惑した気持ちを抱き始める」

３．「大人は，助けを求めることが能力の低さを意味するとは子供が考えないようなよい方略を探すべきである」

４．「親は，教師がすべての子供に強制的な一対一の会話の機会を提供することを要請すべきだ」

５．「発達心理学の技法を応用することでは，子供が評判をどのように考えているかを知ることはできなかった」

１については第⑧段第２文（If so, this …），２は第⑥段第１文（The four-year-olds were …），４は第⑩段第３文（For instance, teachers …），５は第④段第１文（To learn more …）にそれぞれ矛盾する記述がある。最終段落（Going forward, psychologists …）でまとめられているように，筆者は，周りの評判を気にせず自由に質問ができるように子供たちを指導すべきだと考えていることがわかる。よって，３が正解。

▶ **Question [A]**「記述解答用紙に，文章を完成させるために必要な次の語を適切な語順で入れなさい。パラグラフ②の文脈において最も意味を成すような語順で入れること」

与えられた選択肢から判断すると go so far as to *do*「〜しさえする」や，in order to *do*「〜するために」といった表現を用いていることが推測され，結果的に「事実，子供たちは，自分を賢く見せるために，単純なゲームでずるをすることすら，時々あるのだ」という意味の英文が完成される。

◆━◆━◆━◆━　●語句・構文●　━◆━◆━◆━◆━

（第①段）ask for help「助けを求める」　make O *do*「O を〜させる」the moment S V「〜する瞬間に」　after all「結局のところ」

（第②段）a wave of 〜「相次ぐ〜」　push back against 〜「〜に反対する」　as young as age five「わずか５歳の子供」（幼いことを強調する同等比較の表現）　in fact「事実」

（第③段）connect *A* with *B*「*A* を *B* と結びつける」　in front of 〜「〜の面前で」　when it comes to 〜「〜ということとなると」　at some point「ある時期に」

（第④段）developmental psychology「発達心理学」　they can't always explain「いつも説明できるわけではない」　部分否定の表現。

（第⑤段）the other「もう 1 人（の子供）」　one と共に用いて，2 つ（2 人）のうちの残りの 1 つ（1 人）を指す表現。

（第⑥段）the four-year-olds「4 歳の子供たち」　in nature「本来は」　conceive of ～「～を想像する」　in person「対面で」

（第⑦段）in the eyes of ～「～の目前で」

（第⑧段）given「～を前提として」　seek out ～「～を求める」　take on ～「～を引き受ける」　lead to ～「結果として～になる」　be concerned with ～「～を気にする」

（第⑨段）first instinct「最初に直観的に感じたこと」

（第⑩段）instead「むしろ」　likely「おそらく」　one-on-one「一対一の」　couple *A* with *B*「*A* を *B* と結びつける」　one another「互いに」　less likely to *do*「～しないようになるだろう」　indicative of ～「～を示す」

（第⑪段）point out ～「～だと指摘する」　get to *do*「～するようになる」　after all「結局のところ」

（第⑫段）going forward「いずれは」　push *A* past *B*「*A* から *B* を取り除く」　keep in mind「心に留めておく」

Ⅱ　解答　Q 9 — 3　Q 10 — 5　Q 11 — 3　Q 12 — 2　Q 13 — 4　Q 14 — 5　Q 15 — 3　Q 16 — 5　Q 17 — 2　Q 18 — 2　Q 19 — 1

Question [B]　特定の理論にのみ依拠して他の理論を援用せずに人間の利他的行動の説明をすること。（30～40 字）

◆全　訳◆

≪利他的な行動とは≫

①　生物学的な見地から相互に利他的な行動に取り組む時，科学者は 2 つの道をたどってきた。1 つは，共感的な行動に関する細胞学的そして身体的な段階を説明する方法である。これは『利他的な脳仮説（ABT）』における私のアプローチである。そのような行動を理解するためのもう 1 つの方法には，現在とても一般的な方法だが，『インディ＝ジョーンズ』的な側

面がある。つまり，生物学者はジャングルをものともせず，動物の行動を
観察し，いかにして動物が——特にサルやチンパンジーのような霊長類
が——見たところ共感的に行動するようになったのかを描く，進化論的
なシナリオとともに現れる。もちろん，こういった冒険は，重要なステッ
プを省略している。実は，進化論的な発達は，「それでもなお」脳のメカ
ニズムを通して機能しているに違いないのである。だが，私たちは，あの
ようなジャングルへの短い旅行を理想的なものでなくした，脳研究に基づ
く詳細な知識を最近になってようやく手に入れたから，動物主体の進化論
的な手法が実用的な説明を与えてくれるようになったのである。

②　確かに，この利他的行為に対する「大胆な」手法を理解することは，
私たちがその概念を科学的な見地から理解する助けとなり，神経科学的な
分析のための質のよいさきがけを与えてくれる。だから，脳のメカニズム
について論じる前に，このような進化論的なアイデアについて議論しよう。
これらのアイデアは，もともと利他的な行動のための脳のメカニズムがど
のように発生したのかを説明することを意図されたものだが，利他的な行
動がどのように「作動する」のか，そのメカニズムを私たちは説明するこ
とができるという主張を支持するものでもある。つまり，利他的行動のた
めの進化論的仮説は，そのような行動がどのように作動するのかについて
の科学的思考も刺激するのである。

③　背景として，進化生物学のいくつかの基本的な概念から始めよう。ロ
ックフェラー大学の集団遺伝学者の故テオドシウス＝ドブジャンスキーは，
「進化という観点から見なければ，生物学は何も意味を成さない」と述べ
た。私のようにこの意見を受け入れるなら，考えられる案は，進化が利他
的な行動，そして実際に道徳的な相互関係とどう関係するのかを特定する
ということになる。ドブジャンスキーに従い，他の科学者は，人間は「本
質的に素晴らしい協力者」であると指摘している。さて，それでは，利他的
行為という謎はどのように説明されるのだろう？　相互の共感的な行動を
生み出す進化論的なメカニズムとは正確にはどういうものなのだろうか？

④　この進化論的な思考を導入するために，私たちの進化論的過去から 1
つの情景を想像してみる。人類学者によると，何千年も前に共感的な社会
的交流の基礎がすでに存在していた。それはどこからやって来たのか？
科学者は，「人間」は非常に目覚ましく発達した社会的スキルを持ってい

るものだというような，人間と他の動物の間の新しい境界線を定義した。そのスキルの中には，もちろん言語も含まれるが，おそらくもっと重要なものは，私たちの他者の心を「読む」能力である。つまり，私たちは，誰かの姿勢，声の調子，表情から，その人が何を感じているかということおよび何を望んでいるかということを理解しているのである。例えば，よちよち歩きの人間の子供は，手にいっぱい荷物を抱えて閉まっているドアを見つめている大人がドアを通り抜けたいが助けが必要だということを容易に認識し，その大人に手を貸そうとするのである。サルは，他のサルに対してすら，手を貸そうとはしない——それは冷淡だからではなく，わからないからである。

⑤　そのような援助行動はどのように発達したのだろうか？　どのようにして私たちは，このように慈善的な行動を進んで示すようになったのだろうか？　人間の社会的行動の進化に取り組む進化生物学者は，人間の社会的行動がどのようにして徐々に発達していったかに対する 3 つの理論的解答のどれか 1 つを支持する傾向にあった。だが，不運なことに，彼らはそういう理論を，あたかも互いに排他的であるかのように——実際，トーナメント形式で競い合っていて，その結果，1 つが重要ならあとの 2 つは重要でないように——扱っている。そういう生物学者がメディアに登場して互いに議論をするが，思い思いの，妥協のない手法を説明する（そして正当化する）ために，混乱をきたす，全く異なる用語をよく用いている。

⑥　そう，社会的行動の進化は決定的に重要な話題であるが，私はこの分野をゼロサムゲームとして扱い，ある特定の血縁関係に基づく利他的な行動のいずれかの理論に限定する理論家には同意しない。こういう従来の手法を取るのではなく，私は，3 つの異なる理論を，それぞれが同時に機能し，ABT によって説明される利他的行動に向けた人間の行動の進化を説明する方式で同じ方向に向かうように扱う。進化生物学を外部から見れば，進化理論家は 3 つの理論——「利己的な DNA」あるいは「血縁淘汰」あるいは「集団選択」——のうちのどれが「唯一」最も重要であるかということについて議論していることは明らかなように見える。だが，神経科学者として私は，この 3 つの理論が利他的行動を生み出すためにいかに協働できるかを理解できる。もう一人のこの分野の門外漢として，ロンドン大学ユニバーシティカレッジの経済学教授ケン＝ビンモアは，相互に利他的

な行動は，一人ひとりをよくないことから「守る」という目的を果たして
いると指摘している。この点から見ると，彼は様々な進化論的手法を区別
していない。下等動物による食物分配がどのように進化したかということ
に取り組んでいるのと（様々あるにせよ）同じ理論が，現代の人間の洗練
された協同的な行動が時とともにどのように進化したかということに取り
組むためにも使用できるかもしれない。

⑦　この分野を神経科学者の視点から見ると，すでに述べたように，進化
生物学者が共同的な行動への最善の道について議論をしている一方で，実
際には，利他的行動の進化のための3つの説明のすべてが，互いの価値を
高めることができるように見える。3つのレベルの進化理論すべてが，同
時に作用可能だろう。利己的な DNA 理論は最も無情なほど効率的なもの
だが，最も幅の狭い理論でもある。集団選択理論は最も幅が広いが，最も
直接的でなく，ためになるのが最も遅いようだ。この3つの理論が互いに
補足しあえるだけでなく，それぞれの相対的な重要性もまた，問題になっ
ている時期と文化に応じて異なるだろう。だが，全体として，そして時間
とともにそれぞれの理論の重要性がいかに異なるとしても，3つの進化の
道筋すべての収束点は，利他的行動を裏づける脳の機能の発達へと，最終
的には向かうのである。この3つのうちどれがより重要かということは問
題ではない——どんな場合でも私たちには測ることはできないのが事実
である——進化が，脳が情け深い行動を支援するように発達することを
可能にしたという見解を，3つの理論すべてが支持しているということが
「確かに」重要であるほどには。

━━━━━━━━◀解　説▶━━━━━━━━

▶ **Q 9.**「パラグラフ①の筆者の記述と合っているものは次のどれか」

1.「サルやチンパンジーは共感的な態度に欠けている」

2.「生物学者は，しばしばジャングルに旅をし，理想的な環境に出会う」

3.「進化の段階を研究することは人間の共感的な行動を明確にするのに
役に立つ」

4.「人間の利他的な行動を説明するために，科学的な手法は全く適切で
はない」

5.「科学者は，進化の研究以前に，脳のメカニズムの詳細な知識を獲得
した」

第①段最終文（But because we …）において，人間の利他的な行動を研究するにあたって進化論的な手法が必要になってくると筆者が述べていることから，3 が正解であろう。

▶ **Q 10**.「パラグラフ②（1 行目）において，下線の語 <u>appreciate</u> は…に最も意味が近い」

本文では appreciate は「〜を理解する」という意味で使われているので，5．understand「〜を理解する」が正解である。1．「〜を区別する」2．「〜を高く評価する」　3．「〜を実行する」　4．「〜に感謝する」

▶ **Q 11**.「パラグラフ②（4 行目）において，[Q 11] に入れるのに最適なのは次のどれか」

空所を含む文が前文の evolutionary ideas「進化論的なアイデア」の内容の説明になっていることを考えると，3 を選び intended to *do*「〜することを意図される」とするのが適当であろう。1．「〜と等しい」　2．「ためらった」　4．「〜に反対した」　5．「〜より先の」

▶ **Q 12**.「パラグラフ③において，下線の語 <u>it</u>（4 行目）は…を指している」

下線部を含む文の前文のクォーテーションの部分（"Nothing in biology … of evolution."）が，進化論を考慮しないと生物学は意味を成さないという主旨の文であることから，このパラグラフは進化論に基づく生物学がテーマであるとわかる。その文脈の中で，本文全体のテーマである利他的行為（altruism）との関係を述べているのだから，it は 2．evolution「進化」を指していると考えるのが妥当であろう。1．「生物学」　3．「つまらないこと」　4．「考えること」　5．「意見」

▶ **Q 13**.「パラグラフ④の筆者の記述と一致しているのは次のどれか」

1．「共感的な社会的交流は過去 1 世紀の間でのみ発達した」

2．「人間と他の動物の両方が，言語を含めた社会的技能を持っている」

3．「人間のよちよち歩きの子供は，大人が助けを求める時だけ，ドアを通ろうとしている大人を助ける」

4．「サルは他のサルに手を貸さない。というのは，サルは他者が苦しんでいるということが何を意味しているのか理解していないからだ」

5．「人間のよちよち歩きの子供は，たとえ相手の人間の声の調子の何かを認識したとしても，他者の心を読むことができない」

1 は 第 ④ 段 第 2 文（Thousands of years …），2 は同段第 4・5 文
（Scientists have defined … "read" others' minds.），3・5 は同段第 7
文（For example, a …）より，筆者の記述と一致していない。同段最終
文（A monkey is …）に「サルは冷淡ではなく無知ゆえに他のサルに手
を貸さない」とあることから，4 が正解。

▶ **Q 14.**「パラグラフ④によると，人間のよちよち歩きの子供は必ずしも
他の人間の…を理解しない」

第④段第 6・7 文（That is, we … adult a hand.）に「人間は他者の姿勢,
声音，表情から，他者の感情や要求を読み取ることができる」「幼児は大
人の体勢や表情からその要求をくみ取り，手を貸すことができる」とある。
よって，幼児は必ずしも他者の 5．words「ことば」を理解していないと
考えることができる。1．「行動」　2．「表情」　3．「姿勢」　4．「口調」

▶ **Q 15.**「パラグラフ⑤（1 行目）の［Q 15］に入れるのに最適なものは
次のどれか」

直前の文（How did such …）「そのような援助行動はどのように発達し
たのだろうか」も，空所を含む文と同様に疑問文の形となっていることか
ら，これら 2 文の内容は似た意味を持つと考えることができる。よって，
3．become wired for 〜「〜に合うように作られている」を入れて，「ど
のようにして私たちは，このように慈善的な行動を進んで示すようになっ
たのだろうか」とするのが適切。1．「〜を正しく理解する」　2．「称賛
される」　4．「〜と結論を下す」　5．「〜を自由にする」

▶ **Q 16.**「パラグラフ⑥で筆者が示そうとしている要点は何か」

1．「神経科学者は常に多くの仮説を一緒に検証することを好む」

2．「人間の利他的行動を説明することができる，いくつかの既知で完全
で明解な生物学的メカニズムが存在する」

3．「社会的行動の進化は，人間が研究し理解すべき最も重要なテーマで
ある」

4．「動物の食物分配の評価は，利他的な行動が人間の中でどのように発
達していったかということを私たちが理解する助けとなる，主要な手がか
りだ」

5．「様々な理論から生じた異なる意見の統合が，全く潜在的に，私たち
が人間の利他的な行動をよりよく理解する助けとなり得るということを記

憶しようとすることは重要だ」

第⑥段第 4 文（But as a …）において筆者は，3 つの異なる理論が協働して利他的な行動を形成していると指摘していることから，5 が正解と判断できるだろう。

▶ **Q 17.**「発音した際に，パラグラフ⑥（11 行目）の下線の語 reciprocally と第 1 ストレスの場所が同じ語は次のどれか」

下線部の reciprocally は［risíprəkəli］となり，第 2 音節に第 1 ストレスが置かれている。同じく第 2 音節に第 1 ストレスが置かれている語は，2．intelligible［intélidʒəbl］である。1．［kənsìdəréiʃən］　3．［lèdʒəbíləti］　4．［rèprizéntətiv］　5．［télikànfərəns］

▶ **Q 18.**「パラグラフ⑥（11 行目）の［Q 18］に入れるのに最適なのは次のどれか」

空所を含む文の前半は「相互に利他的な行動は…という目的を果たしている」という意味である。また，空所の後に against があることから，ensuring を入れると，「一人ひとりをよくないことから『守る』（という目的を果たしている）」となり，文意が通る。よって，2 が正解。ensure *A* against *B*「*A* を *B* から守る」　1．assume「〜を想定する」　3．notice「〜だと気づく」　4．pretend「〜のふりをする」　5．share「〜を分かち合う」

▶ **Q 19.**「本文における筆者の記述と合っていないものは次のどれか」

1．「『利己的な遺伝子』の進化は，利己的な DNA という遺伝子発現によって直接的に制御されている」

2．「『集団選択』理論における進化は，他の理論よりも長い時間を必要とする」

3．「神経科学者は，3 つの理論が協働的に利他的行動の進化を説明するだろうと示唆している」

4．「進化生物学者は，利他的行動の進化を説明する 3 つの理論は，互いに排他的だと主張する」

5．「その重要性に関係なく，3 つの進化論的理論のすべてが，利他的な行動を生み出す同じ脳の進化の道に向けて合流するだろう」

2 については第⑦段第 4 文（Group selection is …），3 は第⑥段第 4 文（But as a …），4 は第⑤段第 4 文（Unfortunately, however, they …），

5 は第⑦段第 6 文（Collectively, however, and …）に，それぞれ同様の内容が書かれていると考えられるが，1 の selfish DNA について 1 の内容と類似の記述は本文には見当たらない。よって，1 が正解。

▶ **Question [B]**「記述解答用紙に，パラグラフ⑥（2 行目）の文脈において用いられている特定の下線部 a zero-sum game を，30～40 字の日本語で説明しなさい」

一般に zero-sum game「ゼロサムゲーム」とは，参加者の勝ち数と負け数の総和が常にゼロであるゲームのことを指すが，本文での意味は下線部直後（limited to one … of kinship-based altruism.）に示されており，さらに同段第 3 文（Viewing the field …）でより詳しく説明されているので，これらをもとに記述するとよい。

◆━◆━◆━◆━◆ ●語句・構文● ◆━◆━◆━◆━◆

（第①段）*Indiana Jones*「映画『インディ＝ジョーンズ』，考古学者が様々な冒険をする物語」 brave「～をものともしない」 get to *do*「～するようになる」 leave out ～「～を除外する」 based on ～「～に基づく」 foray「短期間の旅行」

（第②段）help *A do*「*A* が～するのを助ける」 come about「生じる」 that is「つまり」

（第③段）make sense「意味を成す」 in the light of ～「～を考慮して」 bear on ～「～に関係する」 by nature「本来」

（第④段）dividing line「境界線」 such that ～「～のような」 more importantly「もっと重要なことには」 facial expression「表情」 and / or「および」 be unlikely to *do*「～しそうにない」 offer a paw「手を貸す」 out of ～「～から」

（第⑤段）grapple with ～「～に取り組む」 tend to *do*「～する傾向にある」 as though S V「まるで～であるかのように」 exclusive of ～「～を除外して」 so that S V「その結果，～」

（第⑥段）disagree with ～「～に賛成しない」 treat *A* as *B*「*A* を *B* として扱う」 instead of ～「～する代わりに」 at the same time「同時に」 pull in ～「～に引き寄せられる」 argue over「議論する」 in this regard「この点で」 make distinctions「区別する」 address「～に取り組む」 food sharing「食物分配（ある個体の食物が別の個体の手に渡る

こと）」 lower animals「下等動物」 call on ～「～（知力など）を活用する」 over time「長い時間を経て」

（第⑦段）add to「増大する」 according to ～「～に応じて」 no matter how S V「たとえどんなに～だとしても」 in any case「どんな場合でも」 so much as S V「～であるのと同じように」

Ⅲ 解答

Q 20—3　Q 21—3　Q 22—5　Q 23—5　Q 24—1
Q 25—5　Q 26—4

Question [C]　C 1. first / disgust　C 2. third / safeness

◆全　訳◆

≪思いやりの気持ちとはどういうものか≫

①　［定義：思いやり，名詞——助けようとか慈悲深くあろうとする同情の気持ち，ラテン語の *pati pass*「苦しむこと」が語源］　この言葉は，長い宗教的な歴史に深くしみ込んでいるが，近年の医療政策文書に驚異の復活を遂げた。ミッド・スタッフォードシャー国民健康保険（NHS）基金によって運営されているスタッフォード病院における患者への虐待に関する公開調査の副産物の中の『過酷な真実』という共同の目的説明書の中で，NHS と保健省の 15 人の高官はこう宣言した。「私たちは，思いやりが私たちの提供する医療の中心であることを確認し，一人ひとりの痛み，苦悩，不安，あるいは窮状に人間性と親切な心で反応する。私たちは，慰めを与え，苦しみを和らげるために，たとえどんなに些細なことでも，できることを追求する。私たちはともに働く人々と同じく，患者，その家族，介護者のために時間を割く。私たちは世話をするのだから，求められるのを待たない」

②　英語の compassion は「辛抱強い」を意味する *pati* というラテン語が語源であり，com-passion は文字通りには誰かとともに苦しむということを意味する。だがそれは，経験を共有することだけではない。倫理的な行動が求められており，感情に圧倒されないようにするために回復力が求められる。それぞれの宗教的伝統には，思いやりの中心的な役割についての独自の解釈がある。3 つのアブラハム信仰のすべてにおいて，思いやりは神の中心的な特質である。この言葉は，コーランの 114 の詩の 1 つを除いたすべてにアラーという名前として言及されている。思いやりは，ユダ

人であることの３つの特徴的なしるしの１つと考えられている。中国仏教の伝統においては，思いやりは，両腕と両目を開いた観音という形態で表現されている。観音という名前は，「宇宙の音を聞くもの」という意味である。チベット仏教の伝統においては，菩薩は苦しみを見るための千の目と助けるために差し伸べる千の腕をもつ。仏教は，思いやりの第一要件は，苦しみに対する本能的な反応である顔をそむけるということをしないことであると示唆している。思いやりは，喜び，冷静さ，偏見なく受け入れることとともに，互いを支え強化する４つの特質の１つである。喜びや冷静さがなければ，思いやりは極度の疲労につながる可能性がある。

③　思いやりは組織内においては簡単に主流から外れる可能性があると，研究者のパキータ=デ=ズレータ博士は示唆している。進化心理学と感情神経科学を援用し，彼女は競争的で脅迫的な環境では思いやりは抑制されてしまうと主張する。彼女は，人間は３つの感情の体系を持っていると指摘する。第一の体系は脅威を探知して反応し，恐れ，不安，怒り，反感と結びついている。第二の体系は達成感，興奮，喜びと結びついている。そして第三の体系は，満足感，安心感，連帯感と結びつく鎮静の体系であり，思いやりの表出に必須のものである。これら３つの体系はバランスがとれていなければならず，異なる環境において適切なものとなる。危険なのは，第一の体系が鎮静の体系を抑制してしまうことである。

④　多くの介護の仕事が必然的に様々なレベルの不安を伴っており，例えば待ち時間が長いとかやベッドの数が足りないといった非難のような，より一層のプレッシャーが加えられると，恐れが思いやりの能力を破壊してしまう可能性がある。思いやりは人間の生得的な能力だとデ=ズレータは主張するが，思いやりは壊れやすいものなのだ。彼女は，産業化され，商業化された医療は目に見える結果を伴う処置的な介護を優先するが，それは思いやりを締め出してしまうと警告する。もっと前向きな調子で彼女は付け加えるが，思いやりとは本質的に互恵的なもので，認識しやすいものだ。思いやりは伝染性もある——思いやりを経験すれば，思いやりを別の人に示す可能性がより高いのである。

◼◼◼◼◼◼◼◼◀解　説▶◼◼◼◼◼◼◼◼

▶ **Q 20**.「パラグラフ①（４行目）において，［Q 20］に入れるのに最適なのは次のどれか」

公開調査（the public inquiry）の中の *Hard Truths* という文書についての言及であることから，3．fallout「副産物」を入れるのが適切であろう。1．「獲得」　2．「ごまかし」　4．「取るに足らないこと」　5．「隔離」

▶ **Q 21**.「パラグラフ①（8 行目）において，[Q 21] に入れるのに最適なのは次のどれか」

思いやりの気持ち（compassion）をどう表すかという文脈での空所であり，空所を含む文は「私たちはできることを追求する，（　　），慰めを与え，苦しみを和らげるために」という意味になるので，3．however small「たとえ些細なことでも」を入れるのがよいだろう。1．「役に立つにもかかわらず」　2．「非常に誇張された」　4．「詳細は無視して」　5．「抑制された理解で」

▶ **Q 22**.「パラグラフ②の筆者の記述を最も正確に要約しているのは次のどれか」

1．「単純に他者の肉体的な痛みを感じることが，患者を助ける唯一の道である」

2．「境界の概念が世界のアブラハム信仰の唯一の核となる特質である」

3．「世界のすべての宗教的信仰は，他者を気遣う点において詳細は全く同じである」

4．「賛成しないにしても，本質的に寛大であることが，圧倒されないようにするための唯一の方法である」

5．「他者に関心を抱き気遣うことには，関係するすべての人にとって効果的な方法でそうするために，いくつかの特質のバランスが必要である」

1 については第②段第 2 文（But it is …）前半，2 は同段第 4 文（In all three …），3 は同段第 3 文（Each religious tradition …），4 は同段第 2 文（But it is …）後半に，それぞれ矛盾する記述があるので，不適。同段第 10 文（Compassion is one …）にあるように，第②段のまとめとして筆者は，思いやりを表すためにいくつかの特質が必要だと述べており，概ね選択肢 5 の内容と同一であることがわかる。よって，正解は 5。

▶ **Q 23**.「パラグラフ③（1 行目）において marginalized という語の筆者の使い方の意味は次のどれか」

1．「その語は，個別の介護は他者に対する共感を弱めることで強化されることを意味している」

2．「その用法は，場合によっては，ある種の医療環境においては患者の心配を回避することが慈悲深いことだということを示している」

3．「その語は，感情を受け入れることは，他者を気遣う時の最初の焦点として苦労なく達成できるということを伝えることを意図している」

4．「その語は，医療環境における患者のケアのあらゆる場合において，親切心は初期設定の感情であり行動であるということを思い出させるものとして使われている」

5．「その語は，他のより攻撃的な要因が他者へのケアにおいて支配的になる時，寛大さと人間性が本筋から外されてしまうことがあるということを強調している」

marginalize は本来「周縁に追いやる」という意味であるが，第③段最終文（The danger is …）で，脅威に反応する感情が思いやりなどの感情を抑制してしまう危険性について言及されており，それが本文でのmarginalized の意味であると考えられる。したがって，正解は 5。

▶ **Q 24**．「パラグラフ③（2 行目）において，<u>affective</u> という語の筆者の使い方の意味は次のどれか」

1．「この語は，感情面での認知過程を強調するために使われている」

2．「この用法は，感情を調べることはできないということを表している」

3．「この語は，気配りのメカニズムは理解できないということを指摘することを意図している」

4．「この語は，自己修正的な心のメカニズムにおける本来の影響が人間にとって必須の作用であるということを示している」

5．「この語による明確化がなければ，人間の前頭葉の研究や前頭葉が時間の経過とともにどのように変化し成長するかという研究において，意義のある進展は不可能だろう」

本来 affective は「感情の」という意味の語であるが，第③段第 3 文（She points out …）以降で感情の体系を糸口に思いやりの気持ちについて論じていることから，1 が正解である。

▶ **Q 25**．「パラグラフ④（2 行目）において，[Q 25] に入れるのに最適なのは次のどれか」

空所の前後は「恐れが思いやりの能力を（　　）可能性がある」という意味になる。よって，5．overwhelm「～を圧倒する，破壊する」が最適。

１．「〜を収容する，必要なものを提供する」　２．「〜を広げる」　３．「〜を延長する」　４．「〜を生成する」

▶ **Q 26**.「本文の記述と内容的に合っているものは次のどれか」

１．「気遣うという本能は，患者に求められた時にのみ活性化される」

２．「エネルギーを完全に使い果たしてしまうことは，常に，思いやりの行動をすることの最終的な結末である」

３．「医療従事者は，状況がどうであれ，必然的に，常に，自分が介護をしている人に対して十分に共感的である」

４．「否定的な感情はより肯定的な感情を妨げるが，後者は他者からほぼ同じ感情を引き起こす傾向があるという点で，相互に強化している」

５．「人間は２つの限られた感情の体系を表すことができるに過ぎない。そしてこの感情の体系は，その構成と機能において正反対であるように，生まれつき設計されている」

第④段第１文（Much care work …）および同段第４文（On a more …）において，恐れという否定的な感情が思いやりの気持ちを抑制してしまうこと（第１文），思いやりの気持ちは互恵的なものであること（第４文）が指摘されている。よって，４が正解。

▶ **Question [C]**「Ⅲの特にパラグラフ③の主張や記述に基づき，それぞれの状況（Ｃ１およびＣ２）に最も合致している『感情の体系』と『特定の１つの感情』（記述解答用紙のセクション［Ｃ］に列挙されている）を選び，適切な解答欄に記入しなさい。記述解答用紙に記載された指示をよく読むこと」

〔解答欄〕「それぞれの状況をよく読むこと。『例』の欄にある最初の状況は問題の指示をよりよく理解してもらうために示してある例に過ぎないので注意すること。選択肢は１回のみ使われるとは限らず，複数回使われることや全く使われないことがあるかもしれない。下に列挙されている選択肢のみを用いること。解答はわかりやすく書くこと」

『感情の体系』の選択肢：

　「一番目」「二番目」「三番目」

『特定の１つの感情』の選択肢：

　「達成感」「怒り」「不安」「連帯感」「満足感」「嫌悪感」「興奮」「恐れ」「安心感」

	状　　況	感情の体系	特定の1つの感情
例	「すべての関連する医療の専門家が，患者を介護する困難な道のりの中で，順次，仕事が達成されたという節目に出会う」	二番目	達成感
C1	「多くの無実の人々を故意に肉体的に傷つけた人の介護を強いられた時，医療関係者は強い嫌悪を感じ，体の具合が悪くなることすらある」	一番目	嫌悪感
C2	「患者は，援助や安らぎを求めている間に，中立的な場所／空間で批判，暴力，個人的なあるいは肉体的な攻撃から自由となり，守られている気持ちになる」	三番目	安心感

まとめると，第1の体系は怒りなどの否定的な感情，第2の体系は達成感などの肯定的な感情，第3の体系は安心感などの平穏な感情ということになる。C1の状況には嫌悪感が，C2の状況には安心感が読み取れる。

◆━◆━◆━◆━◆━　●語句・構文●　━◆━◆━◆━◆━◆━◆━◆━◆

（第①段）be steeped in ～「～に深くしみ込んでいる」 policy document「政策文書」 statement of purpose「目的説明書」 senior official「高官」 make certain「確かめる」 be central to ～「～の中心である」 respond to ～「～に反応する」 search for ～「～を探し求める」 as well as ～「～と同様に」

（第②段）come from ～「～に由来する」 all but ～「～を除いてすべて」 in the form of ～「～という形態で」 with her arms and eyes open「手と目を広げて」付帯状況を表す with である。 reach out「手を差し伸べる」 turn away「顔をそむける」 along with ～「～とともに」 lead to ～「～という結果をもたらす」

（第③段）draw on ～「～を援用する」 point out ～「～を指摘する」 be associated with ～「～と関係がある」 be linked to ～「～と結びついている」 essential to ～「～にとって不可欠の」 be in balance「バランスのとれた」

（第④段）inevitably「必然的に」 entail「～を内包する」 target「攻撃の目標」

❖講　評

　Ⅰは，他者に助けを求めることの大切さについて述べた長文問題であ
る。マーク式の問題と記述式の問題が出題されている。マーク式問題に
ついては空所補充問題，内容説明問題等が出題されている。オーソドッ
クスな出題と言えるが，英文が非常に長いのでしっかりと読みこなして
いく英語力が求められている。記述式問題は本文中の空所を埋めていく
形式の語句整序問題で，基本的な熟語や構文の知識が求められている。

　Ⅱは，人間の利他的な行動をテーマにした長文問題である。マーク式
問題と記述式問題で構成されている。マーク式問題で空所補充問題や内
容説明問題などのほかにアクセント問題が出題されているほか，記述式
問題として日本語による内容説明問題も出題されている。

　Ⅲは，思いやりの気持ちをテーマとする長文問題である。ⅠやⅡに比
べると本文は短めだが，マーク式問題と記述式問題で構成されている。
空所補充問題などで，内容をしっかりと把握することが求められる問題
が見受けられるので注意が必要である。

　全体的には，非常に長い長文問題で構成されており，高度な英文読解
力が求められていると言えよう。

数学

I

◇発想◇　独立した小問 7 問。

(1) X の 5 つ因数が，6270 の 5 つの素因数に 1 つずつ対応することに気づくことが大切。条件から，ある程度しぼり込みをしておく。

(2) 直線の傾きを求めるには，正接（tan）の加法定理を用いる。三角形の内接円の半径については，三角形の面積に着目するのが定石。

(3) (ii) では，$x \geq 0$ における増減に着目する。

(4) 空間図形の問題であるが，しっかり平面図形（円，三角形）をとらえることが重要である。

(5) 連立漸化式であり，数列 $\{b_n\}$ を消去して，数列 $\{a_n\}$ の 2 項間漸化式を解けばよい。

(6)「実数解をもたない」とは，「本当に実数解自体がない」場合と，(i) の結果を踏まえた「実数解はもつが，2 以上の範囲に実数解をもたない」場合の 2 通りあることに注意する。

(7) 10 進法で考えることが大切である。正の整数について，余りは一般的には 0 以上であるところに注意する。

解答　(1)ア．$abc(3a+b)(2a+3b)$　　イ．$(2,5,3)$

(2)ウ．$5x-65$　エ．$\dfrac{5\sqrt{26}-13\sqrt{2}}{2}$　(3)オ．3　カ．-4　キ．$0<c\leq\dfrac{\sqrt[3]{25}}{4}$

(4)ク．$(3,2,1)$　ケ．$2\sqrt{5}$　コ．$\dfrac{80\sqrt{5}}{41}$

(5)サ．$\dfrac{1}{2}$　シ．$\dfrac{5}{6}$　ス．$\dfrac{17}{27}$　セ．$\dfrac{5}{8}-\dfrac{1}{8}\cdot\left(-\dfrac{1}{3}\right)^{n-1}$

(6)ソ．2　タ．$t^2+at+\dfrac{1}{3}a^2-3$　チ．$\log_2\dfrac{3\pm\sqrt{5}}{2}$

ツ．$a<-6$，$-3+\sqrt{6}<a$

(7)テ．$n-2$　ト．6

━━━━━━━◀解　説▶━━━━━━━

≪小問 7 問≫

▶(1)　(i)　$X=abc(6a^2+11ab+3b^2)$

$\qquad\qquad=abc(3a+b)(2a+3b)$　→ア

(ii)　　$6270=2\cdot3\cdot5\cdot11\cdot19$

X は，a，b，c，$3a+b$，$2a+3b$ の 5 つの因数をもつ。一方，6270 は異なる 5 つの素因数を 1 つずつもつ。a, b, c はいずれも 2 以上の整数であるので，5 つの因数は 5 つの素数に 1 対 1 に対応する。

$a\geqq2$，$b\geqq2$ より

$\qquad 3a+b\geqq8$，$2a+3b\geqq10$

であるから

$\qquad (3a+b,\ 2a+3b)=(11,\ 19)$ または $(19,\ 11)$

$(3a+b,\ 2a+3b)=(11,\ 19)$ を満たす a, b を求めると

$\qquad a=2$，$b=5$

このとき，$c=3$ となり，題意に適する。

$(3a+b,\ 2a+3b)=(19,\ 11)$ を満たす 2 以上の整数 $(a,\ b)$ の組はない。

したがって　　$(a,\ b,\ c)=(2,\ 5,\ 3)$　→イ

▶(2)　直線 l に関して，点 B と対称な点を B′ とすると

$\qquad AP+BP=AP+PB'\geqq AB'$

となり，AP＋BP が最小となる点 P は線分 AB′ 上にある。このとき，直線 BP と x 軸の正方向とがなす角を θ とする。

直線 l と x 軸の正方向とがなす角を α とすると

$\qquad \tan\alpha=\dfrac{2}{3}$，$\theta=\alpha+45^\circ$

であるから，正接（tan）の加法定理により

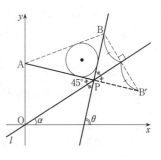

$$\tan\theta = \frac{\tan\alpha + \tan 45^\circ}{1 - \tan\alpha\tan 45^\circ} = \frac{\dfrac{2}{3} + 1}{1 - \dfrac{2}{3}\cdot 1} = 5$$

したがって，直線 BP の傾きは 5 であり，点 B(17, 20) を通るから，その方程式は

$$y = 5(x - 17) + 20 = 5x - 65 \quad \rightarrow ウ$$

このとき，点 P の座標を求めると

$$\begin{cases} y = \dfrac{2}{3}x \\ y = 5x - 65 \end{cases}$$

これを解いて

$$(x, \ y) = (15, \ 10)$$

∠APB = 90° であるから，直線 BP に垂直な直線 AP の方程式は

$$y = -\frac{1}{5}(x - 15) + 10 = -\frac{1}{5}x + 13$$

よって $a = 13$

三角形 ABP において

$$AB = \sqrt{17^2 + (20 - 13)^2} = 13\sqrt{2}$$
$$AP = \sqrt{15^2 + (10 - 13)^2} = 3\sqrt{26}$$
$$BP = \sqrt{(17 - 15)^2 + (20 - 10)^2} = 2\sqrt{26}$$

三角形 ABP は ∠APB = 90° の直角三角形であり，その面積は

$$\frac{1}{2}\cdot AP\cdot BP = \frac{1}{2}\cdot 3\sqrt{26}\cdot 2\sqrt{26} = 78 \quad \cdots\cdots①$$

一方，三角形 ABP の内接円の中心を I，半径を r とおくと，三角形 ABP の面積は

$$三角形 ABI + 三角形 API + 三角形 BPI = \frac{r}{2}(AB + AP + BP)$$

$$= \frac{r}{2}(13\sqrt{2} + 3\sqrt{26} + 2\sqrt{26})$$

$$= \frac{13\sqrt{2} + 5\sqrt{26}}{2}r \quad \cdots\cdots②$$

①，②から

$$78 = \frac{13\sqrt{2} + 5\sqrt{26}}{2} r$$

これを解いて

$$r = \frac{5\sqrt{26} - 13\sqrt{2}}{2} \quad \rightarrow \text{エ}$$

▶(3)　(i)　$f(-1) = 0$ であるから

$$-1 + a - b - 6 = 0 \quad \cdots\cdots①$$

$f'(x) = 3x^2 + 2ax + b$ であり，$f'(-1) = -7$ であるから

$$3 - 2a + b = -7 \quad \cdots\cdots②$$

①，②を連立させて解いて

$$a = 3, \quad b = -4 \quad \rightarrow \text{オ，カ}$$

(ii)　$f(x) \geqq 3x^2 + 4(3c-1)x - 16$ のとき

$$x^3 + 3x^2 - 4x - 6 \geqq 3x^2 + 4(3c-1)x - 16$$

$$x^3 - 12cx + 10 \geqq 0 \quad \cdots\cdots③$$

③が $x \geqq 0$ において常に成り立つには，関数 $g(x) = x^3 - 12cx + 10$ の $x \geqq 0$ における最小値が 0 以上であればよい。

$c > 0$ であるから

$$g'(x) = 3x^2 - 12c$$
$$= 3(x - 2\sqrt{c})(x + 2\sqrt{c})$$

$x \geqq 0$ における $g(x)$ の増減を調べると右の表のようになるので，求める c の条件は

$$g(2\sqrt{c}) \geqq 0$$

x	0	$\cdots$	$2\sqrt{c}$	$\cdots$
$g'(x)$		$-$	0	$+$
$g(x)$		↘	極小	↗

よって

$$(2\sqrt{c})^3 - 12c \cdot 2\sqrt{c} + 10 \geqq 0$$

$$c\sqrt{c} \leqq \frac{5}{8}$$

$c > 0$ に注意して両辺を 2 乗すると

$$c^3 \leqq \left(\frac{5}{8}\right)^2 = \frac{25}{4^3}$$

したがって，求める c の値の範囲は

$$0 < c \leqq \frac{\sqrt[3]{25}}{4} \quad \rightarrow \text{キ}$$

▶(4)　(ⅰ)　$y=2$ を球面 S の方程式に代入して整理すると
$$(x-3)^2+(z-1)^2=36-4^2=(2\sqrt{5})^2$$

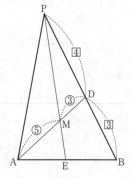

したがって，円 C の中心の座標は $(3,\ 2,\ 1)$，
半径は $2\sqrt{5}$ である。　→ク，ケ

(ⅱ)　円 C の方程式に $x=3$ を代入すると
$$(z-1)^2=(2\sqrt{5})^2 \quad \therefore \quad z=1\pm2\sqrt{5}$$
よって，A，B の座標は，それぞれ
$$(3,\ 2,\ 1-2\sqrt{5}),\ (3,\ 2,\ 1+2\sqrt{5})$$
となるので
$$AB=(1+2\sqrt{5})-(1-2\sqrt{5})=4\sqrt{5}$$
一方，三角形 ABD と線分 PE についてメネラウスの定理を用いると
$$\frac{AE}{EB}\cdot\frac{BP}{PD}\cdot\frac{DM}{MA}=1$$
より　　$\dfrac{AE}{EB}=\dfrac{4}{7}\cdot\dfrac{5}{3}=\dfrac{20}{21}$

よって
$$AE=4\sqrt{5}\cdot\frac{AE}{AB}=4\sqrt{5}\cdot\frac{20}{20+21}=\frac{80\sqrt{5}}{41}\quad→コ$$

▶(5)　(ⅰ)　a_{n+1} を a_n と b_n で表すと
$$a_{n+1}=\frac{1}{2}a_n+\frac{5}{6}b_n\quad→サ，シ\quad\cdots\cdots①$$
また，K さんは地点 A か B のどちらかに必ずいるので
$$a_n+b_n=1\quad\cdots\cdots②$$
初期条件から
$$a_0=1,\ b_0=0$$
であるから，①により　　$a_1=\dfrac{1}{2}$

したがって，②により　　$b_1=\dfrac{1}{2}$

さらに，①により
$$a_2=\left(\frac{1}{2}\right)^2+\frac{5}{6}\cdot\frac{1}{2}=\frac{2}{3}$$

したがって，②により　　　$b_2=\dfrac{1}{3}$

以下同様にして，順に

$$a_3=\dfrac{11}{18},\ b_3=\dfrac{7}{18},\ a_4=\dfrac{17}{27}\quad\to\text{ス}$$

(ii)　①，②から b_n を消去すると

$$a_{n+1}=\dfrac{1}{2}a_n+\dfrac{5}{6}(1-a_n)=-\dfrac{1}{3}a_n+\dfrac{5}{6}$$

これを変形して

$$a_{n+1}-\dfrac{5}{8}=-\dfrac{1}{3}\left(a_n-\dfrac{5}{8}\right)$$

より

$$a_n-\dfrac{5}{8}=\left(a_0-\dfrac{5}{8}\right)\cdot\left(-\dfrac{1}{3}\right)^n=\dfrac{3}{8}\cdot\left(-\dfrac{1}{3}\right)^n$$

$$\therefore\ a_n=\dfrac{5}{8}+\dfrac{3}{8}\cdot\left(-\dfrac{1}{3}\right)^n=\dfrac{5}{8}-\dfrac{1}{8}\cdot\left(-\dfrac{1}{3}\right)^{n-1}\quad\to\text{セ}$$

別解　(ii)の一般項を求めてから(i)の a_4 を求めてもよい。

▶(6)　(i)　$2^x>0,\ 2^{-x}>0$ であるから，相加平均・相乗平均の関係から

$$\dfrac{2^x+2^{-x}}{2}\geqq\sqrt{2^x\cdot2^{-x}}=1$$

すなわち　　$t=2^x+2^{-x}\geqq2$

不等式の等号部分は $2^x=2^{-x}$ すなわち，$x=0$ のときに成り立つ。

以上により，t の最小値は 2 である。　→ソ

次に

$$t^2=(2^x+2^{-x})^2$$
$$=4^x+2\cdot2^x\cdot2^{-x}+4^{-x}$$
$$=4^x+4^{-x}+2$$

であるから，$f(x)$ を t の式で表すと

$$f(x)=(t^2-2)+at+\dfrac{1}{3}a^2-1$$

$$=t^2+at+\dfrac{1}{3}a^2-3\quad\to\text{タ}\quad\cdots\cdots①$$

(ii)　①において，$a=-3$ とすると

$$f(x) = t^2 - 3t = t(t-3)$$

よって，$f(x) = 0$ をまず t の方程式として解けば　　　$t = 0,\ 3$

しかし，(i)により $t \geqq 2$ であるから，$t = 0$ は不適。

$t = 3$ のとき

$$2^x + 2^{-x} = 3$$

$$(2^x)^2 - 3 \cdot 2^x + 1 = 0$$

$$\therefore\quad 2^x = \frac{3 \pm \sqrt{5}}{2} \quad (右辺はどちらも正の数)$$

ゆえに，$f(x) = 0$ の解は

$$x = \log_2 \frac{3 \pm \sqrt{5}}{2} \quad \rightarrow \mathcal{F}$$

(iii)　$g(t) = t^2 + at + \dfrac{1}{3}a^2 - 3$ とおき，判別式を D とする。

方程式 $f(x) = 0$ が実数解をもたないのは次の2つの場合である。

　(ア)　$g(t) = 0$ が実数解をもたない場合

　(イ)　$g(t) = 0$ が実数解をもつが $t \geqq 2$ の範囲に実数解をもたない場合

(ア)のとき，$D < 0$ であるから

$$D = a^2 - 4\left(\frac{1}{3}a^2 - 3\right) < 0$$

$$-\frac{1}{3}a^2 + 12 < 0$$

$$a^2 - 36 > 0$$

$$(a+6)(a-6) > 0$$

よって　　$a < -6,\ 6 < a$　……(ア′)

(イ)のとき，$D \geqq 0$ より

$$-6 \leqq a \leqq 6 \quad \cdots\cdots ②$$

$$g(t) = \left(t + \frac{a}{2}\right)^2 + \frac{1}{12}a^2 - 3$$

より軸は　　$t = -\dfrac{a}{2}$

$g(t) = 0$ が $t \geqq 2$ の範囲に解をもたない条件は

$$t = -\frac{a}{2} < 2 \quad \cdots\cdots ③$$

かつ　　$g(2)=\dfrac{1}{3}a^2+2a+1>0$　……④

③より　　$a>-4$　……③′

④より

　　　$a^2+6a+3>0$

　　　$(a+3+\sqrt{6})(a+3-\sqrt{6})>0$

　∴　$a<-3-\sqrt{6},\ -3+\sqrt{6}<a$　……④′

②, ③′, ④′ を同時に満たす a の値の範囲は

　　　$-3+\sqrt{6}<a\leqq6$　……（イ′）

（ア′）, （イ′）により, 求める a の値の範囲は

　　　$a<-6,\ -3+\sqrt{6}<a$　→ツ

▶(7)　整数 Z を 10 進法で表すと

n^k の位	n^{k-1} の位	$\cdots$	n^1 の位	n^0 の位
4	0	$\cdots$	0	1

　　　$4n^k+1$

n^k の位の数が 4 であるから $n\geqq5$ である。

(i)　$k=3$ のとき, $Z=4n^3+1$

　　　$4n^3+1=(n+1)(4n^2-4n+4)-3$　……①

であるが, Z, $n+1$ は正の整数であり, 余りは 0, 1, $\cdots$, n のいずれかである。

よって, ①を変形して

　　　$4n^3+1=(n+1)(4n^2-4n+3)+(n+1)-3$

　　　　　　　$=(n+1)(4n^2-4n+3)+n-2$

となるので, 求める余りは, $n-2$ である。　→テ

(ii)　$Z=4n^k+1$

　　　　$=4\{(n-1)+1\}^k+1$

　　　　$=4\{(n-1)^k+{}_kC_1(n-1)^{k-1}+\cdots+{}_kC_{k-1}(n-1)+1\}+1$

　　　　$=4(n-1)\{(n-1)^{k-1}+{}_kC_1(n-1)^{k-2}+\cdots+{}_kC_{k-1}\}+5$

よって, Z が $n-1$ で割り切れるには, 5 が $n-1$ で割り切れなければならない。このような n で, $n\geqq5$ を満たすのは $n=6$ しかない。　→ト

II ◆発想◆ (2)動点の存在領域を求めるには，x（もしくは y）の実数条件（x, y はそれぞれ独立にすべての実数値をとる）をどうとらえるかがポイントで，2次式になることから判別式を利用する。

(3)面積計算では，いわゆる「$\dfrac{1}{6}$ 公式」を使いたい。

解答 (1)ナ. $(x-1)^2+(y+1)^2=4$　(2)ニ. $y \geqq -\dfrac{1}{4}x^2$

(3)(i)

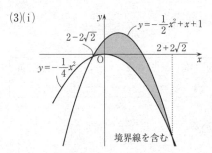

境界線を含む

(ii)ヌ. $\dfrac{16\sqrt{2}}{3}$

◀解　説▶

≪動点の存在領域，面積≫

▶(1)　$|\overrightarrow{\mathrm{AB}}|^2 = (2\cos\theta)^2 + (2\sin\theta)^2 = 4 = 2^2$

$0 \leqq \theta \leqq 2\pi$ であるので，点 B の軌跡は点 A を中心とする半径 2 の円である。よって，求める方程式は

$(x-1)^2+(y+1)^2=4$　→ナ

▶(2)　$X=x-y$, $Y=xy$ とおく。

ここで t の 2 次方程式 $t^2-Xt-Y=0$ ……① の 2 解は x, $-y$ であり，x, y は独立にすべての実数値をとるので，t の 2 次方程式①が実数解をもてばよい。したがって，①の判別式を D とおくと，$D \geqq 0$ であるから

$D = X^2 + 4Y \geqq 0$

$Y \geqq -\dfrac{1}{4}X^2$

よって，求める領域を表す不等式は

$$y \geqq -\frac{1}{4}x^2 \quad \rightarrow \equiv$$

▶(3)　(i)　領域 C を表す不等式は

$$(x-1)^2 + (y+1)^2 \leqq 4$$

これを変形して

$$x^2 + y^2 - 2x + 2y - 2 \leqq 0$$

$$(x-y)^2 + 2xy - 2(x-y) - 2 \leqq 0$$

$X = x - y$,　$Y = xy$ とおくと

$$X^2 + 2Y - 2X - 2 \leqq 0$$

$$Y \leqq -\frac{1}{2}X^2 + X + 1$$

したがって，領域 D は，2 つの不等式

$$y \geqq -\frac{1}{4}x^2 \text{ かつ } y \leqq -\frac{1}{2}x^2 + x + 1$$

で表される部分である。

(ii)　境界線の交点の x 座標を求める。

$$-\frac{1}{4}x^2 = -\frac{1}{2}x^2 + x + 1$$

$$x^2 - 4x - 4 = 0$$

$$x = 2 \pm 2\sqrt{2}$$

$\alpha = 2 - 2\sqrt{2}$,　$\beta = 2 + 2\sqrt{2}$ とすると，領域の面積は

$$\int_\alpha^\beta \left\{ -\frac{1}{2}x^2 + x + 1 - \left(-\frac{1}{4}x^2 \right) \right\} dx = -\frac{1}{4}\int_\alpha^\beta (x-\alpha)(x-\beta)\, dx$$

$$= -\frac{1}{4} \cdot \left(-\frac{1}{6} \right)(\beta - \alpha)^3$$

$$= \frac{1}{24}(2 + 2\sqrt{2} - 2 + 2\sqrt{2})^3$$

$$= \frac{16\sqrt{2}}{3} \quad \rightarrow \nu$$

III ◇**発想**◇　各用語の定義に従って，しっかり計算をする。なお，(4)は実際に計算してもよいが，現象としてとらえれば容易に結果を得ることができる。

 (1)ネ．11.0　ノ．6.0　ハ．高く　ヒ．変わらない
(2)フ．7.0　ヘ．35.0　(3)ホ．0.92　マ．強くなる
(4)ミ．0.25　ム．変わらない

━━━━━━ ◀解　説▶ ━━━━━━

《データの分析》

▶(1)　薬 X のみを使用している患者の検査値の平均値は

$$\frac{7.0+9.0+15.0+16.0+7.0+12.0}{6}=11.0〔mg/dL〕 \quad →ネ$$

薬 Y のみを使用している患者の検査値の平均値は

$$\frac{3.6+8.6+5.2+6.6}{4}=6.0〔mg/dL〕 \quad →ノ$$

薬 X も薬 Y も使用していない患者の検査値の平均値は

$$\frac{7.0+5.0+5.4+6.6}{6}=6.0〔mg/dL〕$$

したがって，薬 X と薬 Y のどちらも使用していない患者の検査値の平均値と比べ，薬 X のみを使用している患者の検査値の平均値は高く，薬 Y のみを使用している患者の検査値の平均値は変わらない。　→ハ，ヒ

▶(2)　薬 X と薬 Y を併用している患者の検査値を小さい方から順に並べると

$$5.0 \quad 7.0 \quad 13.0 \quad 23.0 \quad 35.0 \quad 43.0 \quad （6 人）$$

となる。したがって，第 1 四分位数は 7.0〔mg/dL〕，第 3 四分位数は 35.0〔mg/dL〕である。　→フ，ヘ

▶(3)　薬 X と薬 Y を併用している患者の，薬 X の使用量の平均値は

$$\frac{6+3+4+10+5+2}{6}=5〔mg〕$$

薬 X と薬 Y を併用している患者の検査値の平均値は

$$\frac{35.0+13.0+7.0+43.0+23.0+5.0}{6}=21.0〔mg/dL〕$$

よって，薬 X と薬 Y を併用している患者の，薬 X の使用量の分散は

$$\frac{(6-5)^2+(3-5)^2+(4-5)^2+(10-5)^2+(5-5)^2+(2-5)^2}{6}=\frac{20}{3}$$

同様に，薬Xと薬Yを併用している患者の，検査値の分散を求めると

$$\frac{14^2+(-8)^2+(-14)^2+22^2+2^2+(-16)^2}{6}=200$$

また，薬Xの使用量と検査値の共分散は

$$\frac{1\cdot14+(-2)\cdot(-8)+(-1)\cdot(-14)+5\cdot22+0\cdot2+(-3)\cdot(-16)}{6}$$

$$=\frac{101}{3}$$

ゆえに，求める相関係数は

$$\frac{101}{3}\div\left(\sqrt{\frac{20}{3}}\cdot\sqrt{200}\right)=\frac{101\sqrt{30}}{600}=\frac{101\cdot5.48}{600}=0.922\cdots$$

すなわち，0.92 である。　→ホ

したがって，薬Xと薬Yを併用すると，薬Xの使用量と検査値との相関関係が強くなると考えられる。　→マ

▶(4)　薬Xの使用量を半分にすると，使用量の平均値は0.5倍になり，患者1人の使用量と平均値の差（偏差）も0.5倍となるので，分散は

$$0.5^2=0.25 倍　→ミ$$

また，併用している患者全員の検査値の数値が5.0〔mg/dL〕低下すると，検査値の平均は5.0低下するが，患者1人の検査値と平均値との差（偏差）は変わらない。つまり検査値の変化は分散や共分散に影響を与えない。

$$相関係数=\frac{（共分散）}{\sqrt{（使用量の分散）}\sqrt{（検査値の分散）}}$$

によって求められ，分母・分子ともに薬Xの使用量が半分になったためにもとの値の0.5倍になるので，相関係数は変化しない。すなわち，相関関係は変わらないと考えられる。　→ム

❖講　評

　例年通りの形式で，あいかわらずのボリュームである。1つ1つは難問ではないが，計算力を要するものもあり，時間内に解ききることはかなり難しい。解けそうなものを見極める力も必要であろう。

　Ⅰは小問7問で，これらがなかなか手強い。ごく基本からやや面倒な

ものまで混在している。(1)ではしぼり込みをして a, b, c を求める。(2),
(3), (4)はよくみられる典型的な問題。(5)は連立漸化式であるが，$\{a_n\}$
と $\{b_n\}$ の関係はすぐわかるので，実質的にはよくある二項間漸化式で
ある。ただし，a_0 から始まるところに注意すること。(6)もよくある2
次方程式の解の配置の問題。(7)は見慣れない問題だが，10進法で考え
れば整式の割り算に他ならない。ただし，「余りは0以上」であること
に注意すること。

　Ⅱは動点の存在範囲の問題。x, y はそれぞれ独立にすべての実数値
をとることから，2次方程式の判別式を利用することになる。定積分の
計算の際，いろいろな計算の性質，公式を知っておくとスムーズである。

　Ⅲはデータの分析の問題で，定義通り計算すれば結果が得られる。こ
こ4年間で3回，大問として「データの分析」を出題しており，学部の
性質上，こだわりが感じられる。計算力はしっかりつけておこう。

化学

1 解答 問1．(1) 4　(2)(3) 11　(4)〜(6) 5.1×10^{-1}
問2．ア．青緑　イ．電解精錬　ウ．起電力
エ．ボルタ　オ．ダニエル

問3．化学式：Cu_2O　色：赤

問4．容器を冷却し，濃硫酸を水にかき混ぜながら加える。(25字以内)

問5．1．$Cu(OH)_2$　2．CuO　3．CuS

問6．名称：テトラアンミン銅(Ⅱ)イオン　イオン式：$[Cu(NH_3)_4]^{2+}$

問7．Au，$PbSO_4$

問8．$(-)Fe|FeSO_4aq|CuSO_4aq|Cu(+)$

問9．1

━━━━━━━━━ ◀解　説▶ ━━━━━━━━━

≪銅の性質と反応，銅の電解精錬，ダニエル電池≫

▶問1．銅は第4周期の遷移元素であり，イオンは Cu^+ と Cu^{2+} が存在する。銅はイオン化傾向が水素よりも小さく，水素より陽イオンになりにくいので，塩酸や希硫酸には溶けない。

ダニエル電池の反応は，

　　負極：$Zn \longrightarrow Zn^{2+} + 2e^-$

　　正極：$Cu^{2+} + 2e^- \longrightarrow Cu$

溶ける亜鉛と析出する銅の物質量は等しいので，銅の質量を x〔g〕とすると

$$\frac{0.530}{65.4} = \frac{x}{63.5} \qquad \therefore \quad x = 0.514 \fallingdotseq 5.1 \times 10^{-1}〔g〕$$

▶問2．イ．銅の電解精錬では，粗銅を陽極にして電気分解をする。陽極では銅が溶け，溶けた銅イオンが陰極で電子を受け取り，純粋な銅が析出する。

▶問3．酸化銅(Ⅰ)は Cu_2O で赤色，酸化銅(Ⅱ)は CuO で黒色である。

▶問4．濃硫酸の中に水を入れると，激しく発熱し，水が沸騰して濃硫酸が飛び散る危険性がある。

▶問 5．1．　$Cu^{2+} + 2OH^- \longrightarrow Cu(OH)_2$

2．1と同様に少量のアンモニアでも $Cu(OH)_2$ が生じ，加熱すると

$\quad\quad Cu(OH)_2 \longrightarrow CuO + H_2O$

の反応により，酸化銅(Ⅱ)が沈殿する。

3．　$Cu^{2+} + S^{2-} \longrightarrow CuS$

▶問 6．少量の NH_3 で $Cu(OH)_2$ が生じ，さらに NH_3 を加えると

$\quad\quad Cu(OH)_2 + 4NH_3 \longrightarrow [Cu(NH_3)_4]^{2+} + 2OH^-$

の反応により，錯イオンが生じる。

▶問 7．金属の単体としては，銅よりもイオン化傾向の小さい金だけが沈殿するが，鉛は硫酸イオンと非常に化合しやすく，$PbSO_4$ となり，沈殿する。

▶問 8．設問の中に登場する金属をイオン化傾向の順に並べると

$\quad\quad Fe > Ni > Sn > Cu$

となる。一番差の大きい，Fe と Cu を使うと起電力が一番高くなる。

▶問 9．電気量をより多くするためには，移動する電子数を多くすればよい。

1．正しい。硫酸銅(Ⅱ)の濃度を高くすると，Cu^{2+} が多くなり，反応する電子が増え，電気量は多くなる。

2．誤り。Zn^{2+} を増やすと亜鉛が溶ける反応が遅くなり，電気量は増えない。

3．誤り。素焼き板をガラス板に変更するとイオンが移動できなくなり，電流が流れない。

4．誤り。素焼き板をセロハンに変更しても正極側の Cu^{2+} が増えることはない。

5．誤り。素焼き板をイオン交換膜に変更しても正極側の Cu^{2+} が増えることはない。また，イオン交換膜には陽イオン交換膜と陰イオン交換膜があり，どちらを利用するか不明で正解にはならない。

2　解答　問 1．(7)〜(9) 3.5×10^1

問 2．(10)〜(12) 4.0×10^{-1}　(13)〜(15) 3.4×10^4

(16)〜(18) 8.7×10^{-1}

問 3．①体積の増加により，容器内の全圧が，87℃における飽和水蒸気

圧よりも小さくなったため。（45 字以内）

②水蒸気量の増加により，容器内の全圧が，87℃における飽和水蒸気圧よりも大きくなったため。（45 字以内）

問 4．(19)〜(21) 2.2×10^0

問 5．(22)— 5

問 6．1 ）— 3

2 ）不揮発性物質の NaCl が溶けたので，蒸気圧降下が起きたため。（30 字以内）

━━━━ ◀解 説▶ ━━━━

≪気体の法則と水蒸気圧，蒸気圧降下≫

▶問 1．気体の状態方程式より

$$2.0 \times 10^5 \times V_1 = 2.8 \times 8.31 \times 10^3 \times 300$$

$$V_1 = 34.9 \fallingdotseq 3.5 \times 10^1 \,〔L〕$$

▶問 2． $2H_2 + O_2 \longrightarrow 2H_2O$

反応前	2.0	0.80	0	〔mol〕
反応量	−1.6	−0.80	+1.6	〔mol〕
反応後	0.40	0	1.6	〔mol〕

よって，H_2 の物質量は 　4.0×10^{-1}〔mol〕

H_2 の分圧を P〔Pa〕とおくと，気体の状態方程式より

$$P \times 34.9 = 0.40 \times 8.31 \times 10^3 \times 360$$

$$P = 3.42 \times 10^4 \fallingdotseq 3.4 \times 10^4 \,〔Pa〕$$

水蒸気の物質量を n〔mol〕とおくと，87℃の水の飽和蒸気圧 6.3×10^4 Pa を用いて気体の状態方程式より

$$6.3 \times 10^4 \times 34.9 = n \times 8.31 \times 10^3 \times 360$$

$$n = 0.734 \,〔mol〕$$

よって，液体の水の物質量は

$$1.6 - 0.734 = 0.866 \fallingdotseq 8.7 \times 10^{-1} \,〔mol〕$$

なお，気体の状態方程式において $V_1 = 3.5 \times 10$〔L〕を用いて計算すると答えは 8.6×10^{-1}〔mol〕となる。

▶問 4．水蒸気の圧力が，6.3×10^4 Pa になった瞬間の体積 V_3〔L〕を求める。気体の状態方程式より

$$6.3 \times 10^4 \times V_3 = 1.6 \times 8.31 \times 10^3 \times 360$$

$$V_3 = 75.9 \text{〔L〕}$$

$$\frac{V_3}{V_1} = \frac{75.9}{34.9} = 2.17 \fallingdotseq 2.2$$

▶問5．V_2 から V_3 間は，水蒸気圧は一定で，水素がボイルの法則によって反比例の形をとる。V_3 で全ての水が水蒸気となるので，その後は水素と水蒸気によって新しい反比例の形をとる。

▶問6．蒸気圧降下が起こると，沸点が高くなる。また，NaCl は電解質であり，水に溶けると Na^+ と Cl^- に電離するので，沸点上昇度は，NaCl の物質量の 2 倍と水のモル沸点上昇の積になる。

3 解答
問1．ア．二酸化窒素　イ．一酸化窒素　ウ．四酸化二窒素

問2．$3NO_2 + H_2O \longrightarrow 2HNO_3 + NO$

問3．(a)下方　番号：2，3

問4．(23)—3

問5．X．$2NO_2$　Y．N_2O_4

問6．1）59.5　2）—1

3）温度を上げるとルシャトリエの原理により（Ⅰ）式の平衡が吸熱反応の NO_2 生成方向に移動し，NO_2 の濃度が高くなるから。（60 字以内）

問7．(24)—1　(25)〜(27) 5.0×10^{-1}

問8．(28)〜(30) 3.3×10^{-1}

問9．(31)〜(33) 1.4×10^0

◀解　説▶

≪窒素化合物の性質，熱化学の計算，化学平衡と平衡移動≫

▶問1．アの反応式は

$$Cu + 4HNO_3 \longrightarrow Cu(NO_3)_2 + 2H_2O + 2NO_2$$

イの反応式は

$$3Cu + 8HNO_3 \longrightarrow 3Cu(NO_3)_2 + 4H_2O + 2NO$$

▶問2．低温のときの反応は

$$2NO_2 + H_2O \longrightarrow HNO_3 + HNO_2$$

温度が示されていないのでこの反応式でもよい。

▶問3．水に溶けやすく，空気より重い気体は下方置換法で捕集する。

▶問4．受験で扱われる色のついた気体は4種で，NO_2 赤褐色，Cl_2 黄緑色，F_2 淡黄色，O_3 淡青色である。

▶問5．二酸化窒素と四酸化二窒素の化学平衡の反応式は
$$2NO_2 \rightleftarrows N_2O_4$$

▶問6．1)（Ⅰ）式で表される反応の熱化学方程式は
$$2NO_2 (気) = N_2O_4 (気) + Q (kJ)$$
反応熱＝右辺の生成熱－左辺の生成熱，なので
$$Q = -8.50 - (-34.0 \times 2) = 59.5 (kJ)$$

▶問7．生成する N_2O_4 の物質量を $n (mol)$ とすると

$$2NO_2 \rightleftarrows N_2O_4$$

反応前	1.5	0	(mol)
反応量	$-2n$	$+n$	(mol)
反応後	$1.5-2n$	n	(mol)

濃度平衡定数 K の値が，$0.50 (mol/L)^{-1}$ なので

$$K = \frac{\dfrac{n}{2}}{\left(\dfrac{1.5-2n}{2.0}\right)^2} = 0.50$$

$$n = \left(\frac{1.5-2n}{2.0}\right)^2$$

$$4n^2 - 10n + 2.25 = 0$$

解の公式より

$$n = \frac{5 \pm \sqrt{25 - 4 \times 2.25}}{4} = \frac{5 \pm \sqrt{16}}{4}$$

$$\therefore \quad n = 2.25, \ 0.25$$

$0 < n \leqq 0.75$ より　　$n = 0.25$

よって

$$NO_2 : 1.5 - 2 \times 0.25 = 1.0 (mol)$$

$$N_2O_4 : 0.25 (mol)$$

$$[NO_2] = \frac{1.0 \, mol}{2.0 \, L} = 0.50 (mol/L)$$

この後，さらに NO_2 を 2.5 mol 加えて再び平衡状態になる。

生成する N_2O_4 の物質量を $x (mol)$ とすると

$$2NO_2 \rightleftharpoons N_2O_4$$

反応前	3.5	0.25	〔mol〕
反応量	$-2x$	$+x$	〔mol〕
反応後	$3.5-2x$	$0.25+x$	〔mol〕

$$K = \frac{\dfrac{0.25+x}{2.0}}{\left(\dfrac{3.5-2x}{2.0}\right)^2} = 0.50$$

$$0.25+x = \left(\frac{3.5-2x}{2.0}\right)^2$$

$$4x^2 - 18x + 11.25 = 0$$

解の公式より

$$x = \frac{9 \pm \sqrt{81 - 4 \times 11.25}}{4} = \frac{9 \pm \sqrt{36}}{4}$$

$$\therefore \quad x = 3.75, \ 0.75$$

$0 < x \leqq 1.75$ より　　$x = 0.75$

よって

$$NO_2 : 3.5 - 2 \times 0.75 = 2.0 \, \text{〔mol〕}$$

$$N_2O_4 : 0.25 + 0.75 = 1.0 \, \text{〔mol〕}$$

$$[NO_2] = \frac{2.0 \, \text{mol}}{2.0 \, \text{L}} = 1.0 \, \text{〔mol/L〕}$$

$[NO_2]$ は，$1.0 - 0.50 = 0.50$〔mol/L〕より 5.0×10^{-1}〔mol/L〕増加した。

別解 最初の平衡に NO_2 を 2.5 mol を加えたと考えてもよいが，NO_2 を $1.5 + 2.5 = 4.0$〔mol〕加えて平衡になったと考えてもよい。

$$2NO_2 \rightleftharpoons N_2O_4$$

反応前	$1.5+2.5$	0	〔mol〕
反応量	$-2x$	$+x$	〔mol〕
反応後	$4.0-2x$	x	〔mol〕

$$K = \frac{\dfrac{x}{2.0}}{\left(\dfrac{4.0-2x}{2.0}\right)^2} = 0.5 = \frac{1}{2}$$

$$x = (2-x)^2$$

$$x^2 - 5x + 4 = 0$$

$$(x-1)(x-4) = 0 \quad \therefore \quad x = 1.0, \ 4.0$$

$$[NO_2] = \frac{4 - 2 \times 1}{2} = 1.0 \, [mol/L]$$

モル濃度の変化量は

$$1.0 - 0.50 = 0.50 \, [mol/L]$$

▶問 8．温度一定で，体積が 2.0L から 9.0L に増加した。よって平衡定数は変わらないが，NO_2 と N_2O_4 の物質量は変化する。

ルシャトリエの原理より，体積が増加すると気体の分子数が増加する方向に平衡が移動するので，この反応は左向きに進む。反応する N_2O_4 の物質量を $y \, [mol]$ とすると

$$2NO_2 \rightleftharpoons N_2O_4$$

反応前	2.0	1.0	[mol]
反応量	$+2y$	$-y$	[mol]
反応後	$2.0 + 2y$	$1.0 - y$	[mol]

$$K = \frac{\dfrac{1.0 - y}{9.0}}{\left(\dfrac{2.0 + 2y}{9.0}\right)^2} = 0.50$$

$$\frac{2(1.0 - y)}{9.0} = \left(\frac{2y + 2}{9.0}\right)^2$$

$$4y^2 + 26x - 14 = 0$$

$$(4y - 2)(y + 7) = 0$$

$$\therefore \quad y = 0.50, \quad -7.0$$

$0 < y \leqq 1.0$ より　　$y = 0.50 \, [mol]$

よって

$$NO_2 : 2.0 + 2 \times 0.50 = 3.0 \, [mol]$$

$$N_2O_4 : 1.0 - 0.50 = 0.50 \, [mol]$$

NO_2 の濃度は

$$3.0 \div 9.0 = 0.333 \fallingdotseq 3.3 \times 10^{-1} \, [mol/L]$$

▶問 9．アルゴンを 1.5mol 加えると，容器内の物質量の合計が 5.0 mol/L となる。これから，気体を放出し，アルゴンを加える前と同じ圧力にした。温度，体積が一定なので，圧力と物質量は比例する。

すなわち，アルゴンを加える前の物質量と，気体を放出した後の物質量が等しくなればよい。よって，$3.5 \div 5.0 = 0.70$ なので，それぞれの物質量

が 0.70 倍になれば，等しい圧力となる。

　　　$NO_2 : 3.0 \times 0.70 = 2.1$〔mol〕

　　　$N_2O_4 : 0.50 \times 0.70 = 0.35$〔mol〕

　　　$Ar : 1.5 \times 0.70 = 1.05$〔mol〕

平衡後の NO_2 のモル濃度が $0.20\,mol/L$ になっているので，平衡後の NO_2 の物質量は，$0.20 \times 9.0 = 1.8$〔mol〕である。よって

$$2NO_2 \rightleftharpoons N_2O_4$$

	$2NO_2$	N_2O_4	
反応前	2.1	0.35	〔mol〕
反応量	−0.30	+0.15	〔mol〕
反応後	1.8	0.50	〔mol〕

$$K = \dfrac{\dfrac{0.50}{9.0}}{\left(\dfrac{1.8}{9.0}\right)^2} = \dfrac{0.50}{0.36} = 1.38 \fallingdotseq 1.4 \,(mol/L)^{-1}$$

4

解答　問 1．$C_{28}H_{27}NO_3$

問 2．**B**．　　**C**．

問 3．$C_{13}H_{16}O_2$

問 4．**D**．

A．

問 5．

━━━━━ ◀解　　説▶ ━━━━━

≪分子式 $C_{28}H_{27}NO_3$ の構造決定，元素分析，オゾン分解，ロキソプロフェンの構造決定≫

▶問 1．炭素の質量：$1760 \times \dfrac{12.0}{44.0} = 480$〔mg〕

水素の質量：$347 \times \dfrac{2.0}{18.0} = 38.5$〔mg〕

酸素の質量：$607 - 480 - 38.5 - 20 = 68.5$〔mg〕

よって，それぞれの原子の物質量の比は

$$C : H : N : O = \dfrac{480}{12.0} : \dfrac{38.5}{1.0} : \dfrac{20}{14.0} : \dfrac{68.5}{16.0}$$

$$= 40 : 38.5 : \dfrac{10}{7} : 4.28$$

$$= 28 : 26.95 : 1 : 2.99$$

$$\fallingdotseq 28 : 27 : 1 : 3$$

ゆえに組成式は，$C_{28}H_{27}NO_3$ で式量は 425 となる。分子量は 500 以下なので，分子式も同じく $C_{28}H_{27}NO_3$ となる。

▶問 2〜問 4．表 1 より，水酸化ナトリウム水溶液に溶けるのは，カルボキシ基かフェノール性ヒドロキシ基，炭酸水素ナトリウム水溶液に溶けるのは，カルボキシ基，希塩酸に溶けるのはアミノ基をもつ化合物である。よって，化合物 B は，アミノ基をもつフェノール類。化合物 C と D はカルボン酸。化合物 E はフェノール類である。

化合物 A を加水分解して B，C，D になるので，A はエステル結合とアミド結合をもつ。また，水酸化ナトリウム水溶液を用いて，加水分解すると，エステル結合は切れるが，アミド結合は切れにくい。すなわち，化合物 A を加水分解して C，E が得られるということは，C と E はエステル結合で結合しており，E は B と D がアミド結合をした化合物である。

化合物 B は，アミノ基とフェノール性ヒドロキシ基をもち，塩素原子を置換して 2 種類の異性体が考えられることより，パラの二置換体である。分子量が 109 なので，B の構造式は

HO—⟨　⟩—NH$_2$

これに無水酢酸を作用させてできるアセトアミノフェンの構造は

HO—⟨benzene ring⟩—N—C—CH₃
　　　　　　　　　｜　‖
　　　　　　　　　H　O

化合物 **C** は，(6)の反応で，ギ酸とジカルボン酸 **F** になり，**F** は分子内脱水をして，分子量 148 の酸無水物 **H** になる。よって

H. ⟨benzene ring with fused 5-membered anhydride: C=O, O, C=O⟩　　**F.** ⟨benzene ring with C=O—OH, C=O—OH⟩

(6)の反応でギ酸ができていることより，構造内に $-C=CH_2$ という形があるので，化合物 **C** は

⟨benzene ring with —C(=O)—OH and —CH=CH₂ group⟩

化合物 **D** の分子式は，化合物 **A** − 化合物 **B** − 化合物 **C** + 2H₂O より

$$C_{28}H_{27}NO_3 - C_6H_7NO - C_9H_8O_2 + 2H_2O = C_{13}H_{16}O_2$$

化合物 **D** は，(6)の反応で，アセトンとジカルボン酸 **G** になるので，構造内に $-CH=C\begin{smallmatrix}CH_3\\CH_3\end{smallmatrix}$ という形がある。

また，塩素原子を置換して 2 種類の異性体が考えられることより，パラの二置換体である。

さらに，化合物 **D** には不斉炭素原子が 1 個あり，臭素を付加してできる **I** は，互いに隣接しない不斉炭素原子を 2 個もつので，パラの位置にあるそれぞれの置換基に不斉炭素原子があることになる。

よって化合物 **D**，**G**，**I**，イブプロフェン，は以下の通り。

D. $\begin{smallmatrix}CH_3\\HO-C\\\ \ \|\\\ \ O\end{smallmatrix}$CH—⟨benzene ring⟩—C$\begin{smallmatrix}H\\\ \|\\CH_3\end{smallmatrix}$　　**G.** $\begin{smallmatrix}CH_3\\HO-C\\\ \ \|\\\ \ O\end{smallmatrix}$CH—⟨benzene ring⟩—C$\begin{smallmatrix}OH\\\ \|\\O\end{smallmatrix}$

I. $\begin{smallmatrix}CH_3\\HO-C\\\ \ \|\\\ \ O\end{smallmatrix}$CH—⟨benzene ring⟩—C$\begin{smallmatrix}H\\\ \|\\Br\end{smallmatrix}$—C$\begin{smallmatrix}CH_3\\\ \|\\Br\end{smallmatrix}$—CH₃

イブプロフェン：
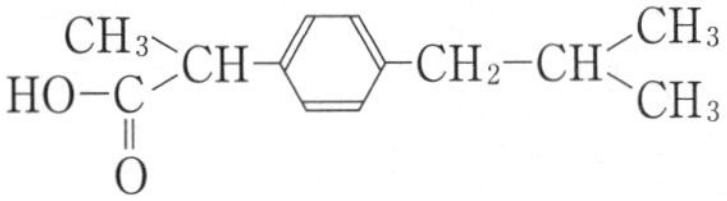

これらのことより，化合物 **A** は **C**－**B**－**D** の順に結合した化合物なので
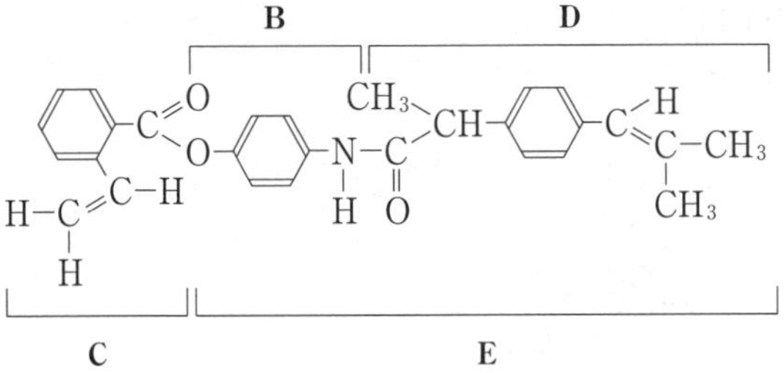

▶問 5．**X** は，(6)の反応で，ジカルボン酸 **G** と 1,2-シクロペンタンジオンになるので
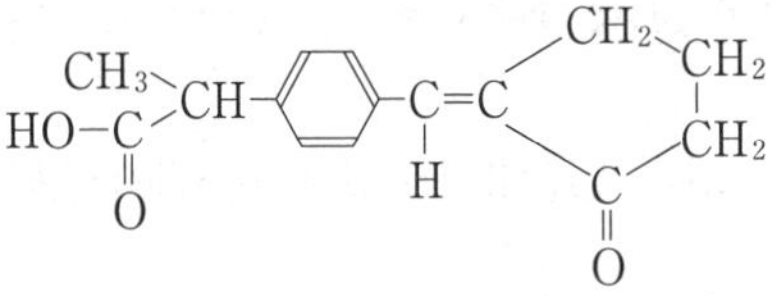

この **X** に水素を付加させるとロキソプロフェンになるので，ロキソプロフェンの構造式は
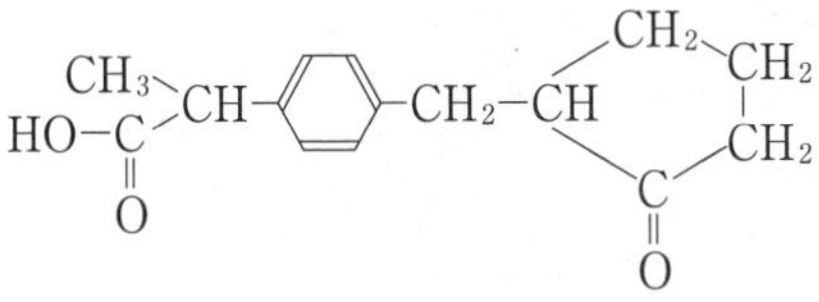

5 解答

問 1．ア．付加　イ．共　ウ．スルホ
エ．陽イオン交換　オ．陰イオン交換　カ．等電点

問 2．軟化点以上に加熱すると軟らかくなり，冷却すると硬くなることを繰り返す性質。(40 字以内)

問 3．(34)(35) 3.5

問4．

$$
\begin{array}{c}
\text{H} \\
| \\
\text{H-C=C} \\
\quad\quad| \\
\quad\quad\text{H}
\end{array}
\text{—⟨benzene⟩—}
\begin{array}{c}
\text{H} \\
| \\
\text{C=C-H} \\
| \\
\text{H}
\end{array}
$$

問5．(36)〜(38) 5.0×10^{-3}

問6．(39)〜(41) 2.0×10^{-3}

問7．1）(42)— 3　(43)— 8

2）
$$
\begin{array}{c}
\quad\quad\quad\quad\text{O} \\
\quad\quad\quad\quad\parallel \\
CH_3-C-N-CH-C \\
\quad\quad\quad\quad| \quad | \quad\quad \diagdown OH \\
\quad\quad\quad\quad\text{H} \quad CH_2-CH_2-C \\
\quad\quad\quad\quad\quad\quad\quad\quad\quad\quad\quad \diagdown OH
\end{array}
$$

◀解　説▶

《合成樹脂，アミノ酸の化学平衡と等電点》

▶問1．アミノ酸は，等電点より pH が小さいと陽イオン，大きいと陰イオンになっている割合が多い。

▶問2．加熱しても軟化せず，より一層硬化する樹脂が熱硬化性樹脂である。

▶問3．スチレン：ブタジエン＝1：x とし，重合度を n とする。この合成ゴムに付加する水素の物質量は，1mol あたり nx〔mol〕なので

$$
\frac{29.3}{(104+54x)\,n} \times nx = \frac{7.84}{22.4}
$$

$$
\frac{29.3x}{(104+54x)} = 0.35
$$

$$
29.3x = 36.4 + 18.9x
$$

∴　$x = 3.5$

▶問4．ベンゼンのパラの位置にビニル基が2分子置換した構造である。

▶問5．　$K_1 = \dfrac{[\mathrm{H}^+][\mathrm{X}^\pm]}{[\mathrm{X}^+]}$　　$K_2 = \dfrac{[\mathrm{H}^+][\mathrm{X}^-]}{[\mathrm{X}^\pm]}$

これらより，$K_1 \times K_2 = \dfrac{[\mathrm{H}^+]^2 [\mathrm{X}^-]}{[\mathrm{X}^+]}$ となる。

等電点では，$[\mathrm{X}^+] = [\mathrm{X}^-]$ なので

$$
K_1 \times K_2 = [\mathrm{H}^+]^2
$$

いま，等電点が 6.0 で，$K_2 = 2.0 \times 10^{-10}$ なので

$$K_1 \times 2.0 \times 10^{-10} = 1.0 \times 10^{-12}$$

$$\therefore \quad K_1 = 5.0 \times 10^{-3} \, \text{[mol/L]}$$

▶問 6．操作 1 において，Ca^{2+} が陽イオン交換樹脂に吸着し，H^+ が Ca^{2+} の物質量の 2 倍流出する。また，操作 2 においては，Ca^{2+} の物質量の 2 倍の H^+ が陽イオン交換樹脂に吸着する。よって，操作 2 で，Ca^{2+} を全て流出させる塩酸の物質量は，塩化カルシウムの式量は 111.1 なので

$$\frac{1.0}{111.1} \times \frac{1.0}{10} \times 2 \, \text{[mol]}$$

よって，水酸化ナトリウムと反応する塩酸の物質量は

$$0.20 \times \frac{10}{1000} - \frac{1.0}{111.1} \times \frac{1.0}{10} \times 2$$

となる。中和に必要な水酸化ナトリウム水溶液の体積を v〔L〕とすると

$$0.20 \times \frac{10}{1000} - \frac{1.0}{111.1} \times \frac{1.0}{10} \times 2 = 0.10 \times v \times 1$$

$$\frac{2.0}{1000} - \frac{2.0}{1111} = 0.10v$$

$$1.99 \times 10^{-4} = 0.10v$$

$$v = 1.99 \times 10^{-3} \fallingdotseq 2.0 \times 10^{-3} \, \text{[L]}$$

▶問 7．1）陽イオン交換樹脂に吸着されたアミノ酸は陽イオンになっていて，吸着されなかったアミノ酸は陰イオンになっている。pH4.0 緩衝液で陰イオンになっているアミノ酸**A**の等電点は，pH4.0 より小さい。よって，アミノ酸**A**は酸性アミノ酸のグルタミン酸である。

また，pH7.0 では流出せずに，pH11 のときに流出するのは，等電点が pH7.0 から pH11 の間にある塩基性アミノ酸である。よって，アミノ酸**B**はリシンである。

2）グルタミン酸−リシンのジペプチドの構造式は

```
H2N-CH-C-N——CH-COOH
     |  ‖ |    |
     CH2 O H  (CH2)4
     |         |
     CH2-COOH  NH2
```

これをアセチル化した化合物の構造式は

```
CH3-C-N-CH-C-N——CH-COOH
    ‖ | |  ‖ |   |
    O H CH2 O H   (CH2)4
        |         |
        CH2-COOH  N-C-CH3
                  | ‖
                  H O
```

さらにこのアセチル化した化合物を加水分解すると

```
CH3-C-N-CH-COOH      H2N-CH-COOH
    ‖ | |               |
    O H CH2             (CH2)4
        |               |
        CH2-COOH        N-C-CH3
                        | ‖
     (i)                H O
                          (ii)
```

(i)は，アミノ基が無水酢酸でアセチル化されているので，どのような pH にしても陽イオンにはならない。よって，陽イオン交換樹脂に吸着されない。

(ii)は，アミノ基が 1 つ残っている。pH2.0 のとき，このアミノ基が陽イオンになっているので，吸着される。さらに pH4.0 にしても陽イオンのままだが，pH7.0 にすると両性イオンになり，流出する。その時の構造式は

```
H3N+-CH-COO-
     |
     (CH2)4
     |
     N-C-CH3
     | ‖
     H O
```

次に，リシン-グルタミン酸のジペプチドの構造式は

```
H2N-CH——C-N-CH-COOH
    |    ‖ |  |
    (CH2)4 O H CH2
    |          |
    NH2        CH2-COOH
```

これをアセチル化した化合物の構造式は

```
CH3-C-N-CH———C-N-CH-COOH
    ‖ | |     ‖ |  |
    O H (CH2)4 O H CH2
        |          |
        N-C-CH3    CH2-COOH
        | ‖
        H O
```

さらにこのアセチル化した化合物を加水分解すると

$$CH_3-\underset{O}{\overset{\|}{C}}-\underset{H}{\overset{|}{N}}-\underset{(CH_2)_4}{\overset{|}{CH}}-COOH \qquad H_2N-\underset{CH_2}{\overset{|}{CH}}-COOH$$

(iii) は、アミノ基が無水酢酸でアセチル化されているので、どのような pH にしても陽イオンにはならない。よって、陽イオン交換樹脂に吸着されない。

(iv) は、アミノ基が残っている。pH2.0 のとき、このアミノ基が陽イオンになっているので、吸着される。しかし、グルタミン酸は酸性アミノ酸で、等電点が pH3.2 くらいなので、1）で pH4.0 にすると、流出している。よって、**X** はグルタミン酸—リシンのジペプチドで、化合物 **D** の構造は (i) となる。

❖講　評

　2023 年度も、大問 5 題、うち論述問題 6 問と出題数は 2022 年度と同様であった。しかし、2023 年度は、**2** の気体の法則、**3** の化学平衡の計算、**4** の構造決定、**5** の陽イオン交換樹脂など、思考力を問う問題が増加した。全体としては、2022 年度よりもやや難化したと考えられる。

　1　問 1 は、基礎的な反応量計算、問 2 は銅と電池に関する基本的な空欄補充、問 3、問 5、問 6 も基本的な無機化学の知識問題、これらは完答したい。問 4 の論述や問 8 の起電力の問題も頻出、問 7 は $PbSO_4$ に気付いたかどうか。問 9 は思考力が必要でやや難しい。

　2　ピストン付き容器を使った気体の問題である。問 1 と問 2 は、気体の状態方程式を用いた標準的な問題なので完答したい。問 3 の論述は 45 字以内にまとめるのが、やや苦労したのではないか。問 4 は液体が全て気体になった瞬間は飽和蒸気圧であるということを理解していれば解けたであろう。問 5 のグラフは、気体と液体が存在したときのグラフで頻出である。問 6 は蒸気圧降下のことがわかっていればすぐに解ける問題である。

　3　NO_2 と N_2O_4 の平衡の問題である。前半は、無機の知識問題で、

完答したい。問 6 の熱化学と平衡移動の問題も頻出。ただ，問 7 〜問 9 は難しかった。思考力と計算力のどちらも必要で，方針が立っても計算でつまずいた受験生も多いと思われる。これを時間内に解き終わるのは難しいであろう。

4　$C_{28}H_{27}NO_3$ の構造決定である。最初の元素分析も計算が複雑で時間がかかる。そして，オゾン分解を使った構造決定もかなり複雑で，構造決定の練習を相当積んでいないと解きにくい問題であった。特に最後のロキソプロフェンの構造決定は難しかった。

5　アミノ酸の等電点と陽イオン交換樹脂に関する問題である。問 1 の空欄補充は基本的で完答したい。問 3 の計算問題と問 5 の電離定数の計算も頻出。問 6 の陽イオン交換樹脂を用いた中和の計算は，吸着した Ca^{2+} を流出させるのに必要な塩酸があることに気付けないと解けなかった。問 7 のペプチドの構造決定も思考力を要する問題で，やや難しかった。

2022
年度

解答編

解答編

■英語■

I　**解答**　**Q 1**－2　**Q 2**－1　**Q 3**－3　**Q 4**－5　**Q 5**－3
　　　　　　　Q 6－4　**Q 7**－5　**Q 8**－5

Question "A"　(1) Groupthink　(2) Authority gradients
(3) Social loafing

━━━━◆全　訳◆━━━━

≪医療の現場におけるチームの重要性≫

①　私たちは，診断や治療という仕事を，医師が椅子に座って考え，決定するというイメージで，単独で行う仕事ととらえがちだ。研究の場においては，魅了された若い研修生に囲まれた白髪の教授を想像する。結局のところ，診断や治療は専門的知識とリーダーシップを必要とする重要な職務である。主治医がリーダーであり，執刀医が船長というわけである。

②　今日実際に行われている医療に適している，診断や治療のより現実的なモデルには，いくつかの分野にまたがる共同作業とチームワークが含まれる。確かに，すべての必要な専門技術を有している人は誰一人いない。知識，技量，専門技術は，医学という連続体のいたるところで共有されている。診断や治療は，もはや単一の人間の領域にとどまるのではなく，むしろ多くの個人による共同作業である。診断や治療は，ある期間や場所を通じて生じる漸進的な過程とみるのが最善で，多様な検査手順，協議，そして協力が含まれる。それを認識していようといまいと，他の専門職との共同作業を行う私たちの技術は，成功の重要な要因である。チームとチームワークの原理を効果的に利用することは，治療のプロセスを改善する1つの方略として提案されてきた。

③　チームとかチームワークという概念は，みんな大好きである。チームワークという考え方は，目標に向かって働き（競争さえして），互いを支え合い，全体のために犠牲になる個々の人間が集まった集団の団結心とい

うイメージを呼び起こす。だが，チームワークというモデルは，診断や治療という仕事に，とりわけ大部分は触れることができず見ることもできない診断という過程に適しているのだろうか。

④　多くの人が，チームワークはいくつかの診断および治療の失敗の 1 つの解決策だと主張しているが，人をただチームに割り当てるだけでは，よりよい結果を達成するためにはほとんど役立たない。チームワークに賛成する意見は，チームワークの欠如と貧弱な作業設計が，診断または治療の誤りにつながることがよくあるという認識に基づいている。良質で，効果的で，高度に機能的なチームは，医療の現場で生じる問題の多くに対処できるが，チームはそれ自体を生み出す文化を反映するものであり，基礎をなしている組織の中に存在するのと同じ欠陥を再生産するかもしれないのだ。

⑤　チームの仕組みに関連する潜在的な問題は以下が挙げられる。

- チームワークとは，効果的で，時宜を得た，正確なコミュニケーションということを含意する。だが，多くのコミュニケーションの失敗は，人間関係における複雑な力学がもたらす。もし，医療において個人のコミュニケーションの仕方に影響を与える文化的な問題に対処することに失敗する場合，チームの仕組みの中に私たちが求めている進歩の多くはうまくいかないだろう。

- より多くの人が職務に加わるにつれ，個人のプロジェクトへの貢献は少なくなる。「社会的手抜き」と説明される概念である。その 1 つの例は，労働者がロープを引っ張るよう求められた時，より多くの労働者が連続的に加わると，労働者が費やす労力は減少するというものである。

- チームは責任の分散につながる可能性があり，誰もチームの行動に対しして責任を感じないし，責任をもたなくなる。この傾向は，医療以外の分野でも観察されており，たとえば緊急事態が発生した時に，他にも人がいる時には，見物人は介入しない傾向がある。この傾向は，医療の現場においてはもっと込み入ったことになる可能性があり，チームのメンバーが自分の役割をはっきりとわかっていないか，より権威のある人や先輩がいる場合に責任を負うことを恐れてしまう。

- 医療提供者は上下関係のはっきりした環境で仕事をしており，チームの任意のメンバーに与えられている役割が明確でない可能性がある。チームのために責任を負おう，決断をしよう，声を上げようという意欲は，

「権威勾配」，すなわち批判や報復措置に対する恐れ，あるいは不安によって影響される可能性がある。

- チームは自分たちには弱みなどないという幻想を作り出し，自信過剰になる可能性がある。

- 非常に有力なチームは，自分のグループに疑う余地のない信念をもっているかもしれない。強力なグループは全員一致のような外観を与えるかもしれないが，実際には，より力のないメンバーはチームに対して疑問をもったり挑戦したりする気にならないのだ。「集団思考」が，ただ単にチームの大多数の意見を反映しているようだという理由で，ある決定をチームのメンバーが認めるよう働きかけるかもしれない。疑いもせずに「集団思考」を信頼すると，破壊的で，致命的ですらある結果を招く可能性がある。

⑥ チームとしての訓練は，今では多くの医学部に取り入れられていて，医療の世界では，チームワークを教え，促進する方略が広く採用されつつある。だが，私たちは用心して，私たちの作るチームが健全で効果的であることを確かなものにしなければならない。そして，究極的には，私たちが求める変化とは必ずしもチームの仕組みの変化ではなく，むしろ態度や文化の変化だということを理解する必要がある。

⑦ 私たちは，診断や治療を，ある単一の瞬間に1人の人間によってなされる決定であるとか，順々に行動する多くの個人によってなされる決定であるとか，ある場所や期間を通じて数えきれない人々や過程に依存しながら発生するプロセスであるとか，リアルタイムで対面で行われる協同的なプロセスであるとか説明することができる。こういった異なるイメージは，診断や治療が行われる多様な状況を反映している。認知力における個人の卓越性は，診断という仕事には不可欠なものだ。だが，診断や治療には，対人コミュニケーションの技術や専門家同士の協同も必要である。医療組織内で卓越した診断や治療を行うには，時宜を得た正確な情報の流れや，セカンドオピニオンのためのサポートや，チームの発展のための仕組みのための信頼性のある過程への制度的な関与も必要である。学際的な医療チームという概念は，かなり包括的で，数々の新しい声や意見に対して開かれたものになったのである。状況はどうあれ，安全で正確な診断と治療という文化は，医療という長旅において唯一不変の存在である患者が参加す

るものなのである。

⑧　診断や治療はチームの努力によるものなのか，それとも個人の技量に基づくものなのか。答えはその両方である。どれだけのチームの仕組みも，貧弱な意思決定スキルや個人の専門技術の欠如を補うことはできない。だが，私たちは，臨床医と患者が共に航海をしなければならない複雑な医療組織における診断や治療には，個人の技術では不十分であると主張することもできる。チームの仕組みを作り上げ，診断や治療を支えていく未来の仕事は前途有望なようだが，私たちは，信頼できる効果的なチームを作ることを確かなものにするために，資源に対する大きな投資が必要だということを認識すべきである。

━━━━◀解　説▶━━━━

▶**Q 1**.「パラグラフ①（4行目）において，それぞれ［Q 1a］と［Q 1b］に入れるのに最適な語の組み合わせは次のどれか」

	Q 1a	Q 1b
1.	「関係」	「支持者」
2.	「専門知識」	「リーダーシップ」
3.	「こだわり」	「孤独」
4.	「繰り返し」	「想像力」
5.	「統一性」	「集中」

　空所を含む文の直後の第①段最終文（The doctor is …）がヒントになる。前半部分に leader という名詞が用いられていることと，後半部分の surgeon「外科医」が専門知識の象徴であると考えれば，2の組み合わせが適切と考えることができる。

▶**Q 2**.「パラグラフ②を始めるにあたって，［Q 2］に入れるのに最適なのは次のどれか」

1.「より現実的な」　2.「純粋に理論的な」　3.「本質的に劣った」　4.「より単純で条件のない」　5.「トップダウンから階層的な」

　空所を含む第②段第1文が，今日実際に行われている診断や治療におけるあるモデルを提示していることから，1が最適である。

▶**Q 3**.「パラグラフ③（2行目）において，なぜ筆者は，この文章の文脈で，下線を引いたカッコ内の表現（<u>even racing</u>）を用いているのか」

１.「それは中間地点まで全速力で走ることが必要だということを示唆するために使われている」

２.「それは，どんな代償を払ってでも前進するのが進むべき道だということを強調するために使われている」

３.「それは，目標を達成することにおいて競争が有益な場合があるということを説明するために使われている」

４.「それが使われている理由は，同一方向の情報を共有することが成功のために必須だということを指摘するためである」

５.「それが使われている理由は，望んだ結果を求める時には頭を突き合わせた対立的なアプローチが常によりよい方法だということを示すためである」

　プロスポーツなどでよく言われることだが，チーム内で競争があるとチーム力も上がるというのは一般的に認められていることであるとすれば，３が内容的に最も適切だと考えてよいだろう。

▶ **Q 4**.「パラグラフ④において，筆者が伝えようとしている主要な情報を最もよく表しているのは次のどれか」

１.「チームは，多様な文化が与えなければならない最良のものを反映している」

２.「意思決定における誤りは常に，協力的なチームワークの欠如に基づいている」

３.「チームで働くことは，診断や治療の誤りに対処する唯一の解決策だ」

４.「最善の結果は一貫して，個々のメンバーに適切な課題を注意深く割り当てることによって得られる」

５.「問題を解決し，そして解決策を見つけ出すために作られた集団は，個々のメンバーが選ばれる元々の出どころとなっている場所に見合ったものであるにすぎない」

　第④段最終文（Good, effective, and …）の but 以降（teams tend … underlying organization.）には，チームは属している文化を反映するものであり，その文化と同じ問題を抱えてしまうと書かれている。選択肢の中でチームと文化との関係を指摘するものがあるとすれば，５ の the original source pool「元々の出どころとなっている場所」が culture を示す比喩表現であると考えることができる。これが正解を得るヒントとなる

だろう。

▶ **Q 5**.「パラグラフ⑥（3 行目）において，それぞれ［Q 5a］と［Q 5b］に入れるのに最適な語の組み合わせは次のどれか」

	Q 5a	Q 5b
1.	「対処している」	「欠点のない」
2.	「支配的な」	「堂々とした」
3.	「健全な」	「効果的な」
4.	「素早い」	「時間通りの」
5.	「豊かな」	「繰り返しの」

　医療現場に求められるチームのあり方を述べている部分である。第⑤段では健全ではなく効果的でもないチームのあり方の例が述べられていたことを勘案すると，求められるチームのあり方としては，その逆となる 3 が最も妥当であろう。

▶ **Q 6**.「パラグラフ⑦の最後の下線の文で筆者が伝えようとしている主なメッセージは何か」

1.「多様性は安全な文化を強化し，動かし，そして創造する」

2.「混乱を確認することに関係する人が少なければ少ないほど，それだけ最終的な決断がよくなる」

3.「他人を助けるために集まっている現実の人々に基づく議論が優先されるべき医療環境もある」

4.「問題を解決し解決策を見いだす過程は，その過程が誰の役に立つようにつくり出されたかを見失ってはならない」

5.「医療という環境で働く際には，部署間のコミュニケーションとルールは最も重要な関心事である」

　下線部の内容の中心となるのは that 以降（that engages … clinical journey.）の部分で，診断や治療とは医療の現場で唯一変わらない対象である患者を参加させるものだという趣旨のことが書かれている。このような患者中心の考えを述べている選択肢は 4 であると判断できよう。

▶ **Q 7**.「パラグラフ⑧において，筆者によって言及されていないことはどれか」

1.「集団の能力」　2.「人の能力」　3.「医療環境の複雑な本質」

4．「上出来なグループの結果に必要な根本的な質」

5．「まさしく，チームがどのように構成されるかということに関する，段階的な筋道」

　個人の能力やグループの能力については第⑧段第 1・2 文（Are diagnosis and …）に，医療現場が複雑であることについては同段第 4 文（However, we can …）に，グループの質的な面での重要性については同段最終文（Future work in …）に，それぞれ言及があると判断できるが，段階を追ったチーム構成のプロセスについての言及はない。よって 5 が正解となる。

▶ Q 8．「本文全体の読解に基づくと，次のうちのどれがこの主題についての全体的な筆者の考えを表しているか」

1．「立派な人はよいチームを作ることに批判的だ」

2．「チームを構成するのに 3 つの基本的な問題がある」

3．「最善の意思決定は，常にチームワークに起因するものだ」

4．「よい目標のために訓練をすることは，医療機関にとって最善のチームをもたらす」

5．「チームを立ち上げる過程は重要だが，構築中のチームの質というものも考慮されなければならない」

　第⑧段最終文（Future work in …）では，チームを立ち上げることが診断や治療の支えとなる一方で，チームを支える資源にしっかりと投資をするという質的な面の重要性も指摘されていることから，5 が正解と判断できるだろう。

▶ Question “A”　「本文〔Ⅰ〕の議論に基づき，状況欄に書かれているチーム構成の問題を最もよく説明している適切な記述用語（あるいは当てはまらない場合は 1 語で『なし』）を，記述用語欄に書きなさい。記述用語の答えは本文〔Ⅰ〕（特にパラグラフ⑤）から見つけられるし，参考までに記述解答用紙にそこから選べるようにアルファベット順でリストにもしてある。

　記述解答用紙の最初の欄にあるそれぞれの状況を注意深く読み，（それぞれの状況に最も適した）記述用語の答を 2 番目の欄に書きなさい。

　（（例）という記号のある最初の状況は，設問指示をよりよく理解してもらうために含まれている例にすぎないことに注意すること。）」

選択可能な記述用語の選択肢：

「権威勾配」，「集団思考」，「該当なし」，「社会的手抜き」

状　　況	記述用語
（例）「ある人が突然地面に崩れ落ちても，手助けをするための行動を全く起こさない傍観者の集団」	「なし」
(1)「その集団あるいはチームの他の──特により発言の少ない──メンバーのことを適切に考慮することなく自分自身の決定に基づいて一連の行動の方向性を定める，非常に自信に満ちた個人からなる高圧的な集団」	
(2)「行動においても論理的思考においても明らかに誤りを犯している著名な教授を疑問に付さない授業中の学生の集団」	
(3)「その委員会の他のメンバーが注入する労力を減らして追従していくことに満足するほどの効果的で有益な決定をする，多くの傑出したメンバーが加えられた優秀な集団」	

　第⑤段では，チームの仕組みがもつ潜在的な問題点を列挙しているが，問題文で提示されている概念については，それぞれ，「より多くの人が課題に加わると，個人がその職務に貢献する度合いは少なくなる」（social loafing「社会的手抜き」），「チームのために責任を負い，判断を下そうという意欲は，批判や報復措置に対する恐れによって影響される」（authority gradients「権威勾配」），「単に大多数の意見を反映しているようだという理由で，ある決定を受け入れてしまう」（groupthink「集団思考」）と，定義づけされていることを考慮すれば，正解を導くことができよう。

◆━◆━◆━◆　●語句・構文●　◆━◆━◆━◆

（第①段）diagnosis「診断」　treatment「治療」　academia「学究的環境」　envision「想像する」　encircle「〜を取り囲む」　captivate「〜を魅了する」　trainee「研修生」　surgeon「外科医」

（第②段）suit to 〜「〜に適している」　cross-discipline「いくつかの分野にまたがる，学際的な」　collaboration「共同作業」　admittedly「明らかに」　expertise「専門技術」　spectrum「連続体」　medicine「医学」　domain「領域」　joint work「共同作業」　incremental「漸進的な」　modality「手順」　consultation「相談」　principle「原理，原則」

（第③段）conjure up 〜「〜を呼び起こす」　sacrifice「犠牲を払う」

intangible「触れることのできない」

(第④段) solution「解決策」 and / or「および，あるいはまたは」 assign *A* to *B*「*A* に *B* を割り当てる」 task design「作業設計」 address「～に取り組む」 manifest「現れる」 healthcare「医療」 give rise to ～「～を生み出す」 reproduce「～を再生産する」 flaw「欠陥」 underlying「基礎をなす」

(第⑤段) dynamic「力学」 contribute to ～「～に貢献する」 add to ～「～に加える」 social loafing「社会的手抜き」 successive「連続的な」 lead to ～「～をもたらす」 diffusion「拡散」 responsibility「責任」 bystander「傍観者」 be inclined to *do*「～する傾向にある」 intervene「介入する」 in an emergency「まさかの時に」 take charge「責任を負う」 authority「権威」 seniority「先輩，年長であること」 hierarchical「階層性の」 setting「環境」 ambiguous「あいまいな」 reprisal「報復措置」 invulnerability「弱みがないこと」 unquestioned「疑う余地のない」 unanimity「全員の一致」 discouraged「落胆した」 groupthink「集団思考」 sway「～を揺り動かす，～に影響を与える」 buy into ～「～を（いやいやながら）認める」 devastating「壊滅的な」 fatal「致命的な」

(第⑥段) integrate *A* into *B*「*A* を *B* に取り入れる」 promote「～を促進する」 use caution「用心する」 ensure「～を確かにする」 ultimately「究極的には」 not necessarily ～「必ずしも～ではない」（部分否定）

(第⑦段) in sequence「順々に」 depend on ～「～次第だ」 collaborative「共同的な」 take place「起こる」 cognition「認知力」 interpersonal「対人の」 excellence「卓越性」 institutional「制度的な」 commitment「関与」 reliable「信頼できる」 flow of ～「～の流れ」 multidisciplinary「学際的な」 expansive「包括的な」 open to ～「～に開かれた」 a number of ～「たくさんの～」 regardless of ～「～にかかわらず」 engage「～を参加させる」 constant「不変のもの」 clinical「臨床の」

(第⑧段) no amount of ～「どんな～でも…でない」 compensate for ～「～を補う」 navigate「進む」

II 解答

Q 9 — 5　Q 10 — 3　Q 11 — 2　Q 12 — 5　Q 13 — 4
Q 14 — 5　Q 15 — 2

Question "B" (You) will always find yourself suffering (from) some medical condition(.)

◆全　訳◆

≪アルゴリズムで維持する健康とは≫

① 個人の感情や自由な選択に対する自由主義的な信念は，自然なものでも非常に古くからあるものでもない。何千年もの間，人々は，権威とは人間の心というよりもむしろ神の法が由来であり，だから私たちは人間の自由よりも神の言葉を聖化すべきだということを信じていた。最近の数世紀になってようやく，権威の源が天上の神々から生身の人間に移ってきた。

② まもなく権威は再び移動するかもしれない——人間からアルゴリズムへ。ちょうど神の権威が宗教的な神話によって，人間の権威が進歩的な物語によって正当化されたのと同じように，これからの科学技術の変化はビッグデータによるアルゴリズムという権威を確立し，一方で個人の自由という考えそのものを台無しにするかもしれない。

③ 私たちの脳や体の機能の仕方に対する科学的な洞察は，私たちの感情はなにか独自の人間の精神的な資質ではなく，また，いかなる種類の「自由意志」をも反映していないということを示唆している。むしろ感情とは，すべての哺乳類や鳥類が生存と繁殖の可能性を素早く計算するために用いる生化学的機構なのである。感情は直観，霊感，自由に基づくものではない——計算に基づくものなのだ。

④ というのも，私たちは今，2つの巨大な革命の合流点にいるのである。一方で生物学者は人間の体の神秘，とりわけ脳と人間の感情の神秘を解読しつつある。同時に，コンピュータ科学者は私たちに前代未聞のデータ処理能力を与えつつある。生命工学の革命が情報工学の革命と同化すると，私よりも私の感情をうまく監視し理解することのできるビッグデータアルゴリズムを生み出すことができ，その時権威は，おそらく人間からコンピュータへと移るだろう。従来は接近することのできない私の内面の領域であったものを理解し操作する組織や企業や政府機関に日々出合うにつれ，私の自由意志という幻想は崩壊するだろう。

⑤ 私たちの人生でもっとも重要な医学的決定は，私たちの病気や健康

に対する感情や，医者の情報に基づく予測にすら依存するものではなく，私たちよりもはるかに私たちの体をよく理解するコンピュータの計算に依存するのだ。今後数十年以内に，絶えることのない生体データの流れによって情報を与えられたビッグデータアルゴリズムは，私たちの健康を1日24時間，1週間7日，監視することができるようになるだろう。ビッグデータアルゴリズムは，インフルエンザ，がんやアルツハイマー病のまさしく始まりを，何かがおかしいと私たちが感じるずっと前に探知することができるだろう。そしてビッグデータアルゴリズムは，私たちの独自の体格やDNAや性格に合わせて特注でこしらえた適切な治療や，食事や毎日の生活規則を推奨することができるだろう。

⑥　人々は史上最高の医療を享受するだろうが，まさにこの理由でおそらくいつも病気の状態であるだろう。体には常にどこか悪いところがある。常に改善できる部分がある。過去においては，痛みを感じない限りは，あるいは足を引きずることのような明らかな障害で苦しんでいない限りは，完璧に健康であると感じていた。だが，2050 年までには，生体センサーとビッグデータアルゴリズムのおかげで，病気は痛みや障害をもたらすずっと前に，診断し治療されるだろう。その結果，常に何らかの「医学的状態」で苦しみ，あれやこれやのアルゴリズムが推奨することに従っていることに気づくだろう。もしも拒絶したら，おそらくあなたの医療保険は無効になるか，上司があなたをクビにするだろう——なぜあなたの頑固さの代償を払わなければならないのか？

⑦　喫煙と肺がんを結び付ける一般的な統計があるのに喫煙を続けることと，左肺上葉に 17 のがん細胞を検出したばかりの生体センサーの明確な警告があるのに喫煙を続けることは全く違うことだ。そして，もしあなたがそのセンサーに反抗したいのだとしても，そのセンサーがその警告を保険代理店や部長や母親に転送したらあなたはどうするだろう？

⑧　こういう病気のすべてに対処する時間とエネルギーを誰がもっているというのだろう？　十中八九，私たちは健康のアルゴリズムに対して，こうした問題のほとんどに，アルゴリズムが適当だと思って対処するように指示ができるだけだろう。せいぜい，アルゴリズムは私たちのスマートフォンに定期的なアップデートを送信して，「17 のがん細胞が検出され破壊されました」と知らせるくらいだろう。心気症の患者なら律儀にこのアッ

プデートを読むかもしれないが，私たちのほとんどは，コンピュータ上の
あの鬱陶しいウイルス対策の通知を無視するのとちょうど同じように，そ
れらを無視するだろう。

━━━━━━◀解　説▶━━━━━━

▶ **Q 9**.「次のどれがパラグラフ①，②，③の筆者の説明と合っているか」
1．「人間の感情は人間の自由意志によってのみ決定される」
2．「19 世紀においては，個人は意志決定において選択肢がなかった」
3．「データアルゴリズムはあらゆる生命体の生化学的機構を予測できる」
4．「古代の人々は，神の言葉よりもむしろ自分の意志を信じていた」
5．「鳥類の感情は自らの生存の可能性を計算した結果である」
　第③段第 2 文（Rather, feelings are …）によると，哺乳類や鳥類の感
情というのは生存と繁殖の可能性を計算する生化学的な機構であると指摘
されていることから，5 が正解である。
▶ **Q 10**.「パラグラフ②（4 行目）において，下線の語 undermining は
…に最も意味が近い」
1．「〜を認める」　2．「〜を組み立てる」　3．「〜を破壊する」　4．
「〜を誇張する」　5．「〜を統合する」
　undermine は「〜を台無しにする」という意味で，正解は 3 である。
▶ **Q 11**.「パラグラフ④（3 行目）において，下線の語 unprecedented は
…に最も意味が近い」
1．「習慣となっている」　2．「並外れた」　3．「完璧な」　4．「奇妙な」
5．「伝統的な」
　unprecedented は「前代未聞の，先例のない」という意味であるから，
2 が最も意味が近い。
▶ **Q 12**.「パラグラフ④（4 行目）において，[Q12] に入れるのに最適
なのは次のどれか」
1．「仕事」　2．「選択」　3．「広告」　4．「物質」　5．「革命」
　第④段第 1 文（For we are …）で two immense revolutions「2 つの
巨大な革命」と，革命が 2 つ存在していることを指摘し，さらに同段第 2
文（On the one …）では生物学上の革命，同段第 3 文（At the same …）
ではコンピュータの世界の革命を示していることに注目する。2 つある空
所の直前がそれぞれ biotech「生命工学の」，infotech「情報工学の」とな

っており，第④段第 2 文と第 3 文の内容と呼応していると判断できることから，revolution を選択するのが妥当である。

▶ **Q 13**.「パラグラフ⑤，⑥，⑦における筆者の説明に合っているのは次のどれか」

1.「ほとんどの医学的な決定は医師によってのみなされる」

2.「ビッグデータアルゴリズムは，病気の人の数を変えないだろう」

3.「病気の診断は生化学センサーを用いることによって延期されるだろう」

4.「生化学データを監視することで，一人ひとりの患者に何を食べたらいいかを推奨することができる」

5.「医療保険によってカバーされる治療の数は将来増加するだろう」

　第⑤段最終文（They could then …）において，ビッグデータアルゴリズムによって，個人個人に最適な食事を推奨できるとあるので，4 が正解である。

▶ **Q 14**.「パラグラフ⑦（4 行目）において，下線の語 defy は次の…に最も意味が近い」

1.「～を調べる」　2.「～を決める」　3.「～に従う」　4.「～を調査する」　5.「～に抵抗する」

　defy は「～に反抗する」という意味で，5 が最も近いと判断できる。

▶ **Q 15**.「次のどれが本文のテーマに最もふさわしいか」

1.「神の言葉」　2.「アルゴリズムに耳を傾けよう」

3.「感情のメカニズム」　4.「医学の進歩」

5.「業界の企業データの管理」

　本文が医学の世界におけるビッグデータアルゴリズムについて述べていることは明白であるので，2 が正解である。

▶ **Question "B"**「記述解答用紙に，〔Ⅱ〕の本文の要約文を完成するのに必要な次の各語を適切な語順で入れなさい。本文全体の文脈内に置いたとき最も意味を成すような順番で入れること。記述解答用紙"B"の欄に与えられたスペースに解答を書きなさい。文の先頭に来る語は"You"で，"from"は 7 番目に来る。」

　与えられた各語を検討すると，find yourself というつながりが考えられる。また，7 番目に与えられている from との関係から suffering from

「～で苦しむ」という組み合わせが考えられる。また，助動詞・副詞・動詞という順番になるという文法的な観点から will always find というつながりが発見できる。また，意味的な観点から some medical condition「何らかの医学的な状態」というつながりが見つけられよう。並べ替えて完成する英文は，「あなたはいつも何らかの医学的な状態に苦しんでいることに気づくだろう」という意味になる。

◆━◆━◆━◆━◆━　●語句・構文●　━◆━◆━◆━◆━◆

(第①段) liberal「自由主義の」　sanctify「聖化する」　flesh-and-blood「生身の」

(第②段) algorithm「アルゴリズム (問題を解くための手順)」　mythology「神話」　justify「正当化する」

(第③段) insight「洞察」　suggest「～だと示唆する」　will「意志」　biochemical「生化学的な」　mammal「哺乳類」　probability「可能性」　survival「生存」　reproduction「繁殖」　intuition「直観」　inspiration「霊感」　calculation「計算」

(第④段) confluence「合流点」　immense「巨大な」　decipher「～を解読する」　biotech「生命工学の」　infotech「情報工学の」　illusion「幻想」　disintegrate「崩壊する」　institution「組織」　corporation「企業」　government agency「政府機関」　manipulate「～を操作する」　hitherto「従来は」　inaccessible「接近不可能な」　inner「内面の」　realm「領域」

(第⑤段) rely on～「～に依存する」　informed「情報に基づく」　prediction「予測」　biometric「生体の」　detect「～を検出する」　Alzheimer's disease「アルツハイマー病」　diet「食事」　regimen「生活規則，摂生」　custom-built「特注の」　physique「体格」

(第⑥段) precisely「まさに」　as long as S V「～である限りは」　sense「～を感じる」　suffer from～「～で苦しむ」　disability「身体的な障害」　as a result「その結果」　follow「～に従う」　medical insurance「医療保険」　invalid「無効な」　fire「～をクビにする」　the price of～「～の代償」

(第⑦段) It is one thing～. It is different thing….「～と…は別のことだ」　lung「肺」　concrete「明確な」　warning「警告」　cancerous cell

「がん細胞」 upper left lung「左肺上葉（肺の部位の名称)」 be willing
to *do*「進んで〜する」 defy「〜に反抗する」 forward「〜を転送する」
（動詞） insurance agency「保険代理店」
（第⑧段) deal with 〜「〜に対処する」 in all likelihood「十中八九」
instruct *A* to *do*「*A* に〜するよう指示する」 see fit「適当だと思う」
at most「せいぜい」 periodic「定期的な」 dutifully「律儀に」 anti-
virus「コンピュータウイルス対策の」 notice「通知」

Ⅲ 解答

Q 16— 4　 Q 17— 2　 Q 18— 4　 Q 19— 3　 Q 20— 4
Q 21— 4　 Q 22— 5　 Q 23— 3

Question "C" **C1**. scientific **C2**. folly

◆全　訳◆

≪科学史研究の重要性≫

①　人類は本当のところはロマンティックだ。人類は雷，世界の崩壊，竜
巻の中から聞こえる声を信じる。おそらく，人類自身が今や原子の中心か
ら得られる力を保持しているという事実が，自然の出来事の激しさがもつ
魅力を強化したのである。人類の世代は短命である。私たちが山系の隆起，
大陸の凍結の進行，生命の創造に関わる長年の過程を心に描くのは難しい。
実のところ，何人かの用心深い先駆者が，地球は神学者があてがった紀元
前 4004 年よりも古いかもしれないと考え出してから，200 年が経つか経
たないかなのだ。

②　人類は常に自然に対して 2 つの見方をしていて，この 2 つの世界に対
する異なる接近法は，はるか太古の昔までたどることができるのと同様，
現代の原始的な民族の間にも観察できる。人類は，目に見える自然も目に
見えない自然も信じている。人類は，合理的でも非論理的でもある。人類
は最初からそうであり，たぶん人類のもつ探究好きで洞察力のある知性の
おかげで，最後までそうあり続けるだろう。

③　原始人はひどく迷信深いけれども，科学者かつ科学技術者でもある。
原始人は周囲の単純な力に対する検証可能な観察に基づいて道具を作る。
もしも自分自身の夢の中の荒野に存在するのに満足していたら，人類はず
っと以前に消滅していただろう。そうではなく，人類は歩み寄ったのだ。
人類は現実という世界，人類がその中に存在し，その力を生き残るために

利用した，自然で日常的で観察可能な世界を受け入れたのだ。人類の心の
もう1つの側面，最終的な疑問に対する答えを探す神秘的な部分は，この
目に見える世界に魔法の金色に光る霧をまとわせた。目に見えない霊魂は
森の中で動き回る。今日洗練された私たちはほほ笑むが，私たちの周りの
現象世界の外見には満足していない。私たちは「なぜ世界は存在するの
か」という問いかけをするために根底まで洞察を深めたいと願っている。
私たちは，副次的な要因，つまり物事の「どのようにして」という点につ
いてはたくさん学んできた。だが，なぜという疑問を私たちは理解できず，
そして理解できない限りにおいては，私たちは超経験的現象を，歴史的な
激変をもたらすような出来事を渇望するだろう。確かに，人類の知性は非
常に落ち着きがないので，人類が明日にでも世界の秘密を理解するのなら，
その次の日には退屈してしまうだろう。

④　ある科学者が今世紀の変わり目に，すべての過去の世代の人類は幻想
の世界に生きそして死んだのだと発言している。彼の観察における無意識
の皮肉は，科学の進歩は非常に大きなものであったから，幻想のない明解
な世界観が彼自身の時代までに可能だとこの男が決めてかかっていたとい
う事実の中に存在している。アインシュタイン以前に，フロイトの学説が
広まる前に，メンデルが再発見される直前の時代に，そして放射線研究の
発展が今世紀に――啓蒙という意味でも，混乱という意味でも――影響
を与える以前に，この科学者がこれを書いたことは言うまでもない。

⑤　確かに科学は進歩を遂げた。だが，科学が進歩する時は，より大きな
謎を私たちの眼前に展開することがある。そのうえ，科学は頻繁に，かつ
て信じていたことを捨てるか修正しなくてはならないということを発見す
るのだ。時として，科学はかつてあざ笑っていたことを受け入れることで
決着をつける。科学が脇道にそれることなくいつも広々とした幹線道路を
進んでいるという単純な考えは，思想史家はほとんど支持しない。他の人
間に関する出来事と同じように，先入観，柔軟性のなさ，及び腰の言い逃
れ，そして時として世界観の劇的な変化に合わせて素早く自身の方向を転
換する能力の欠如があるかもしれないのだ。

⑥　科学史の学生がすぐに学ぶのは，一定のものの見方，つまり自由な社
会にすら存在するある種の無意識の調和が，新たな貢献が探究されるのを
妨げたり，その含意するものが十分に理解されるのを妨げたりするかもし

れないということである。現代遺伝子学の創始者であるグレゴール＝メンデルの業績は，そのような悲運に苦しんだのだ。ダーウィンの先人たちも，同じように軽視された。産褥熱の原因を発見したゼンメルバイスは，医学部の同僚にひどく傷つけられた。不安定な良心を休ませるために，私たちは不寛容な行動のそのような先例を，宗教的な先入観のせいにすることがある——あたかも明確な分かれ目のようなものがあって，科学者は真実という白い旗のもとに全員が整列し，一方でペテンという勢力が先入観という黒い旗のもとで行進をしてきたというかのように。

⑦　人の気をそそることはより少ないにしても，真実はよりよいものだ。他の人間と同様に，科学者も先入観に陥ることはある。科学者は他の科学者を苦しめたことがあるし，古い学説が，ごくわずかな工夫を加えると人間の理性に対して全く新しい展望を開くことがあるかもしれないということを必ずしも常に理解していたわけではなかったのである。

⑧　私は研究職を非難するためにこんなことを言っているのではなく，科学史教育の拡大を促すために言っているのである。学問は，発見の過程のよりよい理解と，愚かさとは無縁であるはずの分野における人間の愚かさに関する長年の知識から生じるあの謙虚で後悔の念を抱く英知へと導く。自分の時代，あるいはどんな時代の知的風潮からでもはみ出すことがどんなに難しいかを知っている人は，解放，すなわちより高次な国際人としての身分への道の第一歩を踏み出したのである。

⑨　その人は，私心がないはずの科学者の心につけ込む力について何かを学んだのである。その人は，その違いが計り知れないほど重要であるかもしれないときでさえ，他の人と違った見方をすることがいかに難しいかを学んだのである。学問こそが，他人の意見に対するより大きな寛容さだけでなく，科学的な雰囲気ですらそれが一部分となっている社会とともに進化し変化するというより明快な認識を，研究室と教室にもたらす。学生がこのことに意識的に気づけば，自分自身の研究を導いていくにあたって，より遠くを，そしてより公平に物事を見るために，よりよい位置にあるのだ。そのような自覚の重要な副産物とは，人間としてのその学生自身の視野を広げることかもしれない。

━━━━━━━◀解　説▶━━━━━━━

▶ **Q 16**.「パラグラフ②（4 行目）において，それぞれ［Q 16a］と［Q

16b] に入れるのに最適な語の組み合わせは次のどれか」

	Q 16a	Q 16b
1.	「勇敢な」	「勇気のある」
2.	「冷静な」	「穏やかな」
3.	「客観的な」	「数量化する」
4.	「合理的な」	「非論理的な」
5.	「活力のある」	「弱い」

　空所直前の第②段第2文（Man has a …）にある seen and unseen nature「目に見える自然と目に見えない自然」の対比が何を意味するのかを考える。さらには第③段第1文（Primitive man, grossly …）における superstitious「迷信深い」と scientist and technologist「科学者および科学技術者」の対比を加味すると，4が内容的に最も自然だとわかる。

▶ **Q 17**.「パラグラフ③の筆者の説明と合っていないのは次のどれか」

1.「科学の進歩で人類は誇らしい気持ちをもったが，満足はしていない」

2.「人類は常にあまりにも単純で，物語の話術を完全に信じていた」

3.「科学的探究のおかげで，人類は，さもなければ隠されたままになっていた自然界の様式を見つけ出すことができた」

4.「人類は，人類が探し出し遭遇した自然界の様式に応え，周囲の環境を操作するための道具を作り出した」

5.「科学によって究極の疑問に答えを見つけたとしても，さらなる答えの追求に終止符は打たれないだろう」

　1については第③段第8文（Today in our …），3は第5文（He accepted a …），4は第2文（He makes tools …），5は最終文（Indeed, so restless …）に，それぞれ同様の内容が書かれていると考えられるが，2にあるような storytelling narratives「物語の語り口」に関連する話題は本文にないため，これが正解となる。

▶ **Q 18**.「パラグラフ④で筆者が言おうとしている要点は何か」

1.「アルベルト゠アインシュタインの発見は，物理学が示さなければならないことのすべてだ」

2.「ジークムント゠フロイトの書物は心理学的洞察に関する最後の言葉のようなものだ」

３．「グレゴール=メンデルの遺伝子研究は，他の人々の意見によって検討
されなかった」

４．「科学的な発見の過程は，終着点のない現在進行中の探索だ」

５．「科学的な発見は，私たちの周りの世界に関するより明解な理解を常
に加えてくれる」

　第④段第 2 文（The unconscious irony …）および第 3 文（It is
needless …）で筆者が言おうとしていることは，科学がすべてを解明し
たと思っても，新たな発見が別の展望を示すのであり，科学の発展には終
わりはないということなので，４が正解である。

▶ **Q 19.**「パラグラフ⑤の筆者の説明に合っているのは次のどれか」

１．「世界観を素早く訂正することは科学によって容易に可能になる」

２．「科学的な発見はより明白でより狭い目標地点だけをもたらしてくれ
る」

３．「科学に本来備わっている自己訂正機構のおかげで，見方の再調整が
できる」

４．「科学の進むべき道は常に正しい方向に向いているという事実は，先
例が立証している」

５．「科学的な思考を支持することは，物事や他人に先入観を抱く可能性
を排除する」

　第⑤段第 2 文（But when science …），第 3 文（Moreover, science
frequently …），第 4 文（Sometimes it ends …）が手がかりになろう。
ここで筆者は，科学は過去の学説を捨てたり修正したりする自己調整力が
あるということを指摘していると判断できるので，正解は３になる。

▶ **Q 20.**「発音をしたときに，パラグラフ⑥（6 行目）の下線の語
atrociously と同じ位置の第 1 ストレスをもつ語は次のどれか」

第 1 ストレスの位置は次の通りであり，facilitate が atrociously と同じ第
2 音節に第 1 ストレスをもっている。

[atróciously]　１．[ágriculture]　２．[cháracterize]

３．[diagnósis]　４．[facílitate]　５．[váriable]

▶ **Q 21.**「パラグラフ⑦（3 行目）の下線の語 hairsbreadth は…に最も
意味が近い」

１．「相当な」　２．「徹底的な」　３．「全体の」　４．「微小な」　５．「広

大な」

hairsbreadth は，hair「髪の毛」と breadth「幅」とで成り立っている
ことからも判断できるように，「わずかな」という意味の形容詞である。
したがって，正解は 4 。

▶ **Q 22.**「パラグラフ⑧（3行目）の［Q 22］に入れるのに最適なのは次
のどれか」

1．「相容れない」　2．「高慢な」　3．「誤りのない」　4．「先入観のあ
る」　5．「悔やんでいる」

空所の直前にある形容詞 humbling「謙虚な」と空所が，順接の接続詞
and で結ばれ，どちらも wisdom「英知」を修飾していることから，
humbling と同じように，相手に対して配慮をするようなニュアンスをも
つ 5 を入れるのがここでは最善の選択だろう。

▶ **Q 23.**「パラグラフ⑨（1行目）の［Q 23］に入れるのに最適なのは次
のどれか」

1．「冒険心のある」　2．「満足した」　3．「私心のない」　4．「目に見
えない」　5．「神話作りの」

空所が後続する mind of the scientist「科学者の心」を修飾する構造に
なっていることから，科学者の資質を説明するのに最も一般的な形容詞を
考えれば，3 が最適と考えることができよう。

▶ **Question "C"**「記述解答用紙に，記述解答問題 "C"（C 1 と C 2）の
部分に与えられた空所に適切な語を書き，下の要約文を完成しなさい。C
1 はちょうど 10 文字，C 2 はちょうど 5 文字の語が入る。記入すべき語は
本文にある語とする。要約文の意味や文脈を最も正しく完成させるような
適切な語を，本文に出ている形そのままで用いること。はっきりと書きな
さい。［C 1］には "s" で始まる語が，［C 2］には "f" で始まる語が入る。」
「私たちの物理的な世界を理解することとなると，［C1］方法とは，人間
の自信過剰という［C 2］の潜在的な対抗勢力としてみなすことが可能だ」

筆者の主張の主要部分は，第⑧段第 1 文で I say this not to … but to
～「私がこのことを言うのは…のためではなく～のためだ」と，本文中で
初めて一人称を用いて自分の主張の目的を示していることから，第⑧段に
記されていると判断できる。第⑧段の中で，s で始まる 10 文字の単語は
第 1 文の scientific「科学的な」と第 2 文の supposedly「うわさでは」が

あるが，前者が［C 1］に適当な語となる。また，［C 2］に関しては，要約文における空所直後の of が同格を表すので，続く human self-importance「人間の自信過剰」と空所は同じような意味であると推測できる。f から始まる 5 文字の単語という条件を満たし，かつ「人間の自信過剰」と似た意味を表す単語は，第⑧段第 2 文（The study leads …）の folly「愚かさ」ということになる。

◆━◆━◆━◆━◆ ●語句・構文● ◆━◆━◆━◆━◆━◆━◆

（第①段）at heart「本心は」 whirlwind「竜巻，つむじ風」 in possession of 〜「〜を保持して」 seize「〜を捕らえる」 enhance「〜を強化する」 appeal「魅力」 age-long「長年の」 rising「隆起」 mountain systems「山系」 assign *A* to *B*「*A* を *B* に割り当てる」 theologian「神学者」

（第②段）divergent「異なる」 primitive「原始的な」 from the beginning「最初から」 it may well be that S V「おそらく〜だろう」

（第③段）grossly「ひどく」 superstitious「迷信深い」 technologist「科学技術者」 verifiable「実証可能な」 vanish「消えてなくなる」 content「満足した」 compromise「歩み寄る」 utilize「〜を利用する」 mystical「神秘的な」 glowing「金色に光る」 spirit「霊魂」 wood「森」 appearance「外観」 phenomenal world「現象界（人間が知覚できる経験の世界）」 pierce「洞察する」 beneath「心の底へ」 secondary cause「副次的要因」 elude「〜が理解できない」 yearning「切望」 marvelous「不思議な」 restless「やむことがない」 penetrate to 〜「〜を理解する」 the likelihood is that S V「〜である可能性が高い」 bored「退屈した」

（第④段）turn of 〜「〜の変わり目」 illusion「幻想」 consist in 〜「〜の中にある」 needless to add「もちろん，言うまでもなく」 doctrine「学説，理論」 be just about to *do*「まさに〜しようとしている」 radioactivity「放射線」 impact upon 〜「〜に対する影響」 illumination「啓蒙」

（第⑤段）move forward「前進する」 gaze「注視」 abandon「〜を捨てる」 modify「〜を修正する」 scorn「〜をあざ笑う」 simplistic「単純な」 undeviatingly「逸脱せずに」 ever「いつも」 broadening「広がっている」 scarcely「ほとんど〜でない」 prejudice「先入観」 rigidity

「柔軟性のなさ」 timid「及び腰の」 evasion「言い逃れ」 reorient「新たな方向に向ける」

(第⑥段) given「一定の」 conformity「一致, 調和」 prevent *A* from *doing*「*A* が〜するのを妨げる」 contribution「貢献」 follow up 〜「〜を探究する」 implication「含意するもの」 grasp「〜を理解する」 founder「創始者」 genetics「遺伝子学」 fate「悲運」 forerunner「先人」 endure「〜を耐える」 neglect「軽視すること」 atrociously「ひどく」 abuse「〜を傷つける」 rest「〜を休ませる」 uneasy「不安定な」 conscience「良心」 ascribe *A* to *B*「*A* を *B* のせいにする」 clean「完全な」 break「行き違い」 array「〜を整列させる」 deception「ペテン」 parade「行進する」

(第⑦段) appetizing「人の気をそそる」 human race「人類」 persecute「〜を苦しめる」 twist「特別な工夫」 vista「展望」 reason「理性」

(第⑧段) defame「〜を非難する」 urge「〜を推進する」 extension「拡張すること」 humbling「謙虚な」 folly「愚かさ」 supposedly「おそらく」 devoid of 〜「〜が欠けている」 step outside「〜から外れる」 intellectual climate「知的風潮」 emancipation「解放」 world citizenship「国際人としての身分」 of a higher order「高次の」

(第⑨段) play upon 〜「〜の感情を刺激する」 incalculably「計り知れないほどに」 evolve「進化する」 impartially「公平に」 by-product「副産物」 horizon「視野」

IV 解答 Q 24—4

◀解 説▶

▶ **Q 24.** 「次のどれが, 3つの本文 (Ⅰ, Ⅱ, Ⅲ) のすべてを正しく要約し, 全体的な概念を最もよく代表していると考えられるか」

1.「大きな集団は, 常に公平で公正な最善の客観的な決定をする」

2.「自由な選択, チームワーク, そして直観的な意志決定は, 世界のかじ取りをする望ましい方法だ」

3.「個々の専門家の意見が意志決定過程を導く限り, 間違った方向から軌道修正をするのは簡単な仕事である」

4.「一緒に共同で作用する幅広く多様な出所からのインプットは，改善された有益な結果を導く可能性がある」

5.「学際的なインプットが達成されている限り，かつての誤りに基づいた高度なフローチャートは，常に前に進むのを導く最も賢明な地図である」

　各本文のテーマを考えてみると，Ⅰはチームと個人の相互作用について，Ⅱは単一の権威によって物事が支配される危うさについて，Ⅲは科学を学ぶ際に科学史を学ぶことの重要性について，それぞれ書かれていると考えることができよう。このような見地から，1つの事柄を複数の視点で見ていくことの意義が共通するテーマであるとすれば，4を正解とするのが妥当な判断であろう。

◆講　評

　Ⅰは，医療の現場におけるチームとそのメンバーのありかたについて述べた長文を題材とした読解問題である。900 語を超える本文に対して，内容説明に関する選択問題を中心に，要約を完成させる記述問題も出題されている。概ね各パラグラフに対して1つの設問という形になっているが，前後の文脈の理解を必要とする空所補充問題も出題されており，前後関係を整理しながら正確に内容をつかんでいくことが肝要である。

　Ⅱは，アルゴリズムという単一の媒体によって医療が行われることの功罪について論じた長文による読解問題である。約 700 語からなる長文に対して，Ⅰと同様，主に内容に関する問題が出題されている。

　Ⅲは，科学史を学ぶことの重要性についての長文読解問題である。約 1000 語からなる長文を題材に内容に関する問いを中心に出題されている。

　Ⅳは，Ⅰ～Ⅲの長文に通底するテーマを問う問題である。より包括的な内容理解を問う出題と言える。

　全体としては，非常に長い英文を題材に内容理解にほぼ特化した出題で，語数の多さや，慶應義塾大学が求める内容理解の深さなどを勘案すると，しっかりとした総合的な英語力が求められていると言える。

数学

I　◇発想◇　独立した小問 7 問。

(1)虚数の計算であるが，実部と虚部の連立方程式をきちんと解けばよい。

(2)3 次方程式の解の問題だが，実数解が 1 つ与えられているので，残りの 2 次方程式の解の判別をすることになる。

(3)1 回の試行で 3 種類の結果が起こることに注意して，条件を満たす場合の数を数える。

(4)2 次関数は頂点において極値をとる。

(5)対数方程式であるが，整理して 3 次方程式に帰着させる。

(6)2 つの式をそれぞれ 2 乗してから辺々加えて，三角関数の性質を用いる。

(7)直角三角形の頂点の位置を文字で表し，面積の式をつくる。

解答　(1)ア．2　イ．2　ウ．$-i$　(2)エ．$-13 \leqq a < -1$

(3)オ．$\dfrac{8}{27}$　カ．$\dfrac{280}{729}$　(4)キ．$2x^2 + 8x + 6,\ -2x^2 - 8x - 6$

(5)ク．144　ケ．$0 < a < \dfrac{32}{27}$　(6)コ．$0 \leqq x \leqq \dfrac{\pi}{6},\ \dfrac{5}{6}\pi \leqq x \leqq \pi$　サ．$\dfrac{4\sqrt{2}}{9}$

(7)シ．$\dfrac{3}{2}$

◀解　説▶

≪小問 7 問≫

▶(1)(i)　$(a + bi)^3 = (a^3 - 3ab^2) + (3a^2 b - b^3)\,i$ より

$\qquad a^3 - 3ab^2 = -16$　……①　　　$3a^2 b - b^3 = 16$　……②

①＋②より

$\qquad a^3 + 3a^2 b - 3ab^2 - b^3 = 0$

$b \neq 0$ であるから

$$\left(\frac{a}{b}\right)^3 + 3\left(\frac{a}{b}\right)^2 - 3\cdot\frac{a}{b} - 1 = 0$$

$t = \dfrac{a}{b}$ とおくと

$$t^3 + 3t^2 - 3t - 1 = (t-1)(t^2 + 4t + 1) = 0$$

$$\therefore\quad t = 1,\ -2\pm\sqrt{3}$$

$a,\ b$ は整数であるから，t は有理数である。

よって　　　$t = 1$

すなわち　　　$a = b$

①に $a = b$ を代入して b を消去すると

$$a\cdot(-2a^2) = -16 \qquad a^3 = 8$$

a は整数だから　　　$a = 2$　および　$b = 2$　（→ア，イ）

(ii) $\dfrac{i}{2+2i} - \dfrac{1+5i}{4} = \dfrac{i(1-i)}{2(1+i)(1-i)} - \dfrac{1+5i}{4} = \dfrac{i+1}{4} - \dfrac{1+5i}{4} = -i$　（→ウ）

▶(2)　$x = 3$ が $x^3 + (a+4)x^2 - 3(a+4)x + b = 0$　（……①）の解だから

$$3^3 + (a+4)\cdot 3^2 - 3(a+4)\cdot 3 + b = 0$$

$$b + 27 = 0 \qquad \therefore\quad b = -27$$

①に代入して

$$x^3 + (a+4)x^2 - 3(a+4)x - 27 = 0$$

$$(x-3)(x^2+3x+9) + (a+4)x(x-3) = 0$$

$$(x-3)\{x^2 + (a+7)x + 9\} = 0$$

①の実数解が $x = 3$ のみであるから，2 次方程式 $x^2 + (a+7)x + 9 = 0$（……②）が実数解をもたないか，または $x = 3$ を重解にもつかのいずれかである。

②が実数解をもたないとき，②の判別式を D とすると

$$D = (a+7)^2 - 4\cdot 1\cdot 9 < 0$$

$$(a+13)(a+1) < 0 \qquad \therefore\quad -13 < a < -1$$

②が $x = 3$ を重解にもつとき，$x = 3$ を②に代入して

$$3^2 + (a+7)\cdot 3 + 9 = 0 \qquad \therefore\quad a = -13$$

このとき，$D = 0$ となるから，$x = 3$ は重解である。

以上より求める条件は

$$-13 \leqq a < -1 \quad （→エ）$$

（注）　$x^3+(a+4)x^2-3(a+4)x+b$ が $x-3$ で割り切れることから，割り算を実行して，2次方程式

$x^2+(a+7)x+9=0$ を導いてもよい。

$$
\begin{array}{r|rrr r}
3 & 1 & a+4 & -3(a+4) & b \\
  &   & 3   & 3(a+7)   & 27 \\
\hline
  & 1 & a+7 & 9   & b+27
\end{array}
$$

このとき，$b+27=0$ より，

$b=-27$ である。

▶(3)(i)　4人の生徒の部屋の選び方は 3^4 通り。1回の試行で1人減るのは，4人が3人と1人に分かれた場合である。分かれ方は4通りで，3つの部屋への分かれ方が3!通りずつあるので，求める確率は

$$
\frac{{}_4C_1\cdot 3\cdot 2}{3^4}=\frac{8}{27}\quad(\to \text{オ})
$$

(ii)　5人が2回試行を終えて3人減るのは

Ⓐ　1回目で1人，2回目で2人減る場合

Ⓑ　1回目で2人，2回目で1人減る場合

の2つの場合がある。

Ⓐ　まず，5人から4人になるのは次の2通り。

　(ア)　4人と1人に分かれる　　　(イ)　2人，2人，1人に分かれる

　(ア)　誰が1人になるかが ${}_5C_1$ 通りで，どの部屋に入るかが3通り。さらに残り4人がどちらの部屋に入るかが2通りあるので

　　　${}_5C_1\cdot 3\cdot 2=30$ 通り

　(イ)　(ア)と同様に，1人を選んで部屋に入れ，残り4人を2人ずつに分け，2部屋に分かれる場合であるから

　　　${}_5C_1\cdot 3\cdot {}_4C_2=90$ 通り

　さらに，2回目で4人が2人，1人，1人に分かれるので，その分かれ方は，同様に考えて

　　　${}_4C_2\cdot 3\cdot {}_2C_1=36$ 通り

　よって，5人→4人→2人となる確率は

$$
\frac{30+90}{3^5}\cdot\frac{36}{3^4}=\frac{160}{3^6}
$$

Ⓑ　5人から3人になるのは，3人，1人，1人に分かれる場合であるから

　　　${}_5C_3\cdot 3\cdot {}_2C_1=60$ 通り

さらに，2回目で3人が2人，1人に分かれる場合の数は

$_3C_2 \cdot 3 \cdot 2 = 18$ 通り

よって，5 人→3 人→2 人となる確率は

$$\frac{60}{3^5} \cdot \frac{18}{3^3} = \frac{120}{3^6}$$

Ⓐ，Ⓑより，求める確率は

$$\frac{160+120}{3^6} = \frac{280}{729} \quad (\to カ)$$

▶(4)　$f(x)$ は 2 次関数で，$x=-2$ で極値をとるので，実数 a, b $(a \neq 0)$ を用いて

$$f(x) = a(x+2)^2 + b = ax^2 + 4ax + 4a + b \quad \cdots\cdots①$$

よって

$$\int_{-3}^{0} f(x)\,dx = \left[\frac{a}{3}x^3 + 2ax^2 + (4a+b)x\right]_{-3}^{0}$$

$$= -\left\{\frac{a}{3}\cdot(-3)^3 + 2a\cdot(-3)^2 + (4a+b)\cdot(-3)\right\}$$

$$= 3a + 3b$$

$\int_{-3}^{0} f(x)\,dx = 0$ より

$3a + 3b = 0$　すなわち　$b = -a$

①に $b = -a$ を代入して

$$f(x) = ax^2 + 4ax + 3a = a(x+1)(x+3)$$

$y=f(x)$ のグラフと x 軸の交点の x 座標は $x=-3$, -1 であるから，面積が $\frac{8}{3}$ という条件から

$$\left|\int_{-3}^{-1} a(x+1)(x+3)\,dx\right| = \left|-\frac{a}{6}\cdot(-1+3)^3\right| = \frac{4}{3}|a| = \frac{8}{3}$$

$|a| = 2$　∴　$a = \pm 2$

ゆえに，求める $f(x)$ は

$$\left.\begin{array}{l} f(x) = 2(x+1)(x+3) = 2x^2 + 8x + 6 \\ f(x) = -2(x+1)(x+3) = -2x^2 - 8x - 6 \end{array}\right\} \quad (\to キ)$$

▶(5)　方程式を整理すると

$$\log_{10}x + \frac{\log_{10}x^2}{\log_{10}100} - \frac{\log_{10}|x-2|}{\log_{10}0.1} = \log_{10}a \quad (x>0,\ x\neq 2)$$

$$\log_{10}x + \log_{10}|x| + \log_{10}|x-2| = \log_{10}a$$

$$\log_{10}|x(x-2)| = \log_{10}a$$

$x>0$ であるから　　$x^2|x-2| = a$

(i)　$x=6$ のとき　　$a = 6^2 \cdot 4 = 144$　（→ク）

(ii)　$f(x) = x^2|x-2|$　$(x>0,\ x \neq 2)$ とおくと，求める条件は，$y = f(x)$ の
グラフと直線 $y=a$ が異なる 3 個の共有点をもつこ
とである。

　　$y = x^2(x-2)$　とおくと　　$y' = 3x^2 - 4x$

　　$x = \dfrac{4}{3}$ のとき　　$y = \left(\dfrac{4}{3}\right)^2 \cdot \left(-\dfrac{2}{3}\right) = -\dfrac{32}{27}$

x	0		$\dfrac{4}{3}$	
y'		$-$	0	$+$
y		$\searrow$		$\nearrow$

$y = f(x)$ のグラフは $y = x^2(x-2)$ のグラフの
$y<0$ の部分を x 軸に関して折り返したもので，
右図のようになるので，直線 $y=a$ との共有点
が 3 個になる a の値の範囲は

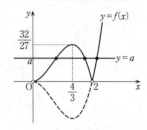

$$0 < a < \dfrac{32}{27}\quad（→ケ）$$

▶(6)　$2\sin x + \sin y = 1$　……①

(i)　$0 \leq y \leq \pi$ より，$0 \leq \sin y \leq 1$ であるから，①を用いて

　　　$0 \leq 1 - 2\sin x \leq 1$

よって　　$0 \leq \sin x \leq \dfrac{1}{2}$

これと $0 \leq x \leq \pi$ より

　　　$0 \leq x \leq \dfrac{\pi}{6},\ \dfrac{5}{6}\pi \leq x \leq \pi$　（→コ）

(ii)　①の両辺を 2 乗して

　　　$4\sin^2 x + 4\sin x \sin y + \sin^2 y = 1$　……②

$2\cos x + \cos y = 2\sqrt{2}$　（……③）の両辺を 2 乗して

　　　$4\cos^2 x + 4\cos x \cos y + \cos^2 y = 8$　……④

②，④を辺々加えて

　　　$4(\sin^2 x + \cos^2 x) + 4(\sin x \sin y + \cos x \cos y) + (\sin^2 y + \cos^2 y) = 9$

　　　$\cos(x-y) = 1$

$0 \leq x \leq \pi,\ 0 \leq y \leq \pi$ より，$-\pi \leq x-y \leq \pi$ であるから　　$x-y = 0$

よって，①より　　$\sin x = \dfrac{1}{3}$

③より　　　$\cos x = \dfrac{2\sqrt{2}}{3}$

以上より

$$\sin(x+y) = \sin 2x = 2\sin x \cos x = 2 \cdot \frac{1}{3} \cdot \frac{2\sqrt{2}}{3} = \frac{4\sqrt{2}}{9} \quad (\to \text{サ})$$

別解　〈文字を消去して計算する解法〉

① より $\sin y = 1 - 2\sin x$, ③ より $\cos y = 2\sqrt{2} - 2\cos x$ で, $\sin^2 y + \cos^2 y = 1$ であるから

$$(1 - 2\sin x)^2 + (2\sqrt{2} - 2\cos x)^2 = 1$$

$$4(\sin^2 x + \cos^2 x) - 4(\sin x + 2\sqrt{2}\cos x) + 9 = 1$$

$$2\sqrt{2}\cos x = 3 - \sin x \quad \cdots\cdots ⑤$$

⑤の両辺を 2 乗すると

$$8(1 - \sin^2 x) = 9 - 6\sin x + \sin^2 x \qquad (3\sin x - 1)^2 = 0$$

$$\therefore \quad \sin x = \frac{1}{3}$$

①, ③, ⑤より　　　$\sin y = \dfrac{1}{3}$,　$\cos x = \cos y = \dfrac{2\sqrt{2}}{3}$

$0 \le x \le \pi$, $0 \le y \le \pi$ より　　$x = y$　（以下〔解説〕と同様）

〈ベクトルを用いる解法〉

$\vec{a} = (\cos x,\ \sin x)$, $\vec{b} = (\cos y,\ \sin y)$ とおいて, ベクトルを用いて考えてもよい。

条件から　　$2\vec{a} + \vec{b} = (2\cos x + \cos y,\ 2\sin x + \sin y) = (2\sqrt{2},\ 1)$

$\vec{a}$ と $\vec{b}$ のなす角を θ $(0 \le \theta \le \pi)$ とすると, $|\vec{a}| = |\vec{b}| = 1$ より

$$|2\vec{a} + \vec{b}|^2 = 4|\vec{a}|^2 + 4\vec{a}\cdot\vec{b} + |\vec{b}|^2 = 5 + 4\cos\theta = (2\sqrt{2})^2 + 1 = 9$$

よって, $\cos\theta = 1$ より $\theta = 0$ となるから　　$\vec{a} = \vec{b}$

すなわち　　$x = y$　（以下〔解説〕と同様）

▶(7)　右図のように三角柱 $P_1Q_1R_1P_2Q_2R_2$ とする。3 辺 P_1P_2, Q_1Q_2, R_1R_2 上に点をとり, それぞれ A, B, C とする。ここで

$$x = P_1A, \quad y = Q_1B, \quad z = R_1C$$

とおいて, $0 \le x \le y \le z$ としても一般性を失わない。
点 A から辺 Q_1Q_2 に垂線 AA′ をひく。

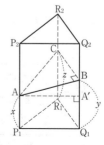

△AA′B において　　　　$AB^2 = (y-x)^2 + (\sqrt{2})^2$

同様の考え方により　　　$AC^2 = (z-x)^2 + (\sqrt{2})^2$, $BC^2 = (z-y)^2 + (\sqrt{2})^2$

このとき，$z-x \geqq z-y \geqq 0$，$z-x \geqq y-x \geqq 0$ より，△ABC において AC が最長辺で ∠ABC = 90° である。

$AC^2 = AB^2 + BC^2$ であるから

$$(z-x)^2 + 2 = (y-x)^2 + 2 + (z-y)^2 + 2 \quad \cdots\cdots ①$$

ここで，$p = y-x$ $(\geqq 0)$，$q = z-y$ $(\geqq 0)$ とおくと，三角柱の高さが 4 だから

$$z-x \leqq 4 \quad \cdots\cdots ②$$

①を p，q を用いて表すと　　$(p+q)^2 + 2 = p^2 + 2 + q^2 + 2$

整理すると　　$pq = 1$ $\cdots\cdots ③$

よって，切断面の直角三角形 ABC の面積を S とすると，③を用いて

$$S = \frac{1}{2} \cdot AB \cdot BC = \frac{1}{2}\sqrt{p^2+2}\sqrt{q^2+2} = \frac{1}{2}\sqrt{p^2 q^2 + 2(p^2+q^2) + 4}$$

$$= \frac{1}{2}\sqrt{2(p^2+q^2) + 5}$$

③より $p^2 > 0$，$q^2 > 0$ であるから，相加平均と相乗平均の関係により，③を用いて

$$\frac{p^2 + q^2}{2} \geqq \sqrt{p^2 q^2} = \sqrt{(pq)^2} = 1 \quad \therefore \quad p^2 + q^2 \geqq 2$$

したがって　　$S \geqq \frac{1}{2}\sqrt{2 \cdot 2 + 5} = \frac{3}{2}$

等号成立は $p^2 = q^2$ すなわち $p > 0$，$q > 0$ より $p = q = 1$ のときで，このとき，$y - x = z - y = 1$ より

$$y = x+1, \quad z = x+2$$

このとき②を満たす。

よって，切断面の面積の最小値は $\frac{3}{2}$ となる。　（→シ）

II　◇発想◇　$_nC_k$ の定義に従って計算する。S_n は二項定理を利用。a_2，b_4 は地道に計算する。(3)では，$a_n = S_n - S_{n-1}$ $(n \geqq 2)$ を用いる。(4)では T_n の計算で(1)の結果をどう利用するかを考える。

解答　(1)ス．$x-1$　セ．$y-1$ または $x-y$　ソ．$x-1$
　　　　タ．$y-1$ または $x-y$

(2)チ．2　ツ．20　(3)テ．2^n-1　ト．2^{n-1}　(4)ナ．$(n+1)\cdot 2^{n-2}$

━━━━━━━━━━　◀解　説▶　━━━━━━━━━━

≪二項係数の性質，いろいろな数列の和と一般項≫

▶(1)　${}_iC_j = {}_xC_y - {}_{x-1}C_y = \dfrac{x!}{(x-y)!y!} - \dfrac{(x-1)!}{(x-y-1)!y!}$

$\qquad = \dfrac{x! - (x-1)!(x-y)}{(x-y)!y!} = \dfrac{(x-1)!(x-x+y)}{(x-y)!y!} = \dfrac{(x-1)!}{(x-y)!(y-1)!}$

$\qquad = {}_{x-1}C_{y-1} = {}_{x-1}C_{x-y}$

よって　　$i=x-1$，$j=y-1$ または $x-y$　（→ス，セ）

$\qquad {}_pC_q = \dfrac{y}{x}\cdot {}_xC_y = \dfrac{y}{x}\cdot \dfrac{x!}{(x-y)!y!} = \dfrac{(x-1)!}{(x-y)!(y-1)!}$

$\qquad = {}_{x-1}C_{y-1} = {}_{x-1}C_{x-y}$

よって　　$p=x-1$，$q=y-1$ または $x-y$　（→ソ，タ）

▶(2)　$a_1 = S_1 = \sum\limits_{k=1}^{1}{}_1C_k = 1$

$\qquad a_1 + a_2 = S_2 = {}_2C_1 + {}_2C_2 = 2+1 = 3$

　∴　$a_2 = S_2 - S_1 = 3-1 = 2$　（→チ）

$\qquad b_1 = T_1 = \sum\limits_{k=1}^{1}1\cdot {}_1C_k = 1$

$b_1 + b_2 = T_2 = {}_2C_1 + 2\cdot {}_2C_2 = 2+2\cdot 1 = 4$ であるから，$b_1 = 1$ より　　$b_2 = 3$

以下，同様にして

$\qquad b_1 + b_2 + b_3 = T_3 = {}_3C_1 + 2\cdot {}_3C_2 + 3\cdot {}_3C_3 = 3+6+3 = 12$ より　　$b_3 = 8$

$\qquad b_1 + b_2 + b_3 + b_4 = T_4 = {}_4C_1 + 2\cdot {}_4C_2 + 3\cdot {}_4C_3 + 4\cdot {}_4C_4$

$\qquad\qquad\qquad = 4+12+12+4 = 32$

よって　　$b_4 = T_4 - T_3 = 32-12 = 20$　（→ツ）

▶(3)　二項定理より，$1+S_n = \sum\limits_{k=0}^{n}{}_nC_k = (1+1)^n = 2^n$ であるから

$\qquad S_n = 2^n - 1$　（→テ）

$n \geqq 2$ のとき

$\qquad a_n = S_n - S_{n-1} = (2^n - 1) - (2^{n-1} - 1) = 2^{n-1}$

$n=1$ のとき，(2)での計算より $a_1 = S_1 = 1$ であり，これは $a_n = 2^{n-1}$ を満た

す。

以上より，すべての自然数 n に対し　　$a_n = 2^{n-1}$　（→ト）

▶(4)　(1)の結果より第2式 $y \cdot {}_xC_y = x \cdot {}_{x-1}C_{y-1}$ において，x, y をそれぞれ n，k に書き換えると

$$k \cdot {}_nC_k = n \cdot {}_{n-1}C_{k-1}$$

よって，$n \geq 2$ のとき，二項定理より

$$T_n = \sum_{k=1}^{n} k \cdot {}_nC_k = n\sum_{k=1}^{n} {}_{n-1}C_{k-1} = n\sum_{k=0}^{n-1} {}_{n-1}C_k = n(1+1)^{n-1} = n \cdot 2^{n-1}$$

$n=1$ のとき，(2)での計算より $T_1 = 1$ であり，これは $T_n = n \cdot 2^{n-1}$ を満たす。

以上より，すべての自然数 n に対し　　$T_n = n \cdot 2^{n-1}$

このとき，$n \geq 2$ とすると

$$\begin{aligned} b_n &= T_n - T_{n-1} \\ &= n \cdot 2^{n-1} - (n-1) \cdot 2^{n-2} = 2n \cdot 2^{n-2} - (n-1) \cdot 2^{n-2} \\ &= (n+1) \cdot 2^{n-2} \end{aligned}$$

$n=1$ のとき，(2)での計算より $b_1 = 1$ であり，これは $b_n = (n+1) \cdot 2^{n-2}$ を満たす。

以上より，すべての自然数 n に対し　　$b_n = (n+1) \cdot 2^{n-2}$　（→ナ）

Ⅲ　◇発想◇　(3)までの数値は，定義にしたがって，ていねいに計算していくしかない。(4)の標準偏差については，計算するのではなく，データの散らばりがどう変化するか（しないか）を考える。

解答　(1)ニ．6　ヌ．2.80　(2)ネ．$\dfrac{23}{28}$　(3)ノ．舌触り　ハ．匂い，味

(4)ヒ．5.80　フ．変化しなかった　ヘ．6.90　ホ．減少した

◀解　説▶

≪平均値・標準偏差の計算，データの変化・分析≫

▶(1)(ⅰ)　$\dfrac{1+2+6+4+t+4+9+8+3+5}{10} = 4.80$ より

$$t = 6 \quad (→ニ)$$

(ⅱ)　求める標準偏差の値は　　$\sqrt{7.84} = \sqrt{\dfrac{196}{25}} = \dfrac{14}{5} = 2.80$　（→ヌ）

▶(2) 求める相関係数の値は

$$\frac{5.52}{\sqrt{7.84}\sqrt{5.76}} = \frac{\frac{138}{25}}{\frac{14}{5}\cdot\frac{12}{5}} = \frac{23}{28} \quad (\to ネ)$$

▶(3) (2)で求めた相関係数の値は r_2 である。(2)と同様にして，r_1，r_3 を求めると

$$r_1 = \frac{2.60}{\sqrt{7.84}\sqrt{4.00}} = \frac{13}{28}, \quad r_3 = \frac{0.56}{\sqrt{7.84}\sqrt{0.49}} = \frac{8}{28}\ \left(=\frac{2}{7}\right)$$

よって，最も 1 に近いのは r_2，すなわち「舌触り」である。（→ノ）

また $\quad \overline{r} = \frac{1}{3}\left(\frac{13}{28}+\frac{23}{28}+\frac{8}{28}\right) = \frac{1}{28}\cdot\frac{44}{3}\ \left(=\frac{11}{21}\right)$

$$28\,(r_1-\overline{r}) = 13-\frac{44}{3}<0, \quad 28\,(r_2-\overline{r}) = 23-\frac{44}{3}>0,$$

$$28\,(r_3-\overline{r}) = 8-\frac{44}{3}<0$$

したがって，$r_i-\overline{r}<0$ を満たすのは，r_1 と r_3 である。また

$$\overline{a} = \frac{6.00+4.80+6.90}{3} = 5.90$$

であるから，$a_i-\overline{a}>0$ を満たすのは，a_1 と a_3 である。

ゆえに，共通な評価項目は，「匂い」と「味」である。（→ハ）

▶(4) X（=「舌触り」）の評価は全員 1 ずつ上がったので，平均値も 1 上がって

$$4.80+1 = 5.80 \quad (\to ヒ)$$

また，データの散らばり具合に変化がないので，標準偏差の値は「変化しなかった」。（→フ）

「飲みやすさ」に対する評価が 2 上がったもの 4 つ，1 上がったもの 5 つ，不変 1 つであることから，改良前の平均値 5.60 に対して，改良後の平均値は

$$5.60+\frac{2\times4+1\times5+0\times1}{10} = 6.90 \quad (\to ヘ)$$

また，平均値より下の評価の上昇幅が，上の評価の上昇幅より大きいので，全体的な分散の程度は小さくなっている。すなわち，標準偏差の値は「減

少した」といえる。（→ホ）

（注）　ホについて，実際に値を求めると，次のようになる。

$$（分散）=\frac{3^2+6^2+9^2+6^2+10^2+4^2+10^2+8^2+6^2+7^2}{10}-6.90^2=5.09$$

分散としては 7.84 から 5.09，標準偏差としては $\sqrt{7.84}$ から $\sqrt{5.09}$ に変化した。

❖講　評

　形式は例年通りで変化はなかった。難易度は，少し易しめだった 2021 年度に比べ，従来通りに戻った感じである。

　Ⅰの小問集合が意外と易しくなく，時間がかかるものがある。苦手分野があったら，Ⅱ，Ⅲの前半を確実にものにした方が無難であろう。(7)は空間座標を利用してもほぼ同じ解法になる。

　Ⅱは，二項定理および数列の和と一般項の関係の問題。S_n が ${}_nC_0$ を 1 つ加えることによって，二項展開の形になることに着目する。(4)で(1)の結果を利用する。

　Ⅲは，データの分析についてである。表の数値データがたくさん並んでいるが，定義通りに計算していけば結論が得られる。ただし(4)については計算に工夫が必要であり，特に最後の標準偏差については，値を計算することはできるが，実際に計算するわけではない。標準偏差の意味を考える問題であり，本問はまさしく，データの「分析」として良問といえよう。

化学

1 解答

問1．ア．陽子　イ．中性子　ウ．原子番号
エ．質量数　オ．同位体　カ．第一イオン化エネルギー
キ．電子親和力　ク．クーロン（静電気）

問2．(1)0　(2)3　(3)1　(4)1　(5)4　(6)4

問3．イオン式：F^-
理由：F^- の原子核の正電荷が最も小さく，電子を引き付ける力が弱くなるため，イオン半径が大きくなる。(30 字以上 50 字以内)

問4．同族元素の原子は，価電子の数が等しいため。(25 字以内)

問5．(7)—2　(8)—3

問6．A：高
理由：ハロゲン化物イオンのイオン半径が小さいほど，カリウムイオンとハロゲン化物イオンのイオン間距離が小さくなり，クーロン力が強くなるため。(70 字以内)

━━━━━◀解　説▶━━━━━

≪元素の周期表と化学結合，イオン結晶の性質≫

▶問1．陽子の数＋中性子の数＝質量数，陽子の数＝原子番号＝電子の数，である。すべての原子の中で，第一イオン化エネルギーが最大なのはヘリウム。すべての原子の中で，電子親和力が最大なのは塩素。

▶問2．遷移元素の最外殻電子はいずれも 1，2 個で，原子番号が増加して電子が増えても，内側の電子殻に電子が入る。臭化カリウムは，カリウムイオンと臭化物イオンの配位数がともに 6 なので，イオン結晶は NaCl 型である。よって，単位格子に含まれるそれぞれのイオンの数は，4 個ずつである。

▶問3．イオン半径の大きい順に並べると，$F^->Na^+>Mg^{2+}>Al^{3+}$ となる。

▶問4．化学結合に関与するのが，価電子である。貴ガスは化学結合をほとんどしないので，価電子は 0 となる。

▶問5．第一イオン化エネルギーは同一周期元素では，貴ガスが最大で，

アルカリ金属が最小である。電子親和力は，ハロゲンが最大で，貴ガスには値がない。

▶問 6．クーロン力は，2 つの電荷の積に比例し，両イオン間の距離の 2 乗に反比例する。

2 **解答** 問 1．ア．共通イオン　イ．非共有電子対
　　　　　　　ウ．錯イオン

問 2．$[Al^{3+}][OH^-]^3$

問 3．B．$[Al(OH)_4]^-$　　　C．H^+

問 4．4，5

問 5．(9)〜(12) 6.0×10^{-02}　(13)〜(16) 6.0×10^{-13}

問 6．$Y = X - 12.22$

問 7．$Z = -3X + 11.60$

問 8．(17)(18) 6.0

■■■■■◀解　説▶■■■■■

≪$Al(OH)_3$ の溶解の性質と溶解度積，電離平衡≫

▶問 1．電離平衡において，共通するイオンを加えることによって，電離を抑えることを共通イオン効果という。

▶問 4．強アルカリ性にすることによって錯イオンになる金属イオンは，両性金属のイオンである。

▶問 5．$\log_{10}[[Al(OH)_4]^-] = -1.22$ より

$[[Al(OH)_4]^-] = 10^{-1.22} = 10^{-2} \times 10^{0.78} = 10^{-2} \times 10^{0.30} \times 10^{0.48}$

ここで，$\log_{10}2 = 0.30$ より　　$10^{0.30} = 2$

$\log_{10}3 = 0.48$ より　　$10^{0.48} = 3$

よって　　$[[Al(OH)_4]^-] = 6.0 \times 10^{-2}$〔mol/L〕

また，pH = 11 なので　　$[H^+] = 1.0 \times 10^{-11}$

よって

$K_2 = [[Al(OH)_4]^-][H^+] = 6.0 \times 10^{-2} \times 1.0 \times 10^{-11}$

　　　$= 6.0 \times 10^{-13}$〔mol/L〕^{2}

▶問 6．$K_2 = [[Al(OH)_4]^-][H^+] = 6.0 \times 10^{-13}$ より

$-\log_{10}\{[[Al(OH)_4]^-][H^+]\} = -\log_{10}(6.0 \times 10^{-13})$

$-\log_{10}[[Al(OH)_4]^-] + (-\log_{10}[H^+]) = 13 - \log_{10}(2 \times 3)$

$-Y + X = 13 - (\log_{10}2 + \log_{10}3)$

$$Y = X - \{13 - (0.30 + 0.48)\}$$

$$\therefore \quad Y = X - 12.22$$

▶問7．$K_1 = [Al^{3+}][OH^-]^3 = 4.0 \times 10^{-31}$ より

$$-\log_{10}\{[Al^{3+}][OH^-]^3\} = -\log_{10}(4.0 \times 10^{-31})$$

$$-\log_{10}[Al^{3+}] + (-\log_{10}[OH^-]^3) = 31 - 2\log_{10}2.0$$

$$-Z + 3pOH = 31 - 0.60$$

$$-Z + 3(14 - pH) = 30.4$$

$$\therefore \quad Z = -3X + 11.60$$

▶問8．$[Al(OH)_3aq]$ は pH によらず一定なので，$S = [Al(OH)_3aq] + [Al^{3+}] + [[Al(OH)_4]^-]$ より，$[Al^{3+}] + [[Al(OH)_4]^-]$ が最小のときに，$[Al(OH)_3(固)]$ が最大となる。すなわち，$[Al^{3+}] = [[Al(OH)_4]^-]$ のときの pH を求める。

$[Al^{3+}] = [[Al(OH)_4]^-]$ ならば　　$\log_{10}[Al^{3+}] = \log_{10}[[Al(OH)_4]^-]$

よって，$Y = Z$ なので，問6，問7の結果より

$$X - 12.22 = -3X + 11.60 \qquad 4X = 23.82$$

$$\therefore \quad X = pH = 5.955 \fallingdotseq 6.0$$

図1のグラフから以下の交点を求めたことになる。

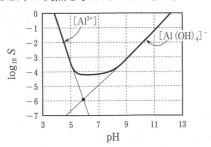

3　解答

〔I〕問1．(19) 8　(20) 5　(21) 4　(22) 6

問2．A．$2KMnO_4 + 5H_2O_2 + 3H_2SO_4$

B．$2MnSO_4 + 5O_2 + 8H_2O + K_2SO_4$

C．$O_2 + I_2 + 2KOH$

D．$2HI + H_2SO_4$

E．$3S + 2H_2O$

問3．同素体

問 4．⒀— 2

問 5．⒁～⒃ 2.1×10^{-2}

〔Ⅱ〕問 6．ビュレット

問 7．デンプンを加え，ヨウ素デンプン反応で青紫色になった溶液の色が消えた所が終点。（40 字以内）

問 8．⒄ 1　⒅ 2　⒆ 2　⒇ 1

問 9．㉛～㉝ 3.3×10^{-2}

■━━━━━ ◀解　説▶ ━━━━━■

≪酸化還元反応式，硝酸銀水溶液の電気分解，酸化還元滴定≫

◆〔Ⅰ〕▶問 1・問 2．硫酸酸性における $KMnO_4$ と H_2O_2 の反応式は次のとおり。

$$MnO_4^- + 8H^+ + 5e^- \longrightarrow Mn^{2+} + 4H_2O \quad \cdots\cdots(1)$$

$$H_2O_2 \longrightarrow O_2 + 2H^+ + 2e^- \quad \cdots\cdots(2)$$

(1)×2+(2)×5 より，(1)式と(2)式の電子を消去すると

$$2MnO_4^- + 6H^+ + 5H_2O_2 \longrightarrow 2Mn^{2+} + 8H_2O + 5O_2$$

両辺に K^+ を 2 つ，SO_4^{2-} を 3 つ加えると

$$2KMnO_4 + 3H_2SO_4 + 5H_2O_2$$
$$\longrightarrow 2MnSO_4 + K_2SO_4 + 8H_2O + 5O_2 \quad \cdots\cdots(3)$$

O_3 と KI の反応式は次のとおり。

$$O_3 + 2H^+ + 2e^- \longrightarrow O_2 + H_2O$$

$$2I^- \longrightarrow I_2 + 2e^-$$

両辺を加えると

$$O_3 + 2I^- + 2H^+ \longrightarrow O_2 + I_2 + H_2O$$

両辺に K^+ と OH^- を 2 つずつ加えると

$$O_3 + 2KI + H_2O \longrightarrow O_2 + I_2 + 2KOH \quad \cdots\cdots(4)$$

SO_2 と I_2 の反応式は次のとおり。

$$I_2 + 2e^- \longrightarrow 2I^-$$

$$SO_2 + 2H_2O \longrightarrow SO_4^{2-} + 4H^+ + 2e^-$$

両辺を加えると

$$SO_2 + I_2 + 2H_2O \longrightarrow 2HI + H_2SO_4 \quad \cdots\cdots(5)$$

SO_2 と H_2S の反応式は次のとおり。

$$SO_2 + 4H^+ + 4e^- \longrightarrow S + 2H_2O \quad \cdots\cdots(a)$$

$$H_2S \longrightarrow S + 2H^+ + 2e^- \quad \cdots\cdots(b)$$

(a)式 +(b)式×2 より

$$SO_2 + 2H_2S \longrightarrow 3S + 2H_2O \quad \cdots\cdots(6)$$

▶問 3．同素体は，同じ元素からなる単体で性質の異なる物質である。

▶問 4．MnO_4^- の赤紫色が，Mn^{2+} の淡桃色（ほぼ無色）に変化する。

▶問 5．酸素が発生する半反応式は

$$2H_2O \longrightarrow O_2 + 4H^+ + 4e^-$$

したがって，酸素が 1mol 発生するときに電子が 4mol 移動する。よって，酸素の体積を V〔L〕とすると

$$\frac{0.60 \times 10 \times 60}{96500} = \frac{V}{22.4} \times 4$$

$$\therefore \quad V = 0.0208 \doteqdot 2.1 \times 10^{-2}\,\text{〔L〕}$$

◆〔Ⅱ〕　▶問 6．滴定実験で滴下に用いる実験器具は，ビュレットである。

▶問 7．デンプンのらせん構造にヨウ素が取り込まれると青紫色に発色する。

▶問 8．ヨウ素とチオ硫酸ナトリウムの半反応式は

$$I_2 + 2e^- \longrightarrow 2I^-$$

$$2S_2O_3{}^{2-} \longrightarrow S_4O_6{}^{2-} + 2e^-$$

両辺を加えると

$$I_2 + 2S_2O_3{}^{2-} \longrightarrow 2I^- + S_4O_6{}^{2-}$$

両辺に Na^+ を 4 つずつ加えると

$$I_2 + 2Na_2S_2O_3 \longrightarrow 2NaI + Na_2S_4O_6 \quad \cdots\cdots(8)$$

▶問 9．(7)式より，塩素とヨウ素の物質量は等しい。(8)式よりヨウ素とチオ硫酸ナトリウムは 1:2 で反応するので，塩素とチオ硫酸ナトリウムも 1:2 で反応する。水溶液 X の塩素のモル濃度を c〔mol/L〕とすると

$$c \times \frac{30}{1000} \times 2 = 0.10 \times \frac{20}{1000} \times 1$$

$$\therefore \quad c = \frac{1}{30} = 0.0333 \doteqdot 3.3 \times 10^{-2}\,\text{〔mol/L〕}$$

4 解答

問1. $C_9H_{10}O$

問2. 化学式：Cu_2O　色：赤

問3. **I**：無水フタル酸　**J**：サリチル酸メチル

問4. 活性化エネルギーを小さくすることで反応速度を大きくし，自らは変化しない物質。(40字以内)

問5. **A.** （ベンゼン環に $CH(OH)-CH=CH_2$ が結合した構造）

B. （ベンゼン環に CH_2-OH と隣接位に $CH=CH_2$ が結合した構造）

C. （ベンゼン環に OH と $CH_2-CH=CH_2$ が結合した構造）

D. （ベンゼン環に CH_3，OH，$CH=CH_2$ が結合した構造）

E. （ベンゼン環に $O-CH=CH_2$，$CH_3-O-CH=CH_2$ の構造）

◀解　説▶

≪分子式 $C_9H_{10}O$ の構造決定と元素分析，オゾン分解≫

▶問1. 炭素の質量は　$990 \times \dfrac{12}{44} = 270 \,[\text{mg}]$

水素の質量は　$225 \times \dfrac{2}{18} = 25 \,[\text{mg}]$

酸素の質量は　$335 - 270 - 25 = 40 \,[\text{mg}]$

よって，それぞれの原子の物質量の比は

$$C : H : O = \dfrac{270}{12} : \dfrac{25}{1} : \dfrac{40}{16} = 22.5 : 25 : 2.5$$

$$= 9 : 10 : 1$$

ゆえに，組成式は $C_9H_{10}O$ で，式量は 134 となる。分子量は 200 以下なので，分子式も同じく $C_9H_{10}O$ となる。

▶問2. フェーリング液が還元され，酸化銅（I）の赤色沈殿が生じる。

▶問4. 触媒は活性化エネルギーを小さくするだけで，自分自身は変化しないし，反応熱も変わらない。

▶問3・問5. 化合物 **A**〜**E** は，すべてベンゼン環と炭素間二重結合を含む。(2)の条件より，**A**，**B**，**C**，**D** はヒドロキシ基を含み，**E** はエーテルである。(3)の条件より，塩化鉄（III）水溶液で呈色する **C**，**D** はフェノール類。よって，**A**，**B** はアルコールである。

Aは不斉炭素原子を含むアルコールなので，構造は以下のとおり。

Bはアルコールで，適切な酸化剤で酸化するとカルボキシ基をもつ**F**になり，その**F**は脱水して**I**になる。これより**F**は $-COOH$ を2個オルトの位置にもつフタル酸，**I**は無水フタル酸となり，**B**，**F**，**I**の構造は以下のとおり。

Cはフェノール類で，酸化によりヒドロキシ基とカルボキシ基をもつ**G**になる。**G**にメタノールを反応させると，分子量が 14 増えてメチルエステル**J**になる。**J**には $-OH$ と $-COOCH_3$ があり，消炎鎮痛剤であるから，サリチル酸メチル，**G**はサリチル酸と推定される。

またこれより，**C**はオルト二置換体 となるので，その構造には次の(ア)，(イ)，(ウ)が考えられる。

これをオゾン酸化したときの生成物は

オゾン分解生成物は2種類ともフェーリング液を還元するから，**C**は(ア)か(イ)である。

また，**C** に 1 分子の塩素が付加したときの生成物は

(ア) → [ベンゼン環 OH] $C^*HCl-C^*HCl-CH_3$ (イ) → [ベンゼン環 OH] $CH_2-C^*HCl-CH_2Cl$

(ウ) → [ベンゼン環 OH] C^*Cl-CH_2Cl / CH_3

生成物が 1 個の不斉炭素原子を含んでいるのは(イ)と(ウ)である。したがって，

C は(イ) [ベンゼン環 OH] $CH_2-CH=CH_2$ となる。

D はフェノール類で，適切な酸化剤で酸化するとカルボキシ基をもつ **H** になり，その **H** にメタノールを反応させると，メタノールは 2 分子反応するので，**H** にはカルボキシ基が 2 個ある。

よって，**H** は $C_6H_3(OH)(COOH)_2$，**K** は $C_6H_3(OH)(COOCH_3)_2$ であり，**D** は $C_6H_3(OH)CH_3H_3$ で，C=C をもつ三置換体であるから，$C_6H_3(OH)(CH=CH_2)CH_3$ となる。

K の 3 つの置換基は隣接しているから，可能な構造は

(カ) [ベンゼン環 COOCH₃ / COOCH₃ / OH]   (キ) [ベンゼン環 COOCH₃ / OH / COOCH₃]

の 2 種類。ベンゼン環の水素原子 1 個を塩素原子で置換したとき可能な位置を・で表すと

(カ) [ベンゼン環 COOCH₃ / COOCH₃ / OH] （3 種類）   (キ) [ベンゼン環 COOCH₃ / OH / COOCH₃] （2 種類）

よって，(8)より **K** は(キ)，**H** は [ベンゼン環 COOH / OH / COOH]，**D** は [ベンゼン環 CH₃ / OH / CH=CH₂] となる。

E はエーテル結合と炭素間二重結合をもつ構造なので，以下のとおり。

[ベンゼン環 $C=CH_2$ / $O-CH_3$]

5　解答　　問 1．ア．グリコシド　イ．アミロース
　　　　　　ウ．アミロペクチン　エ．アミラーゼ
オ．デキストリン　カ．グリコーゲン　キ．銅アンモニアレーヨン
ク．半合成　ケ．トリアセチルセルロース　コ．アセテート
問 2．(34) 4　(35) 6
問 3．2，5
問 4．グルコースは水溶液中で，α-グルコース，β-グルコース，鎖状構造の平衡混合物になっている。鎖状構造はホルミル基を含み，その官能基が還元性を示すため。(75 字以内)
問 5．(36) 3
問 6．1，2，5
問 7．$[Cu(NH_3)_4]^{2+}$
問 8．(37)～(40) 8.10×10^3
問 9．(41)～(44) 2.43×10^4

━━━━━━◀解　説▶━━━━━━

≪糖類の構造と性質，セルロースの誘導体≫

▶問 1．デンプンは多数の α-グルコースがグリコシド結合でつながっているが，加水分解して単糖類になると，α-グルコース，β-グルコース，鎖状構造の平衡混合物になっている。

▶問 2．デンプンやセルロースではグルコースの 1 位と 4 位のヒドロキシ基が脱水縮合してグルコースが直線状に配列しているが，アミロペクチンの枝分かれ部ではグルコースの 6 位と別のグルコースの 1 位のヒドロキシ基の間で脱水縮合をしている。

▶問 3．1．誤文。ガラクトースはアルドース。ケトースになるのは，フルクトースである。

2．正文。単糖類は加水分解されないが，酵素チマーゼを使うと，アルコール発酵をして，エタノールと二酸化炭素を生じる。

3．誤文。単糖類には五炭糖や六炭糖があり，すべてが $C_6H_{12}O_6$ ではない。

4．誤文。転化糖はスクロースが加水分解されて生じるグルコースとフルクトースの等量混合物である。

5．正文。グルコースとガラクトースは 4 位のヒドロキシ基と水素の向き

の異なる立体異性体，グルコースとフルクトースは構造異性体である。

▶問4．グルコースは水溶液中では平衡混合物になっており，以下のような構造をしている。鎖状構造のときにホルミル基をもっていて，還元性を示す。

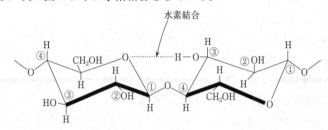

α-グルコース　　　　　　　　　　　鎖状構造　　　　　　　　　　β-グルコース

▶問5．次の図のように水素結合をしている。

▶問6．1．ペプチド結合 $-\underset{\underset{O}{\|}}{C}-\underset{\underset{H}{|}}{N}-$ のC=O部分のOとN-H部分のHが

水素結合する。

2．アデニンとチミンの間には2本，グアニンとシトシンの間には3本の水素結合がある。

5．ナイロン66はアミド結合をもつので，タンパク質と同様な水素結合がある。

▶問7．シュワイツァー試薬の製法の反応は以下のとおり。

$$Cu(OH)_2 + 4NH_3 \longrightarrow [Cu(NH_3)_4](OH)_2$$

▶問8．セルロース $[C_6H_7O_2(OH)_3]_n$ 1mol からジアセチルセルロース $[C_6H_7O_2(OH)(OCOCH_3)_2]_n$ 1mol が生じる。セルロースの分子量は $162n$，ジアセチルセルロースの分子量は $(162+42\times2)n$ なので，セルロースの質量を w〔g〕とすると

$$\frac{w}{162n} = \frac{1.23\times10^4}{(162+42\times2)n} \qquad \therefore \quad w = 8.10\times10^3 \text{〔g〕}$$

▶問9．反応経路の物質量の比で考えると

$$1\,[\mathrm{C_6H_7O_2(OH)_3}]_n \longrightarrow n\mathrm{C_6H_{12}O_6} \longrightarrow 2n\mathrm{C_2H_5OH}$$
$$\longrightarrow 2n\mathrm{CH_3COOH} \longrightarrow n\,(\mathrm{CH_3CO})_2\mathrm{O}$$

よって，セルロース 1 mol から無水酢酸は n〔mol〕生じる。

必要なセルロースを w〔g〕とすると，このセルロースから生じる無水酢酸の物質量は

$$\frac{w}{162n} \times n = \frac{w}{162}\,\text{〔mol〕}$$

また，セルロースからトリアセチルセルロースをつくる反応では，1 mol のセルロースに $3n$〔mol〕の無水酢酸が必要なので

$$\frac{1.23 \times 10^4}{(162+84)\,n} \times 3n = \frac{w}{162}$$
$$246w = 162 \times 1.23 \times 10^4 \times 3 \quad \therefore \quad w = 2.43 \times 10^4\,\text{〔g〕}$$

❖講　評

　2022 年度も，例年通り大問 5 題であったが，論述問題は 6 問と増加した。標準的な問題が多いが，水酸化アルミニウムの溶解の問題や構造決定など思考力を問う問題もあった。全体としては，2021 年度よりもやや難化したと考えられる。

　1　問 1，問 2，問 5 は，周期表と原子やイオンの構造，化学結合に関する基本的な空所補充の問題なので完答したい。論述問題が 3 問出題されたが，問 3，問 4 はよく出題される事柄なので，キーワードを外さずに答えたい。問 6 は知識として知ってはいても，70 字にまとめるのがやや難しかったであろう。

　2　水酸化アルミニウムの溶解平衡と電離平衡の問題である。あまり取り扱われない問題なので戸惑った受験生も多かったと思われる。それでも問題文を丁寧に読んでいけば，問 1 ～問 3 の空所補充の問題は答えられたであろう。問 4 も両性金属イオンが過剰の水酸化ナトリウムに溶けることを知っていれば簡単である。ただ，問 5 以降はやや難しい。問 5 ～問 7 は数学的な処理が素早くできないと時間がかかる。問 8 は難問。問 6 と問 7 の式を使って，図 1 の意味がわかれば糸口がつかめるが，時間内に解くのは難しかったのではないか。

3 酸化還元反応式と酸化還元滴定の問題である。問1，問2と問8
は，半反応式から酸化還元反応式を書く練習を積んでいればできる問題。
問3，問4と問6は基本的。問5，問9は，それぞれ電気分解と酸化還
元滴定の標準問題なので完答したい。問7の論述は，頻出問題である。

4 $C_9H_{10}O$ の構造決定で，ベンゼン環と炭素間二重結合を含むやや
難しい構造決定である。構造決定の練習をかなり積んでいないと解きに
くい問題であった。ただ，過去にも似たような出題があるので，過去問
をしっかり研究して演習した受験生は答えられたのではないか。

5 糖類に関する総合問題である。問1〜問3は糖類の基礎知識がき
ちんと入っていれば答えられたであろう。問4はホルミル基が鎖状構造
にあるとわかっていても75字にまとめるのが少し難しい。問5は知ら
ないと答えられない問題。問6と問7は基本的。問8の計算も頻出なの
で正答したい。ただ，問9の計算問題は，少しわかりづらい。セルロー
スと無水酢酸の物質量の関係，アセテートをつくるときのセルロースと
無水酢酸の物質量の関係をきちんと整理できていないと解けない問題で
あった。

2021 年度

解 答 編

解答編

英語

Ⅰ　**解答**　Q1—3　Q2—4　Q3—4　Q4—2　Q5—3　Q6—4

Question "A"（Regret Type / Bias Type の順に）

(1) Experienced / Commission　(2) Anticipated / Omission

(3) Process / None

━━━━━━━━◆全　訳◆━━━━━━━━

≪患者の後悔をどのように活かすべきか≫

①　私たちが医学における後悔というものを考える時，好ましくない臨床治療の結果の後にやってくる感情を典型的に考える。後悔の可能性は患者が下す医学的な決定のほとんどすべてに影を落とす。医者や病院を選ぶことから診断結果や治療後の経過を受け入れること，ある治療を選択することあるいは拒絶することに至るまで，すべての段階に不確実な要素があるために後悔する危険性がある。確かに，失望は難しい選択をする際の避けがたい側面ではある。結果が私たちの望んでいるものには及ばないことはあるのだ。だが，失望は自己非難とは関係がないので，後悔とは著しく異なる。自己非難という中核部を持つ後悔は，患者の人生において最も大きな重荷の１つになる可能性がある。

②　私たちがこの問題を詳しく調査し始めた時，結果が思わしくないという経験が必ずしも後悔に至らないことを発見して驚いた。ある知人が変形性関節炎による慢性的な痛みのために膝の手術を受けた。手術はうまくいかず，膝の痛みは和らぐことはなかった。だが，失望こそしたものの，彼は全く後悔しなかった。彼は，手順に従って，選択肢をよく考え，十分な説明を受けた上で選択をしたのだと説明した。研究者は，例えば，患者が何かを決める前に考えられるすべての選択肢についての情報を吟味しない時に生じる「プロセスについての後悔」というものを記述している。この

患者はプロセスについての後悔を回避し，自己非難を全く経験しなかったのである。

③　がん検診，がん治療，出生前診断，選択的手術などを含む様々な医学的状況を扱った実験もある。この研究は特に，インフルエンザなどの疾病の予防接種率が低いことを説明するために実施された。「不作為バイアス」——何もしない傾向——が「予期的後悔」を反映し，結果として多くの人がインフルエンザの予防注射を回避する。健康だと感じている間は，彼らは注射によって病気になったらおそらく経験するであろう後悔を予期する。ワクチンの副反応の危険は低く，その症状は通常の場合軽度だが，多くの人々は予防注射を回避して，後になってインフルエンザに感染する危険を冒す。

④　一方，何もしないよりはした方がましと信じる傾向である「実行バイアス」は，よくない結果が生じた時に，後で後悔を引き起こす可能性がある。つまり，「経験的後悔」である。心理学者のジョージ＝ローウェンスタインは，「興奮した」感情の状態にある時の意思決定と，「冷静な」感情の状態にある意思決定とを区別している。痛みを感じていたり大きな不安を感じていたりする時，私たちは「興奮して」おり，迅速に私たちの状況を改善すると私たちが想定する選択をする傾向にある。この傾向が私たちを実行バイアスに傾かせるのだ。興奮した状態では，患者は治療によって生じる危険をあまりに大きく割り引いて考え，成功の可能性を過大評価し，結果が思わしくなかった時に後悔する下地を作る。興奮した状態にある時にやってもやらなくてもよい処置を選び，思わしくない結果に終わる患者は，実行バイアスが原因の後悔をするリスクが特に高いかもしれない。

⑤　医師は医学における不確実性という要素を強く認識してはいるが，その親友ともいえる後悔を認識することはそれほどない。あらゆる形態の後悔は，私たちをまごつかせる行動を患者にさせる強力な底流となりえる。私たちは，予期的後悔が患者を意思決定における葛藤，すなわち選択することができないという苦境から抜け出せないままにしてしまう可能性があることを認識すべきである。こういう患者にとっては，前に進むために彼らの恐れを率直に話し合い，彼らの選択肢のリスクや利点に関する明確な視点を得る手助けをすることによって予期的後悔を表面化させることが何より必要である。将来，経験的後悔の可能性を低くするために，医師は情

緒的な高まりを少なくするように，そして可能な場合は，興奮状態にある間は患者に決断させないように試みることができる。最も緊急性の高い状況を除いて，医師はプロセスについての後悔を避けるためのあらゆる治療の選択肢を調査し，慎重なプロセスを実施することも可能だ。患者が意思決定をする際に他者に非常に影響されている時，役割についての後悔という可能性に対して慎重になることも可能だ。

⑥　後悔は，概して否定的な感情とみなされる。従来の患者の後悔尺度では，後悔の肯定的な影響の大部分が評価できていなかったことは注目に値する。けれども，後悔を認識するということは，行動を変容させ意思決定を強化することにおける強い力として，肯定的，つまり機能的である可能性があるのだ。医師は，あらゆる形態の後悔の力を理解することによって，患者がより良い決定をする手助けをすることができるのである。

━━━━━━◀解　説▶━━━━━━

▶ **Q 1.**「パラグラフ①（6 行目）において，下線部の表現 fall short of は…に最も意味が近い」

1．「減少する」　2．「次第に少なくなる」　3．「満足できない」

4．「急ぐ」　5．「短くする」

　fall short of は「～に及ばない」という意味の慣用表現である。本文では，下線部に後続する what we hope for との関係から，「望んでいる程度には及ばない」という意味で用いられていると考えるのが妥当であることから，3 が正解である。

▶ **Q 2.**「パラグラフ①（7，8 行目）と②（8 行目）において，空所[Q 2] に入れるのに最適なのは次のどれか」

1．「診断」　2．「希望」　3．「情報」　4．「自己非難」　5．「治療」

　第②段第 5 文（He explained that …）において，膝の手術を受けた筆者の知人が失望はした（disappointed）が後悔（regret）はしなかった理由として，十分な説明を受け，自分で選択をしたうえで手術を受けた結果だからだと述べている。この点から考えると，失望と後悔の違いは，自分ができる限りの準備をしたかどうかにあると考えられる。納得があれば自分を責めることはないと言えるので，4 が正解と判断してよいだろう。

▶ **Q 3.**「パラグラフ①および②の筆者の記述と合っているものは次のどれか」

1．「臨床治療の結果が思わしくないとしても患者は後悔をすることができない」　第①段第1文（When we consider …）で，筆者が不本意な臨床治療の後に感じる後悔の念を主題として挙げているので，後悔することがないとする選択肢とは内容的に合致しない。

2．「医学における後悔は，常に思わしくない臨床治療の結果と関係している」　第②段第1文（When we began …）には「私たちがこの問題を詳しく調査し始めた時，結果が思わしくないという経験が必ずしも後悔に至らないことを発見して驚いた」とあるので，後悔が常に思わしくない結果と関係しているとは言えない。

3．「臨床治療の思わしくない結果の後に来る失望は常に後悔をもたらす」　第①段第5文（But disappointment is …）では，失望と後悔は異なると述べられている。また，第②段第4文（Yet, though disappointed, …）には「失望こそしたものの，彼は全く後悔しなかった」とあるため，誤りである。

4．「臨床治療の結果が思わしくなかったとしても，十分な説明を受けたうえで選択をした限りは，患者は後悔しないかもしれない」　第②段第5文（He explained that …）に，筆者の知人の例として，十分に情報を与えられた上で選択をしたので後悔はしなかったとあることから，内容的に合致していると考えてよいだろう。

5．「『プロセスについての後悔』は，例えば，患者が十分に説明を受けた上で同意をした後で手術がうまくいかなかった時に発生する」　第②段第6文（Researchers describe "process regret" …）に基づいて言えば，プロセスについての後悔が発生するのは手術がうまくいかなくなった時ではなく，必要な情報を吟味しなかった時である。

▶ Q4．「パラグラフ③と④の筆者の記述と合っているものは次のどれか」

1．「患者の感情が『落ち着いた』状態は，後悔の唯一のリスクである」第④段には，患者が「興奮した」状態で意思決定する際のリスクについて述べられているが，患者の感情が落ち着いた状態の時の記述はない。

2．「ある特定の治療のリスクを無視する患者は，その結果が思わしくないと後悔するかもしれない」　第④段第4文（In a hot …）には，感情的に興奮した状態にあると治療のリスクを軽視し過ぎてしまい，後で後悔することがあるとの指摘があることから，2を正解と判断してよいだろう。

3．「『不作為バイアス』は，インフルエンザの予防接種のような予防医学にのみ関連している」　第③段第 1 ～ 3 文（Some experiments have … influenza vaccination.）に，がん検診・治療，出生前診断，選択的手術などを含む医学的状況を扱った実験があると述べられ，その中の一例としてインフルエンザの予防注射があげられているため，予防医学のみと関連しているということではない。

4．「実際の注射のプロセスで危険にさらされないために，人々はインフルエンザの予防注射を受けるべきではない」　インフルエンザの予防注射をすべきではないという記述はないので誤りである。

5．「『実行バイアス』による後悔のリスクを避けるために，患者は，診断の後できるだけ早く治療を受けるべきだ」　実行バイアスに関しては主に第④段に書かれているが，診断後に早く治療を受けることで実行バイアスによる後悔が回避できるという記述はない。

▶ Q 5．「パラグラフ⑤（9 行目）において，空所 [Q 5] に入れるのに最適なのは次のどれか」
1．「～だけれども」　2．「～にもかかわらず」　3．「～を除いて」
4．「もし」　5．「～の時」

　空所を含む文では，医師は後悔を回避するための治療の選択肢を調査し慎重なプロセスをとることができるとあるが，空所の直後にある in the most urgent circumstances「最も緊急を要する状況において」は，そのようなことはほとんど不可能な状況だと推定できるので，3 を入れるのが適切であろう。

▶ Q 6．「本文全体の筆者の記述と合っているのは，次のどれか」
1．「従来の患者の後悔尺度は，後悔の否定的な影響と肯定的な影響を評価するのに役立つ」　第⑥段第 2 文（It is notable …）に「従来の患者の後悔尺度では，後悔の肯定的な影響の大部分が評価できていなかった」とあるため不適。

2．「後悔は最近の研究で非常によく認識されているから，医師はその力を医学で使うべきだ」　第⑤段第 1 文（Physicians are acutely …）では，医師はあまり後悔を認識していないと述べられているため不適。

3．「医学において後悔を回避するためには，患者は医師や病院を選ぶのに十分慎重になるべきだ」　本文に一致する記述はない。

4．「医師が医療においてより良い判断をするためには，あらゆる形態の患者の後悔を理解することが重要だ」　第⑥段第 4 文（Physicians can help …）で，後悔の持つ力を理解することによって，医師は，患者がより良い判断をする手助けができるとあり，選択肢 4 の内容とほぼ同一であることがわかる。よって，4 が正解である。

5．「治療についての決定をする時には，患者は常に『不作為バイアス』と『実行バイアス』についてだけ考えている必要がある」　本文に一致する記述はない。

▶ Question "A"．〔〔Ⅰ〕の本文の議論に基づき，空欄に入れるのに適当な後悔あるいはバイアスのタイプ（あるいは当てはまらない場合は『なし』）を 1 語で書け。後悔のタイプあるいはバイアスのタイプは〔Ⅰ〕の本文中にあり，便宜のために解答用紙にアルファベット順に選択肢として与えられている。

　記述式解答用紙の表の最初の欄にあるそれぞれの状況をよく読み，2 番目，3 番目の欄にそれぞれ 1 語で（それぞれの状況に最も合致した）答えを書け（『例』として示されている最初の状況は，指示をよりよく理解してもらうための例に過ぎないことに注意すること）」

選択肢：

「予期的」，「実行」，「経験的」，「なし」，「不作為」，「プロセスについての」，「役割についての」

状況	後悔のタイプ	バイアスのタイプ
（例）ジョンは眼鏡を忘れたが，運転をし，ちょっとした自動車事故に巻き込まれた。	「プロセスについての」	「実行」
(1)ひどく不快な時，患者は副作用の危険の高い投薬を希望し，後でその患者は実際にいくつかの副作用を発症する。		
(2)ある若者が，友人の多くが使っているので，電子タバコを試してみるかどうか決めかねていて，とても困っている。最終的に試さないことにするが，疎外感がある。		
(3)長年の性同一性の危機を抱える成人が性転換（性別適合）手術を受けたが，のちに手術による合併症を発症する。彼女は，後に，手術を受けなくともホルモン療法で彼女の望む治療目標を達成できたかもしれないと知ってショックを受ける。		

　第②段第 6 文（Researchers describe …）には，process regret「プロセスについての後悔」の意味が記されている。また，第③段第 3 文（"Omission bias" …）において，omission bias「不作為バイアス」とanticipated regret「予期的後悔」の基本的な内容が確認できる。さらに，第④段第 1 文（On the other hand, …）には，commission bias「実行バイアス」と experienced regret「経験的後悔」の定義が示されている。最後に，第⑤段最終文（When patients …）には role regret「役割についての後悔」の意味が説明されている。これらを踏まえて考えると，⑴の人物は，副作用のある投薬を強く望んだということから，行動することを選んだ結果の後悔ということになり，commission bias による experienced regret を感じたと判断できる。⑵においては，結局自分は電子タバコを吸わなかった（＝何もしなかった）結果，疎外感を味わっているのだから，omission bias のタイプと考えらえる。第⑤段第 3 文（"Omission bias" ── the tendency …）には「不作為バイアス（omission bias）は予期的後悔（anticipated regret）を反映し…」とあり，「タバコを吸うか吸わないかで迷ったが，（将来のリスクを予期して）行動を起こさなかった結果，後悔している」という流れだととらえれば，予期的後悔（anticipated）に当てはまるだろう。⑶の人物は，ホルモン治療という他の選択肢を知らずに手術に踏み切ってショックを受けているのだから，process regret を感じていると判断できる。バイアスに関しては，process regret に対応するものはないため，バイアスは None となる。

◆━◆━◆━◆━◆　●語句・構文●　◆━◆━◆━◆━◆━◆

（第①段）regret「後悔」　think of ～「～について考える」　clinical「臨床治療の」　outcome「結果」　diagnosis「診断」　embrace「～を受け入れる」　prognosis「治療後の経過，予後」　uncertainty「不確実性」　to be sure「確かに」　disappointment「失望」　unavoidable「避けられない」　make a choice「選択をする」　be associated with ～「～と関係がある」　notably「著しく」　core「中心部分」　burden「重荷」　patient「患者」

（第②段）explore「～を調査する」　issue「問題，論点」　not always（部分否定）「必ずしも～ではない」　result in ～「結果として～となる」　acquaintance「知り合い，知人」　surgery「手術」　chronic「慢性的な」

option「選択肢」　informed「十分な説明をされた」　available（形容詞）
「利用できる，手に入る」　make a decision「決定をする」
（第③段）address「～に取り組む」　screening「検査」　treatment「治
療」　prenatal testing「出生前診断」　elective「選択の」　invoke「～を
実施する」　vaccination「予防接種」　omission「不作為，何もしないこ
と」　bias「バイアス，心の傾向」　inaction「不活動」　inertia「不活発」
injection「注射」　side effects「副反応」　vaccine「ワクチン」
symptom「症状」　development「発症」
（第④段）commission「実行」　psychologist「心理学者」　distinguish
between *A* and *B*「*A* と *B* の違いを区別する」　state「状態」　make
choices that we imagine will rapidly remedy our condition「私たちの状
態を迅速に治してくれると私たちが想像する選択をする」　we imagine
が関係詞節 that will rapidly … に挿入された構造になっている。
predispose *A* to ～「*A*（人）を～に傾かせる」　discount「～を軽視す
る」　pose「～を提示する」　overestimate「～を過大評価する」
likelihood「可能性」　pave the way for ～「～の下地を作る」　end up
with ～「結局～で終わる」　due to ～「～が原因で」
（第⑤段）physician「医師」　be aware of ～「～に気づいている」
undercurrent「底流」　move *A* to *do*「*A*（人）に～する気にさせる」
baffle「～をまごつかせる」　mire「～を苦境に陥らせる」　conflict「葛
藤」　vital「肝要な」　help *A do*「*A*（人）が～する手助けをする」
perspective「視点」　mitigate「～を軽減する」　reduce「～を減らす」
temperature「感情などの強さ」　feasible「実行可能な」　have *A do*「*A*
（人）に～させる」　urgent「緊急の」　circumstances「（複数形で）状
況」　set in motion ～「～を始める」　avert「～を避ける」　be alert to
～「～に対して慎重になる」　role「役割」
（第⑥段）typically「一般的に，概して」　notable「注目に値する」　scale
「尺度」　assess「～を評価する」　impact「影響」　potent「強力な」
modify「～を修正する」

II

解答　Q 7 – 3　Q 8 – 5　Q 9 – 3　Q 10 – 1　Q 11 – 3
Q 12 – 2　Q 13 – 5

Question "B". (Large) gaps often exist (from) the time (something is) discovered (until) implementation occurs(.)

～～～～～～～◆全　訳◆～～～～～～～～～～～

≪反脆弱性とはなにか≫

①　ショックから利益を得るものものある。そういったものは不安定さ，でたらめさ，無秩序，ストレス要因にさらされた時に繁栄し，そして成長し，冒険，危険，不確実性を愛する。だが，この現象はいたるところに存在するものの，脆弱の反意語はない。それを反脆弱と呼ぼう。

②　反脆弱性とは回復力や頑健性を超えたものだ。回復力のあるものはショックに対しても状態は変化しないが，反脆弱なものはよりよくなる。この特性は時とともに変化するすべてのものの背後にある。例えば，進化，文化，着想，革命，政治体制，技術革新，文化的・経済的な成功，大企業の生き残り，優れた調理法，都市の繁栄，法体系，赤道直下の熱帯林，菌耐性…それに，この地球上の種としての私たち自身の存在でさえもそうだ。そして反脆弱性は，例えば人体のように生きているものや有機的な（つまり複雑な）ものと，例えばあなたの机の上のホチキスのような物体，つまり不活性なものとの境界線を決定する。

③　私たちの身の回りで，ある程度のストレス要因や不安定さを好むものは簡単に見つかる。例えば，経済体制，人体，栄養摂取（糖尿病や多くの同様の現代病は食物の摂取におけるいい加減さがないことや，時々飢餓状態になるというストレス要因がないことに関係しているようだ），精神などである。反脆弱な金融契約さえある。そういったものは，明白に，市場の不安定さから利益を得るように設計されているのだ。

④　反脆弱性によって私たちは脆弱性をよりよく理解できる。ちょうど病気をなくさなければ健康を増進することができないのと同じように，あるいは，最初に損失を減らさなければ富を増大できないのと同じように，反脆弱性と脆弱性とは，ある範囲内の程度のことなのである。

⑤　車輪付きのスーツケースの話を考えてみよう。私は，旅行をするときはほぼいつも，大部分は本でいっぱいの車輪付きのスーツケースを持っていく。2012 年の 6 月，JFK 国際空港の国際線ターミナルの外で，私はそ

のどこにでもあるような，重く本でいっぱいのスーツケースをごろごろ転がしていた。スーツケースの底についている車輪とスーツケースを引っ張る金属の補助ハンドルを見つめていた時，私は突然，まさにこの同じターミナルで，定期的に休息を取ってずきずき痛む腕から乳酸を出しながら，本が詰まった荷物を運ばなければならなかった時代のことを思い出した。私はポーターを雇う余裕はなかったし，余裕があったとしてもそうしたいとは思わなかった。私は，この同じターミナルを，30年間，車輪付きの，あるいは車輪なしのスーツケースで通り抜けてきたが，この違いはぞっとするものだった。私たちの想像力はなんと欠けていたことだろう。私たちはずっと，スーツケースを車輪付きのカートに乗せてきたが，誰もスーツケースの下に直接小さな車輪を付けることなど思いもよらなかったのだ。

⑥　（メソポタミア人によるものと想定される）車輪の発明と（ある殺風景な郊外の工業地にあるかばんの製造業者による）この見事な実施との間に，6千年近くかかっていることが想像できるだろうか。そして，無礼な税関職員でいっぱいの廊下を，荷物を引きずって歩く私自身のような旅行者によって，膨大な時間が費やされたのである。実は，私たちは，非常に重要なことでありながら些細なことについて話しているのである。つまり，非常に単純な科学技術である。

⑦　だが，この科学技術は，思い返してみる時だけ些細なことなのだ——先を見越した場合にはそうではない。発見と実施のプロセスには何か内密なものがある——通常は進化と呼ばれるものだ。私たちは，小さな（あるいは大きな），私たちが認めるよりももっと思いがけない変化に操られている。私たちは偉そうな口をきくが，物事の選択性を認識しているように見える何人かの洞察力のある人を除いては，想像力はほとんど持ちあわせていない。私たちには，多少のでたらめさ——2回分の反脆弱性とともに——が必要である。というのも，でたらめさは，2つのレベルで役割を果たすからである。発明と実施のレベルである。発明のほうはさほど驚くべきことではない。もっとも，私たちは，特に私たち自身の発見となると，偶然の役割を軽く見ているのではあるが。

⑧　実施について解明するのに，私は一生かかった。実施は，必ずしも発明に起因するわけではない。実施にも，幸運と環境が必要なのだ。医学の歴史には，はるか後に実施がなされた奇妙な一連の治療法の発見がいくつ

もある——まるでこの２つは完全に別個の冒険的な試みのようであり，実施の方が，発明よりもはるかに困難なのだ。この点において，とにかく必要なことは，自分の持っているものを実現するための知恵なのである。

⑨　不完全に発明されたものと呼ぶことのできる物のカテゴリーがあり，不完全に発明された物を完全に発明された物にすることが本当の突破口になることがよくある。発見で何をすべきかを理解する洞察力のある人が必要なこともある。その人だけが持っている先見の明である。例えば，コンピュータのマウス，あるいは，グラフィカル・インターフェイスと呼ばれているものを例にとってみよう。これをデスクトップ・コンピュータに，ついでラップトップ・コンピュータに搭載するのに，スティーブ=ジョブズの登場を待たなければならなかった——彼だけが，イメージと人間との間の対立——のちには音が加わって三者の対立——に関する先見の明を持っていたのだ。よく言われるように，「私たちをじっと見つめている」物である。

⑩　車輪の話で見てきたように，反脆弱性は（試行錯誤の結果の非対称性のおかげで）知性に取って代わる。だが，なんらかの知性は必要とされている。合理性に関する議論から，私たちがとにかく必要なものは，私たちが以前に所有していたものよりも今持っているものの方が上質だということを受け入れること，言い換えれば，選択肢の存在を認識することだと理解できる。そして，科学技術の歴史からは，反脆弱性によって与えられた選択肢を利用するこの能力は，保証されていない。つまり，物は，私たちのことを長い間見続けている可能性があるのだ。私たちは，車輪とその実施との間のギャップを見た。医学研究者はそのようなずれを「置き換えギャップ」と呼んでいる。つまり，正式な発見と最初の実施との間の時間差である。そして，どちらかと言えば，このギャップは，過度の騒音と学術的な関心によって，現代においては長期化していることが示されてきているのである。

⑪　歴史家のデイヴィッド=ウートンは，細菌の発見と病気の原因として細菌が受け入れられるまでの間の２世紀のギャップ，腐敗作用についての細菌論と防腐作用が進展するまでの30年間の遅れ，防腐処理と薬物治療との間の60年の遅れについて述べている。

■ ◀解　説▶ ■

▶**Q7.**「パラグラフ①，②，③，④全体で，…と主張している」

1.「生命体と非生命体の間には区別はない」 第②段第4文（And antifragility determines …）によれば，反脆弱性が生命を持つものと生命を持たないものの区別をしているとあることから，正解とは言えない。

2.「経済体制と生態系はまったく異なっている」 第①段第1文（Some things benefit …）や第③段第1文（It is easy …）の内容を根拠にすれば，経済体制も生態系も，反脆弱なものが恩恵を受けるとされるある程度のストレス要因や不安定さを欲するものとして例示されていることから，まったく似ていないとするのは誤りである。

3.「ここで議論されている新しい用語は新しい考え方を提示している」 第①段第2・3文（Yet, in spite … it antifragile.）において，筆者は，従来の用語では説明できない現象を説明する新しい用語としてantifragile「反脆弱な」を導入し，以後，第④段まで反脆弱なものについて論じているので，正解と考えてよい。

4.「以前の一般的な言語の用法は，パラダイム・シフトを適切に説明している」 筆者は，antifragile という用語を新たに造って，新しい現象を説明しているのだから，選択肢の内容は誤りである。

5.「法体系や経済体制は本質的に，外側からの影響に関係なく強力で安定している」 第②段第1〜3文（Antifragility is beyond … on this planet.）において，外からのショックによってよりよくなるものの例として，法体系や経済的な成功が示されていることから，選択肢のように外からの影響に関わらず安定しているとするのは誤りである。

▶**Q8.**「パラグラフ⑤（5行目）において，下線部の語 haul を発音した時に，次のどれが同じ母音の発音の語か」

下線部の haul の母音の発音は［ɔː］となり，選択肢の各語の母音の発音はそれぞれ，次のようになる。

1.［auə］　2.［au］　3.［au］　4.［ou］　5.［ɔː］

したがって，5が正解である。

▶**Q9.**「パラグラフ⑥（5行目）において，下線部の語 consequential は…に最も意味が近い」

1.「陽気な」　2.「人気がある」　3.「重要な，意義のある」

4.「奇妙な」　5.「役に立つ」

　下線部の consequential は本文では,「重要な」という意味で用いられている。したがって, 3 が正解。

▶ **Q 10**.「パラグラフ⑦（7 行目）において, 下線部の語句 play down は…に最も意味が近い」

1.「～を軽視する」　2.「～を楽しむ」　3.「～を示す」

4.「～を知っている」　5.「～を尊敬する」

　play down は「～を軽視する」という意味の表現なので, 1 が正解である。

▶ **Q 11**.「パラグラフ⑧（2 行目）において, 空所［Q 11］に入れるのに最適なのは次のどれか」

　空所を含む文の後続の第⑧段第 2 文（It, too, requires …）において, 実施（implementation）にも運と状況が必要だとあることから, 空所に from を入れて proceed from ～「～に起因する」とすれば,「実施は発明に起因するとは限らず, 運や状況にも左右される」という意味になり, 前後関係から考えて適切な文になると判断できる。

▶ **Q 12**.「パラグラフ⑧, ⑨の筆者の記述と合致しないのは次のどれか」

1.「実施は, 発明と対になるとは限らない」　第⑧段第 1 文のコロン以降（implementation does not …）に,「実施は必ずしも発明に起因するわけではない」とあることから, 本文の内容と合致していると考えることができる。

2.「何かを発見することは, 実際にそれを活用することよりもはるかに難しい」　第⑧段第 3 文のダッシュ以降（as if the two …）に注目する。the first「前者」は discovery「発見」を, the second「後者」は implementation「実施」をそれぞれ指しているが, 発見よりも実施の方がはるかに難しいと筆者が述べていることから選択肢は内容的に合致していない。

3.「より役に立つようにするために, 発見をよく観察することが必要だ」第⑨段第 2 文（Sometimes you need …）が根拠となるだろう。発見をどう活用するかを判断するには visionary「洞察力」が必要とあることから, 内容的に合致していると考えてよいだろう。

4.「医学的治療の中には, 実施から確立されたものもある」　第⑧段第 3

文（The history of …）に注目すると，医学の世界では，発見とは別個の試みであるかのように実施が行われるとの指摘があることから，内容的に合致していると考えるべきだろう。

5．「スティーブ＝ジョブズはコンピュータを人間の行動と調和させる方法を見つけることができた」　第⑨段第3文（For instance, …）において，コンピュータの世界でグラフィカル・インターフェイスを導入したのはスティーブ＝ジョブズであると指摘していることから，本文の内容と合致した選択肢である。

▶ **Q 13**.「次のうちのどれが本文の最後の3つのパラグラフのいずれかの筆者の記述と合致しているか」

1．「私たちは事実の背後にある不可能性を注意深く見つけるべきである」

2．「新しい治療方法が半ば発見された状態のままであるなら，新しい治療方法を完成させるのは簡単だ（the remain は they remain と読み替えて訳出）」

3．「偶発的な影響がうまく作用するのなら，実行するのに知性は必要ではない」

4．「新しい科学技術の発展のために，学術的な関心は不可欠だ」

5．「医学研究はしばしば『置き換えギャップ』を経験している。なぜなら，物事は長い間当然のことと思われることがあるからだ」

　第⑩段第6文（Medical researchers call …）には，何かを発見した時とそれを実施する際の時間差を translational gap「置き換えギャップ」として説明しており，この内容は選択肢5の内容と一致していると考えることができよう。

▶ **Question "B"**.「記述式解答用紙に，〔Ⅱ〕の本文の要約文を完成させるために，次の各語を適当な順序に並べ替えて書きなさい。本文全体の内容に最もよく合致するように並べ替えること。解答は，記述式解答用紙のQuestion "B" に与えられた欄に記入すること。"Large" は文頭の語で，"from" は5番目に来る。"something is" は8語目と9語目になり，"until" は11番目に来る」

　選択肢に与えられた語から，まず gaps と exist，implementation と occurs の組がそれぞれ SV の構造をなすと考えられる。また，動詞を修飾する副詞 often の位置を空欄の配置と合わせて考えると，（Large）gaps often exist と，（until）implementation occurs の組み合わせを考えることができ，最終的に(from) the time (something is) discovered とすれば，次のような意味の英文が完成する。「何かが発見されて実行される時までに大きなギャップがしばしば存在する」

━━━━━━━━━●語句・構文●━━━━━━━━━━━━━━

(第①段) volatility「不安定さ」　randomness「でたらめさ」　disorder「無秩序」　stressor「ストレス要因」　uncertainty「不確実性」　in spite of ～「～にもかかわらず」　ubiquity「どこにでもあること，遍在」　phenomenon「現象」　the opposite of ～「～の反対のもの」　fragile「脆弱な」　antifragile（筆者の造語。anti-は反対の性質を持つことを意味する接頭辞）

(第②段) resilience「回復力」　robustness「頑健さ」　resist「～に抵抗する」　property「特性」　behind（前置詞）「～の背後にある」　with time「時の経過とともに」　political system「政治体制」　innovation「革新」　corporate「大企業」　rise「繁栄」　legal system「法体系」　equatorial forest「赤道直下の熱帯林」　bacterial resistance「菌耐性」　species「（単複同形）種」　boundary「境界」　organic「有機的な」　inert「不活性な」　physical object「物体」　stapler「ホチキス」

(第③段) a measure of ～「ある程度の～」　economic system「経済体制」　nutrition「栄養の摂取」　diabetes「糖尿病」　ailment「病気」　be associated with ～「～と関係している」　a lack of ～「～が欠けていること」　feeding「食物の摂取」　absence of ～「～がないこと」　starvation「飢餓」　psyche「精神」　financial contract「金融契約」　explicitly「はっきりと」　market「市場（の）」

(第④段) improve「～を改善する」　spectrum「変動する範囲，連続体」

(第⑤段) wheeled「車輪付きの」　filled with ～「～でいっぱいの」　generic「一般的な，ノーブランドの」　at the bottom of ～「～の底に」　the metal handle that helps pull it「それを引っ張る手助けをしてくれる金属性のハンドル」　help＋O＋*do*「O（人）が～する手助けをする」　let＋O＋*do*「O（人）に～させる」　lactic acid「乳酸」　sore「ずきずきと痛む」　afford「～のための（金銭的な）余裕がある」　even if I could, I would not have felt comfortable doing it「そうする余裕があったとして

も，そうすることを快くは感じなかっただろう」仮定法過去完了の構文に注意。 go through ～「～を通り抜ける」 contrast「差異，対比」 eerie「ぞっとするような」 on top of ～「～の上に（乗せて）」

（第⑥段）close to ～「ほぼ～，～近く」 drab「殺風景な」 industrial suburb「郊外の工業地帯」 schlep「～を引きずって歩く」 corridor「廊下」 rude「無礼な」 customs officer「税関職員」 trivial「些細な」

（第⑦段）retrospectively「回想すると」 prospectively「先を見越すと」 manage「～を管理する」 accidental「思いがけない」 talk big「偉そうな口をきく」 visionary「洞察力のある人」 optionality「選択性」 help A out「A（人）を援助する」 a double dose of ～「2回分の～」 not overly「さほど～ではない」 when it comes to ～「～の話となると」

（第⑧段）figure out ～「～を解明する」 be littered with ～「～がいくつもある」 venture「冒険的な試み」

（第⑨段）breakthrough「突破口」 dialectic「（2つのものの）対立，矛盾」 add A to B「A を加えてその結果 B になる」 trilectic「（3つのものの）対立，矛盾」（筆者の造語と思われる）

（第⑩段）asymmetry「非対称性」 trial and error「試行錯誤」 supersede「～に取って代わる」 rationality「合理性」 in other words「言い換えれば」 option「選択権，選択の自由」 guarantee「～を保証する」 lag「ずれ」 translational「置き換えの」 formal「正式な」 if anything「どちらかと言えば」 owing to ～「～のおかげで」 excessive「過度の」 noise「騒音」 academic interest「学術的な関心」 lengthen「長くなる」

（第⑪段）relate「～を（順序だてて）述べる」 germ「細菌」 putrefaction「腐敗作用」 antisepsis「防腐法」 drug therapy「薬による治療」

Ⅲ 　**解答**　　Q 14— 4　　Q 15— 4　　Q 16— 5　　Q 17— 1　　Q 18— 1
　　　　　　　　Q 19— 1　　Q 20— 5　　Q 21— 1　　Q 22— 5　　Q 23— 1

Q 24— 4　　Q 25— 5　　Q 26— 3

Question "C"　**C 1.** pathogens　**C 2.** planet

━━━━━━━◆全　訳◆━━━━━━━━━━━━━━━━━━━━

≪ウイルスとはどのようなものか≫

①　ウイルスは，すべての生命体の進化において込み入った役割をはたしている。ウイルス自体は生命体ではない。これは，ウイルスが宿主の体内で誘発する出来事の複雑さや活力と一致させるのが難しい事実である。侵略軍と同じように，ウイルスは，自分たちの遺伝子情報を自己複製するという軍事行動を支えるために必要な武器庫を，彼らの生きている宿主に依存している。彼らが根本的に必要としているのはエネルギーだ。細胞は，ウイルスが自分たちの繁殖を促進するために利用しなければならないエネルギー豊かな部品であり構造体である。ウイルスのたぐいまれな能力とは，生命体のエネルギーを彼らのエネルギー豊かで高度に「秩序ある」ウイルス分子に組み込み，周囲の環境に「混乱」を返すことである。彼らの遺伝暗号化された情報は増殖し，生命体からのエネルギーの影響下で，そのエネルギーを消費しながら進化する。ウイルスは，この化学反応の混合の中では精巧な物質に過ぎず，熱力学の法則に従っているだけなのかもしれないが，ウイルスの進化は，生物界を支配しているダーウィンの進化と同じ法則に支配されている。

②　ウイルスのメタゲノムは，生物圏において，新しい種類の現在の遺伝子情報の最大の保存場所だ。この遺伝的な多様性の創造は，生命の3つの領域のどれと比べても優れており，そのほとんどが未知のままである。その混乱と継続的な多様化の結果，ウイルスのメタゲノムは，生物圏における遺伝子の刷新の主要な源泉であり続けるだろう。私たちが知っているウイルスは重要な少数派だ。大洋に生息するビローム（生体内ウイルス集団），げっ歯類，コウモリ，霊長類のビローム，そして人類のビロームは確かに，今まで記録されたものよりも複雑で，必然的に，未来の進化における刷新の源であろう。ウイルスのメタゲノムは，特に変化に応じて進化を促し続けるだろう。変化は，その最も幅広い意味で解釈すれば，ウイルスのメタゲノムの進化的創出と，ウイルスの迅速で日和見性の進化的変化

の能力を解き放つ活性化因子であろう。

③　もっと幅広いウイルスの評価があるべきだ。ウイルスは単に生命体の病原菌であるだけではない。ウイルスは，生命体の必須のパートナーであり，地球の自然の中の手強い勢力だ。夕陽の下にある海のことを見つめながら，海水１ミリリットルにつきどれだけ多くのウイルス分子が存在しているかをよく考えてみるとよい。あるいは，手つかずの森林地の上を飛行機で飛んでいる時に，森の生物の中にいるビロームの集団のことを考えてみよう。私たちの環境の中の驚くほどの数と多様性を持つウイルスは，ウイルスが私たちを傷つけるという恐れよりも，この多数のウイルスの中で安全でいられるという，より大きな畏敬の念を私たちの中に生み出すはずだ。

④　人類に対する恩恵を脅威と比較することは無益な課題だ。ウイルスのメタゲノムには，生物医学にとって新しく，そして有益な遺伝子の機能性が含まれている。ウイルスは，必須の生物医学の道具になるかもしれないし，ファージは，地球の海洋の健全性を最適化し続け，最適の第一次産品を保証するだろう。ウイルスはまた，ポスト抗生物質の時代において抗生物質に対する耐性の発達を促進するかもしれない。そして，新興のウイルスが，私たちの平安を脅かし，私たちの社会に，経済的にも社会的にも挑戦をしてくるだろう。だが，単に賛否を比較することは，ウイルスを公平に評価することにならないし，自然における正当な位置を承認することにもならない。

⑤　謙遜して言えば，私たちは，ウイルスと全く同一の存在であり，ダーウィン的進化の産物だということを認めなければならない。おそらく進化に対して懐疑的であったアイルランドの詩人ジョナサン＝スウィフト（1667-1745）は，こう記している。「アルファベットを適当にごた混ぜにして独創的な哲学の論文が出来上がるなどということを信じないのと同じで，宇宙が偶発的な原子の集合によって形成されたなどということを，私は信じない」だが，ウイルスと生命体は，まさにそのような「哲学の論文」のように，偶発的な出来事の中で生まれ，自然界の普遍的な熱力学の法則と自然淘汰の下で，選択されたのだ。

⑥　生命体とウイルスは切り離すことはできない。ウイルスは生命体の補完物であり，危険な時もあるが，いつも意匠は美しい。ウイルスがエネル

ギーを生み出すべての自律・自給型複製システムは，様々な形態の相互依存関係を促進するだろう。ウイルスは，地球上で生命体の成功の避けがたい副産物である。私たち自身の進化はウイルスのおかげなのだ。多くの化石が，私たちの祖先の進化において確かに影響力が強かった内在性レトロウイルスや内在性ウイルス様配列の中に見出すことができる。ウイルスや原核生物のように，私たちもまた，原始的な RNA を基盤とする世界からの進化の間に，遺伝や遺伝子水平伝播によって得られた遺伝子の寄せ集めである。

⑦　「美しさの基準は人によって異なる」はよく耳にすることわざだ。夕陽，ブランド物のドレスのひだ，あるいは絹のネクタイの模様のような，視覚的な刺激に対しては自然な反応だと言えるが，これは詩の１行に，あるいは特に効果的な台所器具や火器の無情な効率性にも見出すことができる。後に述べた例については人間だけがその意匠の美しさを認めることができる。ウイルスの進化のための意匠の中に私たちが美を認めることができるのは人間らしさによるものだ。ウイルスとは，進化の創出を刺激するために生命体や自然の法則に入り込む，進化の独特な産物であり，生命体の不可避的な結果であり，伝染性を持つ利己的な遺伝子情報なのだ。

■■■■◀解　説▶■■■■

▶ **Q 14**.「パラグラフ①（２行目）の下線部の表現 difficult to reconcile が含意していることは何か」

１．「その２つは仲良くならなければならない」
２．「有機体同士を区別することは複雑な課題ではない」
３．「高度に詳細な体系を創造することは限定された任意の役割をもたらす」
４．「先入観が生物学的なプロセスに関する視点に影響する可能性がある」
５．「消費されたエネルギーの量は，どのように生命体が生命体に影響しないかと一致する」

　　下線部は「一致させるのが難しい」という意味であるが，ここでは，ウイルスは生命体ではないということと，宿主（host）の体内に複雑で活発な反応を引き起こすことがうまく結びつかないということを述べている。つまり，非生命体がそんなに複雑な作用を及ぼすはずがないという思い込みが理解の障害になっているということであると考えれば，４が正解であ

ろう。

▶ **Q 15**.「パラグラフ①（3行目）において，空所［Q 15］に入れるのに最適なのは次のどれか」

1.「典型的でない投票者」　2.「勧誘ツアー」　3.「破壊している細胞」
4.「侵略軍」　5.「鋭い洞察力」

　空所を含む文が like「～のように」で始まっていることから，この文が例を示しながら説明している文であることがわかる。そこで，arsenal「武器庫」や campaign「軍事行動」などの軍事用語に注目すれば，4を入れるのが適当であろうと判断できる。

▶ **Q 16**.「パラグラフ①（10行目）で，次のうちのどれが空所［Q 16a］と［Q 16b］に入れる最適な組み合わせか」

	Q 16a	Q 16b
1.	科学的性質	区分
2.	分離	付着
3.	器官	生態学
4.	産物	はしご
5.	物質	入り混じったもの

　第①段第6文（The genius of …）以降は，生命体ではないウイルスの物質（substances）としてのさまざまな働きを説明している部分だと考えられる。また，ウイルスによって引き起こされる様々な反応を入り混じったもの（mixture）と考えれば，5の組み合わせで自然な英文が出来上がることがわかるだろう。

▶ **Q 17**.「パラグラフ②（2行目と5行目）において，2カ所ある空所［Q 17］に入れるのに最適なのは次のどれか」

1.「生物圏」　2.「地層」　3.「周辺」　4.「景色」　5.「底流」

　第②段が，ウイルスの遺伝子情報についての説明の部分であることから，1を入れるのが最も自然であろう。

▶ **Q 18**.「パラグラフ②において，3行目の下線部の語 dark matter を用いることによって，筆者はどんな意味を伝えたいのか」

1.「それは未知の何かである」
2.「理解は果たされている」

３．「色は知識に影響する」

４．「原理は簡単に分割される」

５．「差異を決定することが最優先だ」

　dark matter は宇宙に存在すると仮定されている正体不明の物質（暗黒物質，ダーク・マター）を意味するが，ここでは「未知のことがら」を意味している。したがって１が正解である。

▶ **Q 19**.「パラグラフ②（10 行目）において，空所［Q 19］に入れるのに最適なのは次のどれか」

１．「活性化因子」　２．「障害」　３．「敵」　４．「抑圧するもの」

５．「ボランティア，有志」

　空所の直後の部分（that unlocks … evolutionary change）は，空所に入る名詞を修飾する関係代名詞節だと考えられる。節中に unlock「解き放つ」という動詞を用いていることから判断して，意味の類似から１を入れるのが適切だろう。

▶ **Q 20**.「パラグラフ③に関して合っているものは次のどれか」

１．「生物が生きるために必要となる条件は厳しく制限されている」

２．「ウイルスという生命体によってもたらされる危険はかなり過小評価されている」

３．「夕日，海，空はウイルスにとって一般的な活動領域ではない」

４．「生命の説得力は，限られた地域でのみ見ることができる」

５．「私たちの環境に広がっている非常に多様な種類の生物は，評価に値する」

　第③段第１文（There should be …）には，ウイルスについてもっと幅広く評価すべきだと述べられている。また，同段最終文（The stunning number …）では，多数のウイルスの中で私たちが安全に過ごしているということから，大きな畏敬の念が生まれるとある。つまり，本段落ではウイルスを単なる病原体，人類に対する脅威としてとらえるだけではなく，別の見方（評価）ができると伝えている。よって，５がもっとも本文の内容に合っていると言えよう。

▶ **Q 21**.「パラグラフ④（6 行目）において，空所［Q 21］に入れて文意が最適になるのは次のどれか」

１．「快適さ」　２．「遠視，先見性」　３．「優雅さ」

4.「押しつけがましさ」 5.「狂気」

　空所を含む文が，抗生物質への耐性の発達が加速する可能性について述べていることや，空所に入るべき語が，動詞 threaten「脅かす」の目的語だと推測できることから，1 が最適だろう。

▶ **Q 22**.「パラグラフ④において，7 行目の下線部の表現 <u>not do justice to</u> は何を意味しているか」

1.「社会的な公平さは，そのような評価の中ではめったに考慮されない要因だ」

2.「差異を区別することが考慮されるとき，不平等は解消される」

3.「世界の社会経済的な不均衡は，自然に発生するものであるし，予測されるものだ」

4.「自然界における権利の侵害は，入念な研究の避けられない結果だ」

5.「状況の現実を注意深く分析する時ですら，根深い不公平とより深い関係の見逃しは現れるものだ」

　do justice to〜は，「〜を正当に扱う」という意味の慣用表現である。第③段でウイルスの肯定的な側面が記述されていることを踏まえて，下線部を含む文では，賛否を単に比較するだけではウイルスを正当に扱うことにはならないと述べているのだから，5 が正解と考えてよいだろう。

▶ **Q 23**.「パラグラフ⑤において，詩人の言葉を科学的原理と比較することで，筆者はどんなことを主張しようとしているのか」

1.「生命の起源は偶然の出来事の結果だ」

2.「原子とアルファベットは似ても似つかない」

3.「自然の法則は文学の原理までは及ばない」

4.「詩は，熱力学の法則を完璧に理解可能にする」

5.「進化の概念には強い偏向があり，哲学で正当だと確認される」

　指示文にある詩人の言葉とは，第⑤段第 2 文に示されている（That the universe … treatise of philosophy）で，no more *A* than *B*「*B* でないのと同様 *A* ではない」の構文が用いられている点に注目すべきである。アルファベットをでたらめに並べても哲学の論文はでき上がるわけがないのと同じように，原子の偶発的な動きで宇宙ができ上がったわけではないとの詩人の主張に対して，筆者は第 3 文（Viruses and …）で，それでもやはり生命体は偶然の産物だと主張しているのだから，1 が正解である。

▶ **Q 24.**「次のうちのどれがパラグラフ⑥の内容と一致しているか」

1．「先史時代の環境はめったに確認されない」

2．「横断的な動きは生命とは一致しない」

3．「寄生関係は，ウイルスの世界では常に完璧だ」

4．「私たちの長い時間のかかった共通の進化の源は提示可能だ」

5．「有益な関係は，地球上の他の生命体との共適応においては唯一のおぜん立てである」

　　第⑥段第 5 文のセミコロン以降（the fossils of …）で，人類の祖先の進化に大きな影響力を持ったウイルスの化石が多数識別できると指摘されているので，4 が正解と考えてよいだろう。

▶ **Q 25.**「パラグラフ⑦において，5 行目の文の下線部は何を意味しているか」

1．「慈善はいつまでも奨励される資質だ」

2．「親切という特性は人生における推進力だ」

3．「冷静な分析は科学で唯一の必要条件だ」

4．「共感は，相互関係を検証する時には忘れられなければならない」

5．「知性のおかげで私たちはより深い視点を理解することができる」

　　第⑦段第 2・3 文（It is a natural … beauty in design.）において，詩の美しさや台所用品の使いやすさなどにも美を感じられるのは人間だけが持つデザインの美を理解する力だと筆者が述べていることが根拠となる。より深いところで美を認識できるのが知性を持つ人間だと理解すれば，5 が正解だと考えてよいだろう。

▶ **Q 26.**「本文全体の内容と一致しないのは次のどれか」

1．「単純さは生物界で成功する」　第①段第 2 文（They are not …）には，ウイルスが宿主の中に引き起こす出来事の複雑さとウイルスが一致しないとあり，ウイルスが単純な構造を持つことが示唆されていると考えることができることから，一致していると判断できる。

2．「生命体を正当に評価する賛否の比較は行っても無駄だ」　第④段第 4 文（Simply comparing …）に選択肢と同じ趣旨のことが記述されている。

3．「複雑さは生命体に最も影響する唯一の基準だ」　本文には，複雑性が生命体に及ぼす影響についての言及はない。

4．「危険で有害なものにも独自の優雅さがある」　第⑥段第 2 文

（Viruses are life's …）のカンマ以降（sometimes dangerous …）には，生命体にとってウイルスは危険な存在だがその意匠は常に美しいとあるので，選択肢の内容とほぼ一致していると考えてよいだろう。

5．「遺伝子レベルでの自己中心性の一般的概念は，進化的な変化を促進する原動力である」第⑦段第5文（They are unique …）に，ウイルスは進化上の創出を刺激する利己的な遺伝子情報を持つと記述されており，選択肢の内容と一致すると考えてよい。

▶ **Question "C"**．「記述式解答用紙の Question "C"（C 1 と C 2）の空所に適語を入れ，下の要約を完成せよ。C 1 にはきっちり9字，C 2 にはきっちり6字の語が入る。本文中の語で答えること。要約文の意味と文脈を最もよく完成するように，本文に出ている通りの形で，適切な語を用いること。はっきりと書くこと。どちらの語も "p" で始まる」

「ウイルスについては，単に ［C 1］ として，私たちとは無関係に存在しているという思い込みがある。だが，ウイルスは人類同様私たちの ［C 2］ の一部なのである」

　第③段第1・2文（There should … on our planet.）が要約文の根拠となっている部分だろう。ウイルスについて幅広い理解をしなければならないという主旨の第1文の前半部分は問題文のウイルスについての思い込みがあるようだという部分に当たると考えられることから，［C 1］ には pathogens「病原菌」を入れるのが適当だと判断できる。さらに，第2文のウイルスが地球上の生命体にとっては不可欠なパートナーであるとの記述から，［C 2］ に planet を入れて our planet「地球」という語句にすれば要約文と第2文がほぼ同趣旨の文になると判断できよう。

◆━◆━◆━◆　●語句・構文●　◆━◆━◆━◆━◆

（第①段）virus「ウイルス」 inextricable「込み入った」 evolution「進化」 life-forms「生命体」 complexity「複雑さ」 vitality「活力」 trigger「誘発する」 host「（ウイルスなどの）宿主」 arsenal「武器庫」 campaign「軍事行動」 replicate「自己複製する」 genetic「遺伝子の」 fundamental「根本的な」 cell「細胞」 component「成分」 tap「～を利用する」 fuel「促進する」 propagation「繁殖」 genius「類まれな才能」 incorporate *A* into *B*「*A* を *B* に組み込む」 ordered「秩序のある」 particle「分子」 disorder「混乱」 encoded「遺伝暗号化された」

evolve「進化する」　slipstream「影響」　at the expense of ～「～を犠牲にして」　sophisticated「精巧な」　thermodynamics「熱力学」　Darwinian evolution「ダーウィンの進化論」

(第②段) viral「ウイルスの」　repository「保存場所」　novel「新しい種類の」　diversity「多様性」　feat「妙技」　unequalled「匹敵するものがない」　domain「領域」　as a consequence of ～「～の結果として」　promiscuity「混乱」　diversification「多様化」　dominant「主要な」　innovation「刷新」　oceanic「大洋に生息する」　rodent「げっ歯類」　bat「コウモリ」　primate「霊長類」　yet「いままでに」　inevitably「必然的に」　in response to ～「～に応えて」　interpret「～を解釈する」　unlock「～を解き放つ」　invention「創出」　opportunistic「日和見性（周囲の環境に応じて行動が変化する性質）の」

(第③段) appreciation「評価，理解」　pathogen「病原菌」　obligate「必須の」　formidable「手ごわい」　contemplate「じっくり考える」　setting sun「夕陽」　multitude of ～「多数の～」　forestry「森林地」　collective「集団の」　stunning「驚くほどの」　engender「～を生み出す」　awe「畏敬の念」

(第④段) balance *A* versus *B*「*A* を *B* と比較する」　threat「脅威」　humanity「人類」　fruitless「無駄な」　functionality「機能性」　biomedicine「生物医学」　optimize「最適化する」　ensure「保証する」　optimal「最適な」　primary production「第一次産品（天然資源などのこと）」　accelerate「～を加速させる」　antibiotic drug resistance「抗生物質耐性」　post-antibiotic era「ポスト抗生物質の時代（抗生物質が効かなくなる時代）」　emerging「新興の」　threaten「～を脅かす」　pros and cons「賛否両論」　acknowledge「認める」　rightful「正当な」

(第⑤段) humility「謙遜」　one and the same「まったく同一の」　Irish「アイルランド人の」　skeptic「懐疑的な人」　fortuitous「偶発的な」　concourse「集合」　no more *A* than *B*「*B* でないのと同様 *A* ではない」　accidental「偶然の」　jumble「～をごた混ぜにする」　ingenious「独創的な」　treatise「論文」　random「でたらめの」　natural selection「自然淘汰」

(第⑥段) inseparable「分離できない」　complement「補完物」

autonomous「自律的な」 self-sustaining「自給の」 generate「〜を生み出す」 foster「〜を育てる」 interdependency「相互依存性」 by-product「副産物」 owe *A* to *B*「*A* は *B* のおかげだ」 fossil「化石」 endogenous「内在性の（宿主のゲノムの一部に変化したという性質を持つ）」 retrovirus「レトロウイルス（宿主の染色体に組み込まれるウイルス）」 endogenous viral element「内在性ウイルス様配列（ウイルス以外の生物の生殖細胞にあるウイルスに由来する DNA 配列）」 prokaryote「原核生物」 patchwork「寄せ集め」 inheritance「遺伝」 horizontal gene transfer「遺伝子の水平伝播（ウイルスによって外部から遺伝子が取り込まれること）」 RNA-based「リボ核酸を基にした」 common saying「よく使われることわざ」 Beauty is in the eye of the beholder.「美しさの基準は人によって異なる」 queue「刺激」 drape「ひだ」 pattern「模様」 kitchen implement「台所用具」 ruthless「無情な」 firearm「火器」 the latter「後者」 acknowledgment「承認」 infectious「感染性の」 egotistical「利己的な」

Ⅳ 解答 Q 27 - 5

◀解　説▶

Q 27. 「次のうちのどれが 3 つの本文（Ⅰ，Ⅱ，Ⅲ）全体の考えを正しく要約しているか」

1. 「複雑な発達は常に，強さ，治療，そして進化的前進の逆の原理から発生する」

2. 「統制された予測可能な影響は，否定的な罪悪感の増大を最小にし，世界的な健康の増進につながる」

3. 「行動変容はより大きな共同体の尺度と同じように個人の尺度でも作動中であり，大きく改善された未来の形態につながる」

4. 「その決定に影響するすべての可能性の冷静で独立した検証に基づく，考えられ得る最善の結果を保証するために，大胆な意思決定が必要である」

5. 「ある程度の混乱あるいは不確実性は，将来の発展や決定という点において本質的な危険を伴うが，その一方で改善された結果に対する潜在的

な恩恵がある」

　［Ⅰ］の英文は意思決定時の不安定さによってもたらされる後悔について，［Ⅱ］の英文は，反脆弱性という，不確実性などによってもたらされる恩恵について，［Ⅲ］は人体に悪影響を及ぼすウイルスが持つ利点について書かれている。それぞれのテーマに共通するのは，あるものがもたらす混乱や不安定さと恩恵という，相反する要素が共存していることだと考えれば，5 が正解であろう。

❖講　評

　Ⅰは，患者の後悔の念についての論文を扱った読解問題である。700語程度の本文から，同意表現を選択する問題や空所補充問題，内容説明，内容真偽の問題などが出題されている。また，記述式問題では，本文で言及されている後悔や行動パターンのタイプを用いて，本文とは別の事例の分析を問う発展的な問題が出題されているのが特徴的と言えよう。

　Ⅱは，反脆弱性という概念についての長文問題である。1000 語近い分量があり，与えられた時間でしっかり読みこなす力が求められる。内容説明や内容真偽，同意表現を選択する問題に加えて，母音の発音の異同を見極める問題や，空所補充によって要約文を完成させる問題など，より総合的な英語力を見る内容となっていると言えよう。

　Ⅲは，ウイルスについての論文を題材にした読解問題である。800 語程度の分量があり，設問内容も語句の知識を求めるものから内容理解を求めるものまで多岐に渡っている。

　ⅣはⅠ～Ⅲの長文の内容についての総合的な理解を求める問題で，例年出題されている形式の問題である。

　各大問の長文の分量や，Ⅳのような理解を求める出題などから判断すると，しっかりとした英文読解力を重視した問題構成になっていると言えよう。

■■■数学■■■

I 　◆発想◆　独立した小問 7 問。地道な計算あるのみである。

(1)計算すればよい。$(1+i)^2$ を利用する。

(2)解と係数の関係と与えられた条件を式で表し，整理する。

(3)いわゆるアポロニウスの円であり，直線がちょうど円の中心で折れ曲がっていることと，その角度に着目。

(4)与えられた方程式を θ の式に直し，$\sin^2\theta + \cos^2\theta = 1$ を利用する。

(5)3 進法を 10 進法に直す問題である。3 進法で表された数が 3 桁ごとに同じ数字であることに着目する。

(6)966 の分解の仕方がたくさんあるので，あらかじめ絞り込みながら計算を最小限にしたい。

(7)1 つの頂点から対面に垂線をおろし，その長さをベクトルの考え方を用いて求める。

解答 　(1)ア. $32i$　(2)イ. $-\dfrac{1}{2}$　ウ. $-\dfrac{3}{16}$

(3)エ. $x^2 + y^2 + 18x - 63 = 0$　オ. 120π

(4)カ. $-\dfrac{1}{2}$　キ. $\dfrac{-1-\sqrt{7}}{4}$　(5)ク. 588　ケ. $\dfrac{21}{26}(27^n - 1)$

(6)コ. $(3x + 5y + 2)(2x + y + 1)$　サ. $(8,\ 4),\ (10,\ 2)$　(7)シ. $\dfrac{32}{3}$

━━━━◀解　説▶━━━━

≪小問 7 問≫

▶(1)　$(1+i)^2 = 1 + 2i + i^2 = 1 + 2i - 1 = 2i$

よって

$\qquad (1+i)^{10} = (2i)^5 = 2^5 \cdot i^5 = 32i$　→ア

▶(2)　2 つの実数解を $\alpha,\ \beta$ とすると，解と係数の関係により

$\qquad \alpha + \beta = -a,\quad \alpha\beta = b$　……①

また，与えられた条件により

$$|\alpha - \beta| = 1 \quad \cdots\cdots ② \qquad \frac{f(5) - f(2)}{5 - 2} = \frac{13}{2} \quad \cdots\cdots ③$$

$(\alpha + \beta)^2 - 4\alpha\beta = (\alpha - \beta)^2$ に①，②を代入して整理すると

$$a^2 - 4b = 1 \quad \cdots\cdots ④$$

③より

$$\frac{(5^2 + 5a + b) - (2^2 + 2a + b)}{3} = \frac{13}{2}$$

これを解くと　　$a = -\dfrac{1}{2}$　→イ

$a = -\dfrac{1}{2}$ を④に代入して b を求めると　　$b = -\dfrac{3}{16}$　→ウ

▶(3)(i)　点Pの座標を (x, y) とおく。

AP : BP = 3 : 4 より

$$16\text{AP}^2 = 9\text{BP}^2$$

$$16(x^2 + y^2) = 9\{(x - 7)^2 + y^2\}$$

$$7x^2 + 7y^2 + 9 \cdot 14x - 9 \cdot 7^2 = 0$$

よって，軌跡の方程式は

$$x^2 + y^2 + 18x - 63 = 0 \quad →エ$$

整理すると　　$(x + 9)^2 + y^2 = 12^2$

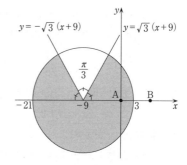

(ii)　点Aはこの円の内部の点であるから，$y \leqq \sqrt{3}\,|x + 9|$ の表す領域との共通部分は上図の網掛け部分である。

直線の x 軸とのなす角は $\dfrac{\pi}{3}$ であるから，求める面積は円の $\dfrac{5}{6}$ なので

$$12^2 \pi \times \frac{5}{6} = 120\pi \quad →オ$$

▶(4)　与えられた方程式に，$\cos^2\dfrac{\theta}{2} = \dfrac{1 + \cos\theta}{2}$，$2\sin\dfrac{\theta}{2}\cos\dfrac{\theta}{2} = \sin\theta$ を代入する。

$$4 \cdot \frac{1 + \cos\theta}{2} + 2 \cdot \sin\theta = 1 \qquad \therefore \quad \sin\theta + \cos\theta = -\frac{1}{2} \quad \cdots\cdots ① \quad →カ$$

この両辺を 2 乗して，$\sin^2\theta + \cos^2\theta = 1$ を代入すると

$$1 + 2\sin\theta\cos\theta = \frac{1}{4}$$

よって　　$\sin\theta\cos\theta = -\dfrac{3}{8}$ ……②

①，②より，$x = \sin\theta,\ \cos\theta$ を解にもつ 2 次方程式は

$$x^2 + \dfrac{1}{2}x - \dfrac{3}{8} = 0$$

これを解いて　　$x = \dfrac{-1 \pm \sqrt{7}}{4}$

$-\dfrac{\pi}{2} \leqq \theta \leqq \dfrac{\pi}{2}$ より $\cos\theta > 0$ であるから　　$\sin\theta = \dfrac{-1-\sqrt{7}}{4}$　→キ

▶(5)(ⅰ)　$210210_{(3)} = 3^5\cdot2 + 3^4\cdot1 + 3^2\cdot2 + 3\cdot1_{(10)} = 588_{(10)}$

よって　　$a_2 = 588$　→ク

(ⅱ)　3 桁ごとに同じ数字であることに着目して

$$a_n = 2\,(3^2 + 3^5 + \cdots + 3^{3n-1}) + 1\cdot(3 + 3^4 + \cdots + 3^{3n-2})$$

$$= 18\,(1 + 27 + \cdots + 27^{n-1}) + 3\,(1 + 27 + \cdots + 27^{n-1})$$

$$= 21\cdot\dfrac{27^n - 1}{27 - 1} = \dfrac{21}{26}(27^n - 1)\quad →ケ$$

▶(6)(ⅰ)　与式 $= 6x^2 + (13y + 7)\,x + (5y + 2)(y + 1)$

$\qquad\qquad = (3x + 5y + 2)(2x + y + 1)$　→コ

(ⅱ)　整数 $x,\ y$ が $x > 1,\ y > 1,\ x \neq y$ を満たすから

$\qquad x \geqq 2,\ y \geqq 2$ かつ $x,\ y$ の少なくとも一方は 3 以上

である。

よって　　$3x + 5y + 2 > 18,\ 2x + y + 1 > 7$

また　　$3x + 5y + 2 - (2x + y + 1) = x + 4y + 1 > 11$

さらに，$966 = 2\cdot3\cdot7\cdot23$ に注意して，等式を解くと

$3x+5y+2$	$3\cdot23$	$2\cdot23$	$2\cdot3\cdot7$
$2x+y+1$	$2\cdot7$	$3\cdot7$	23

整理して

①：$3x+5y$	67	44	40
②：$2x+y$	13	20	22

②×5−①

$7x$	-2	56	70

$x>1$ より　　$7x=56$, 70

すなわち　　$x=8$, 10

$x=8$ のとき，②：$2x+y=20$ より　　$y=4$

$x=10$ のとき，同様にして　　$y=2$

よって　　$(x,\ y)=(8,\ 4)$, $(10,\ 2)$

以上により，求める $(x,\ y)$ の組は $(8,\ 4)$, $(10,\ 2)$ の 2 組　→サ

▶(7)　$\overrightarrow{AB}=(0,\ 4,\ 0)$, $\overrightarrow{AC}=(2,\ 2,\ -4)$,

$\overrightarrow{BC}=(2,\ -2,\ -4)$ より

　　$|\overrightarrow{AB}|=4$, $|\overrightarrow{AC}|=|\overrightarrow{BC}|=2\sqrt6$

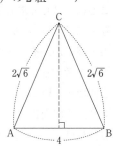

よって，△ABC は二等辺三角形であり，辺 AB を底辺とすれば，高さは

$$\sqrt{(2\sqrt6)^2-2^2}=2\sqrt5$$

したがって，△ABC の面積は　　$\dfrac12\cdot4\cdot2\sqrt5=4\sqrt5$

頂点Dから平面 ABC に垂線 DH をひく。

Hの座標を $(x,\ y,\ z)$ とおくと，$\overrightarrow{DH}\cdot\overrightarrow{AB}=0$ より

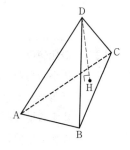

　　$(x+2,\ y,\ z+2)\cdot(0,\ 4,\ 0)=0$

　　∴　$y=0$

$\overrightarrow{DH}\cdot\overrightarrow{AC}=0$ より

　　$(x+2,\ y,\ z+2)\cdot(2,\ 2,\ -4)=0$

$y=0$ を代入して整理すると　　$x-2z=2$ ……①

また，Hは平面 ABC 上であるから，実数 m, n を用いて

　　$\overrightarrow{AH}=m\overrightarrow{AB}+n\overrightarrow{AC}$

よって

　　$(x,\ y+2,\ z-2)=m(0,\ 4,\ 0)+n(2,\ 2,\ -4)$

$y=0$ を代入して整理すると

　　$x=2n$, $2m+n=1$, $z=-4n+2$ ……②

①，②を連立方程式として解くと

　　$x=\dfrac65$, $z=-\dfrac25$, $m=\dfrac15$, $n=\dfrac35$

したがって $\overrightarrow{DH}=\left(\dfrac{16}{5},\ 0,\ \dfrac85\right)$ となり

$$|\overrightarrow{\mathrm{DH}}| = \sqrt{\left(\frac{16}{5}\right)^2 + \left(\frac{8}{5}\right)^2} = \frac{8\sqrt{5}}{5}$$

ゆえに，四面体の体積は

$$\frac{1}{3} \cdot 4\sqrt{5} \cdot \frac{8}{5}\sqrt{5} = \frac{32}{3} \quad \rightarrow シ$$

別解　四面体 ABCD の 4 つの面が合同である
ことに着目して求める方法がある。4 つの面が
互いに合同であるから，右図のように，縦・
横・高さが，それぞれ $2\sqrt{2}$，$2\sqrt{2}$，4 である直
方体を考える。A，B，C，D 以外の頂点を含
む四面体を除くと，四面体 ABCD が残る。
取り除く四面体は互いに合同であるから，求め
る体積は

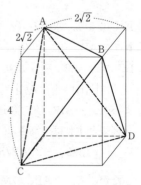

$$(2\sqrt{2})^2 \cdot 4 - 4 \cdot \frac{1}{3} \cdot \frac{1}{2} \cdot (2\sqrt{2})^2 \cdot 4 = \frac{32}{3}$$

II　◇発想◇　(1)三角形の面積が最小になるのは，辺の長さも高さも
最小の場合である。(iii)は，言い換えると「2 番目に面積が小さい
三角形」ということであるから，辺の長さまたは高さの一方が変
化する場合を考える。(2)については，立方体の辺をいくつ共有す
るかで分類して考える。

解答　(1)ス. $\dfrac{3}{10}$　セ. $\dfrac{6}{(n-1)(n-2)}$　ソ. 82　タ. $\dfrac{12}{(n+1)(n-4)}$

(2)チ. $\dfrac{3 + 3\sqrt{2} + \sqrt{3}}{7}$

◀解　説▶

≪3 点を選んで三角形をつくるときの面積が最小となる確率，平均値（期
待値）≫

▶(1)(i)　正六角形において，三角形の作り方は全部で $_6\mathrm{C}_3 = 20$ 通り。20
個を正六角形の辺と三角形の辺がいくつ共有されるかで分類すると，2 辺
を共有するものが 6 個，1 辺のみ共有するものが 12 個，1 辺も共有しな

いもの（正三角形）が 2 個である。このうち，面積が最小であるのは，2
辺を共有するものであり，これらは面積が等しい。

したがって，求める A_6 の確率は　　$\dfrac{6}{20} = \dfrac{3}{10}$　→ス

(ii)　正 n 角形の辺と 2 辺を共有する三角形が，面積が最小である。その
ような三角形は n 個あるので，求める確率は

$$\dfrac{n}{{}_nC_3} = \dfrac{n}{\dfrac{n(n-1)(n-2)}{6}} = \dfrac{6}{(n-1)(n-2)}　\text{→セ}$$

また，$\dfrac{6}{(n-1)(n-2)} \le \dfrac{1}{1070}$ より

$\quad (n-1)(n-2) \ge 6420$

$80 \cdot 79 = 6320$，$81 \cdot 80 = 6480$ であるから，求める最小の n の値は 82　→ソ

(iii)　事象 $U_n \cap \overline{A_n}$ において三角形の面積が最小
となるのは，正 n 角形と 1 辺のみを共有し，
残りの 1 頂点を，共有辺の両隣の頂点の隣の点
とした場合であり，1 辺に対し 2 個ずつある。
よって，求める確率は

$$\dfrac{2n}{{}_nC_3 - n} = \dfrac{6 \cdot 2n}{n(n-1)(n-2) - 6n}$$

$$= \dfrac{12n}{n(n^2 - 3n - 4)} = \dfrac{12}{(n+1)(n-4)}　\text{→タ}$$

▶(2)　三角形は全部で　　${}_8C_3 = 56$ 個

このうち，立方体の辺と 2 辺を共有するものは，各面に
4 個ずつあり，全部で 6 面分 24 個ある。また，三角形
1 つの面積は 1 である。

立方体の辺と 1 辺のみを共有するものは，各辺ごとに 2
個ずつあり，全部で 12 辺分 24 個ある。また，三角形 1
つの面積は $\sqrt{2}$ である。

また，立方体と辺を共有しない三角形（正三角形）は 8
個ある。

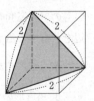

(注)　1 頂点につき 3 個ずつあるが，同じ正三角形を 3
回数えているので $3 \times 8 \div 3 = 8$ 個。

この三角形 1 つの面積は $\sqrt{3}$ である。

以上により，面積の平均値は

$$\frac{1 \times 24 + \sqrt{2} \times 24 + \sqrt{3} \times 8}{56} = \frac{3 + 3\sqrt{2} + \sqrt{3}}{7} \quad \rightarrow \text{チ}$$

Ⅲ　◇発想◇　(1) a の恒等式とみて，P の座標を求める。

　　(2)接線の傾きは x の 2 次関数である。

　　(3)接線 PQ と $y = f(x)$ を連立させて交点の座標を求めるが，P
が接点（重解）であることに注意して解くと速い。

解答　(1)ツ．$(-2, -2)$　テ．$2x+2$　(2)ト．-3　(3)ナ．$\dfrac{9}{2}$　ニ．$\dfrac{15}{8}$

◀解　説▶

≪接線の方程式，接線の傾きの最小値，三角形の面積≫

▶(1)　$y = x^3 + (a+4)x^2 + (4a+6)x + 4a + 2$　……①

①を a について整理すると

$$(x^2 + 4x + 4)a + (x^3 + 4x^2 + 6x + 2 - y) = 0$$

a についての恒等式とみなせば

$$\begin{cases} x^2 + 4x + 4 = 0 \\ x^3 + 4x^2 + 6x + 2 - y = 0 \end{cases} \quad \therefore \quad \begin{cases} x = -2 \\ y = -2 \end{cases}$$

したがって，a によらない定点 P の座標は　$(-2, -2)$　→ツ

①を微分すると

$$y' = f'(x) = 3x^2 + 2(a+4)x + 4a + 6 \quad ……②$$

よって

$$f'(-2) = 3 \cdot (-2)^2 + 2(a+4) \cdot (-2) + 4a + 6 = 2$$

ゆえに，点 P における接線の方程式は

$$y = 2(x+2) - 2 = 2x + 2 \quad \rightarrow \text{テ}$$

▶(2)　$a = 5$ のとき，②は

$$y' = 3x^2 + 18x + 26 = 3(x+3)^2 - 1$$

となるので，接線の傾きは，$x = -3$ のとき最小である。→ト

▶(3)　$x = -3$ のとき極値をとるならば，$f'(-3) = 0$ であることが必要。
よって，②により

$$3 \cdot (-3)^2 + 2(a+4) \cdot (-3) + 4a + 6 = 0 \qquad \therefore \quad a = \frac{9}{2} \quad →ナ$$

このとき，②は

$$f'(x) = 3x^2 + 17x + 24 = (x+3)(3x+8)$$

となり，$f'(x)$ は $x = -3$ の前後で符号が変化するので，$x = -3$ において
極値をとる。
また，①より

$$y = f(x) = x^3 + \frac{17}{2}x^2 + 24x + 20$$

よって

$$f(-3) = (-3)^3 + \frac{17}{2} \cdot (-3)^2 + 24 \cdot (-3) + 20 = -\frac{5}{2}$$

ゆえに　　$S\left(-3, -\frac{5}{2}\right)$

$y = f(x)$ と接線 $y = 2x + 2$ の P（接点）以外の交点 Q の x 座標を求める。

$$x^3 + \frac{17}{2}x^2 + 24x + 20 = 2x + 2$$

$$(x+2)^2(2x+9) = 0$$

よって，点 Q の x 座標は　　$-\dfrac{9}{2}$

点 Q の y 座標は　　$y = 2 \cdot \left(-\dfrac{9}{2}\right) + 2 = -7$

ゆえに　　$Q\left(-\dfrac{9}{2}, -7\right)$

以上から，$\overrightarrow{PQ} = \left(-\dfrac{5}{2}, -5\right)$, $\overrightarrow{PS} = \left(-1, -\dfrac{1}{2}\right)$ となるので，△SPQ の面積
は

$$\frac{1}{2}\left|\left(-\frac{5}{2}\right) \cdot \left(-\frac{1}{2}\right) - (-5) \cdot (-1)\right| = \frac{15}{8} \quad →ニ$$

(注)　三角形の面積の求め方はいろいろあるが，ここでは，2 つのベクト

ル $\vec{a}$, $\vec{b}$ でつくられる三角形の面積公式 $\dfrac{1}{2}\sqrt{|\vec{a}|^2|\vec{b}|^2-(\vec{a}\cdot\vec{b})}$ を $\vec{a}=(a_x,\ a_y)$,
$\vec{b}=(b_x,\ b_y)$ として成分で表した

$$\dfrac{1}{2}|a_xb_y-a_yb_x|$$

を利用した。

❖講　評

　形式は，ここ数年Ⅰが小問集合，Ⅱ，Ⅲはそれぞれ1つのテーマに沿った問題で変化はない。全体的には2020年度より易しめである。

　Ⅰは例年，計算が複雑で，解答の際にとても時間がかかることが多いが，2021年度については，煩雑な計算は鳴りをひそめて，完答も十分に可能な内容であった。内容は各分野の典型的なもので，(5)が n 進法と数列の複合問題ではあったが，その他はよく見かける問題であった。

　Ⅱは確率の問題であるが，「正 n 角形の辺との共有」という点で場合分けすると最後までスムーズに解決する。集合の記号が出てくるが，三角形のうち面積最小のものを除くのだから，2番目に面積の小さい三角形がどんな三角形かを考えればよい。

　Ⅲは微分の問題であるが，微分に関する部分は接線の方程式と極値の所だけで，あとは恒等式，三角形の面積の問題である。積分計算に関わる問題が出題されなかったのはめずらしい。

化学

1 　解答

〔Ⅰ〕問1．ア．黄

イ．アンモニアソーダ（ソルベー）　ウ．複塩

問2．A．$NaHCO_3$　B．$CaCO_3$　C．Al_2O_3

D・E．K_2SO_4，$Al_2(SO_4)_3$　（順不同）

問3．Mg は Na と比べて，イオン化傾向が小さいため。(25字以内)

問4．$NaCl + H_2O + NH_3 + CO_2 \longrightarrow NaHCO_3 + NH_4Cl$

問5．$\overset{\cdot\cdot}{\underset{\cdot\cdot}{O}} :: C :: \overset{\cdot\cdot}{\underset{\cdot\cdot}{O}}$

問6．4，5

問7．a．$2Al + 6HCl \longrightarrow 2AlCl_3 + 3H_2$

b．$2Al + 2NaOH + 6H_2O \longrightarrow 2Na[Al(OH)_4] + 3H_2$

〔Ⅱ〕問8．エ．自由　オ．体心立方格子　カ．非晶質（アモルファス）

問9．展性

問10．(1)(2) 08　(3)(4) 12　(5) 4　(6)〜(9) 1.0×10^{-22}

問11．(10)— 3

問12．(11)〜(14) 1.3×10^{-10}

問13．一定の融点を示さない（15字以内）

問14．SiO_2

◀解　説▶

≪Na, Mg, Al の反応と性質，化学結合と結晶の構造≫

◆〔Ⅰ〕▶問1．アンモニアソーダ法の全反応式は次のとおり。

$NaCl + NH_3 + CO_2 + H_2O \longrightarrow NaHCO_3 + NH_4Cl$

$2NaHCO_3 \longrightarrow Na_2CO_3 + CO_2 + H_2O$

$CaCO_3 \longrightarrow CaO + CO_2$

$CaO + H_2O \longrightarrow Ca(OH)_2$

$Ca(OH)_2 + 2NH_4Cl \longrightarrow CaCl_2 + 2H_2O + 2NH_3$

▶問2．C．ボーキサイトに濃水酸化ナトリウム水溶液を加え，テトラアルミン酸イオンを作り，多量の水を加えて，水酸化アルミニウムを沈殿さ

せる。そのあと，加熱して酸化アルミニウムにして，溶融塩電解することで，アルミニウムの単体を得る。

▶問 3．イオン化傾向が大きいほどイオンになりやすく，水との反応性が高い。

▶問 4．炭酸水素ナトリウムは溶解度がさほど大きくないので，この反応では沈殿しやすい。

▶問 5．電子式は，原子の周りの電子が 8 個になるように書く。

▶問 6．両性金属は酸にも塩基にも溶ける金属で，Al，Zn，Sn，Pb などがある。

◆〔Ⅱ〕▶問 8．非晶質（アモルファス）には，石英ガラスのほか，太陽電池や飴玉などがある。

▶問 9．金属には，細く長くすることができる延性もある。

▶問 10．金属の密度 d を求める式は，原子 1 個の質量を w，原子の個数を n，単位格子の 1 辺の長さを a とすると

$$d = \frac{w \times n}{a^3}$$

となる。この式に数値を代入して

$$8.96 \times 10^6 = \frac{w \times 4}{(3.6 \times 10^{-10})^3}$$

$$w = 1.04 \times 10^{-22} \fallingdotseq 1.0 \times 10^{-22} \,〔g〕$$

▶問 11．面心立方格子は面の対角線上に半径が 4 つ並ぶので

$$a \times \sqrt{2} = 4r \quad \therefore \quad r = \frac{\sqrt{2}a}{4}$$

▶問 12．問 11 の解答より

$$r = \frac{\sqrt{2}a}{4} = \frac{1}{4} \times 1.41 \times 3.6 \times 10^{-10}$$

$$= 1.26 \times 10^{-10} \fallingdotseq 1.3 \times 10^{-10} \,〔m〕$$

▶問 13．アモルファスであるガラスの融点は，約 600〜700℃である。

▶問 14．石英は共有結合の結晶で，融点は 1650℃である。

2 解答

〔Ⅰ〕問1．(15)—1　(16)—2　(17)—6　(18)—8　(19)—8　(20)—8

問2．$\dfrac{K_a[CH_3COOH]}{[CH_3COO^-]}$

問3．50

問4．(21)—4

〔Ⅱ〕問5．(22)—3　(23)—2

問6．コニカルビーカー内では，酸の物質量は変化しないから。(30字以内)

問7．$HClaq + NaOHaq = NaClaq + H_2O$（液）$+ 56\,kJ$

問8．フェノールフタレイン

問9．(24)〜(26) 1.0×10^{-1}　(27)〜(29) 5.0×10^{-2}

(30)(31) 1.0　(32)(33) 3.1　(34)(35) 4.6

問10．ウ．$\sqrt{cK_h}$　エ．$\dfrac{K_w}{K_a}$

問11．(36)(37) 8.4

◀解　説▶

≪酸・塩基の定義，酢酸の電離平衡，中和滴定とpH≫

◆〔Ⅰ〕▶問1．アレニウスの定義では，水溶液中でH^+を出す物質を酸，OH^-を出す物質を塩基という。さらに，ルイスの定義では，非共有電子対を受け取る物質を酸，与え得る物質を塩基という。

▶問2．平衡定数を表すと

$$K_a = \frac{[CH_3COO^-][H^+]}{[CH_3COOH]} \qquad \therefore \quad [H^+] = \frac{K_a[CH_3COOH]}{[CH_3COO^-]}$$

▶問3．酢酸が50％電離すると，$[CH_3COOH] = [CH_3COO^-]$となり$[H^+] = K_a$となる。

▶問4．モル濃度をC，電離度をαとする。電離度が1よりも十分に小さい場合，$1-\alpha \fallingdotseq 1$と近似して

$$K_a = \frac{[CH_3COO^-][H^+]}{[CH_3COOH]} = \frac{C\alpha \cdot C\alpha}{C(1-\alpha)} = C\alpha^2$$

モル濃度は電離度の二乗に反比例するので，4を選ぶ。

◆〔Ⅱ〕▶問5．少ない体積を正確に量り取る器具がホールピペット，滴

下する器具がビュレットである。

▶問6. 正確に量り取った酸をコニカルビーカーに入れるため，その後に水を加えてモル濃度が変わっても，酸の物質量は変わらないので問題ない。

▶問7. 塩酸も水酸化ナトリウム水溶液も1価の酸と塩基なので，熱量は 56 kJ である。

▶問8. 酢酸と水酸化ナトリウム水溶液の中和滴定なので，中和点の pH は弱塩基性である。

▶問9. 初めは塩酸が中和されるので，塩酸のモル濃度を x〔mol/L〕とすると，中和の量的関係より

$$x \times \frac{10}{1000} \times 1 = 0.10 \times \frac{10}{1000} \times 1$$

$$\therefore \quad x = 1.0 \times 10^{-1} \text{〔mol/L〕}$$

次に酢酸が中和されるので，酢酸のモル濃度を y〔mol/L〕とすると，中和の量的関係より

$$y \times \frac{10}{1000} \times 1 = 0.10 \times \frac{5}{1000} \times 1$$

$$\therefore \quad y = 5.0 \times 10^{-2} \text{〔mol/L〕}$$

滴定前の混合溶液Aは，ほぼ塩酸しか電離していないので，塩酸の pH を求めればよい。塩酸の水素イオン濃度は

$$[H^+] = 1.0 \times 10^{-1} \text{〔mol/L〕} \quad \therefore \quad pH = 1.0$$

次に第一中和点での酸は酢酸のみなので，酢酸の pH を求めればよい。このとき混合溶液の体積が変化しているので，酢酸のモル濃度を C〔mol/L〕とすると

$$C = 5.0 \times 10^{-2} \times \frac{10}{1000} \times \frac{1000}{20} = 2.5 \times 10^{-2} \text{〔mol/L〕}$$

$$[H^+] = \sqrt{CK_a} = \sqrt{2.5 \times 10^{-2} \times 2.7 \times 10^{-5}} = \sqrt{\left(\frac{1}{2}\right)^2 \times 3^3 \times 10^{-7}}$$

$$pH = -\log_{10} \sqrt{\left(\frac{1}{2}\right)^2 \times 3^3 \times 10^{-7}} = 3.08 \doteqdot 3.1$$

さらに水酸化ナトリウム水溶液を 2.5 mL 添加すると

$$CH_3COOH + NaOH \longrightarrow CH_3COONa + H_2O$$

反応前	$0.050 \times \dfrac{10}{1000}$	$0.10 \times \dfrac{2.5}{1000}$	〔mol〕
反応量	$-\dfrac{0.25}{1000}$	$-\dfrac{0.25}{1000}$	$+\dfrac{0.25}{1000}$	〔mol〕
反応後	$\dfrac{0.25}{1000}$	0	$\dfrac{0.25}{1000}$	〔mol〕

よって，酢酸と酢酸ナトリウムの緩衝溶液になっている。

$$CH_3COONa \longrightarrow CH_3COO^- + Na^+$$

より $[CH_3COOH] = [CH_3COO^-]$ なので

$$[H^+] = K_a = 2.7 \times 10^{-5} \,〔mol/L〕$$

∴ $pH = 6 - \log_{10}27 = 4.56 \fallingdotseq 4.6$

▶問 10. $[CH_3COO^-] \fallingdotseq c$，$[CH_3COOH] = [OH^-]$ なので

$$K_h = \frac{[CH_3COOH][OH^-]}{[CH_3COO^-]} = \frac{[OH^-]^2}{c}$$

∴ $[OH^-] = \sqrt{cK_h}$

次に，$K_a \times K_h = \dfrac{[CH_3COO^-][H^+]}{[CH_3COOH]} \times \dfrac{[CH_3COOH][OH^-]}{[CH_3COO^-]} = [H^+][OH^-]$

よって，$K_a \times K_h = K_w$ ∴ $K_h = \dfrac{K_w}{K_a}$

▶問 11. さらに水酸化ナトリウム水溶液を 2.5mL 添加すると，酢酸がすべて中和されて，酢酸ナトリウムのみになっている。

$$[CH_3COONa] = 5.0 \times 10^{-2} \times \frac{10}{1000} \times \frac{1000}{25} = 2.0 \times 10^{-2} \,〔mol/L〕$$

$$[OH^-] = \sqrt{c \times \frac{K_w}{K_a}} = \sqrt{2.0 \times 10^{-2} \times \frac{1.0 \times 10^{-14}}{2.7 \times 10^{-5}}}$$

$$= \sqrt{\frac{2.0 \times 10^{-10}}{27}} = \sqrt{\frac{2.0}{27}} \times 10^{-5}$$

$$pOH = 5 - \log_{10}\sqrt{\frac{2.0}{27}} = 5.57$$

∴ $pH = 14 - 5.57 = 8.43 \fallingdotseq 8.4$

3 解答

問 1．(38)〜(40) 3.4×10^5

問 2．$2C_2H_6 + 7O_2 \longrightarrow 4CO_2 + 6H_2O$

問 3．$1.00 - (2x + 3.5y)$

問 4．(41)〜(43) 2.4×10^{-1}

問 5．凝縮

問 6．(44)〜(46) 1.3×10^5

問 7．(47)〜(49) 7.8×10^{-1}

━━━━━━ ◀解 説▶ ━━━━━━

≪気体の法則と蒸気圧，反応量計算≫

▶問 1．気体の状態方程式より，圧力を P〔Pa〕とおくと

$$P \times 6.72 = 1.00 \times 8.31 \times 10^3 \times 273$$

$$P = 3.37 \times 10^5 ≒ 3.4 \times 10^5 \,〔Pa〕$$

▶問 2．完全燃焼したときは CO_2 と H_2O が生じる。各物質の係数は，炭素→水素→酸素の順に数を合わせる。

▶問 3．メタンの物質量が x〔mol〕なので

$$CH_4 + 2O_2 \longrightarrow CO_2 + 2H_2O$$

の反応式より，使われた酸素の物質量は $2x$〔mol〕である。

エタンの物質量が y〔mol〕なので

$$2C_2H_6 + 7O_2 \longrightarrow 4CO_2 + 6H_2O$$

の反応式より，使われた酸素の物質量は $3.5y$〔mol〕である。

よって，容器内に残っている酸素の物質量は

$$1.00 - (2x + 3.5y) \,〔mol〕$$

▶問 4．完全燃焼後に残っている気体の物質量は

$$CO_2：x + 2y, \quad H_2O：2x + 3y, \quad O_2：1.00 - (2x + 3.5y)$$

これらを合計すると $1.00 + x + 1.5y$

この物質量で気体の状態方程式を用いると

$$4.79 \times 10^5 \times 6.72 \times 2 = (1.00 + x + 1.5y) \times 8.31 \times 10^3 \times 546$$

$$x + 1.5y = 0.418$$

また，反応前の物質量より

$$x + y = 0.30$$

この 2 つの式より

$$y = 0.236 ≒ 2.4 \times 10^{-1} \,〔mol〕, \quad x = 0.064 \,〔mol〕$$

よって，エタンの物質量は　　2.4×10^{-1}〔mol〕

▶問 5．気体が液体になるのは，凝縮である。液体が固体になるのは凝固である。

▶問 6．問 4 より，O_2 と CO_2 の合計の物質量は

$$x + 2y + 1.00 - (2x + 3.5y) = 1.00 - x - 1.5y$$

$x = 0.064$〔mol〕，$y = 0.236$〔mol〕を代入して

$$1.00 - 0.064 - 1.5 \times 0.236 = 0.582$$

これより，全圧を P'〔Pa〕とおき，気体の状態方程式を用いて

$$P' \times 6.72 \times 2 = 0.582 \times 8.31 \times 10^3 \times 323$$

$$P' = 1.16 \times 10^5 \text{〔Pa〕}$$

これに水の蒸気圧の値を加えて

$$1.16 \times 10^5 + 0.12 \times 10^5 = 1.28 \times 10^5 \fallingdotseq 1.3 \times 10^5$$

▶問 7．水蒸気の物質量を n〔mol〕とおくと，気体の状態方程式を用いて

$$0.12 \times 10^5 \times 6.72 \times 2 = n \times 8.31 \times 10^3 \times 323$$

$$n = 0.060 \text{〔mol〕}$$

問 4 より，燃焼で生成した水の物質量は

$$2x + 3y = 2 \times 0.064 + 3 \times 0.236 = 0.836 \text{〔mol〕}$$

よって，液化した水の物質量は

$$0.836 - 0.060 = 0.776 \fallingdotseq 7.8 \times 10^{-1} \text{〔mol〕}$$

4　解答　問 1．⑸⑽〜⑸⑵ 282

問 2．D．テレフタル酸　E．エチレングリコール　K．アセトン

問 3．A．

I．

J．

L．

問 4．⑸⑶〜⑸⑹ 2.08×10^2

問 5．⑤7) 6

━━━━━■ ◀解　説▶ ━━━━━━━━━━

≪分子式 $C_{19}H_{22}O_2$ の構造決定と元素分析，オゾン分解≫

▶問 1．炭素の質量は　　$2.51 \times \dfrac{12}{44} = 0.684$〔g〕

水素の質量は　　$0.594 \times \dfrac{2}{18} = 0.066$〔g〕

酸素の質量は　　$0.846 - 0.684 - 0.066 = 0.096$〔g〕

よって，それぞれの原子の物質量の比は

$$C : H : O = \dfrac{0.684}{12} : \dfrac{0.066}{1.0} : \dfrac{0.096}{16}$$

$$= 0.057 : 0.066 : 0.006$$

$$= 19 : 22 : 2$$

よって組成式は $C_{19}H_{22}O_2$ で，式量は 282 となる。分子量は 500 以下なので，分子式も同じく $C_{19}H_{22}O_2$ となる。

▶問 2・3．化合物 A はベンゼン環を 2 個含むエステルなので，水酸化ナトリウム水溶液で加水分解するとカルボン酸のナトリウム塩とアルコールが生じる。よって，化合物 B はカルボン酸，化合物 C はアルコールとなる。高分子化合物 F はペットボトルの原料となるので，ポリエチレンテレフタレートである。化合物 B を過マンガン酸カリウムで酸化するとポリエチレンテレフタレートの原料となる化合物 D が生成するので，化合物 D はテレフタル酸，化合物 E はエチレングリコールである。よって化合物 B はベンゼンのパラ二置換体で，カルボキシ基とアルキル基が置換基である。

次に，アルコール C を分子内脱水するとアルケン G，H，I が生じ，それぞれをオゾン分解すると，アルケン G からは，アルデヒド J とケトン K が得られ，アルケン H をオゾン分解するとベンズアルデヒドとアルデヒド L が得られたことより，K がケトンである事を考慮してアルケン H と G は以下のようになる。

H. 　G.

これより −OH のつく位置が決まるので，C は

C.

$$\text{C}_6\text{H}_5\text{-CH}_2\text{-CH-CH-CH}_3$$
(with CH₃ on top carbon and OH below)

であり，**J**，**K**，**L**は

J. $\text{C}_6\text{H}_5\text{-CH}_2\text{-C-H}$（=O）　**K.** $\text{CH}_3\text{-C-CH}_3$（=O）

L. $\text{CH}_3\text{-CH-C-H}$（CH₃, =O）

Cの炭素数が 11 なので**B**の炭素数は 8 となり，**B**は

B. $\text{CH}_3\text{-C}_6\text{H}_4\text{-C-OH}$（=O）

Aは**B**と**C**のエステルなので

A. $\text{CH}_3\text{-C}_6\text{H}_4\text{-C-O-CH-CH}_2\text{-C}_6\text{H}_5$（=O, CH-CH₃, CH₃）

▶問 4．ポリエチレンテレフタレートは

$\left(\text{CO-C}_6\text{H}_4\text{-CO-O-CH}_2\text{-CH}_2\text{-O}\right)_n$ と表せ，1 構成単位中にエステル結合は 2 個ある。また，ポリエチレンテレフタレートの分子量は $192n$ と表せるので

$$192n = 3.84 \times 10^4 \quad \therefore \quad n = 200$$

よって，エステル結合の数は　　$200 \times 2 = 400$

500 g のポリエチレンテレフタレートを完全に加水分解するのに必要な水酸化ナトリウム（式量 40）の量は

$$\frac{500}{38400} \times 400 \times 40 = 208.3 \fallingdotseq 2.08 \times 10^2 \,〔\text{g}〕$$

▶問 5．アルケン**G**，**H**，**I** にそれぞれ臭素を付加させて生じる化合物は以下の通り。

$\text{C}_6\text{H}_5\text{-}{}^*\text{CH-}{}^*\text{CH-CH-CH}_3$（Br, Br, CH₃）　　$\text{C}_6\text{H}_5\text{-CH}_2\text{-}{}^*\text{CH-C-CH}_3$（CH₃ top, Br, Br）

不斉炭素原子の数も考慮して　　4+2＝6種類

5　解答

〔Ⅰ〕問1．ア．単純　イ．複合　ウ．リン酸
　　　エ．16　オ．18　カ．3

問2．グアニン，シトシン，チミン

問3．3

問4．アミラーゼ，マルターゼ

問5．(58)—6

〔Ⅱ〕問6．セッケンは水中で親水性部分を外側に，疎水性部分を内側に向けて内部に疎水性の物質を取り込み，コロイド粒子をつくるから。(60字以内)

問7．(59)～(61) 1.04　(62)～(65) 1.15×10^{-1}

問8．(66)～(68) 2.5×10^1

問9．(69)—4　(70)—3　(71)—6　(72)—5

◀解　説▶

≪タンパク質，油脂，糖類，DNA の分類と性質，セッケン，油脂と糖類の計算，合成高分子の原料≫

◆〔Ⅰ〕▶問1．単純タンパク質には，ケラチン，コラーゲン，フィブロインなどがあり，複合タンパク質にはカゼイン以外にヘモグロビンやムチンなどがある。

▶問2．DNA の塩基にはグアニン，シトシン，チミンのほか酸素原子を含まないアデニンがある。RNA は DNA のチミンの代わりにウラシルが含まれる。

▶問3．マルトースは二糖類であり，二糖類であるのはスクロース，セロビオース，ラクトースである。このうち，セロビオース，ラクトースは光学異性体であり，構造異性体であるのはスクロースのみである。残りはすべて単糖類である。

▶問4．デンプンは，酵素アミラーゼによって加水分解されマルトースになり，マルトースは酵素マルターゼによって加水分解されグルコースとなる。

▶問5．塩基性アミノ酸で，必須アミノ酸なのはリシンだけである。アルギニンも塩基性アミノ酸だが，必須アミノ酸ではない。グルタミン酸は酸

性アミノ酸，その他は中性アミノ酸である。

◆〔Ⅱ〕▶問6．セッケンは高級脂肪酸のナトリウム塩で，炭化水素基が疎水性部分で，カルボキシ基のナトリウム塩が親水性部分である。

▶問7．油脂の分子量を M とおく。

けん化価が 2.10×10^2 なので，必要な KOH（式量 56）は 0.21 kg であるから

$$\frac{1.0}{M} \times 3 = \frac{0.21}{56} \qquad \therefore \quad M = 800$$

油脂のけん化の反応式は

$$C_3H_5(OCOR)_3 + 3NaOH \longrightarrow 3RCOONa + C_3H_5(OH)_3$$

よって，油脂 1 mol からグリセリン 1 mol が生じる。

グリセリンの分子量は 92 なので

$$\frac{1000}{800} \times 92 = 115 〔g〕 = 1.15 \times 10^{-1} 〔kg〕$$

ここで，けん化の反応式より，水酸化ナトリウムの式量は 40 なので，セッケンの分子量を M' とすると

$$800 + 3 \times 40 = 3 \times M' + 92 \qquad \therefore \quad M' = 276$$

油脂 1 mol からセッケン 3 mol が生じる。よって，生じるセッケンの質量は

$$\frac{1000}{800} \times 3 \times 276 = 1035 〔g〕 ≒ 1.04 〔kg〕$$

▶問8．1 mol のデンプンから n〔mol〕のグルコースが生じ，これをアルコール発酵させると，$2n$〔mol〕のエタノールが生じる。

$$(C_6H_{10}O_5)_n + nH_2O \longrightarrow nC_6H_{12}O_6$$

$$C_6H_{12}O_6 \longrightarrow 2C_2H_5OH + 2CO_2$$

必要なデンプンの質量を w〔kg〕とすると

$$\frac{w \times 1000}{162n} \times 2n = \frac{18 \times 1000 \times 0.80}{46}$$

$$\therefore \quad w = 25.3 ≒ 2.5 \times 10$$

▶問9．尿素樹脂は，三次元網目状構造をとるので，熱硬化性樹脂である。ポリプロピレンは，鎖状構造の高分子化合物なので，熱可塑性樹脂である。

❖講　評

　2021 年度も，例年通り大問 5 題，論述問題は 3 問であった。標準的な問題が多いが，混合酸の中和滴定や構造決定など思考力を問う問題もあった。全体としては，2020 年度よりもやや易化したと考えられる。

　1　〔Ⅰ〕問 7 の化学反応式はやや難しいが，他はすべて標準的な問題なので，完答したい。Na，Mg，Al 単体の性質や化合物の化学反応についての設問である。

〔Ⅱ〕化学結合や結晶の構造に関する設問である。問 8 から問 10 までは基本的な穴埋め問題。問 11 と問 12 は結晶の構造では頻出の計算問題。問 13 と問 14 も基本的な問題なので，完答したい。

　2　〔Ⅰ〕酸塩基の定義と電離平衡に関する問題。酸塩基の定義は基本的。電離平衡も公式を導くだけの設問なので，完答したい。

〔Ⅱ〕強酸と弱酸の混合酸の中和滴定の問題。このタイプはあまり解いたことのない受験生も多かったのではないだろうか。ただ，問題に，塩酸があるうちは塩化水素だけが中和されると誘導されているので，きちんと文章を読み取れば，解答できる。その後，酢酸の中和滴定となるが，半中和点と中和点の pH を求める問題。体積の変化をきちんと考えれば正解が導けたであろう。ただ，多少計算が煩雑であった。

　3　連結管を使った気体反応の設問である。問 1 から問 3 は基本的。問 4 は反応量計算をきちんと追っていけば解けるが，計算は煩雑であった。問 6，問 7 は水蒸気圧を考えて解くのがやや難しかったのではないか。

　4　問 1 の元素分析は基本的。問 2，問 3 の構造決定がやや難しい。ヒントが少なく，決め手に欠ける構造決定である。ベンズアルデヒドをヒントに**K**がアセトンと見抜ければ正解にたどり着けたであろう。問 4 の計算は頻出問題，問 5 の異性体も標準的で，構造決定ができていれば，解ける問題である。

　5　〔Ⅰ〕天然高分子化合物の問題であるが，知識がきちんと入っていれば，すべて標準的で解きやすい。

〔Ⅱ〕油脂のけん化の計算問題は頻出なので，完答して欲しい。デンプンからアルコールの計算問題も標準的。合成高分子の穴埋めも基本的なので，完答したい。

2020 年度

解答編

解答編

英語

I　**解答**　　Q1―3　Q2―5　Q3―1　Q4―4　Q5―1
　　　　　　　Q6―1　Q7―3　Q8―5　Q9―5　Q10―4

Question "A"　A1. evolution　**A2**. coexist

◆━━━━◆全　訳◆━━━━◆

≪細胞の進化について≫

①　海洋の大部分は果てしない暗闇だが，海面近くには豊富な微小植物群を支えるのに十分な光が届く。こういった単細胞藻類は，広大な海洋プランクトンの芝生のような生息域を形成する。だが，こういった生活様式にも危険が存在する。プランクトンは，潮流や荒れ狂う海によってなすすべもなく押し流されてしまう。もしもこの微小植物がより深いところへ押し流されてしまうと，海面に泳ぎつく，もしくは浮かび上がることができなければ，光源レベルは急速に低下し，広大な闇の中で死滅してしまうかもしれない。海岸により近いところでは，海が浅いのでこの暗闇への落下が回避される。だが，岩に付着していなければ，海岸近くに生息する植物が広大な海へ押し流されない保証はまったくない。単細胞藻類の中には，海底に付着することによって永久に海岸近くで生息することのできる種も存在する。こういった細胞は，二つの異なる先端――一つは岩にしがみつくことに特化されているもの，もう一つは太陽の光からのエネルギーを吸収することに特化されているもの――を持っていることがよくある。この配置によって，単細胞藻類は周囲の環境の様相を体現する。それはつまり，不透明な固体である岩と透明な液体である海水の境界面である。

②　こういう生活様式なので，上方に拡張し，岩から離れて成長することができる個体がより多くの太陽光線を得る。これらの個体が生き残る可能性は，影に覆われた近くの他の個体よりも大きいだろうし，そのために自然淘汰が有利に働くだろう。こういった成長を遂げるための一つの方法は，

細胞自体がもっと大きくなることだろう。だが，単細胞の有機体が大きくなれる程度には限界がある。大きさが増すにつれ，大きな容積の細胞質全体にわたって一連のプロセスを調和させることはより難しくなる。この難点の部分的な解決策は，細胞内に多くの細胞核を内包することである。これは，非常に大きな単細胞生物にはしばしば見られることである。それでも，継続的な細胞質の混合は，遺伝子の活動パターンを確立するのを困難にしてしまう可能性がある。

③　こういった問題のもう一つの解決策は，細胞が分裂後に互いに密着することであり，こうすることでその有機体が多細胞の個体に成長することが可能になる。それぞれに固有の細胞核を持つ複数の細胞があれば，異なる細胞内で異なる遺伝子のスイッチが入る可能性が高まる。岩肌の近くにある細胞には付着するための遺伝子のスイッチが入り，一方で，日光にさらされた水際の細胞には光合成に関する遺伝子のスイッチが入るかもしれない。こういった分化された細胞の進化には，全く新しい仕組みは必要ない。この進化は，単細胞の有機体にすでに存在していた要素の組み合わせで生じるのだ。単細胞に適用される原理は，近くに生息している多細胞にも適用できる。そして，岩と海の境界面は，新しい方法，すなわち細胞内の違いというよりもむしろ細胞間の違いによって対処できるようになる。藻類は自分の環境の空間的な特徴，つまり自分の周囲の岩と海の違いを，自身の細胞型の構造を通じて捉え，体現したのである。自分自身を分割することによって世界を分割したのだ。

④　私たちの世界の原始的な藻類は，発達空間において比較的単純な回り道の経路をたどることでこの構造を獲得することができる。藻類の始原細胞は，発達空間のある場所に対応した，調節たんぱく質の特定の組み合わせから始まる。この状況は，細胞が分裂し初期胚内の細胞型をいくらか増やすような分子条件をもたらす。その中には岩に付着するのにより適したものもあれば，光を吸収するのにより適したものもある。胚は発達空間の中の新しい場所へと動かされていく。これが今度は次の段階へと進むための環境を提供する。最終的に，次の世代を生み出す生殖細胞を構成するために，細胞は保存もされる。このようにして，藻類は，単細胞の祖先の中にすでに機能していた分子原理や細胞原理に支配された発達空間を通過する環状の経路を築くのである。

⑤　この筋書きは，単細胞の世界にすでに存在している要素が，進化の過程でどのように一体化して発達の基本的なレシピを提供するかということを示している。いったんこのレシピの準備が整えば，より精巧な発達形態の進化が可能になるだろう。岩に付着している私たちの単純な多細胞の藻類は光を得ようと努力するので，一生涯の間に急速に増殖し体長をより高くすることのできる種が自然淘汰の際に有利になるかもしれない。体長がより高くなるときに，潮流によってねじり取られてしまった植物によってもたらされるストレスや，岩肌に付着している細胞が光合成を行う細胞から遠く離れてしまったときに生存し続けられるかという課題など，別の問題が生じてくる。潮流により植物が引きちぎられることを回避する，より強力な細胞によって構成される根と茎の境界部や，糖を先端から基底部まで運ぶための輸送システムのような，さらなる細胞の分化は有効かもしれない。このような分化が発達するのに根本的に新しい仕組みはまったく必要ない。分化は，有機体が発達するときに繰り返し行われる模倣と同じ過程から生じることができるからだ。有機体が成長する過程で何度も模倣を繰り返すことで，異なる形態の分化が系統的な様式で発生することが可能になるのだ。全体的な結果として，発達空間を通過する環状の経路は拡張され，修正されたのである。

⑥　多くの単細胞動物は他の有機体を摂取することで上手に生きている。だが，他の生物を飲み込むことができる能力や逆に飲み込まれないようにする能力など，動物が大きくなることにはいくつかの利点がある。多細胞化して大きくなることで，いくらかの細胞は食べることに，また他の細胞は消化することに特化する，というように，異なる細胞が分化した役割を得ることが可能になるという利点が加わる。より規模を広げて生息する動物が，効率的に動き回るとか異なる体の部分を調和させるなどのさらなる難問に遭遇するにつれ，これらの難問に対処する模倣のくり返しを通して，さらなる細胞の型や配置が生じる可能性があるのだ。

⑦　より大きなサイズと複雑さには，必ず何らかの代償を伴う。たとえば，有機体が成熟した形態に成長するまでには時間がかかるため，繁殖が遅れる。だから，大きいことの利点は世代時間の増加という代償と対比されなければならない。ある方向への進歩は，別の方向への悪化という犠牲を払うことがよくあり得るので，このような折り合いは生物界にはたくさんあ

るのだ。だから，多細胞有機体は単細胞有機体に取って代わってはいない。バクテリアのような単細胞生物の数は，同じ分類単位に属する多細胞の有機体の数を大きく上回り続けているのだ。スティーブン=ジェイ=グールドが指摘したように，私たちはいまだに「バクテリアの時代」，約 35 億年続いている時代に生きているのである。生態系は，全体的にいまだかつてない大きさや複雑さへと進歩していくというよりも，多くの異なる種の共存を内包しており，それぞれの種が微視的な規模から巨視的な規模まで，さまざまな規模で関係性を獲得しているのである。

■■■■■■■◀解　説▶■■■■■■■

▶Q 1.「パラグラフ①（7 行目）において，筆者による下線の表現の用法は…という点を強調することが意図されている」

1.「幸福は望ましい状態である」

2.「絶望感を持たせてはならない」

3.「利用できる光線を失うことは害である」

4.「陸地近くの海域には絶望がある」

5.「反転が結果として生じる強い水の動きを生じさせなければならない」

　下線部中の gloom は「暗闇」という意味で，第①段第 1 文（Most of the …）にある darkness と同じ内容を示す語である。したがって，下線部中の fall to gloom は，「暗闇への落下」すなわち光を失うことで光合成の機会が奪われるという意味で用いられている。よって 3 が正解。

▶Q 2.「パラグラフ②（1 行目）において，[Q 2] に入れるのに最も適した語は次のうちのどれか」

1.「なぜならば」　2.「結びの」　3.「固定された」

4.「（〜の）内側の」　5.「〜なので」

　空所の後続部分が名詞句なので，空所には前置詞が入ると推測できる。また，内容的には，後続の名詞句（this way of life）のような状況であるので「…できる個体がより多くの太陽光線を得る」というつながりがあることが読み取れる。よって，状況的理由を表す 5 の with「〜なので，〜のために」が適切であろう。

▶Q 3.「パラグラフ③（4，5 行目）において，[Q 3a] と [Q 3b] にそれぞれ入れるのに最適な語の組み合わせは次のうちのどれか」

	Q 3a	Q 3b
1.	「付着すること」	「光合成すること」
2.	「呼吸すること」	「飛び込むこと」
3.	「集中すること」	「動くこと」
4.	「拡張すること」	「減少すること」
5.	「立つこと」	「広がること」

　岩肌の近くにある藻類は岩に付着する性質があると好都合であるということが，第①段第 9 文（These cells often …）からわかる。よって，［Q 3a］は attaching「付着すること」が正しい。また，第①段第 7 文（But there is …）に attaches itself to a rock という表現があり，正解を選ぶときの参考になるだろう。同じく第①段第 9 文より，浅瀬の藻類は光合成がうまくいくと好都合だということが示されている。したがって，［Q 3b］は photosynthesizing「光合成すること」となり，1 の組み合わせが最適である。

▶ **Q 4.**「パラグラフ③（8 行目）において，下線の表現は…に最も意味が近い」

1．「ほとんど」　2．「離れて」　3．「たいていは」　4．「近くの」
5．「たびたび」

　in proximity「近接した」は，空間的に互いに近い位置にあることを意味する表現であるから，4 が正解である。

▶ **Q 5.**「次のうちのどれが，パラグラフ③における筆者の主張から最もよく推察できるか」

1．「遺伝子は生命体が周囲の環境へ適応する方法の調整をする」

2．「異なる原理が，単細胞生物の環境と多細胞生物の環境に適用される」

3．「遺伝子の構造的な特徴が，細胞と生息域をまさしく正確に反映している」

4．「できる限り多くの構成要素が常に，遺伝子が一致するための最良のレシピの役に立つ」

5．「近接した細胞核が一つになり，すべての仕組みを支配する単一の物理的に拡大された細胞核を形成する」

　第③段第 2・3 文（With several cells, … involved in ［Q 3b］.）で，細

胞が異なる環境に合わせた遺伝子にスイッチを入れることで周囲の環境に適応できる特徴が現れると述べられているので，1が正解と判定できる。

▶ Q6.「次のうちのどれが，パラグラフ③で言及されている光を吸収する過程を最も正確に説明しているか（注：この過程の詳細は，本文中に特には論じられていない）」

1.「二酸化炭素と水は，酸素とブドウ糖を生成物質として生み出す反応物質である」

2.「水と酸素が一緒に反応して，二酸化炭素とブドウ糖を生成物質として生み出す」

3.「糖と水は，酸素と二酸化炭素ガスを生成物質として生み出す反応物質である」

4.「酸素と二酸化炭素が結合して，単糖と水を反応物質として生み出す」

5.「酸素と糖が反応物質として結合して，二酸化炭素と水を最終生成物として生み出す」

　光合成の過程について問う設問である。光合成とは，光のエネルギーを利用して水と二酸化炭素から酸素と糖類が発生する過程のことであるから，1が正解である。

▶ Q7.「パラグラフ④（9行目）において，[Q7]に入れるのに最も適した語は次のうちのどれか」

1.「注意する」　2.「始動させる」　3.「築く」　4.「位置する」

5.「湿る」

　第④段では，周囲の環境に応じて細胞がどのような経過をたどって進化を遂げるのかということが説明されている。空所のある第④段最終文（In this way,…）はその段落のまとめの文であるとすれば，forge a path「道を築く，切り開く」という表現が適切である。よって3が正解。

▶ Q8.「パラグラフ④（10行目）において，下線の語は…に最も意味が近い」

1.「他の手段」　2.「子どもたち」　3.「仲間」　4.「隣人」

5.「祖先」

　ancestor は「祖先」という意味の語である。root にも同様の意味がある。5が正解。

▶ Q9.「パラグラフ⑤（8，11，13行目）において，[Q9]に入れるの

に最も適した語は次のうちのどれか（3 カ所の空欄には同じ語が入る）」

1.「集中」　2.「国際化」　3.「不死化」　4.「推薦」
5.「分化」

　第⑤段では，ある環境に適応した特徴が進化していく過程で，適応上の別の問題が生じてさらに細胞の分化が促される場合があることを説明している。したがって，5 を入れるのが内容的に最適である。

▶ **Q 10**. 「パラグラフ⑦（2 行目）において，［Q 10］に入れるのに最も適した語は次のうちのどれか」

1.「光」　2.「お金」　3.「大きさ」　4.「時間」　5.「価値」

　空所を含む文の直後の第⑦段第 3 文（The benefits of …）に「世代時間の増加という代償」とある。したがって，4 を入れるのがよい。

▶ **Question "A"**. 「記述式解答用紙の記述式解答問題 "A"（A1 と A2）セクションに与えられた欄に適切な語を入れ，下記の要約文を完成せよ。A1 にはちょうど 9 文字，A2 にはちょうど 7 文字が入る。求められている語は本文中に現れている。要約文の意味と文脈を正しく完成する適切な語を本文から用いなければならない。適切な語は正確に本文に現れている形で用いなければならない。はっきりと書くこと」

　　「ほとんどの生命体を単純なものからより複雑な有機体に変化させる全般的で主要な過程が［A1］として言及されているが，多くの異なる型が［A2］できる」

　「生命体を単純なものからより複雑な有機体に変化させる」という説明から，［A1］が evolution「進化」の類の語であることは容易に推測できるだろう。evolution は第③段第 4 文（The evolution of …）にある。［A2］は，第⑦段最終文（Rather than …）において，生態系が異なる型の coexist「共存」を許容しているとあり，要約文の後半部分に一致する。

◆━━━●語句・構文●━━━◆

（第①段）perpetual「永久の，果てしのない」　thriving「繁栄している」形容詞として用いられている。microscopic plant「微小植物」unicellular「単細胞の」　hazard「危険」　current「潮流，海流」turbulent「荒れ狂う」　guarantee「保証，確約」　sweep *A* away「*A* を押し流す」　immense「広大な」　attach *A* to *B*「*A* を *B* に付着させる」fasten onto ～「～にしがみつく」　allow *A* to *do*「*A* が～することがで

きる」 permanently「永久に」 end「先端部分」 specialize「～を分化する」 harvest「～を取り入れる, ～を吸収する」 embody「～を体現する」 interface「境界面, 接触, 交流」

（第②段）chance「可能性」 favor「～に有利に働く」 natural selection「自然淘汰」 means（単複同形）「方法, 手段」 organism「有機体」 coordinate「～を調整する」 solution「解決策」 nuclei「細胞核（nucleus の複数形）」 often the case「よくあることだ」 gene「遺伝子」

（第③段）adhere to ～「～に密着する」 one another「互いに」 division「細胞分裂」 switch *A* on「*A* にスイッチを入れる」 exposed「さらされている」 involved in ～「～に関与した」 mechanism「構造, 仕組み」 ingredient「構成要素」 present「存在している」形容詞として用いられている。apply to ～「～に当てはまる」 deal with ～「～に対処する」 carve up ～「～を切り分ける」

（第④段）circuitous「回り道の」 regulatory protein「調節たんぱく質（遺伝子の発現の過程の調節を行うたんぱく質）」 correspond to ～「～に対応する」 molecular「分子の」 drive *A* to *do*「*A* に～させる」 early embryo「初期胚」 grip「～をしっかりつかむ」 in turn「今度は, 逆に」 set aside「残しておく」 reproductive cell「生殖細胞」 give rise to ～「～を生じさせる」 looped「環になった」

（第⑤段）in place「準備が整って」 elaborate「精巧な」 strive for ～「～を得ようと努力する」 proliferate「急速に増殖する」 crop up「発生する」 bring about「もたらす, 引き起こす」 wrench「～をねじり取る」 tear *A* off「*A* を引きちぎる」 overall「全体的な」

（第⑥段）consume「～を摂取する」 including「～を含めて, ～などの」 digest「～を消化する」 encounter「～に遭遇する」

（第⑦段）complexity「複雑さ」 cost「代償」 set *A* against *B*「*A* を *B* と対比する」 trade-off「折り合い」 abound「（動詞）たくさん存在する」 living world「生物界」 at the expense of ～「～を犠牲にして」 replace「～に取って代わる」 point out「指摘する」 last「（動詞）続く」 ecosystem「生態系」

II 解答
Q 11－5　**Q 12**－2　**Q 13**－4　**Q 14**－4　**Q 15**－5
Q 16－3　**Q 17**－5

Question "B". (The) way he/she expresses pain (is) based on his/her background(.)

━━━━━◆全　訳◆━━━━━

≪痛みを伝える比喩表現≫

① 比喩的な言葉は，不快な感情を自分自身そして他者に伝えようとするときに不可欠である。私たちが選択する隠喩は，苦しみの扱われ方と同様に，痛みの「感じ」方に大きな影響を及ぼす。もしも過去の人々がどのように苦しんだかを理解しようとするならば，私たちは，過去の人々が痛みを言葉にするときの障害のいくつかを克服するためにつかんだ言葉に注意を払う必要がある。

② 痛みを感じている人が比喩的な言葉をどのように使用しているかについてのより詳細な分析に移る前に，比喩的な言葉全般について，多少触れておくと役に立つかもしれない。比喩的な言葉とは，たとえば2つの事柄の間の類推（「痛みが彼の胃にかみついた」），直喩（「その痛みはネズミのように感じられ，彼の胃にかみついていた」），換喩語（「そのかみつきは続いていた」）のように，関連，比較，類似といったものを使用する修辞上の比喩表現である。簡単に言うと，「隠喩」という用語は，こういった比喩的な言葉すべてを指している。

③ 抽象的で隠喩的な概念は，身体的な経験と環境との相互作用から生じる。身体は，痛みの感覚を構成する比喩的な過程と社会的な相互作用に積極的に関わっている。そして文化が，生理的な身体と隠喩的な仕組みの創造に協力している。

④ 隠喩を理解するための手がかりは，とても複雑なことがよくある（たとえば，誰かが痛みを「鋭い」と描写しているとして，それが意味するのは「痛みが狭い範囲に限定されている，あるいは痛みがとても強い，それとも痛みが持続する時間が短い」なのだろうか）。隠喩を理解するための手がかりは，特に文字通りに理解すると，混乱することがたびたびある。たとえば，痛みが「青い炎のように痛む」と言うと，何を意味するのだろう。「私は文字通りお腹に物理的な痛みを感じたんだ。本当さ。物理的な痛み──まるで象があばら骨を蹴ったような痛みだ」と言う人をどのよ

うに理解すべきなのだろうか。お腹とあばらとの距離はかなりきちんと定められているというだけでなく，象に蹴られることが「文字通りに」どんな感じなのか，この人がどうして知っているのかも聞いてみなければならないかもしれない。

⑤　1957 年，ロンドンの国立病院の医師は次のように述べた。「私たちは pins and needles（ピンと針が刺すようにしびれてピリピリするという意味の慣用表現）という言い方をするものの，そのように表現される日常的な体験が，『本当の』ピンと針による数多くの継続的な使用によって与えられる実際の感覚とは似ていないと知っている。また，『焼けるような』痛みや『引き裂くような』痛みも，実際に焼かれたり引き裂かれたりする感覚とは明白に異なる」

⑥　「隠喩の選択」は，「道具や武器が人間の身体に与える影響の拡張とは全く異なる原理に基づいている」ようである。むしろ，隠喩自体が類推であり，大部分は視覚的かつ時間的な類似に基づいている。したがって，「もしも苦痛に満ちた経験が，突然に始まり突然に終わるという時間的な形態を持ち，さらに空間的に小さな部分に限定されているのなら，私たちはそれを射撃の痛み（刺すような痛み）と呼ぶ。この表現は，発砲の結果としての痛みの特性ではなく，発砲の『視覚的形態』に類似している。…『のこぎりで切っているような』痛みは，のこぎりを引くという動作の時間的な構造（リズミカルで，反復的で，たびたび浮き上がったり沈み込んだりする）を，のこぎりの視覚的な特徴づけに投影しているのである」描写されているのは，「感覚の時間的・空間的なパターン」である。身体と隠喩の対応は，痛みの世界も含め，人々が世界を経験する仕方を理解するための中心となるものである。

⑦　実際，荒々しい描写は苦しんでいる人の痛みを表現する。「完全な，ぼう大な，永遠の」といった語と同様，荒々しい描写は「明確な概念の欠如と思考の無力さ」を表している。こういった描写は，苦しんでいる人の最も基本的な自己に対する痛みの「極端な無力化の影響」を露わにするものである。おそらくはるかに重要なのは，極端な描写を用いることは，「他者の心の中に，正体の知れない，そして混乱させる感覚の本当に言い表せないような惨めさにつり合った感情を刺激する」試みだったということだ。「極端な描写は着想を伝える企てではなく，言い表すことのできな

い感情を表現する企てなのだ」

⑧　そして，言葉を通して，痛みに苦しむ人は，自分の世界をより混とんとしていないものに修正しようと試みただけでなく，助けと共感を求めて他者に働きかけようとしたのだ。人間の経験とは，「私たちが世界に肉体的に存在していることから浮かび上がってくる」。人は，自分自身でつくったのではない世界に生まれてくる。つまり，人はこの世界の中でしっかりと進んでいかなくてはならず，そのために，すでにある隠喩の道具だけでなく，身体的経験から想像して他の概念領域をつくりだす能力も使うのである。こういった隠喩は，痛みを反映しているだけでなく，相互作用的な社会的文脈内で痛みを構成するのに非常に重要なのである。

■━━━━━◀解　説▶━━━━━■

▶ **Q 11**.「パラグラフ①，②，③の筆者の説明に当てはまるのは次のうちのどれか」

1.「比喩的な説明は，象徴的なものではなく，世界的にほとんど違いがない」　たとえば，第②段第 2 文（Figurative languages are …）には，比喩的な言葉とは，関連や比較などを用いて修辞的に表現するものだと書かれており，non-symbolic「象徴的でない」とする記述は当てはまらないと考えてよい。「世界的にほとんど違いがない」については記述がない。

2.「隠喩は事実を表現する異なる方法を表し，それはすべての文化に共通である」　第③段最終文（And culture collaborates …）に，隠喩表現には文化も影響するとあることから，すべての文化に共通だとする選択肢の記述は誤りである。

3.「痛みを伝達するために用いられる言葉は皮相的で，苦しみが扱われる方法にささやかな影響を及ぼす」　第①段第 2 文（The metaphors we …）には，私たちが用いる隠喩は私たちの痛みの感じ方に深い影響を与えるとあることから，「皮相的」で「ささやかな影響」とする選択肢の説明は誤りである。

4.「感情を文字通り表現することは，人の痛みと苦しみとの相互作用の理解に決定的なものである」　第④段第 2 文（They are also …）に，隠喩は文字通りに受け取られたときには，混乱させるようなものになるという記述があるため，誤りだと判断できる。

5.「コミュニケーションや表現の方法の豊かな多様性は存在しており，

人間が自分の世界と相互に作用する多くの様々な方法を反映する」 第②段において, 様々なタイプの比喩的表現の例が示されていることから, 選択肢の前半部分の内容と一致する。また, 第③段第 1 文（Abstract, metaphorical concepts …）には, 人間と周囲の世界との相互作用により抽象的で隠喩的な概念が生じるとあることから, 選択肢の後半部分の内容についても一致する。

▶ **Q 12**.「パラグラフ④（1 行目に最初に言及されている）で議論されている隠喩の手がかりを表す適切な例を選べ」

1.「『私は 6 カ月で 10 キロやせた』」

2.「『不安になると心臓がのどに駆け上がってくる』」

3.「『私の視野は年々悪くなっている』」

4.「『39 度くらいの高熱がある感じだ』」

5.「『痛くて右足首を動かせないよ』」

　選択肢の中で 2 以外はみな文字通りの意味を表しており, 比喩表現として成り立っているのは 2 だけである。

▶ **Q 13**.「パラグラフ④（4，5 行目）において, ［Q 13a］と［Q 13b］にそれぞれ入れるのに最適な語の組み合わせは次のうちのどれか」

　［Q 13a］の直後の前置詞 of に着目する。make *A* of *B* で「*B* を *A* のように理解する」という表現になる。［Q 13b］については, 真意を説明するための I mean that「つまり」を入れれば, 文意が自然につながる。この mean は「本気で言っている」という意味を表す。よって 4 が正解。

▶ **Q 14**.「パラグラフ⑥において, 筆者が伝えようとしている主なメッセージは…である」

1.「世界は隠喩を通してのみ経験される」

2.「痛みのタイミングはその痛みの捉えられ方に強く影響はしない」

3.「不快さのある場所はその不快さが発生する日と同じくらい重要だ」

4.「痛みの知覚は, 様々な感覚や想像も含む可能性がある」

5.「装置がどのようにして私たちの世界に切り込んでいくのかを描写することが, 身体的な衝撃を把握する唯一の方法である」

　1・5 のような記述は本文にない。2 は主に第⑥段第 2 文（Instead, the metaphor …）などで痛みを表す隠喩における temporal「時間的」な性格が繰り返し強調されているため, 「強く影響はしない」というのは誤

りとわかる。また，3 については，同段同文に時間的な性格と並んで強調されているのは visual「視覚的」な性格であり「不快さのある場所」ではないので不適。よって，4 が正解と判断できる。

▶ **Q 15**.「パラグラフ⑦（4 行目）において，下線の表現は…という意味を伝えるために使われている」

1.「苦しみは抑制されないやり方によっては決して表現できない」

2.「長く退屈な説明は他者がより理解することを助ける」

3.「表現された感情はすべて日常生活の心配事にとっては重要ではない」

4.「人は，人生の困難にどのように対処しているかを適切に示すことができる」

5.「そのような表現は，全体として人間であることに対する経験の総量に基づいている」

　下線部は「最も基本的な自己」，つまり，人の最も基本的な部分での「人となり」を意味している。そのような人としての在り方について言及している選択肢は 5 である。

▶ **Q 16**.「下線の語 imaginatively（パラグラフ⑧，5 行目）を発音するとき，この語のある部分（シラブル）は最も強く強調されなければならない。次のうちのどれが，発音したときに最も強く強調される必要のある部分が同じか」

1.「音響と映像の」[ɔ̀:diouvíʒuəl]

2.「心臓血管の」[kà:*r*diouvǽskjulə*r*]

3.「識別力のある」[diskrímənətɔ̀:ri]

4.「理解できない」[inkàmprihénsəbl]

5.「過小評価された」[ʌndə*r*éstimèitid]

　選択肢の各語の意味と発音は，上記の通りである。本文の imaginatively は第 2 音節に最も強いアクセントがくる。同じ第 2 音節を最も強調して発音する語は 3 である。

▶ **Q 17**.「次のうちのどれが本文で言及されて<u>いない</u>か」

1.「人が経験する苦しみを伝えるのに語の置き換えが必要だ」 word replacements「語の置き換え」は，たとえば比喩表現のことを示すと考えてよいだろう。このことを踏まえ，第①段第 1 文（Figurative languages are …）には，不快な感覚を伝えるのに比喩表現は不可欠だと

あることから，内容的に一致する。よって不適。

2．「痛ましい出来事を共有する能力には制約がある」　たとえば第①段第3文（If we are …）によると，他者の苦しみについての話を理解するには，いくつかの障害を克服しなければならないとあることから，2の内容は本文で言及されていると考えてよい。よって不適。

3．「痛みの表現は，時間と空間の両方を取り込んだ描写を含む」　第⑥段第2文（Instead, the metaphor …）が手がかりになる。隠喩は視覚的および時間的な類似に基づいているとあるが，視覚的な類似というのは目で判断できる空間についての言及であると考えられるので，3の内容と一致していると考えてよい。よって不適。

4．「人が成長するそれぞれの環境は，感情が伝達される方法に影響を与える」　第③段最終文（And culture collaborates …）に，隠喩の仕組みに文化が関わっているとあることから，4の内容と合致していると考えてよい。よって不適。

5．「文字通りの言葉を使うことで，身体的な経験を主観的な感情に適切にたとえるのは簡単である」　第④段第2文（They are also …）にある通り，文字通りの表現は比喩表現を使うにあたって混乱させるようなものである。したがって，「適切にたとえるのは簡単」という5の内容とは一致しない。よってこれが正解となる。

▶ Question "B"．「記述式解答用紙に，Ⅱの本文の要約文が完成するように，下記の各語を適切な順序に並べ替えよ。本文全体の文脈の範囲内で，最も意味が通るように並べ替えること。記述式解答問題 "B" セクションに与えられた欄に答えを記入せよ。先頭の語は "The" で，6番目の語は "is" とする」

　並べ替えた後の文は「ある人が痛みを表現する方法は，その人がもつ背景に基づいている」という意味になる。与えられた語から，6番目の is の後には（be）based on 〜「〜に基づいた」という表現がくると判断できる。また，本文が痛みの表現における比喩についての文章であり，文化などの周囲の環境に基づいて表現がつくられるという内容であることから，based on の後は，his/her background「その人の背景」であると考えられるだろう。さらに，expresses の目的語としてふさわしいのは pain であると読み取れれば，残る語でつくることのできる主部は（The）way he/she expresses pain である。

＊━＊━＊━＊━＊　●語句・構文●　＊━＊━＊━＊━＊━＊━＊━＊━＊

（第①段）figurative「比喩的な」 indispensable「不可欠な」 seek to *do*
「～しようと試みる」 metaphor「隠喩」 profound「重大な」 impact
「影響」 If S be to *do*「もし～しようとするなら」be＋to 不定詞の〈意
図〉を表す用法である。pay attention to ～「～に注意を払う」 seize
hold of ～「～をつかまえる」 overcome「～を克服する」 obstacle「障
害」

（第②段）in general「全般の，一般的な」 move on to ～「（テーマなど
が）～に移る」 detailed「詳細な」 analysis「分析」 employ「～を使用
する」 rhetorical「修辞上の」 figure of speech「比喩（的表現）」
association「関連」 comparison「比較」 resemblance「類似」 analogy
「類推」 as shorthand「簡潔に言えば」 term「用語」 refer to ～「～
について述べる」

（第③段）abstract「抽象的な」 concept「概念」 emerge from ～「～か
ら発生する」 be engaged in ～「～に携わる，～に従事する」
constitute「～を構成する」 sensation「感覚」 collaborate「～と協力す
る」 physiological「生理的な」

（第④段）clue「手がかり，糸口」 confined「限定された」 intensity
「強度」 duration「持続する時間」 taken literally「文字通りに受け止
める」take には「理解する，受け止める」という意味がある。state S V
「～ということを述べる，宣言する」 gut「お腹」 rib「あばら骨」 not
only ～ but（also）…「～であるだけではなく，…である」 determine
「定める」

（第⑤段）physician「医師」 needle「針」 common experience「日常的
体験」 describe「～を描写する」 resemble「～に似ている」 multiple
「多数の」 successive「連続的な」 application「利用」 tear「～を引き
裂く」 manifestly「明らかに」

（第⑥段）principle「原理」 extension「拡張」 visual「視覚的な」
temporal「時間的な」 correspondence「類似，対応」 abruptly「突然
に」 spatially「空間的に」 shot「発砲」 property「特徴」
consequence「結果」 saw「のこぎりで切る」 project「～（イメージな

ど）を投影する」　structure「構造」　rhythmic「リズミカルな」
repetitive「繰り返しの」　highs and lows「上下の運動」
characterization「特徴づけ」　spatiotemporal「時空に関する」
be central to ～「～の中核をなす」
（第⑦段）wild「荒々しい」　mark「～を表す」　negation「欠如」
helplessness「無力さ」　reveal「～ということを明らかにする」　disable
「～を無力化する」　immoderate「極端な」　proportionate「つり合った」
misery「惨めさ」　endeavor「企て」　convey「～を伝える」
（第⑧段）render「～を修正する」　chaotic「混とんとした」　reach out
to ～「～に働きかける」　sympathy「共感」　of *one's* own *doing*「自分
自身の手で～した」　navigate「～をしっかりと進む」　domain「領域」
reflect「～を反映する」　crucial「決定的な」

Ⅲ 解答　Question "C". 危機

Q 18－4　Q 19－1　Q 20－2　Q 21－5　Q 22－5
Q 23－3　Q 24－2　Q 25－3　Q 26－3

◆全　訳◆

≪社会的な状況での病気の考察≫

①　病気になるということは，たとえどんなに軽いものでも，常に混乱を
もたらすものだ。もちろん私たちは，治ったとたんに，本当にどれほど混
乱したか忘れてしまう。だが，最近引いた風邪が実際どれほど面倒なもの
だったか，ふりかえって思い出してみよう。風邪というのはとても些細な
ものだが，感染が最も悪いときにはたぶんはっきりと物事を考えることは
できなかっただろうし，あまりに不快で読書，音楽，友だちとの付き合い，
食事ですら，楽しむことができなかっただろう――そして，これはたか
が風邪の話である。もっと深刻な病気にかかると，苦痛を伴う混乱，深刻
な不安と喪失感は避けがたいものだ。その上，病気にかかるとどうしても，
人は変わらざるを得なくなる。つまり，期待していたことを修正しなくて
はならないし，希望は打ち砕かれ，自己像は崩壊する。病気の人は変わる
ことを選ぶのではない。変わらざるを得ないのである。実際，crisis を意
味する中国語の記号は，2語の漢字で構成されていて，それぞれ危険と機
会を表している。

② 　健康を求める行動という現象には，多くの注目が集まっている。人々に自分が病人であると認めさせる要因は何か。どのような動機で，人は医療の専門家と面会の約束をするために電話をしたり，救急処置室に車で乗りつけて積極的に医療を求めたりするのか。その答えは明らかに多面的であり，単に一定の症状が存在するとか存在しないとかいうことをはるかに超えたことに基づいている。以前の病気に関する体験，医療の専門家に対する認識，家族の反応や圧力，そしてその症状の象徴的な意味と同様に，こういう人々が「どういう人」なのかということが決定的に重要なことである。つまり，こういったことやその他の多くの影響が，助けを求めるというあらゆる人の決心に通じるのである。

③ 　健康を求める行動は，身体的な症状が現れる感情的，心理的，そして社会的な事情によっても大きく影響される。完全で綿密な医療の専門家には，どのような患者に対しても，評価の一部分としてこういった事情の査定がなくては「ならない」。たとえば，仮定として 2 人の若い母親の事例を考えてみよう。2 人とも 26 歳で，生後 5 カ月の乳児を抱えている。さらに，2 人とも同じ部位に，特性が完全に似通っている「同一の」頭痛を感じていると想定しよう。それでも，この頭痛は，発生する生活環境を考慮すると，それぞれにとって全く異なるものだということがわかるのである。母親「A」は，現在のところ困惑していておびえている。時々，自暴自棄になる。このことについて彼女は誰にも話したことはないし，彼女がどれほど取り乱しているかを主治医が見抜き，巧みに，だが毅然として，彼女の気分の落ち込みを調査しなければ，彼女が自発的に主治医に告げることはない。この母親は，（「もし」彼らが尋ねれば）毎日，いかにして彼女が，腹痛に苦しみ泣き叫ぶ幼な子を叩いてしまいたいという衝動と闘っているか，主治医に話すだろう。実際，彼女は何度か，危うく我が子を叩きそうになったのである。彼女は，この衝動が抑えられないのではないかとおびえている。そのような出来事は彼女にとっても無関係ではなかった。小さい子どもの頃，彼女は，実の母親に繰り返しそして激しく叩かれたのだ。だが，彼女が主治医に電話をして予約を取るとき，彼女はただ「頭痛」とだけ伝えるのだ。

④ 　もう 1 人の頭痛持ちの母親「B」は，幸いなことにもっと短く扱うことができる。彼女の人生はまあまあ幸せで，家庭環境は安全で不安はなく，

心理的にも十分に統合されており，安定した自尊感情を持っている。事実，彼女は医療の専門家に電話をしようとは思わない。アスピリンを 2 錠飲めばうまくいくようだし，実際彼女は一度も電話をかけない。

⑤　同一の頭痛，だが大きく異なる問題。しかし，これを見極めるには，医療の専門家は，システム全体の階層の様々なレベルで患者の抱える問題を理解しなければならない。「おそらくは緊張性の頭痛，中枢神経系の腫瘍あるいは細菌による感染は除外」というような図表の但し書き程度では全く十分ではない。なのに，問診の焦点をたかだかこの程度に限定してしまう医療の専門家もいるのだ。もしも医療の専門家が母親「A」を査定するときにこのような目隠しをしてしまうつもりなら，間違いなく彼女は（薬が飲まれることはおろか，決して調合されることのない，あるいは逆に，薬が調合された途端に一度に飲まれてしまう）処方箋を持って「ありがとうございました」とぼそぼそつぶやきながら診療室を去るだろう。彼女は，本当の痛みを表現することはなく，おそらくは帰宅して感情を爆発させてしまうだろう。そして医療の専門家は，患者は満足したし，自分は十分な仕事をしたと信じるのだろう。

⑥　最後に，私たちは，こういった「同一の」頭痛の扱いに関して，微妙ではあるが決定的な点を一つ強調したい。適切な治療介入は，システム理論の理解から得られる。つまり，「入院患者に対する医者の接し方」とか「臨床的直感」の問題ではない。システム理論志向でない医療従事者は，患者の生活環境や人生について問診を行うことに価値を見出したり見出さなかったりするかもしれない。彼らは，こういうことは，人間関係の温かさや，人間中心主義，患者を全体観的に見ることだと思うかもしれない——あるいはそういったことは基本的に些細なことだと思うかもしれない。システム理論を理解している医療従事者の理解は異なる。つまり，この視点から見ると，包括的に患者を理解することは不可欠なことなのだ。システム理論に基づくアプローチなら，母親「A」の頭痛は，彼女が直面している感情面でのストレスによって影響され，おそらくは引き起こされてすらいるということが明確になる。こういったことについて彼女に問診をするのは，「親切だ」とか「敏感だ」というたぐいのことではなく，診断として完璧であることなのだ。母親「A」が二者システムのレベル（彼女と子ども）やシステムの家族レベル（彼女の夫はどこにいるのか。彼女

の人生における彼女自身の虐待経験はどのような役割を果たしているのか）で感じている怒りや不満や失望は，器官系のレベルで影響を及ぼしている。こういった影響の詳細な本質はまだ十分に説明されてはいないが，科学的研究は前途有望であり続けている。たとえば，母親「A」が経験しているような強いストレス（そして慢性のストレス）は，緊張性頭痛の患者において報告されているし，脳における防御的な適応反応を変化させ，結果として，免疫学的な変化を含め，脳の構造や機能における病態生理学的な変化を引き起こすと言われている。

⑦　システムの階層における異なるレベルの高度に相互作用的な性質をつかむことがなぜそんなにも決定的なのかという理由は，そのような理解がなければ，医療の専門家は患者のために最善の治療を処方することができないからである。母親「A」にとっては，この治療には明らかに鎮痛剤の処方以上のものを含む。たしかに，弛緩薬は彼女の筋肉のひきつりを和らげ，鎮痛剤は自覚的な痛みの経験を和らげるが，こういった治療介入は，問題を引き起こしているシステム階層のより高次の混乱を修正するためには何もしていない。医療の専門家は，個人的な精神療法のために心理療法士に照会するか，あるいは地域の家族と子育て支援サービスを通じて，母親「A」が，自分の子育ての能力や彼女の夫や子どもとの現在の関係に対する不安に対処するための援助をしなければならない。それが，この事例においては，適用可能な唯一の合理的な治療である。最後に，システム理論を真に理解している医療の専門家は，（システムのすべてのレベルでの適切な診断と治療の後に）「なぜ」頭痛が改善したのかを——そしてなぜ心理療法士が母親「A」と彼女の夫に対して行った 20 分のカウンセリングが，結果的に彼女の頭痛とつらい状況の効果的な治療につながった，有力な治癒力のある介入であったのかということを，確かに理解しているのである。

⑧　病気に対する反応を概念化する一つの方法が，重病を人生の全体的な状況の範囲内で発生する「発達上の危機」としてみなすことだと提案する人もいる。そのような視点からは，病気は人の恒常性や自己同一性の感覚に対する新しい，そして時には決定的に重大な難問だと捉えられるかもしれない。だが，人は，私たちが分類するために用いる輪郭よりもいやおうなく複雑なものであるということは心に留めておこう。それでもなお，病

気を，そのうちに凍りついてしまいすぐに忘れられてしまう単なる何か不幸な瞬間としてだけでなく，人間の進歩に決定的な示唆を持つことがよくある進化の過程と認識することには，何らかの価値があるかもしれない。

━━◀解　説▶━━

▶ **Question "C".**「下線の表現（パラグラフ①の最終文）にしたがって，本文中で論じられている概念に最もよく対応する 2 字の漢字で成り立つ最も適切な日本語を記述式解答問題 "C" セクションに与えられた欄に記入せよ。はっきりと書くこと」

　下線部を読むと，crisis という単語の意味を 2 字の漢字で表現すればよいことがわかる。また，下線部の直後の部分（representing …）から，1 字目の漢字には danger「危険」という意味があり，2 字目の漢字にはopportunity「機会」という意味があるとあることから，正解の「危機」が得られるだろう。

▶ **Q 18.**「パラグラフ②および③において，それぞれのパラグラフの第 1 文の下線の表現の筆者による用法は…ということを意味している」

1．「患者の病気はここでは唯一の関心事である」
2．「日常のライフスタイルにおける最善の選択は予防効果がある」
3．「人の言葉はその人の行動よりも雄弁でなくてはならない」
4．「安心を与えてくれる他者に頼る動機が存在する」
5．「暴力は隠すことができるし，いつも簡単に見つけられるわけではない」

　下線部直後の第②段第 2・3 文（What are the … medical care actively?）が，health-seeking behavior「健康を求める行動」という現象を理解するための要点を提示していると考えると，自分を患者とみなし，医療の専門家に会おうという動機のある人が健康を求める行動をする者だと解釈することができる。また，第③段の下線部を含む文を見ると，健康を求める行動をする要因として，感情面や心理面などの事情が存在すると述べられている。そこで，4 の内容と照らし合わせると，医療の専門家が others の具体例であり，to provide relief が感情面や心理面の事情に当たると考えれば，内容的にほぼ一致していると言える。

▶ **Q 19.**「パラグラフ④（4 行目）において，下線の表現の筆者による用法は…という点を強調することが意図されている」

1.「問題は取り除かれた」
2.「幸運は精神的な励みになる」
3.「パズルのピースが魔法のように一つになった」
4.「さらに大きな楽しみがその核家族世帯に加えられた」
5.「電話をすることができないことがその決定をするように強要した」

　下線部の do the trick は,「うまくいく」という意味の慣用表現である。下線を含む文の主語に着目すると, 2 錠のアスピリンがうまくいく, つまり頭痛が治るという意味と考えられることから, 1 が正解と言える。

▶ **Q 20**.「パラグラフ⑤（7 行目）において, 下線の語は…という意味を伝えるために用いられている」
1.「話し手の痛みの原因は適切に伝えられた」
2.「話し手は, ある種の不満を表現した」
3.「話し手は, 明快にそして感謝しながら, その結果に対する喜びを述べた」
4.「話し手は, 問題を医療の専門家と共有できてうれしかった」
5.「話し手は心からほっとしたが, 単に内気すぎて感謝の気持ちを適切に表現することができなかった」

　下線部で用いられている mutter(ed) は,「ぼそぼそ言う」という意味の動詞であるが, 本来ならはっきりと言うべき "Thank you"「ありがとう」をぼそぼそと言ったのだから, 実はありがたくは思っていないのだと解釈できる。したがって, 2 が正解と考えてよい。

▶ **Q 21**.「パラグラフ⑥（1 行目）において, [Q 21a] と [Q 21b] にそれぞれ入れるのに最適な語の組み合わせは次のうちのどれか」

	Q 21a	Q 21b
1.	抽象的な	二次的な
2.	重要な	感情のこもった
3.	大きな	小さな
4.	不可解な	不完全な
5.	微妙な	決定的な

　空所を含む文に emphasize「強調する」という動詞が用いられていることから, 筆者として言いたいことが示されている文であると推測できる。

さらに，空所が逆接の接続表現である yet「けれども」で結ばれていることから，yet の後続の［Q 21b］には筆者の論点の大事さを修飾する形容詞が入り，［Q 21a］にはそれと反対，もしくは留保するような表現が入ると考えられる。したがって，5 が正解と言える。

▶ **Q 22**.「パラグラフ⑥（8 行目）において，下線の語は…に最も意味が近い」

1.「寛大に」 2.「明らかに」 3.「個人的に」 4.「特に」

5.「完全に」

comprehensively は「包括的に」という意味であるから，5 が最も意味が近い。

▶ **Q 23**.「パラグラフ⑥（10 行目）において，次の語または語句のうちどれが［Q 23］に入れるのに最適か」

1.「アスピリンの錠剤」 2.「中枢神経系の腫瘍」

3.「感情的なストレス」 4.「熱」 5.「ウイルス」

母親「A」の頭痛が，何によって影響，または引き起こされているかを問う問題である。第⑥段最終文（For example, high …）に「母親『A』が経験しているような強いストレス（そして慢性のストレス）は，緊張性頭痛の患者において報告されている」とあり，母親「A」の頭痛はストレスが原因の可能性があると示唆されているのがわかる。よって 3 が正解。

▶ **Q 24**.「パラグラフ⑥における筆者の説明と合っているのは次のうちのどれか」

1.「システムに基づかない段階の評価は社会的要因を考慮している」

2.「患者が出現する背景が，原因となる影響を及ぼしうる」

3.「システムに基づく段階アプローチは人間の身体の器官系にのみ言及している」

4.「異なる患者が示す同一の症状は，同一のシステム的原因から出現する」

5.「身体全体に対するアプローチをあまり重要視しないことは，健康管理の最善策だ」

第⑥段第 3 文（Nonsystems-oriented healthcare …）に「システム理論志向でない医療従事者は，患者の生活環境や人生について問診を行うことに価値を見出したり見出さなかったりするかもしれない」とある。したが

って，逆にこのようなことに価値を見出すのが，筆者が重要だと強調していることと考えられる。2の「患者が出現する背景」は「患者の生活環境や人生」に対応する。よって2が正解。

▶ **Q 25**.「パラグラフ⑧（7 行目）において，次のうちのどの語が［Q 25］に入れるのに最適か」

　空所直後に time があるので，3の in を入れて in time「やがては」という表現にするのが適切。他の選択肢では内容的に意味が通らない。

▶ **Q 26**.「本文全体の表題として最も適当なものは次のうちのどれか」

1．「システムに基づかない異常性を有する患者」

2．「患者における小さな病因」

3．「社会的な状況での病気の考察」

4．「器官系中心の焦点化：第一の関心事」

5．「システムに基づかない一時的な時空に関する病気」

　特に母親「A」と母親「B」の治療に関する具体的な記述などを踏まえると，本文は病気をより大きな文脈で捉えるシステム理論について言及していることから，3が正解と判断できる。

━━━━◆━━◆━ ●語句・構文● ━◆━◆━◆━◆━◆━

（第①段）disruptive「破壊的な，混乱させる」 as soon as Ｓ Ｖ「～したとたんに」 recover「～から回復する」 trivial「些細な」 realm「範囲」 wrenching「苦痛を伴う」 profound「深刻な」 anxiety「不安」
inevitable「避けられない」 altered「変更された」 dashed「打ち砕かれた」 fragmented「崩壊した」 represent「～を表す」 respectively「それぞれ」

（第②段）give attention to ～「～に注意を払う」 phenomenon「現象」 identify *A* as *B*「*A* が *B* であると認識する」 motivate *A* to *do*「*A* に～する動機を与える」 healthcare professional「医療の専門家」
emergency room「救急処置室」 medical care「医療」 multifaceted「多面的な」 given「一定の」 symptom「症状」 critical「決定的に重要な」 perception「認識」 go into ～「～に通じる」

（第③段）affect「～に影響する」 thorough「徹底的な」 assessment「査定」 evaluation「評価」 hypothetical「仮定の」 nursing infants「乳児」 identical「そっくりの」 attribute「特性」 turn out to be ～

「～であることが判明する」 overwhelmed「困惑した」 terrified「おびえた」 at times「時々」 suicidal「自暴自棄の」 voluntarily「自分の意志で」 discern「～に気づく」 distraught「取り乱した」 tactfully「巧みに」 inquire into～「～を調べる」 depression「気分の落ち込み」 struggle with～「～に悪戦苦闘する」 urge「衝動」 beat「～を叩く」 scream「泣き叫ぶ」 in fact「実際」 come close「危うくしそうになる」 get out of hand「抑えが効かなくなる」 foreign「無関係な」

(第④段) deal with～「～を取り扱う」 reasonably「ほどほどに，まあまあ」 family setting「家庭環境」 secure「不安のない」 integrated「統合した，一貫した」 self-esteem「自尊感情」 aspirin「アスピリン（鎮痛剤）」 tablet「錠剤」 pick up a phone「電話をかける」

(第⑤段) hierarchy「階層」 note「メモ」 chart「図表」 read「～と書いてある」 rule out～「～を除外する」 tumor「腫瘍」 bacterial infection「細菌感染症」 just not～「全く～でない」 blinder「目隠し」 much less～「まして～でない」 leave A unexpressed「A を言わないままにしておく」 might well do「～だろう」

(第⑥段) regarding「～に関して」 management「扱い」 intervention「介入」 be derived from～「～から得られる」 systems theory「システム理論」 bedside manner「入院患者に対する医者の接し方」 clinical intuition「臨床的直感」 holistically「全体観的に」 perspective「視点」 make it clear that S V「～だということを明らかにする」 precipitate「～を引き起こす」 face「～に直面する」動詞として用いられている。 inquire of～「～に尋ねる」 sensitive「敏感な」 diagnostically「診断としては」 rage「怒り」 play a role「役割を果たす」 child abuse「児童虐待」 effect「影響」 organ system「器官系」 have yet to do「いまだ～していない」 delineate「～を説明する」 promising「前途有望の」 chronic「慢性的な」 tension「緊張性の」 adaptive response「適応反応」 resultant「結果として生じる」 immunological「免疫学的な」

(第⑦段) grasp「～を把握する」 interactive「相互作用的な」 prescribe「～を処方する」 treatment「治療」 relaxant「弛緩薬」 spasm「けいれん」 pain killer「鎮痛剤」 subjective「自覚的な」 disturbance「混乱」 referral「照会」 psychotherapist「心理療法士」

parenting「子育て」　rational「合理的な」　apply to ～「～に適用する」
counseling session「カウンセリング」　conduct「～を実施する」　potent
「有力な」　therapeutic「治癒力のある」　result in ～「結果として～に
なる」

（第⑧段）conceptualize「～を概念化する」　view *A* as *B*「*A* を *B* とみ
なす」　bear in mind「心に留めておく」　inevitably「いやおうなく」
categorize「分類する」　implication「示唆」

Ⅳ　解答　Q 27 – 5

◀解　説▶

「次の問いを注意深く読み，問いに答えよ。最適な答えを 1 つ選べ。解答
用紙に，問題の番号を見つけ，選んだ答えの番号に対応する空欄に記入せ
よ。以下の問いは<u>3 つの本文</u>すべて（Ⅰ，Ⅱ，Ⅲ）に関するものである」

▶ **Q 27**.「3 つの本文すべて（Ⅰ，Ⅱ，Ⅲ）について，正しく内容を要約
し，全体的な概念を表していると考えられる記述は次のどれか」

1.「システムの構成における複雑性は，比喩的なコミュニケーションの
方法を必要とする」

2.「人間，細胞，そして言語のコミュニケーションのそっくりな形式は，
最もよく形成されたシステムを創造する」

3.「健康，痛み，そして苦しみの全般的な質を向上させるためには，何
世代にもわたるゆっくりとした一時的な変化を必要とする」

4.「細菌性の病気は，システムに言葉では表せない痛みと苦しみを引き
起こし，最適な組織と手法を必要とする」

5.「より深く，そして多角的な視点から物事に取り組みそして評価をす
る積極的な努力は，よりよい理解にとってとても重要である」

　Ⅰの英文では，単細胞藻類の例を通して，進化を単に生物学的な視点だ
けでなく，周囲の環境との相互作用として捉え，Ⅱにおいては，身体的な
経験や環境との相互作用など，多角的な観点から比喩的な表現について論
じている。そして，Ⅲにおいては，2 人の母親の頭痛という事例から，そ
の母親の社会的背景などをも視野に入れた治療について考察している。こ
の 3 つの英文に共通しているテーマは，物事を多面的に様々なレベルから

捉えることの重要性であり，5が正解であると考えてよい。

❖講　評

　Ⅰは，単細胞生物を例に，細胞の進化について論じた文章である。本文は約1100語あり，例年通りの「超長文」問題である。下線部の意味を問う問題や空所補充など，単語や熟語の知識を基盤とした出題の他，内容説明や段落の主題など全体的な内容理解を問う出題で，総合的な英語力が試される構成になっている。Q1やQ5に代表されるように，内容説明などの中には前後関係を踏まえて解答する設問も見受けられるので注意が必要である。また，Q6は本文には具体的に記述されていない光合成のメカニズムについて答えるものであり，専門分野である理科の各分野についての知識は日頃からしっかりと身につけておきたい。

　Ⅱは，身体の痛みなどを伝える比喩表現を題材にした，約700語の長文問題である。設問の構成はⅠとほぼ同様である。その中でも，例えばQ11のように，十分に本文の内容を理解していないと判断に迷う設問があるので気をつけたい。また，アクセント問題も出題されており，総合的な英語力を測る傾向がより鮮明になっていると言えよう。

　Ⅲは，患者の生育歴などをも視野に入れて治療に当たるシステム理論と呼ばれるアプローチについて述べた英文である。本文が1200語を超えており，英文全体の意味をしっかりと踏まえながら読み進めていくことが大切である。

　Ⅳは，上記Ⅰ～Ⅲの長文の内容を踏まえた選択式の要約問題である。このような設問を大問として独立させていることからも，しっかりとした長文読解力が求められていることが窺える。

　全体的には，1000語前後の長文問題が3題出題されており，さらに内容的にも多岐にわたる設問がされていることから，難度はかなり高いと言ってよいだろう。

数学

I

◇**発想**◇　独立した小問 7 問。小問集合とはいえ，1 問 1 問はそう易しいわけではないので要注意。

(1)定石どおり，定積分部分を a とおいて積分計算する。

(2)2 次関数と対数関数の 2 つに分けて，交点の位置に着目するとよい。

(3)座席に $\boxed{1}$～$\boxed{15}$（テーブル①，②，③に 5 つずつ）の札がついていると考えて，A，B 2 人を割り当てればよい。

(4)(i)は，△CRQ∽△CPH に着目して辺（線分）の長さをたどっていく。(ii)ではメネラウスの定理を用いて AR：RQ をまず求める。

(5)A，B の x 座標を a，b とおいて，垂直条件を考える。

(6)第 s 群に並ぶ項を s で表すことと，第 $(s-1)$ 群まで全項数を数えておくことが重要である。

(7)回転の中心を原点で考える。つまり，平行移動する。

解答　(1)ア．$-\dfrac{2}{3}$　(2)イ．4　(3)ウ．$\dfrac{2}{21}$　エ．$\dfrac{1}{7}$

(4)オ．$2\sqrt{17}$　カ．$\dfrac{72\sqrt{17}}{17}$　(5)キ．$3x^2+\dfrac{2}{3}$

(6)ク．st^2　ケ．1452　コ．14　(7)サ．$\sqrt{6}+2\sqrt{2}+3$

━━━━◀解　説▶━━━━

≪小問 7 問≫

▶(1)　$a=\displaystyle\int_0^1 f(t)\,dt$ とおくと，$f(x)=2x^2-4x-a$ と表せるので

$$a=\int_0^1 (2t^2-4t-a)\,dt=\left[\frac{2}{3}t^3-2t^2-at\right]_0^1=-\frac{4}{3}-a$$

$a=-\dfrac{4}{3}-a$ を解いて　　$a=-\dfrac{2}{3}$　→ア

▶(2)　$f(x)=x^2-5x+3$，$g(x)=2\log_3 x$ とおく。

$f(0)=3>0$, $f(1)=-1<0$, $g(1)=0$ であるから，$y=f(x)$ と $y=g(x)$ は，$0<x<1$ の範囲に交点を1つもつ。 ……①

$$f(4)=-1, \quad g(4)=2\log_3 4 > 2\log_3 3 > 0$$

よって　　$f(4)<g(4)$

$$f(5)=3, \quad g(5)=2\log_3 5=\log_3 25 < \log_3 27 = 3$$

よって　　$f(5)>g(5)$

したがって，$y=f(x)$ と $y=g(x)$ は $4<x<5$ の範囲に交点が1つある。

……②

①，②により，2つの交点を α, β $(\alpha<\beta)$ とすれば，$\alpha<x<\beta$ の範囲において $f(x)<g(x)$ であるから，与えられた不等式を満たす自然数は，$x=1$, 2, 3, 4 の4個である。 →イ

▶(3) 15個の座席に1番から15番まで番号が振られているものとする。ただし，1番から5番までがテーブル①，6番から10番までがテーブル②，残りがテーブル③であるとする。

(i) A，B2人の着席のしかたは全部で $_{15}P_2$ 通りで，テーブル①に2人とも着席する場合の数は $_5P_2$ 通りあるから，求める確率は

$$\frac{_5P_2}{_{15}P_2}=\frac{5\cdot4}{15\cdot14}=\frac{2}{21} \quad →ウ$$

(ii) Aが着席したら，Bはその右側か左側に着席すればよい。Aの着席のしかたは15通りあるので，求める確率は

$$\frac{15\times2}{_{15}P_2}=\frac{1}{7} \quad →エ$$

▶(4)(i) 点Pから辺BCに垂線PHをひく。

$RQ=\sqrt{9^2-8^2}=\sqrt{17}$ より

$$PH=\sqrt{17}\times\frac{7+9}{9}=\frac{16}{9}\sqrt{17}$$

また，$HQ=8\times\dfrac{7}{9}=\dfrac{56}{9}$ であるから

$$BH=10-HQ=\frac{34}{9}$$

よって，直角三角形PBHにおいて

$$PB=\sqrt{\left(\frac{16\sqrt{17}}{9}\right)^2+\left(\frac{34}{9}\right)^2}=\sqrt{\frac{17(16^2+4\cdot17)}{81}}$$

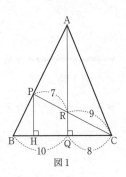

図1

$$= 2\sqrt{17} \quad \rightarrow オ$$

(ii)　図 2 において △AQB と線分 PC に対し，メネラウスの定理より

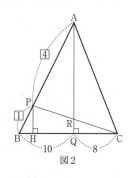

図 2

$$\frac{4}{1} \cdot \frac{10+8}{8} \cdot \frac{QR}{RA} = 1$$

$$AR : RQ = 9 : 1$$

また，図 1 において

$$BH : HQ = \frac{34}{9} : \frac{56}{9} = 17 : 28$$

であるから

$$AQ = PH \times \frac{17+28}{17} = \frac{16}{9}\sqrt{17} \cdot \frac{45}{17}$$

$$= \frac{80}{17}\sqrt{17}$$

ゆえに

$$AR = AQ \times \frac{9}{9+1} = \frac{80}{17}\sqrt{17} \times \frac{9}{10}$$

$$= \frac{72}{17}\sqrt{17} \quad \rightarrow カ$$

▶(5)　A，B の x 座標をそれぞれ a, b とおき，G の座標を (X, Y) とすると，OA⊥OB より

$$\overrightarrow{OA} \cdot \overrightarrow{OB} = 0$$

すなわち　　$(a, a^2) \cdot (b, b^2) = 0$

$$ab + a^2 b^2 = 0$$

$ab \neq 0$ であるから　　$1 + ab = 0$ ……①

また，重心 G について

$$X = \frac{a+b}{3}, \ Y = \frac{a^2+b^2}{3}$$

となるが，①により

$$a^2 + b^2 = (a+b)^2 - 2ab = (a+b)^2 + 2$$

よって

$$Y = \frac{(a+b)^2 + 2}{3} = \frac{(3X)^2 + 2}{3} = 3X^2 + \frac{2}{3}$$

ゆえに，Gの軌跡の方程式は

$$y = 3x^2 + \frac{2}{3} \quad \rightarrow キ$$

▶(6)(i)　第 s 群は

$$\cdots |s, \ 4s, \ 9s, \ 16s, \ \cdots, \ s^2s| \cdots$$

であるから，第 s 群の t 番目の項は t^2s である。　→ク

(ii)　第 $(s-1)$ 群末項までの全項数は

$$\sum_{k=1}^{s-1} s = \frac{(s-1)s}{2} 項$$

であるから，77 番目が第 s 群にあるとすれば，求める s の値は

$$\frac{(s-1)s}{2} < 77 を満たす最大の自然数$$

である。

$$(s-1)s < 154, \ 11 \times 12 = 132, \ 12 \times 13 = 156$$

により，求める s の値は 12，すなわち a_{77} は第 12 群にある。
第 11 群までに 66 項並んでいるので，a_{77} は第 12 群の 11 番目。
したがって　　$a_{77} = 11^2 \times 12 = 1452$　→ケ

(iii)　第 s 群内の項の総和は

$$s + 4s + 9s + 16s + \cdots + s^2 \cdot s = s \sum_{k=1}^{s} k^2 = \frac{1}{6}s^2(s+1)(2s+1)$$

第 s 群の末項は s^3 であるから

$$\frac{1}{6}s^2(s+1)(2s+1) \geqq 5s^3$$

$$(s+1)(2s+1) \geqq 30s$$

$$2s^2 - 27s + 1 \geqq 0$$

$$2\left(s - \frac{27 + \sqrt{721}}{4}\right)\left(s - \frac{27 - \sqrt{721}}{4}\right) \geqq 0 \quad \cdots\cdots①$$

$26 < \sqrt{721} < 27$ であるから

$$13.25 < \frac{27 + \sqrt{721}}{4} < 13.5, \ 0 < \frac{27 - \sqrt{721}}{4} < 0.25$$

よって，①を満たす最小の自然数 s は 14，すなわち第 14 群である。

$$\rightarrow コ$$

▶(7)　全体をまず，x 軸方向に -3，y 軸方向に -1 だけ平行移動して考え

ると，点 P は $P_0(6, 2)$，点 Q は $Q_0(0, 0)$ に移る。

このとき点 P_0 を原点 Q_0 を中心に 15° 回転し，その後，最初とは逆方向に平行移動すると，P′ の座標が求まる。

$OP_0 = 2\sqrt{10}$ となるので，点 P_0 の座標は

$$(2\sqrt{10}\cos\alpha, \ 2\sqrt{10}\sin\alpha)$$

$$\left(ただし，\ \cos\alpha = \frac{3}{\sqrt{10}}, \ \sin\alpha = \frac{1}{\sqrt{10}}\right)$$

と表すことができる。

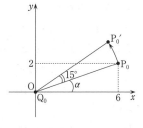

よって，点 P_0 を原点 Q_0 を中心に回転させると，回転させた点 P_0' の x 座標は

$$2\sqrt{10}\cos(\alpha + 15°)$$

となる。

$$\cos 15° = \cos(45° - 30°) = \cos 45° \cos 30° + \sin 45° \sin 30° = \frac{\sqrt{3}+1}{2\sqrt{2}}$$

$$\sin 15° = \sin(45° - 30°) = \sin 45° \cos 30° - \cos 45° \sin 30° = \frac{\sqrt{3}-1}{2\sqrt{2}}$$

により，点 P_0' の x 座標は

$$2\sqrt{10}\cos(\alpha + 15°) = 2\sqrt{10}(\cos\alpha\cos 15° - \sin\alpha\sin 15°)$$

$$= 2\sqrt{10}\left(\frac{3}{\sqrt{10}} \cdot \frac{\sqrt{3}+1}{2\sqrt{2}} - \frac{1}{\sqrt{10}} \cdot \frac{\sqrt{3}-1}{2\sqrt{2}}\right)$$

$$= \sqrt{6} + 2\sqrt{2}$$

したがって，点 P_0' を再び x 軸方向に 3 だけ平行移動して戻せばよいので，求める x 座標は

$$\sqrt{6} + 2\sqrt{2} + 3 \quad →サ$$

II ◆発想◆ 領域 D の境界線が 2 直線であるから，まず，与えられた式を因数分解する。また，直線 l_1 の傾きは $\tan\theta$ である。

解答 (1)シ. $(2-k)x$ ス. $-kx + 10$ (2)セ. $-\dfrac{1}{2}$ ソ. $-\dfrac{1}{2}k^2 - 5k + 10$

(3)タ. $0 < k < 1$ (4)チ. $\dfrac{3}{4}$ ツ. $\dfrac{2}{3}$

━━━━━◀解 説▶━━━━━

≪接線の方程式，領域の面積≫

▶(1) 与えられた不等式により

$$\{(k-2)x+y\}\{kx+y-10\}\leqq0$$

よって，境界線は

$$y=(2-k)x, \quad y=-kx+10$$

であるが，$0<k<2$ であり，l_1 は傾きが正であるから

$$l_1 : y=(2-k)x \quad →シ$$

$$l_2 : y=-kx+10 \quad →ス$$

となる。

参考 与式を因数分解するコツは，k について整理したとき

$$x^2k^2+(-2x^2+2xy-10x)k+(y-10)(y-2x) \quad (\leqq0)$$

となることから，たすきがけを用いればよい。

▶(2) 放物線 C において，$y'=2\alpha x-10\alpha$ であるから，$x=k+5$ における
接線の方程式は，接点 $(k+5, \ \alpha k^2+\beta)$，傾き $2\alpha k$ となるから

$$y=2\alpha k(x-k-5)+\alpha k^2+\beta=2\alpha kx-\alpha k^2-10\alpha k+\beta$$

となり，これが l_2 と一致するので

$$2\alpha k=-k, \quad -\alpha k^2-10\alpha k+\beta=10$$

これらを整理すると，$0<k<2$ より

$$\alpha=-\frac{1}{2}, \quad \beta=-\frac{1}{2}k^2-5k+10 \quad →セ，ソ$$

▶(3) (2)より，C の方程式は

$$y=-\frac{1}{2}(x-5)^2-\frac{1}{2}k^2-5k+10=-\frac{1}{2}x^2+5x-\frac{1}{2}k^2-5k-\frac{5}{2}$$

よって，C と l_1 が異なる2点で交わるとき

$$-\frac{1}{2}x^2+5x-\frac{1}{2}k^2-5k-\frac{5}{2}=(2-k)x$$

整理して $\quad x^2-2(k+3)x+(k^2+10k+5)=0$

判別式を D とすると，$D>0$ が成り立つので

$$\frac{D}{4}=(k+3)^2-(k^2+10k+5)>0$$

$$-4k+4>0$$

$k < 1$

$k > 0$ であるから，求める k の値の範囲は　　$0 < k < 1$　→タ

▶(4)　$\tan\theta = 2 - k = \dfrac{5}{4}$ より　　　$k = \dfrac{3}{4}$　→チ

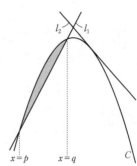

このとき

$$l_1 : y = \frac{5}{4}x, \quad l_2 : -\frac{3}{4}x + 10$$

$$C : y = -\frac{1}{2}(x-5)^2 + \frac{191}{32}$$

$$D : \left(-\frac{5}{4}x + y\right)\left(\frac{3}{4}x + y - 10\right) \leqq 0$$

となり，共通部分は右図の網かけ部分である。

l_1 と C の交点の x 座標を p, q $(p < q)$ とすると，求める面積は

$$\int_p^q \left\{-\frac{1}{2}(x-5)^2 + \frac{191}{32} - \frac{5}{4}x\right\}dx = \int_p^q \left\{-\frac{1}{2}(x-p)(x-q)\right\}dx$$

$$= -\frac{1}{6}\cdot\left(-\frac{1}{2}\right)(q-p)^3$$

$$= \frac{1}{12}(q-p)^3$$

と表せる。ここで，p, q は

$$-\frac{1}{2}(x-5)^2 + \frac{191}{32} = \frac{5}{4}x$$

整理して　　　$x^2 - \dfrac{15}{2}x + \dfrac{209}{16} = 0$

の解であるから，解と係数の関係により

$$p + q = \frac{15}{2}, \quad pq = \frac{209}{16}$$

したがって

$$(q-p)^2 = (p+q)^2 - 4pq = \left(\frac{15}{2}\right)^2 - 4\cdot\frac{209}{16} = 4$$

$q - p > 0$ より　　　$q - p = 2$

よって，求める面積は

$$\frac{1}{12}\cdot 2^3 = \frac{2}{3}$$　→ツ

(注) 定積分の計算において，次の公式を利用した。

$$\int_{\alpha}^{\beta}(x-\alpha)(x-\beta)\,dx = -\frac{1}{6}(\beta-\alpha)^3$$

III ◆発想◆ 地道に四則計算の処理をするしかない。(3)は，平均値が１点ずれたときの分散への影響をきちんと考えなければならない。

解答 (1)テ. 92

(2)

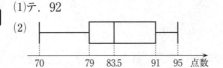

(3)ト. D　ナ. 74

━━━━━◀解　説▶━━━━━

≪平均・分散，箱ひげ図≫

▶(1)　10人の平均値が84.0であるから

$$\frac{95+70+88+84+91+79+83+81+x+y}{10}=84$$

∴　$x+y=169$ ……①

10人の分散が53.0であるから，偏差の2乗の平均を計算して

$$\frac{11^2+(-14)^2+4^2+0^2+7^2+(-5)^2+(-1)^2+(-3)^2+(x-84)^2+(y-84)^2}{10}$$

$$=53$$

$$(x-84)^2+(y-84)^2=113 \quad ……②$$

ここで，$X=x-84$，$Y=y-84$ とおくと，①，②はそれぞれ

$$X+Y=1 \quad ……①'$$

$$X^2+Y^2=113 \quad ……②'$$

となる。これらを

$$X^2+Y^2=(X+Y)^2-2XY$$

に代入すると

$$113=1^2-2XY \quad すなわち \quad XY=-56 \quad ……③$$

となる。①'，③により，X，Y は t の2次方程式 $t^2-t-56=0$ の解であり，これを解くと

$$(t-8)(t+7)=0 \quad \therefore \quad t=8,\ -7$$

$x>y$ より $X>Y$ であるから　　$X=8,\ Y=-7$

したがって　　$x=84+8=92$　→テ

$y=84-7=77$

▶(2)　データ数が 10 個であるから，第 1 四分位数は下から 3 番目の 79，第 2 四分位数は 5 番目と 6 番目（83 と 84）の平均，第 3 四分位数は 8 番目の 91 である。

最低点は 70，最高点は 95 であるから，箱ひげ図は〔解答〕のようになる。

▶(3)　入学しなかった受験者の点数を z，受験者Kの点数を k とすると，平均点については

$$\frac{84\times10-z+k}{10}=83 \quad \therefore \quad z-k=10$$

すなわち，入学しなかった受験者と受験者Kとの得点差は 10 点（Kの方が低い）。

平均値が 83 点のとき，AからJまでの 10 人の分散は

$$\frac{12^2+(-13)^2+5^2+1^2+8^2+(-4)^2+0^2+(-2)^2+9^2+(-6)^2}{10}=54$$

$$\cdots\cdots(*)$$

となるので，AからJのうち 1 人が抜けて受験者Kが入って，分散が 62 になるということは，上の(*)の左辺の分子の値が $(62-54)\times10=80$ だけ大きくなるということである。(*)の左辺の分子の 10 個の値のうち，80 増えたときにちょうど平方数になるのは，1^2 だけである（平均・分散は四捨五入していないため，整数値で考えればよい）。

よって，偏差が 1 であるDが入学しなかった受験者である。　→ト

Dの得点は 84 点であるから，Kの得点は 74 点である。　→ナ

❖講　評

　例年通りの形式で，Ⅰが小問集合，大問Ⅱ・Ⅲはそれぞれ 1 つのテーマに沿った問題である。

　Ⅰの小問集合の計算が意外とやっかいで，2020 年度は小問ごとの計算量に大きな差があった。ただ，テーマ的には典型的なものが多いので，確実にクリアしたい。

　IIは，まず領域の境界線が2直線と問題文で述べられていることを利用して因数分解する。面積自体は，いわゆる6分の1公式といわれるものを用いて計算するが，交点の x 座標を求めるのは困難なので，解と係数の関係を用いる。

　IIIは，平均・分散の計算をきちんと処理するだけである。箱ひげ図を描かせるのは新しい試みである。(3)は平均点のずれによって，分散の計算がどう変わるかをきちんと追いかけないと，正解にはたどりつかない。

化学

1　解答

〔Ⅰ〕問 1．(1)(2) 17　(3) 7

問 2．① $2F_2 + 2H_2O \longrightarrow 4HF + O_2$

② $SiO_2 + 6HF \longrightarrow H_2SiF_6 + 2H_2O$

③ $MnO_2 + 4HCl \longrightarrow MnCl_2 + 2H_2O + Cl_2$

⑤ $HClO + H_2O_2 \longrightarrow HCl + H_2O + O_2$

問 3．陽極：$2Cl^- \longrightarrow Cl_2 + 2e^-$

陰極：$2H_2O + 2e^- \longrightarrow H_2 + 2OH^-$

問 4．2・3・6

問 5．4

問 6．4

〔Ⅱ〕問 7．ア．配位子　イ．正八面体　ウ．2　エ．青白

問 8．$[Fe(CN)_6]^{3-}$

問 9．$K_{Mb} + [O_2]$

問 10．(6)〜(8) 0.97　(9)〜(11) 0.93

━━━━◀解　説▶━━━━

≪ハロゲンの性質と反応，酸化還元反応，鉄の錯イオン，酸素結合度の平衡反応≫

◆〔Ⅰ〕▶問 1．ハロゲンは，希ガスの一つ前の族で，価電子が 7 個なので，1 価の陰イオンになりやすい。

▶問 2．①　フッ素の酸化力を使った酸化還元反応。フッ素は酸化力がとても強いので，水を酸化して酸素を発生させる。

②　フッ化水素酸は，ガラスを溶かす性質がある。

③　二酸化マンガンが酸化剤としてはたらき，塩化水素を酸化して塩素を発生させる。

⑤　次亜塩素酸は酸化力が強く，過酸化水素を酸化して酸素を発生させる。

▶問 3．陽極では塩化物イオンが電子を放出し塩素が発生する。

陰極では水が電子を受け取って水素が発生する。

▶問 4．2．フッ素の電気陰性度は 4.0 で，すべての原子の中で最も大き

い。

3．フッ素分子の酸化力は全ての単体や化合物の中で最も大きい。

6．フッ化水素は，分子間に水素結合をもつので，その他のハロゲン化水素よりも沸点が高い。

▶問5．臭素が付加反応できるのは，二重結合をもつ物質なので，フマル酸である。

$$
\begin{array}{c}
\text{HOOC} \diagdown \diagup \text{H} \\
 C{=}C \\
\text{H} \diagup \diagdown \text{COOH}
\end{array}
$$
　　　　フマル酸

▶問6．ヨウ化カリウムデンプン紙が青紫色に変化するのは，ヨウ化カリウム中のヨウ化物イオンが酸化されてヨウ素になり，ヨウ素デンプン反応を起こすからである。選択肢の物質で酸化力がないのは NH_3 である。

◆〔II〕　▶問7．金属イオンに配位結合するのが配位子であり，配位子の数を配位数と呼ぶ。そして配位数が2個ならば直線型，4個ならば正方形型や正四面体型，6個ならば正八面体型の錯体となる。

▶問8．ヘキサシアニド鉄(III)イオンに Fe^{2+} を加えたり，ヘキサシアニド鉄(II)イオンに Fe^{3+} を加えたりすると，濃青色の沈殿が生じる。この濃青色の沈殿はどちらも同じ物質で，化学式は $KFe[Fe(CN)_6]$ である。

▶問9．$K_{Mb} = \dfrac{[Mb][O_2]}{[MbO_2]}$　　$\therefore$　$[MbO_2] = \dfrac{[Mb][O_2]}{K_{Mb}}$

これを S_{Mb} に代入して

$$
S_{Mb} = \dfrac{\dfrac{[Mb][O_2]}{K_{Mb}}}{[Mb] + \dfrac{[Mb][O_2]}{K_{Mb}}} = \dfrac{[Mb][O_2]}{[Mb]K_{Mb} + [Mb][O_2]}
$$

$$
= \dfrac{[O_2]}{K_{Mb} + [O_2]}
$$

▶問10．問9より，$S_{Mb} = \dfrac{[O_2]}{K_{Mb} + [O_2]}$ である。

酸素濃度が 1.86×10^{-4} mol/L のとき，Mb の半数が酸素と結合するので，$[O_2] = 1.86 \times 10^{-4}$，$S_{Mb} = 0.5$ を代入して

$$
0.5 = \dfrac{1.86 \times 10^{-4}}{K_{Mb} + 1.86 \times 10^{-4}} \quad \therefore \quad K_{Mb} = 1.86 \times 10^{-4} \text{〔mol/L〕}
$$

これを用いて，動脈血の S_{Mb} は

$$S_{Mb} = \frac{6.65 \times 10^{-3}}{1.86 \times 10^{-4} + 6.65 \times 10^{-3}} = 0.972 \fallingdotseq 0.97$$

また，静脈血の S_{Mb} は

$$S_{Mb} = \frac{2.66 \times 10^{-3}}{1.86 \times 10^{-4} + 2.66 \times 10^{-3}} = 0.934 \fallingdotseq 0.93$$

2 解答

〔Ⅰ〕問 1．(12)〜(14) 8.0×10^{-3}

問 2．(15)— 3　(16)— 1　(17)— 1

問 3．(18) 2　(19) 1　(20) 0

問 4．(21)〜(24) 6.2×10^{00}　(25)〜(28) 3.5×10^{-2}　(29)〜(32) 2.0×10^{-4}

問 5．ア— 6　イ— 3　ウ— 4

〔Ⅱ〕問 6．固体がある間は Z が飽和状態のため濃度は一定で，加水分解の速度も一定となるから。(40 字以内)

◀解　説▶

≪反応速度と反応次数，反応速度定数≫

◆〔Ⅰ〕▶問 1．$X \longrightarrow 2Y$ は物質量の比が 1：2 の反応なので，Y の増加速度は，X の減少速度の 2 倍である。

よって　　$4.0 \times 10^{-3} \times 2 = 8.0 \times 10^{-3}$〔mol/(L·min)〕

▶問 2．反応速度定数は，温度と活性化エネルギーの関数なので，その他の条件は無関係である。よって，濃度を高くしても変わらないが，温度を高くしたり，触媒を加えて活性化エネルギーを小さくしたりすると，反応速度定数は大きくなる。

▶問 3．時間とともに濃度の減少量が変化しないのは，反応速度が一定だということなので，X_C は 0 次反応である。

そして，X_C からのずれが小さい方が 1 次式，大きい方が 2 次式である。

▶問 4・問 5．X_A では

$$v = \frac{8.0 - 6.4}{5} \times 10^{-3} = 3.2 \times 10^{-4}〔mol/(L·min)〕$$

$$[\overline{X_A}] = \frac{8.0 + 6.4}{2} \times 10^{-3} = 7.2 \times 10^{-3}〔mol/L〕$$

$$[\overline{X_A}]^2 = 51.84 \times 10^{-6} (mol/L)^2$$

$$k = \frac{3.2 \times 10^{-4}}{51.84 \times 10^{-6}} = 6.17 \doteqdot 6.2 \, [\text{L/mol·min}]$$

$\mathbf{X}_\text{B}$ では

$$v = \frac{8.0 - 6.7}{5} \times 10^{-3} = 2.6 \times 10^{-4} \, [\text{mol/(L·min)}]$$

$$[\overline{\mathbf{X}_\text{B}}] = \frac{8.0 + 6.7}{2} \times 10^{-3} = 7.35 \times 10^{-3} \, [\text{mol/L}]$$

$$k = \frac{2.6 \times 10^{-4}}{7.35 \times 10^{-3}} = 3.53 \times 10^{-2} \doteqdot 3.5 \times 10^{-2} \, [\text{/min}]$$

$\mathbf{X}_\text{C}$ では

$$v = \frac{8.0 - 7.0}{5} \times 10^{-3} = 2.0 \times 10^{-4} \, [\text{mol/(L·min)}]$$

$$v = k = 2.0 \times 10^{-4} \, [\text{mol/(L·min)}]$$

◆〔II〕 ▶問6．溶け残った化合物の固体があるうちは，飽和状態のため濃度変化がない。濃度変化がないと反応速度も変化がない。固体がなくなると，通常の加水分解の反応なので，1次反応となる。

3 解答

問1．3
問2．ア．陰　イ．疎水
問3．②チンダル現象　③ブラウン運動　④電気泳動　⑤凝析
問4．(37)〜(39)1.5×10^{-2}
問5．(40)〜(43)1.5×10^{19}　(44)〜(46)4.0×10^{2}
問6．3

━━━━━◀解　説▶━━━━━

≪コロイドの性質とコロイド粒子，浸透圧≫

▶問1．コロイド粒子の大きさは，溶質粒子や溶媒粒子の100倍程度である。

▶問2．水酸化鉄(III)のコロイド粒子は，H^+ を吸着して正の電荷を帯びている。

▶問3．②　チンダル現象は，コロイド粒子の大きさが光の波長と似ており，その表面で光がよく散乱されるためにおこる現象である。

③　ブラウン運動は，水分子が熱運動によって，コロイド粒子に絶えず不規則に衝突しているからおこる現象である。

④　電気泳動は，コロイド粒子が表面に電荷を帯びているためにおこる現象である。

⑤　凝析は，疎水コロイドの溶液に，少量の電解質を加えると沈殿する現象である。

▶問 4．この反応の化学反応式は

$$FeCl_3 + 3H_2O \longrightarrow Fe(OH)_3 + 3HCl$$

塩化鉄(Ⅲ)の物質量は，$2.0 \times \dfrac{5.0}{1000} = 0.010$〔mol〕なので，水酸化鉄(Ⅲ)の物質量は 0.010 mol，塩酸の物質量は 0.030 mol である。セロハン膜内の塩酸はセロハン膜を自由に通過できる。平衡状態になった後の塩酸の物質量は，セロハン膜内もセロハン膜外も 0.015 mol となる。よって，セロハン膜外の塩酸を中和させる水酸化ナトリウムの物質量も 0.015 mol となる。

▶問 5．高さ 1.0 m の水柱が示す圧力を 1.0×10^4 Pa としてあるので，1.0 cm の水柱が示す圧力は 1.0×10^2 Pa である。また，6.0 cm の液面差が生じているため，浸透圧は 6.0×10^2 Pa である。U 字管の断面積が 1.0 cm^2 であり，水は 3.0 mL 移動しているので，コロイド溶液の体積は 100 + 3.0 mL である。よって，コロイド粒子の物質量を n〔mol〕とおくと，ファントホッフの法則より

$$6.0 \times 10^2 \times \frac{103}{1000} = n \times 8.31 \times 10^3 \times 300$$

$$\therefore \quad n = \frac{206}{8.31 \times 10^6} \text{〔mol〕}$$

よって，コロイド粒子の個数は

$$\frac{206}{8.31 \times 10^6} \times 6.02 \times 10^{23} = 1.49 \times 10^{19} \fallingdotseq 1.5 \times 10^{19} \text{ 個}$$

また，コロイド粒子 1 つに含まれる水酸化鉄(Ⅲ)の個数は

$$0.010 \div \frac{206}{8.31 \times 10^6} = 4.03 \times 10^2 \fallingdotseq 4.0 \times 10^2 \text{ 個}$$

▶問 6．正のコロイドなので，陰イオンで価数が大きいイオンが最も少ない物質量で沈殿する。

4 解答

〔Ⅰ〕問1．⒁—1　⒆—4

問2．ソーダ石灰は，水と二酸化炭素をともに吸収するため。（25字以内）

問3．$C_{16}H_{13}NO_3$

問4．H_2SO_4

問5．アニリンブラック

問6．A.〔構造式〕　D.〔構造式〕

F.〔構造式〕

〔Ⅱ〕問7．L.〔構造式〕　M.〔構造式〕

N.〔構造式〕　O.〔構造式〕

◀解　説▶

≪分子式 $C_{16}H_{13}NO_3$ の構造決定と元素分析，ベンゼンの誘導体，分子量122の化合物の構造決定≫

◆〔Ⅰ〕　▶問1・問2．塩化カルシウムは中性，ソーダ石灰は塩基性である。塩化カルシウムは水しか吸収しないが，ソーダ石灰は水とも酸性の二酸化炭素とも反応する。

▶問3・問6．炭素の質量は　　$140.8 \times \dfrac{12}{44} = 38.4$〔mg〕

水素の質量は　　$23.4 \times \dfrac{2}{18} = 2.6$〔mg〕

これより，炭素原子と水素原子の物質量の比は

$$C : H = \dfrac{38.4}{12} : \dfrac{2.6}{1.0} = 16 : 13$$

ベンゼンをニトロ化するとニトロベンゼン（化合物H）が生じ，ニトロベンゼンをスズと塩酸で還元するとアニリン塩酸塩（化合物I）が生じる。これに水酸化ナトリウムを用いて，弱塩基の遊離反応をさせ，アニリン（化合物C）を生成する。

ベンゼンをスルホン化するとベンゼンスルホン酸（化合物J）が生じ，ベ

ンゼンスルホン酸を水酸化ナトリウムでアルカリ融解するとナトリウムフェノキシド（化合物 **K**）が生じる。これに塩酸を用いて，弱酸の遊離反応をさせ，フェノール（化合物 **D**）を生成する。

ここで，化合物 **A** を加水分解すると，化合物 **C** アニリン（C_6H_7N）と化合物 **D** フェノール（C_6H_6O）と化合物 **E** が生じることより，**E** の炭素原子の数は，$16-6-6=4$ である。

また，**E** はジカルボン酸で，水素を付加するため炭素間二重結合がある。さらに，加熱すると脱水するのでシス型である。よって，マレイン酸（$C_4H_4O_4$）となる。

ゆえに，**A** の分子式は

$$C_6H_7N + C_6H_6O + C_4H_4O_4 - 2H_2O = C_{16}H_{13}NO_3$$

また，化合物 **E** および **F** に H_2 を反応させると，同じ化合物 **G** が生成することから，**F** はマレイン酸の異性体であるフマル酸とわかる。

▶問 4．ニトロ化の場合は濃硫酸は触媒となり，スルホン化の場合は濃硫酸が置換反応をする。

▶問 5．アニリンは二クロム酸カリウムで酸化されると黒くなり，さらし粉で酸化されると赤紫になる。

◆〔Ⅱ〕　▶問 7．化合物 **L** はベンゼンの一置換体で，銀鏡反応をするので，アルデヒド基が存在する。ベンゼン環 C_6H_5（分子量 77）とアルデヒド基 CHO（分子量 29）で合計 106 である。分子量を 122 にするためにはあと 16 必要なので，酸素原子をもつ。よって，⟨ベンゼン環⟩$-O-\overset{\underset{\parallel}{O}}{C}-H$ である。

化合物 **M** はベンゼンの一置換体で，ヨードホルム反応陰性，銀鏡反応陰性，塩化鉄（Ⅲ）水溶液でも呈色しない。ただ，金属ナトリウムと反応して水素を発生するため，アルコール性ヒドロキシ基がある。この条件で分子量が 122 になるのは⟨ベンゼン環⟩$-CH_2-CH_2-OH$ である。

化合物 **N** はベンゼンのパラ二置換体で，銀鏡反応陽性，塩化鉄（Ⅲ）水溶液で呈色するので，アルデヒド基とフェノール性ヒドロキシ基がある。この条件で分子量が 122 になるのは HO$-$⟨ベンゼン環⟩$-\overset{\underset{\parallel}{O}}{C}-H$ である。

化合物 **O** はベンゼンのパラ二置換体で，アルデヒド基，ケトン基，ヒドロキシ基，カルボキシ基がすべてないので，酸素を含む化合物としてはエーテルしかない。この条件で分子量が122になるのは $CH_3-\langle\bigcirc\rangle-O-CH_3$ である。

5 解答

〔Ⅰ〕問1．ア．アデニン　イ．シトシン
ウ．二重らせん

問2．

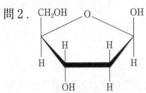

問3．

DNAの主鎖 ⋯ DNAの主鎖

問4．(50)～(52) 309　(53)～(56) 6.2×10^{-12}　(57)～(59) 2.3×10^2

〔Ⅱ〕問5．エ・オ．高級脂肪酸・グリセリン

問6．$C_{51}H_{98}O_6$

問7．A．$C_6H_{12}O_6 + 6O_2 \longrightarrow 6CO_2 + 6H_2O$

B．$2C_{51}H_{98}O_6 + 145O_2 \longrightarrow 102CO_2 + 98H_2O$

問8．(60)～(63) 7.03×10^{-1}　(64)～(66) 1.2×10^2　(67)～(69) 1.1×10^2

━━━━━◀解　説▶━━━━━

《核酸と DNA の構造，DNA の質量，糖類と油脂の代謝》

◆〔Ⅰ〕▶問1．RNA はチミンの代わりにウラシルが入っていて，構造は一本鎖である。

▶問2．デオキシリボースは，リボースの2位にあるヒドロキシ基の酸素がない構造である。

▶問3．グアニンとシトシンは水素結合が3本，アデニンとチミンは水素結合が2本である。

▶問 4．グアニンが 20 ％なので，シトシンは 20 ％，アデニンとチミンが
それぞれ 30 ％である。これよりヌクレオチドの平均式量を求めると

$$329 \times 0.20 + 289 \times 0.20 + 313 \times 0.30 + 304 \times 0.30 = 308.7 \fallingdotseq 309$$

塩基対が 60 億個あるので，ヌクレオチドは 120 億個必要である。
よって，1 つの細胞が有する DNA の質量は

$$\frac{1.2 \times 10^{10}}{6.02 \times 10^{23}} \times 308.7 = 6.15 \times 10^{-12} \fallingdotseq 6.2 \times 10^{-12} \,(\mathrm{g})$$

また，細胞が 37 兆個あるので，ヒト 1 人が有する DNA の総量は

$$6.15 \times 10^{-12} \times 3.7 \times 10^{13} = 2.27 \times 10^2 \fallingdotseq 2.3 \times 10^2 \,(\mathrm{g})$$

◆〔Ⅱ〕　▶問 5．油脂は，グリセリン $C_3H_5(OH)_3$ と高級脂肪酸のトリエ
ステルである。

▶問 6．エステル化の反応式から考えると分子式が決まる。

$$C_3H_5(OH)_3 + 3C_{16}H_{32}O_2 \longrightarrow C_{51}H_{98}O_6 + 3H_2O$$

▶問 7．A は呼吸によってグルコースが代謝される反応式で，酸素を取り
入れて二酸化炭素を放出する。光合成の逆の反応である。
B の反応式を書くときは，燃焼反応式のときと同様に，炭素の数を合わせ，
水素の数を合わせ，最後に酸素の数を合わせるとよい。

$$C_{51}H_{98}O_6 + \frac{145}{2}O_2 \longrightarrow 51CO_2 + 49H_2O$$

そして，係数が整数となるように，最後に全体を 2 倍する。

▶問 8．呼吸商は　二酸化炭素の物質量÷酸素の物質量　なので

$$102 \div 145 = 0.7034 \fallingdotseq 7.03 \times 10^{-1}$$

消費する酸素の物質量は　$\dfrac{5.60}{22.4} = 0.250 \,(\mathrm{mol})$

よって，グルコースから生成する熱量は

$$2800 \times \frac{1}{6} \times 0.250 = 116 \fallingdotseq 1.2 \times 10^2 \,(\mathrm{kJ})$$

トリパルミチンから生成する熱量は

$$31600 \times \frac{2}{145} \times 0.250 = 108 \fallingdotseq 1.1 \times 10^2 \,(\mathrm{kJ})$$

❖講　評

　2020 年度も，例年通り大問 5 題の出題で，論述問題は 2 問出題された。標準的な問題が多いが，中には思考力を問う問題もあった。全体としては，分量，難易度とも 2019 年度並みと考えられる。

　1　〔Ⅰ〕全て標準的な問題なので，完答したい。ハロゲン単体の性質や化合物の化学反応についての設問である。〔Ⅱ〕問 7 と問 8 は，錯イオンの化学式や性質に関する基本的な問いなので，完答が必要。問 9・問 10 は，ミオグロビンと酸素の結合の濃度平衡を扱った問題である。受験生にとっては見慣れない題材と思われるが，誘導に従って式変形をしていけば，決して解けない問題ではなかった。

　2　〔Ⅰ〕反応速度と反応次数に関する問題。あまり取り扱われることのないタイプの問題で，多少戸惑ったのではないか。X_C を 0 次反応と見抜き，あとはグラフの形で推測できれば素早く解けたであろう。実際に計算から求めると，かなりの時間を要する問題であった。〔Ⅱ〕論述問題である。飽和状態ではなぜ反応速度が一定なのかを考えれば，書けたのではないだろうか。

　3　問 1〜問 3 は基本的な問題。問 4 はコロイド生成の反応式が必要だが，標準的な物質量の計算問題。問 5 は，コロイド粒子の数を計算させる頻出問題。よって，この大問は完答したい。

　4　〔Ⅰ〕問 1・問 2・問 4・問 5 は基本的な問題で完答が必要。問 3・問 6 は，2019 年度同様，元素分析では炭素原子と水素原子の値しかわからず，それを上手く処理できたかどうかがポイントである。分子式がわかれば，その後の構造は決定できただろう。〔Ⅱ〕分子量が 122 である化合物の構造決定である。慶應義塾大学の構造決定ではよく出題されているタイプの問題で，色々な性質から官能基を探り，形を決めていく問題である。ヒントが分子量しかないので，やや難しい。

　5　〔Ⅰ〕DNA の構造と計算問題で，やや難しい。特に水素結合を示す構造は，きちんと覚えていなければ書けないだろう。また，細胞内の DNA の総量の計算も，慣れていないと戸惑ったと思われる。〔Ⅱ〕呼吸商という見慣れない題材ではあるが，文章をきちんと読み取れれば，それほど難しくはない。ただ，試験時間内にここまで到達できなかった受験生も多かっただろう。

2019 年度

解答編

解答編

■英語■

Ⅰ　解答　Q1—3　Q2—3　Q3—2　Q4—2　Q5—2
　　　　　　Q6—3　Q7—5　Q8—2　Q9—3　Q10—1
Q11—4　Q12—4　Q13—5

◆全　訳◆

≪科学分野における英語≫

①　第一に，英語は——それが英語だからでなく，単一の言語だから——科学に悪影響を及ぼすのだろうか。科学は，多数の言語を用いると恩恵を受けるのだろうか。これとは逆の立場——多数の言語は言うまでもなく，3つの伝達言語を持つよりも単一の伝達言語を持つ方が簡単だという立場——は，エスペラント語話者が提案した時に無視はされたものの，現在は支配的なようだ。その出版物が漢字とカタカナという罠に捕らえられたという理由だけで，世界の他の国々が，植物ホルモンのジベレリンについて日本人が解明しつつあったことに追いつくのに数年かかった時のように，伝達が遅れた事実にまつわる例は山ほどある。だから，たぶんコミュニケーションが拡大すると，誰もが得をするのである。

②　いや，本当に得をしているのだろうか。科学言語のくじ引きで最初に敗者になるのは年若い生徒だ。サハラ以南のアフリカで化学を教わっている最中の子どもを想像してみよう。授業は何語で行われているだろう。もしもバンツー語だったら，誰が「酸素」に当たる単語を翻訳したのだろう。そのような概念であればすでに十分な期間存在しているので，世界中の現地の言語に入りこんでいるかもしれない。だが，オゾン層破壊とか，プランク長とか，オブジェクト中心のデバック作業といった，もっと現代の概念についてはどうだろうか。今日までの教育研究は，子どもは科学的な概念は母語で提示された時の方がよりよく理解するということを示しているが，それには，世界中のすべての言語による教科書や授業案が必要となる。

そんなものは存在しない。科学的な知識が深まるほど，英語以外の教材の不足は大きくなる。もしも大学で位相理論や立体化学を勉強したいのなら，あなたの英語力は一定水準に達している必要がある。どれだけの学生が，科学的技能の弱さでなく言語的技能の弱さで敗者となっているだろう。

③　数理的な傾向の少ない科学においては，専門職の科学者——高等教育というハードルをすでにクリアし，おそらくは英語の文章にはひととおり以上に精通している人々——ですら，時々，単一言語主義によって何かが失われてしまったと暗に述べている。一切の科学は，一見関係のない現象同士が関係を構築することを通して発展するし，この営みの多くは言語的な比喩を通して始まる。「もしも日常のことばが，もはや専門言語の源ではないのなら，新奇なものを生き生きと理解可能なものにするのに必要な言語的なイメージはほとんどなくなってしまうだろう」と，1人の不満を募らせたドイツ人科学者は指摘した。「どの言語も現実に対する異なる視点や独自の立論の様式を提供してくれるのだから，もしも教育と研究が英語に閉じ込められるのなら，精神的な貧窮をもたらすことになる」これはウォーフ仮説——言語が本質を切り分け，私たちは母語で満たされたそれぞれ異なる世界に住んでいるという仮説——と類似しているが，これはそれほど大がかりなものではない。むしろその主張とは，より馴染みのあることばの方が，素早い洞察をもたらす，ということだ。簡単に言うと，これは主体性を求める嘆願である。公共政策への悪影響を心配する人もいるかもしれない。科学的訓練を受けている官僚の少なさやデータの微妙な相違を理解することの難しさを考えると，政治家を科学的，科学技術的，あるいは医学的証拠に基づいて行動するように促すのは大変な難題だ。これに言語的な障壁が加わると，状況はどんどん悪化する。こういったことは非英語話者だけの問題だが，英語話者にも負担はかかる。なぜなら英語を母語とする人が仲間の論文を翻訳したり添削したりする仕事を課せられ，研究所の仲間の，あるいは学会での外国語での私的な会話から締め出されてしまうからだ。

④　おそらくは，目下のところでは史上初めてのケースだろうが，現在使われている言語の非母語話者の数が母語話者の数を大きく上回りだしたら，英語自体も被害を受けるのだろうか。もしもその影響を取り出してみたいのなら，科学は観察するのにうってつけだろう。なぜなら，他のどの領域

の文化的活動よりも，科学の領域では英語がより長く，より完全に用いられているからだ。科学の意思疎通に用いられている「英語」は，とくに書きことばにおいて見られ，また口頭でのやり取りにおいてもよくあることなのだが，情報伝達を強調し，文体的な微妙な違いを最低限にするために，単純化され，削られ，そして紋切り型になっている。ドイツ人社会学者ヴォルフ＝レペニースは，この科学界特有の職業方言を「第 2 世代の英語」と呼んでいるが，この英語は，別の評論家が懸念しているように，「実用的で，削られた情報伝達の記号」に過ぎないものになってしまった。

⑤　1つ，皮肉な結果を想像してみよう。科学英語がベーシック英語と類似しており，ベーシック英語が，1つには，植民地という状況において英語の「ピジン化」を最小限に抑えるために着想されたものであるという点において，科学英語自体がピジン語になるかもしれない。「母語話者からの定期的なフィードバックが期待できない場合，「ある状況においては，非英語圏の国における科学的言語として英語は，型にはまった言語に劣化してしまうでしょう。こういう展開は，誰にとっても望ましいものではありません」と，言語学者ザビーネ＝スカルドリックは述べる。

⑥　こういう影響が実際に生じているのなら，この発言にはほぼ間違いなく一理ある。読者は，現在についての会話を一応装ってはいるものの，私たちが科学者や言語学者の未来についての無節操な推測について議論をしているのだということに気づいているかもしれない。科学の世界で使われている英語について語ると決まって，どんな結果になるのだろうかと，いつの間にか手あたり次第な思案に暮れてしまう。そんな一時の感情を完全に満足させてしまう前に，今までの私たちの議論の中心的な教訓を見失わないことが大切だ。英語は，一連の歴史的な変化のおかげで現在の地位を得たが，その変化は，イギリス英語あるいはアメリカ英語という明らかに中立ではない見かけの姿を通して手に入れた中立性という認識を利用しながら，英語自体が形作ってもきたものだ。言語と歴史を一緒に研究することは堂々巡りであり，型にはまった科学の領域においてすら，私たちの時間の概念を混乱させてしまう。科学的言語の歴史は，再びその歴史が始まる時まで，ここで終わる。

━━━━◀解　説▶━━━━

▶**Q 1.**「パラグラフ①（3行目）において，下線の語 vehicular は…に最

も意味が近い」

1.「人々にとって同意された方法」　2.「不十分に輸送している」

3.「知識を伝達する」　4.「手動で多方向性の」

5.「たいてい遅れている」

　vehicular は「伝達手段の」という意味の形容詞である。科学分野の英語について述べられている文脈で用いられていることから，3が適切であろう。

▶**Q 2.**「パラグラフ①（4 行目）において，下線の表現 hold sway は…に最も意味が近い」

1.「別の方法を考慮する」　2.「そっと握る」　3.「優越性を維持する」

4.「援助を受けずに左右に動き回る」　5.「徐々に弱まる」

　hold sway は「支配的な」を意味する表現であるから，3が正解である。

▶**Q 3.**「パラグラフ②（10 行目）において，下線の表現 up to snuff は…に最も意味が近い」

1.「完璧に調べることができる」　2.「実用的な程度で」

3.「最低水準にあと少しのところまで高まった」

4.「読む，書く，話すの3つの領域の1つにおいて効果的な」

5.「時々理解可能な」

　up to snuff は「水準に達している」という意味の慣用表現である。したがって，2が正解と考えてよい。

▶**Q 4.**「パラグラフ②の筆者の説明に当てはまるのは次のどれか」

1.「科学における言語的議論は，上級レベルにおいて重大である」

2.「現代における科学の未開拓分野は，主に1つの言語を通して接近可能である」

3.「新しい概念は，どの国でも若い学生によってより理解される」

4.「基本用語はとても普遍的なので，ほとんどの言語が取り入れて使用している」

5.「規格化された形式で構成されている時のみ，学生は資料を深く理解する」

　第②段第5文（If in a Bantu …）以降において，新しい科学的概念を研究するには，英語にある程度精通している必要があると指摘していることから，2が正解と言えよう。

▶**Q 5.**「パラグラフ③（1 行目）において，筆者による下線の表現 less mathematical sciences の用法は…という点を強調することが意図されている」

1.「数理的な科学は抽象的なものと完全に関係がある」

2.「数理的な科学は一般的に言語には大きく依存しない」

3.「数理的な傾向の強い科学は，より高度な水準の学習において簡単に障害をクリアする」

4.「数学に依存しない科学は出来事間の関係を確立する能力に優れている」

5.「数学を欠いた科学は，単一の言語を理解することに合格することができる能力を必要とする」

　下線部を含む文では，数理的な傾向の弱い科学においては単一言語主義では何かが失われたという人が多いと述べている。これは裏を返せば，数理的な傾向が強い科学では言語に頼ることが少ないということであり，2 が正解と判断できる。

▶**Q 6.**「パラグラフ③（10 行目）において，下線の語 hemmed は…に最も意味が近い」

1.「均衡のとれた」　2.「破壊された」　3.「縁をつけた」

4.「開かれた」　5.「引き裂かれた」

　hem(med)は「縁をつける」という意味の動詞である。3 がほぼ同じ意味である。

▶**Q 7.**「次のうちのどれがパラグラフ③（13〜17 行目）の下線の文の主要な情報を表しているか」

1.「言語障壁は理解と科学的な行動におけるためらいを引き起こす」

2.「もしも投票で選出された公務員が科学的に無知であることをもっと熟知していたら，言語障壁は重要ではないだろう」

3.「科学，科学技術，そして医学における課題は，どんな言語障壁の理解も受け入れることだ」

4.「公共政策は，言語障壁と微妙な科学的な相違を理解することによって予測もできるし避けることもできる」

5.「判断を下す立場にありながら科学的な用語を理解できない人々が一般の人々に与える影響は，言語障壁によって増大する」

　下線部の主旨は，科学的な訓練を受けていない政治家に科学的な根拠に基づいて行動するように促すことは困難であり，そこに言語障壁を加えると事態はさらに悪化するということであるから，5 が正解。

▶**Q 8.**「次のうちのどれがパラグラフ④での筆者の説明と対応していないか」

1．「科学のコミュニケーションは科学の分野に限られた形式の書き方だとみなすことができる」

2．「科学はその方法論のおかげで，分離効果を研究する点で優っている」

3．「文体上の変化を減らすことで，単純で機能的な情報共有の方法が可能になる」

4．「言語における一般的な型を同定する過程は，職業方言を強調するのに役に立つ」

5．「英語の母語話者は，科学的な試みにおいては今までずっと大多数を占めてきたが，もはやそのような状況にはない」

　第④段は，英語の非母語話者が，母語話者を数的に上回っている現状（第 1 文（Does the English …）／選択肢 5）を踏まえ，科学の世界でとくに書き言葉で英語が用いられていること（第 3 文（The "English" …）／選択肢 1），科学の世界の（職業方言としての）英語は，英語を単純化し一般的な用法に絞ることで成り立っていること（第 3 文（The "English" …）／選択肢 3，4）について記述されている。つまり，英語や言語そのものについての言及のない選択肢 2 の内容は，第④段に書かれていることではないと判断できる。

▶**Q 9.**「パラグラフ⑤（5 行目）において，下線の語 cookie-cutter-language は…に最も意味が近い」

1．「勧める価値のある言語」　2．「理想的な言語」

3．「限られた型の言語」　4．「使われていない言語」

5．「多様な言語」

　cookie-cutter-language とは「型にはまった言語」という意味の表現であるから，3 が正解であろう。

▶**Q 10.**「パラグラフ⑥（3 行目）において，下線の語 ill-disguised は…に最も意味が近い」

1．「明白な」　2．「無関心な」　3．「実用的な」

4．「不健康な」　5．「普及した」

　ill-disguised は，「隠し切れていない」という意味の形容詞である。選択肢の中で最も意味が近いのは，1 と考えるべきであろう。

▶**Q 11**．「パラグラフ⑥（4 行目）において，下線の語 willy-nilly は…に最も意味が近い」

1．「防御的に」　2．「組織された」　3．「精密な」

4．「無原則な」　5．「研究された」

　willy-nilly は「手あたり次第に」という意味の形容詞句である。4 がほぼ同義の語と考えてよいだろう。

▶**Q 12**．「下線の語 circularity（パラグラフ⑥，9 行目）を発音すると，この語のある部分（シラブル）は最も強く強調されなければならない。次のうちのどれが，発音した時に最も強く強調される必要のある部分が同じか」

1．「謝罪の」　2．「人種差別を廃止された」　3．「診断医」

4．「不可分の」　5．「強制的な」

　各選択肢の語の発音をシラブル（音節）ごとに分けて表記すると，以下の通りとなる。

1．〔ə-pɑl-ə-dʒét-ik〕　2．〔di:-ség-ri-geit-id〕

3．〔dai-əg-nɑs-tí-ʃn〕　4．〔in-di-víz-ə-bl〕　5．〔əb-líg-ə-tə-ri〕

　下線の語の発音を同様に表記すると，〔sə:r-kjə-lǽr-ə-ti〕となり，第 3 シラブル（lær）に最も強いアクセントが来る。したがって，4 が正解である。

▶**Q 13**．「次のうちのどれが本文で言及されていないか」

1．「比喩は科学の過程においてある位置を占めている」

2．「科学的な言語の進歩は流動的なままだが，本当は何も変わっていない」

3．「単純な話し方への進歩は，一種の質の低下である可能性がある」

4．「特定の言語にのみ集中すると，科学的な発見の中には窮地に陥るものもある」

5．「研究の進展には教育は必要ないので，コミュニケーションに使用される言語は多言語的な視点を伝える」

　選択肢 1 については第③段に，2 については第⑥段に，3 については第

⑤段に，4 については第②段に，それぞれ言及があると考えることができるが，選択肢 5 についての言及は本文にはない。

━━━━━●語句・構文●━━━━━━━━━━━━━━━━

（第①段）not because SV ～, but because SV …「～だからではなく…だから」 let alone ～「～は言うまでもなく」 catch up to ～「～に追いつく」

（第②段）lottery「くじ引き，めぐり合わせ」 sub-Saharan「サハラ以南の」 be around「存在している」 filter down「徐々に行き渡る」 local「現地の，（ある職業などに）特有の」 ozone depletion「オゾン層破壊」 Planck length「プランク長（量子重力理論における基本的な長さの単位）」 debug「（コンピューターなどの）誤りを取り除く」 to date「今までの」 native language「母語」 The＋比較級＋SV ～, the＋比較級＋SV …「～すればするほど，ますます…だ」 topological theory「位相理論」 stereochemistry「立体化学」

（第③段）clear「飛び越える」 presumably「おそらくは」 passingly「一時的に，ひととおりは」 familiar with ～「～をよく知っている」 suggest「暗に示す，ほのめかす」 monolingualism「単一言語主義」 carve up ～「～を切り分ける」 shoot through with ～「～でいっぱいの」 public official「官僚」 add to ～「～に加える」 language barrier「言語障壁」 be imposed upon〔on〕～「～に課せられている」 paper「（可算名詞で）論文」

（第④段）as is the case ～「（～が）そうであるように」 outnumber「数において上回る」 endeavor「試み，努力」 nothing more than ～「～に過ぎない」

（第⑤段）to the extent SV ～「～の限りでは」 in part「1 つには」 degenerate into ～「悪化して～になる」 in case SV ～「～の場合には」 mother-tongue「母語の」

（第⑥段）may have *done*「～したかもしれない」 drift into ～「～に陥る」 rumination「思案」 indulge「（欲望などを）満足させる」 impulse「衝動，一時の感情」 so far「これまでのところの」 owing to ～「～のおかげで」 in turn「次に，今度は」 guise「姿，外観」 scramble「混乱させる」 buttoned-down「型にはまった，伝統的な」

Ⅱ 解答
Q 14— 4　　Q 15— 4　　Q 16— 5　　Q 17— 5　　Q 18— 2
Q 19— 4　　Q 20— 2　　Q 21— 5　　Q 22— 3　　Q 23— 3
Q 24— 2

━━━━━━━━━◆全　訳◆━━━━━━━━━━━━━━━━━

≪科学における物理的な道具と知性の道具≫

①　新しい知識が新しい知性の道具ではなく，新種の器具——ガリレオの望遠鏡，ボイルの空気ポンプ，ニュートンのプリズム——によってもたらされると考えるのは簡単だ。多くの場合，これは誤った見方である。この 100 年間で，X 線（1895 年）や MRI スキャナー（1973 年）さえよりも，無作為化臨床試験（ストレプトマイシン，1948 年）の方がはるかに意義深く思えるかもしれない。新しい器具は一目瞭然だが，新しい知性の道具はそうではない。その結果，私たちは新しい科学技術の重要性を過大評価し，生産速度や新しい知性の道具の影響を過小評価する傾向にある。そのよい例が，方程式において未知の数量を表すためにアルファベットの最後の文字（x, y, z）を使用するというデカルトの新機軸や，1706 年のウィリアム＝ジョーンズの π という記号の導入である。ライプニッツはこの数学記号の改革が，望遠鏡が視界を改善したのと同じくらい効果的に，論理的思考を進歩させるだろうと信じていた。もう 1 つの例がグラフである。今日グラフはどこにでもあるから，グラフが自然科学の世界で使われだしたのは 1830 年代，社会科学の世界では 1880 年代になってようやくだと知ったら，ちょっとした衝撃だろう。グラフは強力で新しい思考の道具の代表だ。統計的有意性という決定的に根本的な概念が，1925 年にロナルド＝フィッシャーによってはじめて提唱された。この概念がなければリチャード＝ドールは，1950 年に喫煙が肺がんを引き起こすということを証明することはできなかっただろう。

②　物理的な道具は知性の道具とは機能が大きく異なる。物理的な道具は世界の中で活動することを可能にする。のこぎりは木を切り倒すし，ハンマーは釘を深く打ち込む。これらの道具は科学技術に依存している。ドライバーは，同じ形のねじを大量に生産することが可能になった 19 世紀にやっと世に出た。それ以前は，使用されていた少数の手作りのねじはナイフの刃の先端で回していたのだ。望遠鏡や顕微鏡はすでに存在していたレンズを作る技術に，温度計や気圧計はすでに存在していたガラスを吹く技

術に依存していた。望遠鏡や温度計はのこぎりやハンマーのようには周りの世界を変えはしないが，私たちの世界に対する気づきを変える。私たちの認識を変容させるのだ。モンテーニュは人は自分自身の目でのみ見ることができると語った。望遠鏡をのぞいて見る（もちろんモンテーニュは決してしなかったが）時，人はまだ自分自身の目で見ているが，裸眼では決して見ることができないものを見ている。

③　対照的に知性の道具は，世界ではなく着想を操作する。知性の道具は，技術的な前提条件ではなく概念的な前提条件を持つ。物理的な道具であり，かつ知性の道具である器具も存在する。そろばんは複雑な計算を実行するための物理的な道具である。そろばんで四則計算ができる。そろばんは完全に有形のものだが，生み出すものは数であり，数は有形のものでも無形のものでもない。そろばんは頭の中で作業を行うための物理的道具だ。私たちが当然と思っているアラビア数字も同じである。私はローマ人とは違い，x，xxviii，liv ではなく，10，28，54 と書く。アラビア数字は私がローマ数字でするよりもはるかに素早く，紙の上で四則計算ができる道具だ。アラビア数字はページ上かつ頭の中の表記法として存在する道具なのである。そろばんと同様に，私が数を操作する方法を変容させるものだ。数字のゼロ（ギリシャ人やローマ人には知られていなかった），小数点（1593 年にクリストファー=クラヴィウスに発明された），代数学，微積分学，これらは数学者ができることを変容させる知性の道具である。

④　今や明らかになっているはずだが，現代科学はそろばんや代数学のようにあらゆる点において重要だが，そろばんとは違って形のあるものとして存在しているのではなく，アラビア数字や代数学や小数点とは違って特定の記載法を必要としない，一組の知性の道具に依存している。それは一見したところ，単なる語（「事実」，「実験」，「仮説」，「理論」，「自然の法則」，それにまた「蓋然性」）である。だが，これらの語は，新しい思考方法を内包している。こういった知性の道具に特徴的なのは（数学者に用いられている知性の道具とは違い），暫定的で不確かで不完全だということだ。にもかかわらず，これらの語は信頼性のある強固な知識を可能にする。これらの語は擁護するのが困難な，おそらくは不可能な哲学的主張を示唆しているが，実際にはうまく機能する。これらの語は信念と根拠のない確信の世界であるモンテーニュの世界と，信頼できて効果的な知識の世界で

ある私たちの世界との通路としての役割を果たした。これらの語は，私たちはこぶしより大きい握りこぶしを作ることが今でもできないし両足が届くより長い歩幅にできないが，モンテーニュが知りえたよりも多くのことを知ることができるといった難問を説明する。望遠鏡が目の能力を向上させたように，これらの道具は頭の能力を向上させた。

⑤　これらの知性の道具と並行して，私たちは知性の道具を使うことに慣れた共同体の出現を見ることができる。この新しい科学の言語と新しい科学者の共同体は 1 つの過程の 2 つの側面である。というのも，言語は決して個人的なものではないからだ。この共同体を 1 つにまとめ上げたものはその新しい言語だけではなく，科学的な活動（科学的な議論そのものというよりも）を説明するために使われた言語で表現され，発見や進歩に関して表現され，最終的にはエポニミーの中で慣行化された 1 組の競争的で協力的な価値基準だった。これらの知性の道具と文化的な価値基準に関して衝撃的なのは，パラダイムの歴史とは似ても似つかない歴史を持っていることが判明したことだ。パラダイムは繁栄する。そして，潰えてしまうものもあれば，入門書に格下げされるものもある。科学の新しい言語と価値基準は 300 年（この 2 つの「発見」の共通の起源までさかのぼれば 500 年）生き延びており，すぐに流行遅れになるだろうということを示唆するものはなにもない。ちょうど代数学や微積分学と同じように，この言語と価値基準はあまりに強力すぎて捨てることのできない掘り出し物であることを示しており，博物館の展示品の 1 つでなく，常に使われるものであり続けている。それはなぜだろうか。それは科学の新しい言語と文化は，いまだに（私は今後も常にそうなると信じているが）科学的試みが行われる基本的な枠組みを構成しているからだ。科学の新しい言語と文化が発明するものは，科学の発明のかなめなのである。

■■■■■■■■■■◀解　説▶■■■■■■■■■■

▶**Q 14.** 「パラグラフ①（7 行目）において，次のうちのどれが［Q 14］に入れるのに最もふさわしいか」

1.「凝縮」　2.「除去」　3.「分裂」　4.「新機軸」
5.「句読法」

　空所の前後は，科学の発展には新たな知性の道具が重要な役割を果たしているという文脈であり，その中でデカルト（Descartes）の新しい方程

式の表記法の例を示している点を考慮すると，4が適切だと判断できるだろう。

▶**Q 15**.「パラグラフ①（11行目）において，次のうちのどれが［Q 15］に入れるのに最もふさわしいか」

1．「奇妙な」　2．「疑わしい」　3．「制限された」

4．「いたるところに存在する」　5．「弱い」

　空所の後続の部分で，比較的歴史が浅いことを驚きだと述べていることを勘案すると，新しいものであるにもかかわらずよく使われているという流れだと判断できるため，4が正解。

▶**Q 16**.「パラグラフ①（15行目）において，次のうちのどれが［Q 16］に入れるのに最もふさわしいか」

1．「～のおかげで」　2．「採用して」　3．「～を含めて」

4．「～に頼って」　5．「～がなければ」

　空所を含む文の主節の動詞に着目すると，この文が仮定法の文であるとわかる。したがって，仮定法の if 節の代用として「もし～がなければ」の意味で用いる5の Without が最適である。

▶**Q 17**.「次のうちのどれが，パラグラフ①における筆者の議論から最もよく推察できるか」

1．「どのアルファベットもグラフのなくてはならない部分である」

2．「新しい数学における記号と望遠鏡は，物理的な視野を同じくらい強化する」

3．「科学技術と生産速度に関する概算はしばしば調和する」

4．「フィッシャー，ライプニッツ，ドールは，科学技術を変える新しい建築上の物理的な構造を創造した」

5．「知性の道具は，物理的な道具と比べると，その力と能力において過小評価されている」

　第①段第4文〈As a result …〉には，新しい科学技術を過大評価し，新しい知性の道具の影響を過小評価しがちだとあることから，5が正解だと言えよう。

▶**Q 18**.「パラグラフ③において，［Q 18a］と［Q 18b］にそれぞれ入れるのに最適な語の組み合わせは次のうちのどれか」

	Q 18a	Q 18b
1.	実際の	理論上の
2.	概念の	科学技術の
3.	製造業の	市民の
4.	相当な	著しい
5.	検知できない	心理学的な

　空所を含む部分の内容は，物理的な道具と知性の道具との対比をしており，〔Q 18a〕には知性の道具の特徴が，〔Q 18b〕には物理的な道具の特徴が示されていると考えることが妥当なので，2 が適当であろう。

▶**Q 19**．「パラグラフ③（9〜10 行目）において，下線の文の主要な情報は…ということを意味している」

1．「紙の表記の道具は，それに対応する物理的な道具が存在するはずがない」

2．「知性の道具とは異なり，物理的な道具は機能するためには無形でなければならない」

3．「すべての物理的な道具は，変換を実行できるように数と結び付く必要がある」

4．「知性の道具と物理的な道具はどちらも概念を取り扱う方法を大きく変える能力を持っている」

5．「現存する表記は多くの場で機能する必要がないのでもはや影響力を行使することはできない」

　まず第②段第 6 〜 8 文（Telescopes and thermometers … unaided eyesight.）においては，物理的道具である望遠鏡と温度計を例に，私たちの認識のあり方を物理的道具が変化させ得る点を指摘している。さらには，第③段第 1 文（Intellectual tools, …）においては，知性の道具が着想を操作するとあり，第 4 〜 9 文（An abacus … Roman numerals.）ではそろばんとアラビア数字が物理的道具でありながら脳内での複雑な計算を可能にする知的道具の役割も果たしていることを説明している。つまり，物理的道具と知的道具はどちらも人間の概念レベルに働きかけるものだとの指摘だと解釈できる。したがって，4 が正解と考えてよいだろう。

▶**Q 20**．「パラグラフ②および③における筆者の説明に関して，次のどれ

が正しいか」

1．「顕微鏡技術はガラスを吹く技術に大きく重点を置いていた」

2．「物理的な道具と知性の道具は，異なる方法で私たちの世界に大きく影響を与える」

3．「気づきの道具は，直接的で通常の方法で物理的な環境を変える」

4．「追加された見通しでは環境についての観点を変えるのには不十分だ」

5．「ナイフは特徴の見分けがつかなかった時に，ねじを回す唯一の道具だった」

　まず，第②段第1文（Physical tools work …）において，物理的な道具と知性の道具はその働きが大きく異なることを指摘したうえで，第6・7文（Telescopes and thermometers … our senses.）において望遠鏡と温度計を例にとり，物理的な道具は私たちの世界に対する認識を変容させると指摘している。さらには，第③段第1文（Intellectual tools, …）において，知性の道具が着想を操作するとある。このことから，物理的な道具にも知性の道具にも私たちの概念形成に影響を及ぼすという内容が読みとれるので，2が正解と判断してよいだろう。

▶Q 21．「パラグラフ④（4行目）において，下線の表現 at first sight の筆者の用法は，…という点を強調することを意図している」

1．「人はまず小さな形を見なければならない」

2．「意味というものは目に気を配っている」

3．「視界は常に始まりの段階だ」

4．「見直しは初見と同じだ」

5．「第一印象は再考すべきだ」

　下線部を含む第④段第2文（They are, …）の意味に着目する。「事実」（facts）などの語が，最初は単なる語にしか思えなくても，じつは新しい考え方が内包されているということは，5のような捉え方を推奨している文であると解釈することができるだろう。

▶Q 22．「パラグラフ④（8行目）において，次のうちのどれが［Q 22］に入れるのに最もふさわしいか」

1．「完全な」　2．「豊富な」　3．「不完全な」　4．「独立した」

5．「変えられない」

　空所前後の意味の対照に注目する。逆接の接続表現である yet「にもか

かわらず」を用いて，未完成というイメージのある conditional「暫定的
な」や uncertain「不確かな」という形容詞と，完成のイメージのある re-
liable「信頼できる」や robust「強固な」という形容詞を対比させている
ことを勘案すると，3 の imperfect「不完全な」が適当だろう。

▶**Q 23**.「パラグラフ⑤（3 行目）において，次のうちのどれが［Q 23］
に入れるのに最もふさわしいか」

1．「共同体の発展を阻害した」　2．「共同体の抑圧を創造した」
3．「この共同体を 1 つにまとめた」　4．「共同体の資源を押し返した」
5．「共同体のメンバーを移動させた」

　空所の後続の部分で，［Q 23］が達成された理由として cooperative
values「協調的な価値基準」が指摘されていることから，3 がふさわしい
だろう。

▶**Q 24**.「パラグラフ⑤における筆者の説明と合っているのは次のどれ
か」

1．「科学の進歩はちょうど，使われないで皆の目にさらされている展示
品のようなものだ」

2．「科学はその後に続く進歩で強化された研究結果のうえに成り立って
いる」

3．「文化的な価値基準は科学のコミュニケーション，発見，未来の変化
における主要な構成要素だ」

4．「すべての科学的事実は，完全に創造され，形成され，最終的には教
科書に記載されるようになり，そしてすぐに使われなくなる」

5．「代数学や微積分学のような物理的な道具は，根本的で科学的な不一
致を表現するには不十分な方法だ」

　第⑤段第 8・9 文（Because the new … invention of science.）に注目
する。新しい科学の言語と文化が，科学的な試みのための基本的な枠組み
となって科学における発明のかなめとなると記述されていることから，2
が正解だろう。

◆━━━━━●語句・構文●━━━━━◆

（第①段）randomized「無作為の」 clinical trial「臨床試験」 strep-
tomycin「ストレプトマイシン（抗生物質の名称）」 X-ray「レントゲン，
X 線」 MRI「エムアールアイ（磁気共鳴映像法，体の断層映像を撮影す

る装置）」 plain as pikestaffs「一目瞭然で」 rate of production「生産速度」 Descartes「デカルト（フランスの哲学者）」 letter「文字」 equation「方程式」 Leibniz「ライプニッツ（ドイツの哲学者）」 reasoning「論理的思考」 something of a ～「ちょっとした～」 put *A* to use「*A* を利用する」 propound「提唱する」

（第②段）enable *A* to *do*「*A* が～するのを可能にする」 drive home ～「～を深く打ち込む」 technology-dependent「科学技術に依存した」 come into existence「出現する」 mass produce「大量生産する」 identical「同一の」 blow glass「ガラスを吹く（ガラスの製作方法を表す）」 unaided eyesight「裸眼」

（第③段）by contrast「対照的に」 carry out ～「～を実行する」 subtract「引き算をする」 multiply「掛け算をする」 divide「割り算をする」 material「（形容詞で）形のある」 immaterial「形のない」 So too V S ～「（倒置構文で）S もまた同様だ」 Arabic numeral「アラビア数字」 Roman numeral「ローマ数字」 notation「表記（法）」 decimal point「小数点」 algebra「代数学」 calculus「微積分学」

（第④段）every bit「あらゆる点で」 inscription「記入，しるすこと」 encapsulate「～を内部に閉じ込める」 a way of thinking「思考様式」 in practice「実際は」 misplaced「見当違いの」 conviction「確信」 fistful「一握り」 stride「歩幅」

（第⑤段）alongside「～と並行して」 accustomed to *doing*「～することに慣れている」 not just *A* but *B*「単に *A* というだけでなく *B* である」 in terms of ～「～に関して」 institutionalize「制度化する」 paradigm「パラダイム（ある時代に支配的な物の考え方や認識の枠組み）」 relegate「追いやる」 out of fashion「流行遅れの」 acquisition「取得（したもの）」 discard「捨てる」 part and parcel of ～「～のかなめだ」

Ⅲ 解答 Q 25—1 Q 26—5 Q 27—4 Q 28—3

Question "A"：(at) that age (girls) think they can do anything(.)
Q 29—3 Q 30—2 Q 31—5 Q 32—4 Q 33—5 Q 34—3
Question "B"

Birth Country：U.S.A.

Year of Birth：1959

University just after High School：Brandeis University

Medical School just after University：New York Medical College

Latest Research Location：Johns Hopkins University

Question "C"　C1. vaccine　**C2.** cancer

〰〰〰〰〰〰◆全　訳◆〰〰〰〰〰〰〰〰〰〰〰〰〰〰〰〰〰

≪エリザベス゠ジャフィーの研究生活≫

①　エリザベス゠ジャフィーは，1959 年，ニューヨークのブルックリンで生まれ，そしてそこで暮らしていたしばらくの間はとても楽しい生活だった。

②　「あそこでの暮らしは大好きでした！」と，椅子から身を乗り出し，相手の顔をまっすぐに見つめながらジャフィーは語る。「どこにだって歩いて行きました。ヘブライ語の学校にも図書館にもお気に入りのピザ屋にも歩いて行きました。自由でしたね！」　一家はよく言っても質素だったが，問題ではなかった。「誰が貧乏だなんてわかっていたでしょう？　自分が貧乏だなんてわからなかったでしょう」　彼らには自由に使える豊かなものがあった。彼らは，街を手にしていた。「私たちはストゥープボールをしました，ええ，大がかりでしたね。それとリング-ア-レヴィオも」　リング-ア-レヴィオとは，かくれんぼのような遊びで，…（１日中興じていたこともあったが）暗くなってようやく中止ということがしばしばだった。

③　子どものころ，ジャフィーは宇宙飛行士になりたかった。だがこの夢は，ある現実の厳しさによって最終的に壊れてしまった。「狭い場所が苦手だということがわかったのです」と，ジャフィーは笑う。「それに高い所も駄目なのです」　幸運なことに，彼女の予備のプランは科学者になることだった。そして，そのようなことにいつまでも迷っているべきではなかったし，彼女はもう４年生だったから，これは幸いなことだった。

④　「とても重要な本を読みました，マリー゠キュリーの物語です」と，ジャフィーは言う。「そして私は，科学を研究するという概念そのものにまさに恋に落ちました」　キュリーは放射線研究の先駆者でノーベル賞を受賞した最初の女性だった。キュリーという放射能の単位は，彼女の名前に

敬意を表したものだ。

⑤　「彼女が女性の科学者だから選んだと思うのです」　だが，この選択は
男女同権論とは関係がなかった。「4 年生の時に，科学の世界に入るのに，
男か女かで違いがあるなんて本当に思いませんよ。私はこの挑戦を，科学
の世界で女性であることの挑戦ではなく，科学を研究するという挑戦だと
思っていました」

⑥　だがこれは，ある興味深い疑問を提示する。小さな女の子はいつ科学
の世界の性差別に気づくのだろうか。ジャフィーは，このことを考えてい
る時に，ちょっとしたユーモアを見いだそうとする。「私の娘たちが成長
する過程では，私はブラウニー隊の隊長のような存在でした。ある時，み
んなをサイエンスデーに連れて行きました」　これは，NASA（アメリカ
航空宇宙局）の科学者から高校の理科の教師に至るまで，女性の科学者だ
けをメインに据えたイベントだった。科学者たちは，子どもたちとある実
験を行った。「そして，私たちは輪になって座って，科学者の 1 人 1 人が
どのように科学の世界に入ったのかを話していきました。そして，質疑応
答の時間になって，4 年生の子どもたちの 1 人が手を上げてこう言ったの
です。『男の子も科学の世界に入るの？』　そして『もしもそうなら，仕事
場ではどうやって一緒に仕事をするの？』　つまり，これは典型的な例で
す。そして，この年齢の女の子は何でもできると思っていることがよくわ
かりますよね」

⑦　では，現実には何が起こるのだろう。なぜこの恐れを知らない少女た
ちのごくわずかしか科学の世界に入らないのだろうか。その答えは，それ
自体で 1 冊の本になるだろう。「状況はよくなっていると思いますが，ま
だ大きな問題です」　そして，性差別は少女たちだけの問題ではない。「こ
こで研究を始めた時，研究所は，私と同じ時期に研究を始めたのに私より
も成果が上がっていない人よりも 25,000 ドル少ない報酬で私に仕事を始
めさせたがっていました。私が免疫療法の橋渡しプログラムの何もかもを
始めたのに。もしも私が辞めていたら，これほど成果が上がっていたかど
うかわかりません，少なくともこんなに早くは」

⑧　高校卒業後，ブランダイス大学のカレッジに入学したが，そこでのジ
ャフィーの指導教官はあまりやる気を起こさせるような先生ではなかった。
その時は 1977 年で，その 1 年前にジャフィーはハイブリドーマ技術につ

いての論文を読んでいた。それは神の啓示のようなもので，目をやや大きすぎるくらい見開いて，ジャフィーは免疫学の指導教官を探し始めた。

⑨　「私はその技術を，Ｂ細胞を理解するために使いたかったのです。私は，当時若手の教員だったジョアン＝プレスと一緒に研究をしていました」と，不快そうに目を細めながらジャフィーは語る。「彼女は医学部進学課程の学生を好まないタイプの人間の１人で，私がよい推薦を得るためにそこでの研究をやりたがっているだけだと思っていました」　プレス指導教官は科学的知識の伝授には前向きだったが，職業選択のこととなると「私は独りで動いていました」。

⑩　そして彼女はニューヨーク医科大学へ行き，次に国立衛生研究所で１年を過ごし，さらにはジョンズ＝ホプキンス大学へ移ったが，この期間中ずっと，ガンの免疫療法の概念は現実のものとして展開し始めていた。「専門医研修の時，私たちはちょうどインターロイキン２がＴ細胞を成長させるのに有効だということを学びつつあったから，タイミングがよかったのです」　同時に，他の初期の器具や科学技術がこの分野の成長に非常に強く拍車をかけていたので，この研究を始めて間もなくして，ジャフィーは次々と生み出される新しい技術に貢献していた。

⑪　技術革新はさておき，彼女の免疫腫瘍学における努力への当初の支援は，よくても不安定なものだった。「実際，仲の良い友人のマイク＝カスタンが，…私の進路を話し合うために私と会っていました。彼はこう言うのです。『なるほど免疫療法か。うん，いいんじゃないか』　でもこう言葉を継ぐのです。『ワクチンかい？　何か別の分野にするべきじゃないのか？』」　当時のガンワクチンの評判はガンワクチンには根本的に欠陥があるというものだった。腫瘍は非免疫原性のものだと簡単に考えられていたからだ。免疫系は腫瘍を検知できない。ワクチンは効かないのだ。

⑫　「たぶん，私は耳を傾けるべきでした」と，ジャフィーは言う。「でも誰も先のことはわかりません。今頃はお金持ちで有名になっていたかもしれませんけど」　だが，彼女は耳を貸すことはなかった。この研究分野が彼女には意味がありすぎるほどあったからだ。「私は，Ｔ細胞とＢ細胞の反外来抗原反応を活性化させるのにはワクチンが最善の方法だと本気で信じていましたし，私たちはガンが外来抗原を発生させるものだと考えていたのです」

⑬　だが，こういった着想はすべて，ジャフィーが「バックス-ヘッズ」に参加した当時は，いまだに推論だった。彼女の選択を促したのは，この新しい手法だった。「私は，遺伝子学がようやく追いついてきた時に参加しました」と，ジャフィーは語り，その時すでに免疫反応を仲介する働きを持つ遺伝子の多くの配列がわかっていたこと，そして遺伝子というものは，ケーキのレシピにある材料のように，あらゆるものを作るために使うことができることを説明した。ジャフィーと他の同僚が作ったのは，史上初の遺伝子組み換えによる腫瘍ワクチンであった。

━━━━━ ◀解　説▶ ━━━━━

▶**Q 25.**「パラグラフ②（1〜2行目）の文中の下線部は…という意味を伝えることを意図している」

1．「ジャフィーは彼女の物語を相手に話したがっている」
2．「謙遜はこの話し手の性格特性である」
3．「他人には巧妙に話すことが重要だ」
4．「その情報を伝えることの背後にはえこひいきが存在する」
5．「筆者もジャフィーもあの時と場所の共通の記憶があることに驚いている」

　下線部が示す動作が，話したくてたまらないような気持ちを表していると解釈できるので，1が正解と考えてよいだろう。

▶**Q 26.**「パラグラフ②（5行目）において，下線の表現 they owned the streets は，…という意味を伝えるために含まれている」

1．「街の資源はすべての街角で見つかるというわけではなかった」
2．「莫大な価値が家庭の中だけに見つけることが可能だった」
3．「街のゲームは暇な時間にだけすることができたということを忘れることはできない」
4．「ピザ屋や学校や図書館に向かう最も他人頼みの方法は徒歩で行くことだった」
5．「『本拠地』という概念が拡張され，近隣を含む広大な容積を持つ空間を含んだ」

　第②段全体で，元気いっぱいに遊び回ったジャフィーの幼年時代について記述をしていることから，下線部は外でも自分の家のようにわが物顔で遊び回ったということだと解釈できるので，5が正解であろう。

▶**Q 27.**「パラグラフ②（7行目）において，下線の語 called は…を意味している」

1.「行なった」 2.「分類した」 3.「簡単にした」

4.「終わらせた」 5.「言葉で表した」

call には「（試合などを）中止する」という意味があることから，4 が正解である。

▶**Q 28.**「パラグラフ③（4行目）において，下線の語 dither は…に最も意味が近い」

1.「勝ち気だ」 2.「素早く決定する」 3.「ためらう」

4.「前進する」 5.「向きを変える」

dither は「ためらう」という意味の動詞であり，3 の hesitate とほぼ同義である。

▶ **Question "A".**「記述式解答用紙に，パラグラフ⑥の内容に最もよく合うように，下記の各語を適切な語順に並べ替えて，［A］の文を完成せよ。解答は，記述式問題 "A" セクションに与えられた欄に記入せよ。先頭の語は "at" で，4 番目の語は "girls" とする」

先頭の at を手がかりに考えると，at that age「その年齢の時に」という表現ができることがわかる。次に girls を主語と考えれば，think を動詞として用い，接続詞の that を省略した形として they can do anything という SVO の構造を持つ従属節が完成する。続く第⑦段第 2 文（Why do so …）で彼女たちのことを fearless girls「恐れを知らない少女たち」と言っていることにもつながる。

▶**Q 29.**「パラグラフ④，⑤，⑥において，全体として，次のどれが筆者の説明と合っていないか」

1.「ジャフィーは，最終的に彼女の人生を変える本の内容に魅了された」

2.「性差別は小学校の年齢の子どもに普通に影響を与える意識ではない」

3.「キュリーは，第一に，生活のあらゆる分野での男女平等の擁護に献身的な先駆者として賞賛された」

4.「回想をしながら，ジャフィーは主に科学と教育に関係している時には思い出の肯定的な側面に焦点をあてた」

5.「キュリーは，ジャフィーに対する刺激としての役割を果たした。なぜなら，キュリーのような人──自分の仕事をすることを愛した人──

になりたいと思うことは自然なことだからだ」

　第④段第 2 文（Curie was a pioneer …）にあるとおり，マリー=キュリーは放射線学の研究者であり，選択肢の 3 にあるような男女平等を擁護する運動に関わったとする記述は本文にはない。

▶Q 30.「パラグラフ⑦（1 〜 2 行目）において，下線の文"The answer to that question is likely a book in itself."は…ということを意味する」

1.「執筆者のみがその問題を公平に議論する資格がある」

2.「多くの，おそらくは複雑で広範囲にわたる理由がある」

3.「大胆さとは物語や本から最もよく修得されるものだ」

4.「物事を説明することは，短縮された時間内で物事を改善する助けとなるだろう」

5.「ジャフィーは，彼女の研究分野がどのように迅速に形成されたかを解説する本を執筆する計画だ」

　下線の文は，その問いへの答えは本が 1 冊書けるほどの分量や内容になるという意味だとわかれば，2 が正解だと判断できよう。

▶Q 31.「パラグラフ⑧，⑨において，次のうちのどれが筆者の説明と合っているか」

1.「自分が選択した分野の指導教官は，どこでも簡単に見つかる」

2.「プレスは，技術的な専門知識や就職活動についてジャフィーの手助けをすることにおいては完璧だった」

3.「ジャフィーの高校時代の楽観主義は大学時代にも引き継がれ，より強くなった」

4.「最高の推薦を得るためには，依存型のイニシアチブで，最小限の努力をする必要がある」

5.「ジャフィーは，彼女の指導者全員が彼女の科学に対する熱意を理解し，その分野の人々とつながりを持つ手助けをしてくれると信じていることにおいては間違っていた」

　第⑧段第 1 文（After high school …）および第⑨段において，ジャフィーの最初の指導教官や当時の共同研究者であるジョアン=プレス教官がジャフィーにとっては期待はずれであった旨のことが書かれていることから，5 が正解と考えてよいだろう。

▶**Q 32.**「パラグラフ⑩（5行目）の下線の語 spurring は…に最も意味が近い」

1．「批判している」　2．「遅れている」　3．「混ざりあっている」

4．「刺激している」　5．「行き詰まらせている」

　下線の語 spur とほぼ同義なのは，4 の prompt で，どちらも「刺激する，促進する」という意味がある。

▶**Q 33.**「パラグラフ⑪と⑫は一緒に考える必要がある。パラグラフ⑫（2行目）の下線の文の筆者のメッセージから最もよく推測できるのは次のうちのどれか」

1．「多くの人は，ぜひとも彼女のアイデアを追求するようにジャフィーに強く勧めた」

2．「ジャフィーの友人は，ジャフィーのワクチン研究を支援した唯一の人物だった」

3．「いつ耳を傾けるべきかを知ることは大切だ。なぜなら仲間は常に正しいからだ」

4．「ジャフィーのための改善と支援は，初めから強力で相当なものだった」

5．「あなたの立場を支持する証拠が強力なら，自分の信念を守り抜くことは重要なことだ」

　第⑪段と第⑫段の主旨は，周囲は専門分野の変更を進言したにもかかわらず，ジャフィーは信念を貫いてワクチン研究に没頭したというものだと考えられることから，5 がこの 2 つのパラグラフの内容を最も適切に表している。

▶**Q 34.**「パラグラフ⑬（1行目）において，下線の表現 threw in は…という意味である」

1．「解散した」　2．「分割した」　3．「結びついた」

4．「あざ笑った」　5．「見せかけを使う」

　throw in は「参加する」という意味の表現である。選択肢の中では 3 が最も近い意味を持つと考えるべきだろう。

▶ **Question "B".**「記述式解答用紙の表で示されたエリザベス=ジャフィーの伝記形式のプロフィールを，Ⅲの本文にある情報に基づいて完成せよ。解答は，記述式問題 "B" セクションにある表中の適切な行に記入せよ。

解答は明確に，綴りに注意して書くこと」

　出自については第①段（Elizabeth Jaffee …），学歴については第⑧段第
1 文（After high school …）および，第⑩段第 1 文（So, off to …）に記
述がある。最新の研究拠点（Latest Research Location）については，第
⑩段第 1 文（So, off to …）の学歴が Johns Hopkins University で終わっ
ていることから推測できるだろう。

▶ **Question "C"**.「記述式解答用紙に，記述式解答欄 "C"（C1 と C2）セ
クションのカッコ内に適切な語を入れ，下記の要約文を完成せよ。C1 に
は 7 文字の語が，C2 には 6 文字の語が入る。求められている語は本文中
に現れている語である。本文の適切な語を用いなければならない。きれい
に書くこと。

　　エリザベス=ジャフィーは［C2］と闘う手助けをするために人体に注
　　射することが可能な新しい［C1］を作製した」

　ジャフィーが，周囲の支援が受けられずともガンワクチンの研究を進め
（第⑪段第 3・5 文（He says, …nonimmunogenic.）），ついにそれを作っ
た（第⑬段最終文（What Jaffee …））ことから，［C1］はワクチン，
［C2］はガンとわかるだろう。

━━━━━━━━━ ●語句・構文● ━━━━━━━━━━

（第①段）blast「とても楽しい体験」

（第②段）modest「質素な」 at best「よくても」 to spare「余分な」
stoopball「ストゥープボール（ボール遊びの名称）」 hide-and-seek「か
くれんぼ」 on account of ～「～の理由で」

（第③段）it turns out S V ～「～だとわかる」 fallback「予備の」

（第④段）radioactivity「放射能」 unit「単位」 honor「（動詞で）～に敬
意を払う」

（第⑤段）have nothing to do with ～「～に関係がない」

（第⑥段）be aware of ～「～に気づく」 gender bias「性差別」 range
from *A* to *B*「*A* から *B* に及ぶ」 I mean「つまり」

（第⑦段）issue「重要な問題」 translational「翻訳の，橋渡しの」

（第⑧段）mentor「指導教官」 inspiring「鼓舞するような」 revelation
「神の啓示（のような出来事）」 with eyes opened wide「目を皿のよう
にして」

（第⑨段）faculty member「（大学などの）教職員」 pre-med「医学部進学課程の」 impart「分け与える」 when it comes to ～「～のこととなると」 be on *one's* own「独りで，独断で」

（第⑩段）off to ～「～へ向かう」 immunotherapy「免疫療法」 play out「展開する」 nascent「初期の」 so much so that「（前の形容詞などを受けて）非常にそうなので」 show「企て，事業」 contribute to ～「～に貢献する」 parade of ～「～の連続」

（第⑪段）～ aside「～は別にして」 Shouldn't Ｓ Ｖ ～?「～すべきじゃないのか」 flawed「欠陥がある，不完全な」（＜flaw「傷をつける」） nonimmunogenic「非免疫原性の」 the immune system「免疫系」

（第⑫段）should have *done*「～すべきだった（後悔を表す構文）」 Who knows?「誰にもわからないことだ（修辞疑問文）」 would have *done*「（仮定法過去完了）～だったかもしれない」 by now「今頃は」

（第⑬段）speculation「推 測」 responsible for ～「～ の 責 任 が あ る」 mediate「仲 介 す る」 sequence「配 列 す る」 first ever「史 上 初 の」 genetically engineered「遺伝子操作された」

Ⅳ　解答　Q 35― 4

◀解　説▶

「次の問いを注意深く読み答えよ。最適な答えを１つ選べ。解答用紙に，問題の番号を見つけ，選んだ答えの番号に対応する空欄に記入せよ。以下の問いは３つの本文すべて（Ⅰ，Ⅱ，Ⅲ）に関するものである」

▶Q 35. 「３つの本文すべて（Ⅰ，Ⅱ，Ⅲ）について正しく内容を要約し，全体的な概念を代表し得ると考えられる記述をしているのは次のどれか」

１．「科学の進歩は，道具や科学技術に関係なく，言語がコミュニケーションの唯一の要因であるときになされる」

２．「科学的研究は，科学技術による物理的道具が知性の道具の創造を可能にする科学におけるコミュニケーションの歴史を遅らせるときに，より簡単になる」

３．「科学は，物理的で科学技術的な考慮ではなく，知的な言語や文化だけが，過度に進歩に影響することを求める」

４．「科学の進歩には，コミュニケーションの方法や，物理的道具と知性
の道具の進歩の時機に影響を与える歴史的変化を含んでいる」

５．「科学技術の連携を決して許容しない知的概念の歴史的な創造を言語
が干渉しないときに，科学の進歩は起こる」

　３つの本文においては，科学の進歩という共通のテーマに対して，言語
の果たす役割や，知性の道具や物理的な道具の必要性も共通して指摘され
ていると考えられるので，４が正解であろう。

❖講　評

　Ⅰは科学と言語（英語）との関係を論じた英文をテーマにした読解問
題である。850 語を超える長文であり，しっかりとした英文読解力が求
められる。アクセントを問う問題が１問出題されているものの，全体と
しては本文中の下線部の語（句）の意味を問う問題や空所補充問題，あ
るいは内容説明問題を中心に，読解力を総合的に見る設問となっている。

　Ⅱは，科学の発展の歴史を，実際の道具と科学的概念の形成に用いら
れる知的な道具の対比で論じている。本文は 1000 語を超えており，非
常に読み応えのある長文問題と言えよう。Ⅰ同様，総合的な英語力を見
る設問の構成である。

　Ⅲは，ある科学者の自伝的な内容のインタビューをもとにした長文で，
やはり 1000 語程度の語数を有する長文問題である。記述式問題が出題
されているが，全体的な構成はⅠ・Ⅱと同様である。

　Ⅳは，Ⅰ～Ⅲに共通すると思われる内容を選択させる新傾向の内容説
明問題である。それぞれが 1000 語レベルの３つの長文の内容を踏まえ
て解答をする必要があり，概要を正確に把握する読解力が要求されてい
る。

　全体的には長文の分量が非常に多く，かなりの英語力が求められる手
ごわい問題であると言える。

数学

I

◆発想◆　独立した小問 7 問。どの問題も典型的ではあるが，考え方や計算が易しいわけではないので要注意。

(1)虚数の計算で，ていねいに分母の有理化をする。

(2)指数法則にしたがって式を整理すればよい。

(3)部分分数分解によって和を求める典型的な計算問題。

(4)(ii)は(i)の結果を用いて k の値を 14 の倍数ですべて調べていく。

(5)ベクトル方程式の典型的な問題で，領域は三角形の周と内部である。

(6)2 倍角の公式と三角関数の合成により 1 種類の三角関数に統一して最大・最小を求める。

(7)四角錐の高さに関して式をたてると 3 次関数の問題に帰着する。

解答　ア. $\dfrac{1}{5}$　イ. 10, 11　ウ. $\dfrac{2n}{n+1}$　エ. $19-\dfrac{3}{14}k$

オ.　(4, 13, 1)，(2, 10, 4)，(8, 7, 2)，(6, 4, 5)，(12, 1, 3)，(4, 1, 8)

カ. $\left(\dfrac{8}{3}, 2\right)$　キ. $\dfrac{5}{4}$　ク. $\dfrac{1}{2}$　ケ. $-\dfrac{\sqrt{3}}{2}$　コ. $\dfrac{5}{2}\sqrt{3}$　サ. $1+\dfrac{5}{2}\sqrt{3}$

シ. $\dfrac{5}{12}\pi$　ス. $2\sqrt{3}$　セ. 0　ソ. $\dfrac{64}{3}$

◀解　説▶

≪小問 7 問≫

▶(1)　与式 $=\dfrac{3+i}{|a+1|+|3a-1|i}$

$-1<a<\dfrac{1}{3}$ より

$$与式 = \frac{3+i}{(a+1)+(1-3a)i}$$

$$= \frac{(3+i)\{(a+1)-(1-3a)i\}}{(a+1)^2+(1-3a)^2}$$

$$= \frac{4+(10a-2)i}{(a+1)^2+(1-3a)^2}$$

よって，実数であるには

$$10a-2=0$$

すなわち　$a=\dfrac{1}{5}$　→ア

▶(2) $\begin{cases} \sqrt[3]{3}<\sqrt[6]{a} & \cdots\cdots① \\ \sqrt[6]{(a^3)^4\times a^2 \div a^5}<24\sqrt{3} & \cdots\cdots② \end{cases}$ とする。

①は，両辺ともに正であるから6乗して　$9<a$　……③

②を整理すると

$$(a^{12+2-5})^{\frac{1}{6}}<24\sqrt{3}$$

すなわち　$a^{\frac{3}{2}}<24\sqrt{3}$

②も両辺ともに正であるから$\dfrac{2}{3}$乗して

$$a<(24\sqrt{3})^{\frac{2}{3}}=(2^3\cdot3\cdot3^{\frac{1}{2}})^{\frac{2}{3}}=2^2\cdot3=12 \quad\cdots\cdots④$$

③，④より $9<a<12$ となり，自然数 a の値は　10と11　→イ

▶(3) $a_n=2+(n-1)\cdot1=n+1$

$b_{n+1}-b_n=n+1$ であるから $n\geqq2$ として

$$b_n=b_1+\sum_{k=1}^{n-1}(k+1)=1+\frac{(n-1)n}{2}+(n-1)$$

$$=\frac{n(n+1)}{2} \quad (n=1 \text{のときも成立})$$

したがって

$$\sum_{k=1}^{n}\frac{1}{b_k}=\sum_{k=1}^{n}\frac{2}{k(k+1)}=2\sum_{k=1}^{n}\left(\frac{1}{k}-\frac{1}{k+1}\right)$$

$$=2\left\{\left(1-\frac{1}{2}\right)+\left(\frac{1}{2}-\frac{1}{3}\right)+\cdots+\left(\frac{1}{n}-\frac{1}{n+1}\right)\right\}$$

$$=2\left(1-\frac{1}{n+1}\right)=\frac{2n}{n+1} \quad →ウ$$

▶(4)(ⅰ)　$k = 5x + 8z$ を①とする。$3k = 15x + 24z$ であるから，与えられた方程式は

$$3k + 14y = 266 \quad \therefore \quad y = \frac{266 - 3k}{14} = 19 - \frac{3}{14}k \quad \rightarrow \text{エ} \quad \cdots\cdots②$$

(ⅱ)　$x,\ z$ は自然数であるから，①より　　$k > 5 + 8 = 13$

また y は自然数であるから，②より　　$k = 14,\ 28,\ 42,\ 56,\ 70,\ 84$

(a)$k = 14$ のとき，②より　　$y = 16$　　①より　　$5x + 8z = 14$　　$\cdots\cdots③$

　③を満たす自然数 $x,\ z$ はない。

(b)$k = 28$ のとき，②より　　$y = 13$　　①より　　$5x + 8z = 28$　　$\cdots\cdots④$

　④を満たす自然数は　　$x = 4,\ z = 1$

(c)$k = 42$ のとき，②より　　$y = 10$　　①より　　$5x + 8z = 42$　　$\cdots\cdots⑤$

　⑤を満たす自然数は　　$x = 2,\ z = 4$

(d)$k = 56$ のとき，②より　　$y = 7$　　①より　　$5x + 8z = 56$　　$\cdots\cdots⑥$

　⑥を満たす自然数は　　$x = 8,\ z = 2$

(e)$k = 70$ のとき，②より　　$y = 4$　　①より　　$5x + 8z = 70$　　$\cdots\cdots⑦$

　⑦を満たす自然数は　　$x = 6,\ z = 5$

(f)$k = 84$ のとき，②より　　$y = 1$　　①より　　$5x + 8z = 84$　　$\cdots\cdots⑧$

　⑧を満たす自然数は　　$x = 12,\ z = 3$ と $x = 4,\ z = 8$ の 2 組。

以上により，求める $(x,\ y,\ z)$ は

　　$(4,\ 13,\ 1),\ (2,\ 10,\ 4),\ (8,\ 7,\ 2),\ (6,\ 4,\ 5),\ (12,\ 1,\ 3),$

　　$(4,\ 1,\ 8)$　→オ

▶(5)　2 直線 $l_1,\ l_2$ の交点の座標を求めると，A$(1,\ 7)$ である。

点Bの座標を $(s,\ -3s + 10)$ とおくと，$\angle \text{AOB} = 45°$ であるから

$$\overrightarrow{\text{OA}} \cdot \overrightarrow{\text{OB}} = |\overrightarrow{\text{OA}}||\overrightarrow{\text{OB}}| \cos 45°$$

$$(1,\ 7) \cdot (s,\ -3s + 10) = \sqrt{1^2 + 7^2}\sqrt{s^2 + (-3s + 10)^2} \cdot \frac{1}{\sqrt{2}}$$

$$-20s + 70 = 5\sqrt{10s^2 - 60s + 100}$$

$$-4s + 14 = \sqrt{10s^2 - 60s + 100}$$

$-4s + 14 \geqq 0$，すなわち $s \leqq \dfrac{7}{2}$ のとき，両辺を 2 乗して

$$(-4s + 14)^2 = 10s^2 - 60s + 100$$

整理すると　　$3s^2 - 26s + 48 = 0$

$$(3s-8)(s-6)=0$$

$s\leqq\dfrac{7}{2}$ より $s=\dfrac{8}{3}$

ゆえに，点Bの座標は $\left(\dfrac{8}{3},\ 2\right)$ →カ

(ii) $\dfrac{10}{3}s+2t\leqq1$ となるので $s'=\dfrac{10}{3}s,\ t'=2t$ とおくと

$$\overrightarrow{OP}=s'\left(\dfrac{3}{10}\overrightarrow{OA}\right)+t'\left(\dfrac{1}{2}\overrightarrow{OB}\right)\quad(s'\geqq0,\ t'\geqq0,\ s'+t'\leqq1)$$

と書きかえられる。

ここでさらに $\overrightarrow{OA'}=\dfrac{3}{10}\overrightarrow{OA},\ \overrightarrow{OB'}=\dfrac{1}{2}\overrightarrow{OB}$ を満たす点 A′, B′ を用いる

と，点Pの存在領域は△OA′B′ の周と内部である。

したがって，求める面積は△OA′B′ の面積であり

$$\dfrac{1}{2}OA'\cdot OB'\sin45°=\dfrac{1}{2}\cdot\dfrac{3}{10}|\overrightarrow{OA}|\cdot\dfrac{1}{2}|\overrightarrow{OB}|\cdot\dfrac{1}{\sqrt{2}}=\dfrac{3}{40\sqrt{2}}|\overrightarrow{OA}||\overrightarrow{OB}|$$

$$\cdots\cdots①$$

$|\overrightarrow{OA}|=\sqrt{1^2+7^2}=5\sqrt{2},\ |\overrightarrow{OB}|=\sqrt{\left(\dfrac{8}{3}\right)^2+2^2}=\dfrac{10}{3}$ であるから，①は

$$\dfrac{3}{40\sqrt{2}}\cdot5\sqrt{2}\cdot\dfrac{10}{3}=\dfrac{5}{4}\quad→キ$$

▶(6)(i) $y=3\sqrt{3}\cdot\dfrac{1-\cos2\theta}{2}+2\sqrt{3}\cdot\dfrac{1+\cos2\theta}{2}+\dfrac{1}{2}\sin2\theta$

$$=\dfrac{1}{2}\sin2\theta-\dfrac{\sqrt{3}}{2}\cos2\theta+\dfrac{5}{2}\sqrt{3}\quad→ク～コ$$

(ii) (i)より $y=\sin\left(2\theta-\dfrac{\pi}{3}\right)+\dfrac{5}{2}\sqrt{3}\quad\left(-\dfrac{\pi}{3}\leqq2\theta-\dfrac{\pi}{3}\leqq\dfrac{2}{3}\pi\right)$

よって

$2\theta-\dfrac{\pi}{3}=\dfrac{\pi}{2}$ すなわち $\theta=\dfrac{5}{12}\pi$ のとき 最大値 $1+\dfrac{5}{2}\sqrt{3}$ →サ, シ

$2\theta-\dfrac{\pi}{3}=-\dfrac{\pi}{3}$ すなわち $\theta=0$ のとき 最小値 $2\sqrt{3}$ →ス, セ

▶(7)　底面の正方形の対角線の長さを $2l$，四角錐
の高さを x とする。図(a)は四角錐の外部に球の中心
O がある場合であるが，これは底面に中心 O がある
場合よりも体積は小さいので，図(b)のように，四角
錐の内部に中心 O がある，すなわち

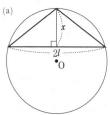

$$3 \leqq x < 6$$

としてよい。このとき，三平方の定理から

$$(x-3)^2 + l^2 = 3^2 \qquad l^2 = 6x - x^2 \quad \cdots\cdots ①$$

また，体積 V は

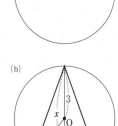

$$V = \frac{1}{3} \cdot \frac{(2l)^2}{2} \cdot x = \frac{2}{3} l^2 x \quad \cdots\cdots ②$$

①を②に代入して l を消去すると

$$V = \frac{2}{3}(6x - x^2)x = -\frac{2}{3}x^3 + 4x^2$$

$$\therefore \quad \frac{dV}{dx} = -2x^2 + 8x = -2x(x-4)$$

増減表は右のようになるので，$x=4$ のとき体
積 V は最大であり，その値は

$$V = -\frac{2}{3} \cdot 4^3 + 4^3 = \frac{64}{3} \quad \rightarrow ソ$$

x	3	$\cdots$	4	$\cdots$	6
$\dfrac{dV}{dx}$		$+$	0	$-$	
V	18	↗		↘	

II

◆発想◆　同じものを含む順列の考え方にしたがって，左側から
1 文字ずつ，順に並べて数えていくしかないであろう。

解答　タ. 1260　チ. E　ツ. S　テ. N　ト. 1124

◀解　説▶

≪同じものを含む順列，辞書式配列≫

▶(1)　C，E が 2 枚ずつあることに注意して，文字列の総数は

$$\frac{7!}{2!2!} = 1260 \text{ 通り} \quad \rightarrow タ$$

▶(2)　一番左が C である文字列は

$\dfrac{6!}{2!} = 360$ （残り 6 文字に E が 2 つある）

すなわち，一番左が C である文字列が $a_1 \sim a_{360}$ である。一番左が E である文字列も $\dfrac{6!}{2!} = 360$ あるので（$a_{361} \sim a_{720}$），a_{500} の一番左の文字は E である。

次に，左から 2 番目以降の文字列（C，C，E，I，N，S）を考える。

2 番目が C である文字列は　　$5! = 120$ 個　（$a_{361} \sim a_{480}$）

2 番目が E である文字列は　　$\dfrac{5!}{2!} = 60$ 個　（$a_{481} \sim a_{540}$）

よって，a_{500} の左から 2 番目の文字は E である。　→チ

左から EE のとき，3 番目が C である文字列は　　$4! = 24$ 個　（$a_{481} \sim a_{504}$）

よって a_{500} の左から 3 番目の文字は C である。

さらにこのとき 4 番目が C，I，N，S のいずれかである文字列はいずれも $3! = 6$ 個であり，それぞれ $a_{481} \sim a_{486}$，$a_{487} \sim a_{492}$，$a_{493} \sim a_{498}$，$a_{499} \sim a_{504}$ である。

よって，a_{500} の左から 4 番目の文字は S であり，残り C，I，N の文字列の 2 番目は CNI であるから，6 番目の文字は N。　→ツ，テ

以上により　　a_{500}：EE<u>C</u>SC<u>N</u>I

▶(3)　1 番左が I，N，S である文字列はいずれも $\dfrac{6!}{2!\,2!} = 180$ 個であり，

それぞれ，$a_{721} \sim a_{900}$，$a_{901} \sim a_{1080}$，$a_{1081} \sim a_{1260}$ である。

よって 1 番目が S である文字列 a_n において $n \geqq 1081$ である。このとき 2 番目が C である文字列は $\dfrac{5!}{2!} = 60$ 個であり　　$a_{1081} \sim a_{1140}$

よって，求める n は　　$n \leqq 1140$

さらに 3 番目が C，E，I である文字列はそれぞれ

$\dfrac{4!}{2!} = 12$ 個　（$a_{1081} \sim a_{1092}$），$4! = 24$ 個　（$a_{1093} \sim a_{1116}$），

$\dfrac{4!}{2!} = 12$ 個　（$a_{1117} \sim a_{1128}$）

ここからは順に並べると

a_{1117}：SCICEEN　　　a_{1118}：SCICENE　　　a_{1119}：SCICNEE

a_{1120}：SCIECEN　　　a_{1121}：SCIECNE　　　a_{1122}：SCI<u>EE</u>CN

a_{1123}：SCI<u>EENC</u>　　　a_{1124}：SCIENCE

よって，求める n の値は　　　1124　→ト

III　◇**発想**◇　絶対値をていねいにはずす。$0 \leqq x \leqq 2$ の部分（上に凸の放物線の一部）の増減の様子で交点の個数が変わることが，(1) によって予測できるので，(2)は軸の位置によって場合を分けることになる。

解答　ナ．$4 < k < \dfrac{9}{2}$　ニ．$a > \dfrac{10 + 8\sqrt{2}}{7}$　ヌ．$\dfrac{53}{3}$

━━━━◀解　説▶━━━━

≪グラフの交点の個数，面積≫

$a > 2$ に注意して，絶対値記号をはずして整理すると

(i)$x \leqq 0$，$a \leqq x$ のとき

$$f(x) = x(x-2) + x(x-a) = 2x\left(x - \frac{a+2}{2}\right) = 2\left(x - \frac{a+2}{4}\right)^2 - \frac{(a+2)^2}{8}$$

(ii)$0 \leqq x \leqq 2$ のとき

$$f(x) = -x(x-2) - x(x-a) = -2x\left(x - \frac{a+2}{2}\right)$$

$$= -2\left(x - \frac{a+2}{4}\right)^2 + \frac{(a+2)^2}{8}$$

(iii)$2 \leqq x \leqq a$ のとき

$$f(x) = x(x-2) - x(x-a) = (a-2)x$$

▶(1)　$a = 4$ のとき

$$f(x) = \begin{cases} 2\left(x - \dfrac{3}{2}\right)^2 - \dfrac{9}{2} & (x \leqq 0,\ 4 \leqq x) \\[2mm] -2\left(x - \dfrac{3}{2}\right)^2 + \dfrac{9}{2} & (0 \leqq x \leqq 2) \\[2mm] 2x & (2 \leqq x \leqq 4) \end{cases}$$

$f(x) = 8$ より

$$2\left(x - \frac{3}{2}\right)^2 - \frac{9}{2} = 8$$

$$\left(x-\frac{3}{2}\right)^2=\left(\frac{5}{2}\right)^2$$

$$x=\pm\frac{5}{2}+\frac{3}{2}=4,\ -1$$

グラフの概形は右のようになるので，異なる4点で交わるとき

$$f(2)<k<f\left(\frac{3}{2}\right)$$

すなわち　$4<k<\dfrac{9}{2}$　→ナ

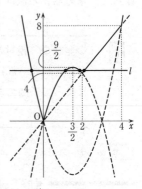

▶(2)　$k=f(a)=a(a-2)$

放物線の軸 $x=\dfrac{a+2}{4}$ と区間 $0\leqq x\leqq2$ の位置関係に着目する。

(ⅰ)$\dfrac{a+2}{4}\geqq2$，すなわち $a\geqq6$ のとき，$0\leqq x\leqq a$

において単調増加であるから，必ず異なる2点で交わる。

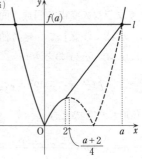

(ⅱ)$\dfrac{a+2}{4}<2$，すなわち $a<6$ のとき

$$f\left(\frac{a+2}{4}\right)<f(a)$$

であれば異なる2点で交わるので

$$\frac{(a+2)^2}{8}<a(a-2)$$

整理して　$7a^2-20a-4>0$

$$7\left(a-\frac{10-8\sqrt{2}}{7}\right)\left(a-\frac{10+8\sqrt{2}}{7}\right)>0$$

$11=\sqrt{121}<8\sqrt{2}=\sqrt{128}<\sqrt{144}=12$ より

$$-\frac{2}{7}<\frac{10-8\sqrt{2}}{7}<-\frac{1}{7},\ 3<\frac{10+8\sqrt{2}}{7}<\frac{22}{7}$$

よって　$\dfrac{10+8\sqrt{2}}{7}<a<6$

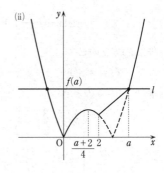

(i)(ii)より求める a の値の範囲は　　　$a > \dfrac{10 + 8\sqrt{2}}{7}$　→ニ

▶(3)　(2)より $a = 4$ であるから，(1)の図を参考にして求める面積は

$\displaystyle \int_{-1}^{4} \{8 - f(x)\}\, dx$

$\displaystyle = \int_{-1}^{0} \{8 - (2x^2 - 6x)\}\, dx + \int_{0}^{2} \{8 - (-2x^2 + 6x)\}\, dx + \int_{2}^{4} (8 - 2x)\, dx$

$\displaystyle = \left[-\frac{2}{3}x^3 + 3x^2 + 8x \right]_{-1}^{0} + \left[\frac{2}{3}x^3 - 3x^2 + 8x \right]_{0}^{2} + \left[8x - x^2 \right]_{2}^{4}$

$\displaystyle = -\left(\frac{2}{3} + 3 - 8 \right) + \left(\frac{16}{3} - 12 + 16 \right) + \{(32 - 16) - (16 - 4)\}$

$\displaystyle = \frac{53}{3}$　→ヌ

❖講　評

　　例年通りの形式でⅠが小問集合，大問がⅡ・Ⅲという形である。

　　Ⅰの小問集合が意外と面倒な計算を含んでおり（これも例年通り），そう簡単には通過できない。ただ，内容的には必ず一度は解いたことのあるはずのテーマであり，計算さえクリアすれば必ず正解にたどり着けるはずである。

　　Ⅱは文字列の問題であり，これも経験済みのテーマであろうが，同じ文字を含んでいるので，数えるときに気をつけなければならない。

　　Ⅲの(2)が今回やや難であったが，80 分で高得点を目指すにはかなりの計算力を要する。

　　典型的なテーマはすべてまんべんなく解けるようにしておくことが，この学部に受かる第一歩であることはまちがいない。

■化学■

1 **解答** 〔Ⅰ〕問1. ア. 斜方硫黄　イ. 単斜硫黄
ウ. ゴム状硫黄

問2. エ. SO_2　オ. H_2SO_3　カ. SO_3　キ. H_2S

問3. ①$4FeS_2 + 11O_2 \longrightarrow 2Fe_2O_3 + 8SO_2$

②$Na_2SO_3 + H_2SO_4 \longrightarrow Na_2SO_4 + H_2O + SO_2$

③$Cu + 2H_2SO_4 \longrightarrow CuSO_4 + 2H_2O + SO_2$

問4. (1)1　(2)8　(3)2

問5. 2, 5

〔Ⅱ〕問6. ク. 融解　ケ. 蒸気圧　コ. 三重点　サ. 低い

問7. 液体とも気体とも区別がつかない状態で存在する。(25字以内)

問8. (4)1　(5)4　(6)2

問9. 昇華

問10. シ. 電気陰性度　ス. 水素

━━━━━━━　◀解　説▶　━━━━━━━

≪硫黄と硫黄化合物の性質と反応，酸化還元滴定，水の三態変化と熱量≫

〔Ⅰ〕問1. 常温で一番安定しているのが斜方硫黄。120℃に熱したあと
に冷やすと単斜硫黄になる。単斜硫黄を常温で放置すると，徐々に斜方硫
黄に変化する。

問2. SO_2 や SO_3 が水に溶解すると，以下のように反応し，オキソ酸と
なる。

$$SO_2 + H_2O \longrightarrow H_2SO_3$$

$$SO_3 + H_2O \longrightarrow H_2SO_4$$

問3. ②の反応は弱酸の遊離の反応である。

③の反応は濃硫酸の酸化力を使った酸化還元反応である。

問4. ヨウ素に硫化水素を吸収させ，残ったヨウ素をチオ硫酸ナトリウム
で滴定する逆滴定である。ヨウ素が受け取る電子の物質量と，硫化水素と
チオ硫酸ナトリウムが与える電子の物質量の合計が等しいので，硫化水素
の標準状態における体積を v〔L〕とおくと

$$\frac{0.508}{254}\times 2=\frac{v}{22.4}\times 2+0.100\times\frac{24.2}{1000}\times 1$$

$$v=1.76\times 10^{-2}\fallingdotseq 1.8\times 10^{-2}\,[\text{L}]$$

問 5．強酸条件下でも硫化水素を沈殿する金属イオンは，Ag^+，Cu^{2+}，Pb^{2+}，Sn^{2+} などイオン化傾向の小さい金属イオンである。また，中性や塩基性下で沈殿する金属イオンは，Zn^{2+}，Fe^{2+}，Mn^{2+} などのイオン化傾向が中程度の金属イオン。そして，Al^{3+} よりイオン化傾向が大きい金属イオンは硫化水素では沈殿しない。

〔Ⅱ〕問 6．曲線 AC が固体と液体の境界線，曲線 BC が液体と気体の境界線である。点Cは三重点と呼ばれ，唯一固体，液体，気体が同時に存在できる点である。

問 7．臨界点を超えた圧力と温度の状態を超臨界状態と呼び，気体と液体の中間的な性質をもつ。また，この状態にある物質を超臨界流体といい，特に水の場合は超臨界水と呼ぶ。

問 8．圧力が $1.01\times 10^5\,\text{Pa}$ なので，点Dは 0℃，点Eは 100℃ である。よって温度変化は 100℃ となる。必要な熱量の合計は，融解熱と温度変化による熱量と蒸発熱なので

$$\frac{45}{18}\times 6.0+45\times 4.2\times 100\times 10^{-3}+\frac{45}{18}\times 41$$

$$=136\fallingdotseq 1.4\times 10^2\,[\text{kJ}]$$

問 10．H_2O 分子は，水素結合をつくる HF や NH_3 と比較しても沸点が高い。その理由は，HF の 1 分子は 2 個の HF 分子と，H_2O の 1 分子は 4 個の H_2O 分子と水素結合をつくるからである。

2 解答

問 1．(7) 2　(8) 2　(9) 5　(10) 6　(11) 3　(12) 5

問 2．(13) 6　(14) 2　(15) 4

問 3．(16) 1　(17) 1

◀解　説▶

≪気体の溶解度とヘンリーの法則，浸透圧≫

問 1．(7)〜(9)　空気中の酸素の分圧は

$$1.01\times 10^5\times 0.21\,\text{Pa}$$

である。ヘンリーの法則より

$$1.03 \times 10^{-3} \times 0.21 \times \frac{100}{1000} = 2.16 \times 10^{-5} \fallingdotseq 2.2 \times 10^{-5} \,(\text{mol})$$

(10)～(12)　それぞれに溶ける酸素の物質量の合計なので

$$1.03 \times 10^{-3} \times 0.21 \times \frac{90}{1000} + 2.06 \times 10^{-2} \times 0.21 \times \frac{10}{1000}$$

$$= 6.27 \times 10^{-5} \fallingdotseq 6.3 \times 10^{-5} \,(\text{mol})$$

問 2．タンパク質の分子量を M とおき，ファントホッフの法則より

$$2.08 \times 10^2 = \frac{0.500}{M} \times \frac{1000}{100} \times 8.31 \times 10^3 \times 310$$

$$M = 6.19 \times 10^4 \fallingdotseq 6.2 \times 10^4$$

問 3．塩化ナトリウムの質量を $w\,(\text{g})$ とおき，ファントホッフの法則より

$$7.34 \times 10^5 = \left(\frac{3.60}{180} + \frac{w}{58.5} \times 2 \right) \times \frac{1000}{200} \times 8.31 \times 10^3 \times 310$$

$$w = 1.08 \fallingdotseq 1.1 \,(\text{g})$$

3　解答

〔Ⅰ〕問 1．ア．還元　イ．酸化　ウ．負　エ．正
オ．イオン化傾向

問 2．正極：$Cu^{2+} + 2e^- \longrightarrow Cu$

負極：$Zn \longrightarrow Zn^{2+} + 2e^-$

電池全体：$Zn + Cu^{2+} \longrightarrow Zn^{2+} + Cu$

問 3．(18)— 4　(19)— 5

問 4．(20) 1　(21) 5　(22) 2　(23) 1

問 5．3，4

〔Ⅱ〕問 6．カ．B　キ．A　ク．A　ケ．B

問 7．容器A：$Zn^{2+} + 2e^- \longrightarrow Zn$

容器B：$Zn \longrightarrow Zn^{2+} + 2e^-$

◀解　説▶

≪色々な電池の仕組み，濃淡電池≫

〔Ⅰ〕問 1．電池では，負極は電子を放出するので酸化反応，正極は電子を受け取るので還元反応が起こる。そして，イオン化傾向の差が大きい程，起電力が大きい。

問2．ダニエル電池は，イオン化傾向の大きい亜鉛が溶けて負極となり，イオン化傾向の小さい銅が析出して正極となる。

問3．ダニエル電池では，正極の電解槽では $SO_4{}^{2-}$ が過剰となり，負極の電解槽では Zn^{2+} が過剰となる。そして両極の電荷の偏りをなくすために，正極から負極へは $SO_4{}^{2-}$ が，負極から正極へは Zn^{2+} が移動する。

問4．増加するのは銅である。析出する銅 $1\,mol$ に対して，電子は $2\,mol$ 必要なので，流れる電流を $i\,〔A〕$ とおいて，電子の物質量で等式を作ると

$$\frac{0.180}{63.5}\times 2 = \frac{60\times 60\times i}{9.65\times 10^4}$$

$$i = 0.1519 \fallingdotseq 1.52\times 10^{-1}\,〔A〕$$

問5．1．亜鉛をアルミニウムに代えると，イオン化傾向の差が大きくなるので，起電力も大きくなる。

2．鉛蓄電池の負極は鉛で，正極は酸化鉛(Ⅱ)である。

3．正極である銅板で水素が発生するのは，ボルタの電池の仕組みである。

4．燃料電池では正極活物質が酸素，負極活物質が水素である。

5．アルカリマンガン電池は充電できないので，一次電池である。

〔Ⅱ〕問6・問7．濃度の異なる水溶液を用いて，濃度の差によって電流を流す電池を濃淡電池と呼ぶ。両方の電解槽の濃度が同じになると電流が流れなくなる。濃度の薄い方は，濃くなるように極板が溶けて，電子を放出し負極となる。また，濃度の濃い方は，薄くなるように金属が析出して，電子を受け取り正極となる。

4 解答 問1．74

問2．A. B.

C. D.

E.

問3．CHI₃

問4．アセトン

問5．4

問6．5

問7．G，H，I

━━━━◀解　説▶━━━━

≪分子式 $C_9H_8O_2$ のエステルの構造決定と元素分析≫

問1．炭素の質量は　　$198 \times \dfrac{12}{44} = 54$〔mg〕

水素の質量は　　$36 \times \dfrac{2}{18} = 4$〔mg〕

これより，原子の物質量の比は

$$C : H = \dfrac{54}{12} : \dfrac{4}{1}$$

$$= 9 : 8$$

これらの分子はエステル結合を1個もつので，酸素原子を少なくとも2個有する。CとHの組成が9：8なので，分子式を $C_9H_8O_2$ とすると，分子量は148となり分子量160以下をみたす。一方，酸素原子が3つ以上あると分子量160以下をみたさないため，分子式は $C_9H_8O_2$ となる。酸素の質量は16mgなので，元素分析は次のような結果になる。

$$C : H : O = 9 : 8 : 2 = \dfrac{54}{12} : \dfrac{4}{1} : \dfrac{16}{16}$$

よって，燃焼した化合物Aの質量は

$$54 + 4 + 16 = 74$$〔mg〕

問2．分子式 $C_9H_8O_2$ より，不飽和度を計算すると

$$(2 \times 9 + 2 - 8) \div 2 = 6$$

よって，ベンゼン環で4，エステル結合で1なので，もう1つC=Cか，または環状構造があると考えられる。Bはトランス型でC=Cをもつので，以下のようなエステルの構造となる。Iはギ酸，Hは転位して後に以下の

ような構造となる。

化合物Cは，ベンゼン環の1つの水素原子を塩素原子に置換した化合物が
2種類しかできないので，パラの二置換体である。そして，加水分解する
と I （ギ酸）が生じ，C=Cをもつので，以下のような構造となる。

化合物Dは加水分解するとK，Lとなり，Kはクメン法から生成するので，
フェノール。そしてDはフェノールのエステルで，C=Cをもつので，以
下のような構造となる。Lは，アクリル酸である。

Aを加水分解すると，FとGが生じる。Gはヨードホルム反応陽性である
ので，Fがカルボン酸である。Gにベンゼン環があると仮定すると，Fが
ギ酸になり，Iと同じになってしまうので，Fがベンゼン環を含む安息香
酸である。よって，Aの構造は以下のようになる。加水分解後Gは転位反
応をしてアセトアルデヒドになる。

化合物Eは，加水分解をしてもMしか生じていないので，環状エステルであるラクトンと考えられる。加水分解して生じたMは塩化鉄(Ⅲ)と呈色反応をするので，フェノール性ヒドロキシ基をもっている。ラクトンと不斉炭素原子をもつ構造を考える。これらのことから，EとMは以下のようになる。

問3．化合物G（アセトアルデヒド）がヨードホルム反応したときの化学反応式は

$$CH_3CHO + 3I_2 + 4NaOH \longrightarrow CHI_3 + HCOONa + 3NaI + 3H_2O$$

問4．クメンを酸化してできるのは，クメンヒドロペルオキシド。これを分解してK（フェノール）とN（アセトン）ができる。

問5．ナトリウムフェノキシドに高温高圧でCO_2を反応させると，サリチル酸ナトリウムが生じる。

問6．②の反応はエステル化であるが，2つの分子から，簡単な分子がとれて結合する反応は総称して縮合反応と言う。

問7．F～Mは問2の〔解説〕で紹介した通りで，アルデヒド基をもつものは，Gのアセトアルデヒド，Iのギ酸とHである。

5 解答

〔Ⅰ〕問1．ア．グリコシド　イ．グリコーゲン
ウ．エステル　エ．飽和　オ．不飽和
カ．必須アミノ酸
問2．A．セルラーゼ　B．リパーゼ　C．ペプシン　D．トリプシン

問3．$C_6H_{12}O_6 \longrightarrow 2C_2H_5OH + 2CO_2$

問4．7

〔Ⅱ〕問5．7

問6．1

問7．⑵⑼6 ⑶⑴3 ⑶⑴－ ⑶⑵7 ⑶⑶2 ⑶⑷0 ⑶⑸－ ⑶⑹9 ⑶⑺0 ⑶⑻4

⑶⑼9 ⑷⑴3 ⑷⑴0

問8．⑷⑵— 2 ⑷⑶— 8

問9．⑺— 2 ㈾— 3 ㈿— 1 ㈼— 4

問10．5

■━━━━━ ◀解 説▶ ━━━━━■

≪糖類，脂質，タンパク質の性質と消化酵素，アミノ酸の等電点と電気泳動≫

〔Ⅰ〕問1．糖類の結合はグリコシド結合と呼び，形はエーテル結合と同じである。タンパク質の結合はペプチド結合と呼び，形はアミド結合と同じである。

問2．デンプンはアミラーゼで分解されてマルトースとなり，マルトースはマルターゼで加水分解されてグルコースとなる。同様に，セルロースはセルラーゼで加水分解されてセロビオースとなり，セロビオースはセロビアーゼで加水分解されてグルコースとなる。油脂はリパーゼによって加水分解され，グリセリンと高級脂肪酸となる。タンパク質はペプシンやトリプシンによって加水分解されペプチドとなり，さらに加水分解されてアミノ酸となる。

問3．グルコースは，酵母菌の中の酵素チマーゼによって，アルコール発酵をし，エタノールと二酸化炭素になる。乳酸菌を使うと乳酸が生じる。

問4．アルブミン，グロブリン，ケラチン，コラーゲン，フィブロインは単純タンパク質である。カゼインとヘモグロビンとムチンは複合タンパク質で，カゼインはリンタンパク質，ヘモグロビンは色素タンパク質，ムチンは糖タンパク質である。

〔Ⅱ〕問5．$K_1 = \dfrac{[H^+][X_C^{\pm}]}{[X_C^+]}$ より　　$\dfrac{[X_C^{\pm}]}{[X_C^+]} = \dfrac{K_1}{[H^+]}$

問6．pH＝2.0 なので，$[H^+]=1.0\times10^{-2}$〔mol/L〕を上の式に代入すると

$$\frac{[X_C{}^\pm]}{[X_C{}^+]}=1$$

よって　　$[X_C{}^+]:[X_C{}^\pm]=1:1$

となる。

問7．問6と同様に K_2, K_3 を使うと

$$\frac{[X_C{}^-]}{[X_C{}^\pm]}=\frac{K_2}{[H^+]}=\frac{6.30\times10^{-9}}{1.0\times10^{-2}}=6.3\times10^{-7} \text{ より}$$

$$[X_C{}^\pm]:[X_C{}^-]=1:6.3\times10^{-7}$$

$$\frac{[X_C{}^{2-}]}{[X_C{}^-]}=\frac{K_3}{[H^+]}=\frac{2.00\times10^{-11}}{1.0\times10^{-2}}=2.0\times10^{-9} \text{ より}$$

$$[X_C{}^-]:[X_C{}^{2-}]=1:2.0\times10^{-9}$$

次にアミノ酸 X_B について考える。それぞれの平衡定数の式をつくると

$$K_1=\frac{[H^+][X_B{}^\pm]}{[X_B{}^+]}=1.00\times10^{-2}〔\text{mol/L}〕\quad\cdots\cdots①$$

$$K_2=\frac{[H^+][X_B{}^-]}{[X_B{}^\pm]}=1.00\times10^{-4}〔\text{mol/L}〕\quad\cdots\cdots②$$

$$K_3=\frac{[H^+][X_B{}^{2-}]}{[X_B{}^-]}=6.30\times10^{-10}〔\text{mol/L}〕\quad\cdots\cdots③$$

pH＝2.0なので，$[H^+]=1.0\times10^{-2}〔\text{mol/L}〕$ を上の式にそれぞれ代入すると，①より　　$[X_B{}^+]=[X_B{}^\pm]$

②より　　$[X_B{}^-]=1.0\times10^{-2}\times[X_B{}^\pm]$

③より　　$[X_B{}^{2-}]=6.3\times10^{-8}\times[X_B{}^-]=6.3\times10^{-10}\times[X_B{}^\pm]$

よって

$$[X_B{}^+]:[X_B{}^\pm]:[X_B{}^-]:[X_B{}^{2-}]=1:1:1.0\times10^{-2}:6.3\times10^{-10}$$

これより，$X_B{}^{2-}$ の存在はほぼ0と考え，X_B の平均電荷は

$$\frac{1\times1+(-1)\times0.010}{1+1+0.010}=0.492≒0.49$$

また，等電点ではほとんどが $[X_B{}^\pm]$ の形で存在しており，$[X_B{}^+]=[X_B{}^-]$ であるので（$X_B{}^{2-}$ の存在はほぼ0），①×②より

$$K_1\times K_2=[H^+]^2=1.00\times10^{-6}$$

$$\therefore\quad[H^+]=1.00\times10^{-3}$$

よって　　pH＝3.0

問8・問9．アミノ酸 X_A, X_B, X_C, X_D それぞれの平均電荷が0とな

るときの $[H^+]$ を考える。

X_A は，$[X_A{}^+] = [X_A{}^-]$ のとき平均電荷が 0 となるから

$$[H^+]^2 = K_1 \times K_2 = 7.938 \times 10^{-13} \, [(mol/L)^2]$$

X_B は，問 7 より

$$[H^+]^2 = 1.00 \times 10^{-6} \, [(mol/L)^2]$$

X_C は，$X_C{}^{2-}$ の存在をほぼ 0 と考えると，$[X_C{}^+] = [X_C{}^-]$ のとき平均電荷が 0 となるから

$$[H^+]^2 = K_1 \times K_2 = 6.30 \times 10^{-11} \, [(mol/L)^2]$$

X_D は，$X_D{}^{2+}$ の存在をほぼ 0 と考えると，$[X_D{}^+] = [X_D{}^-]$ のとき平均電荷が 0 となるから

$$[H^+]^2 = K_2 \times K_3 = 1.26 \times 10^{-20} \, [(mol/L)^2]$$

以上より，平均電荷が 0 となるときの $[H^+]$ の大小は $X_B > X_C > X_A > X_D$ である。よって，等電点（平均電荷が 0 となるときの pH）の大小は，$X_B < X_C < X_A < X_D$ となる。等電点が小さいほどアミノ酸は負に帯びやすくより陽極側に移動し，等電点が大きいほどアミノ酸は正に帯びやすくより陰極側に移動するので，(ケ)X_B，(コ)X_C，(サ)X_A，(シ)X_D となる。

pH(42)のとき，(ケ)X_B が移動していないことから，pH(42)は X_B の等電点である。よって，問 7 より pH(42) = 3.0。

pH(43)のとき，(シ)X_D が移動していないことから，pH(43)は X_D の等電点である。$[H^+]^2 = 1.26 \times 10^{-20} \, [(mol/L)^2]$ より

$$[H^+] = \sqrt{2} \times \sqrt{7} \times 3 \times 10^{-11} \, [mol/L]$$

$$pH(43) = 11 - \log_{10}3 - \frac{1}{2}\log_{10}2 - \frac{1}{2}\log_{10}7$$

$$= 11 - 0.477 - \frac{0.301}{2} - \frac{0.845}{2} = 9.95 \fallingdotseq 10$$

問 10.　X_C，X_D の K_1 および K_3 の値は同じなので，K_2 について考える。

$$K_2 = \frac{[X_C{}^-][H^+]}{[X_C{}^{\pm}]} \quad より \qquad \frac{K_2}{[H^+]} = \frac{[X_C{}^-]}{[X_C{}^{\pm}]}$$

$$K_2 = \frac{[X_D{}^{\pm}][H^+]}{[X_D{}^+]} \quad より \qquad \frac{K_2}{[H^+]} = \frac{[X_D{}^{\pm}]}{[X_D{}^+]}$$

アミノ酸 X_C と X_D の距離が最大になるのは，X_C と X_D の平均電荷の差が最大になるときだから，$\dfrac{[X_C{}^-]}{[X_C{}^{\pm}]}$ が 1 よりできる限り大きくかつ $\dfrac{[X_D{}^{\pm}]}{[X_D{}^+]}$ が

1 よりできる限り小さいときである。よって，$\dfrac{6.3\times10^{-9}}{[H^+]}$ が 1 よりできる

限り大きくかつ $\dfrac{6.3\times10^{-10}}{[H^+]}$ が 1 よりできる限り小さいとき，すなわち，

$[H^+]$ が 6.3×10^{-9} と 6.3×10^{-10} のちょうど中間の値をとるときである。

X_C について　　　$pK_2=-\log_{10}K_2=-\log_{10}(6.3\times10^{-9})=8.20$

X_D について　　　$pK_2=-\log_{10}K_2=-\log_{10}(6.3\times10^{-10})=9.20$

となるから，求める pH はそのちょうど中間の値であり

$$pH=\dfrac{8.20+9.20}{2}=8.70$$

となる。

❖講　評

　2019 年度は，例年通り大問 5 題。論述問題は減少したが，中には思考力を問う問題もあった。全体としては，分量は 2018 年度並み，難易度は 2018 年度よりやや易しくなったと考えられる。

　1　〔Ⅰ〕全体的に基礎から標準問題なので，すべて完答したい。問 1・問 2 は，硫黄の単体や化合物の基本的な反応や性質。問 3 の反応式は頻出問題。問 4 は，ヨウ素を使った逆滴定で標準的，問 5 も簡単な知識問題。〔Ⅱ〕水の三態図を使った問題だが，標準的な知識があれば解けたであろう。問 6 は基本問題，問 7 は超臨界状態を知らないと書けない論述で少し難しかった。問 8 は氷を水蒸気にするときの熱量計算で頻出，問 9 と問 10 も基本的。

　2　血漿に溶ける酸素の量と FDC に溶ける酸素の量をヘンリーの法則を使って解く問題。題材が聞きなれない物質なので一見難しそうに見えるが，気体の溶解度のことがきちんとわかっていれば，解けたであろう。ただ，計算は煩雑であった。問 1 の前半は酸素の分圧を用いたヘンリーの法則で基本的。後半は血漿に溶ける酸素と FDC に溶ける酸素の合計になることを考えないといけないのでやや難しかった。問 2 と問 3 は，ファントホッフの法則を使った標準的な問題で完答したい。

　3　〔Ⅰ〕問 1 は基本的な空所補充，問 2 は基本的なイオン反応式，問 3 はダニエル電池の性質，問 4 はファラデーの法則の基本的な計算，

問5は色々な電池の正誤問題。すべて基本的な問題なので，完答が必要。〔Ⅱ〕は濃淡電池の意味を知っていれば簡単に答えられたであろう。

4　$C_9H_8O_2$ の構造決定である。慶應義塾大学の構造決定では，よく出題されているタイプで，色々な性質から官能基を探り，形を決めていくタイプの問題である。例年同様やや難しく，とくに，元素分析が炭素原子と水素原子の値しかわからず，それを上手く処理できたかがポイントである。分子式がわかれば，ベンゼン環ともう1つ不飽和がある構造をヒントに，エステル結合を考えながら決定していけばよい。それぞれの構造さえ決まれば，問3～問7は基本的なので完答できたであろう。

5　〔Ⅰ〕天然有機化合物の知識問題なので，完答したい。〔Ⅱ〕はかなり難しい問題で，解けなかった受験生も多かったであろう。それでも問5と問6は基本的なので正答したい。問7以降は計算も煩雑で，このタイプの問題に慣れていないと素早く処理できなかったであろう。

慶應義塾大学
薬学部

別冊問題編

2025

教学社

目　次

問題編

問題編

一　般　選　抜

問　題　編

▶**試験科目・配点**

教　科	科　　　　　目	配　点
外国語	コミュニケーション英語Ⅰ・Ⅱ・Ⅲ，英語表現Ⅰ・Ⅱ	100点
数　学	数学Ⅰ・Ⅱ・Ａ・Ｂ	100点
理　科	化学基礎・化学	150点

▶**備　考**

　数学Ａは「場合の数と確率」・「整数の性質」・「図形の性質」を，数学Ｂは「数列」・「ベクトル」を出題範囲とする。

英　語

(80分)

〔 I 〕

Read the passage carefully and answer the questions that follow. For each question, choose ONE BEST answer. On your answer sheet, find the number of the question and fill in the space that corresponds to the number of the answer you have chosen.

(Based on Judson, Horace F. 1991. "The Art of Discovery" in *The World Treasury of Physics, Astronomy, and Mathematics.* Edited by Ferris, Timothy.)

① Nearly four hundred years ago, when modern science was just beginning, Francis Bacon wrote that *knowledge is power*. Yet Bacon was not a scientist. He wrote as a bureaucrat in retirement. His slogan was actually the first clear statement of the promise by which, ever since, bureaucrats justify to each other and to king or taxpayer the spending of money on science. Knowledge is power; today we would say, less grandly, that science is essential to technology. Bacon's promise has been fulfilled abundantly, magnificently. The rage to know has been matched by the rage to make. Therefore—with the provision, abundantly demonstrated, that it's rarely possible to predict which program of fundamental research will produce just what technology and when—the promise has brought scientists in the Western world unprecedented freedom of inquiry. Nonetheless, Bacon's promise hardly penetrates to the thing that moves most scientists. Science has several rewards, but the greatest is that it is the most interesting, difficult, pitiless, exciting, and beautiful pursuit that we have yet found. Science is our century's*[1] art.

② The takeover can be dated more precisely than the beginning of most eras: Friday, June 30, 1905, will do, when Albert Einstein, a clerk in the Swiss patent office in Bern, submitted a thirty-one-page paper, "On the Electrodynamics of Moving Bodies," to the journal *Annalen der Physik*. No poem, no play, no piece of music written since then comes near the theory of relativity in its power, as one strains to apprehend it, to make the mind tremble with delight. Whereas fifty years ago it was often said that hardly twoscore people understood the theory of relativity, today its essential vision, as Einstein himself said, is within reach of any reasonably bright high school student—and that, too, is characteristic of the speed of assimilation of the new in the arts.

③ Consider also the molecular structure of that stuff of the gene, the celebrated double helix of deoxyribonucleic acid (DNA). This is two repetitive strands, one winding up, the other down, but hooked together, across the tube of space between them, by a sequence of pairs of chemical entities—just four sorts of these entities, making just two kinds of pairs, with exactly ten pairs to a full turn of the helix. It's a piece of sculpture. But observe how form and function are one. That sequence possesses a unique duality: one way, it allows the strands to part and each to assemble on itself, by the pairing rules, a duplicate of the complementary strand; the other way, the sequence encodes, in a four-letter alphabet, the entire specification for the substance of the organism. The structure thus encompasses both heredity and embryological growth, the passing-on of potential and its expression. The structure's elucidation, in March of 1953, was an event of such surpassing explanatory power that it will reverberate through whatever time mankind has remaining. The structure is also perfectly economical and splendidly elegant. There is no sculpture made in this century*¹ that is so entrancing.

④　If to compare science to art seems—in the last quarter of this century*¹—to undervalue what science does, that must be, at least partly, because we now expect art to do so little. Before our century*¹, everyone of course supposed that the artist imitates nature. Aristotle had said so; the idea was obvious, it had flourished and evolved for two thousand years; those who thought about it added that the artist imitated not just nature as it accidentally happens, but by penetrating to nature as it has to be. Yet today that describes the scientist. "Scientific reasoning," Medawar also said, "is a constant interplay or interaction between hypotheses and the logical expectations they give rise to: there is a restless to-and-fro motion of thought, the formulation and reformulation of hypotheses, until we arrive at a hypothesis which, to the best of our prevailing knowledge, will satisfactorily meet the case." Thus far, change only the term "hypothesis" and Medawar described well the experience the painter or the poet has of his own work. "Scientific reasoning is a kind of dialogue between the possible and the actual, between what might be and what is in fact the case," he went on—and there the difference lies. The scientist enjoys the harsher discipline of what is and is not the case. It is he, rather than the painter or the poet, who pursues in its stringent form the imitation of nature.

⑤　Many scientists—mathematicians and physicists especially—hold that beauty in a theory is itself almost a form of proof. They speak, for example, of "elegance." Paul Dirac predicted the existence of antimatter (what would science fiction be without him?) several years before any form of it was observed. He won a share in the Nobel Prize in physics in 1933 for the work that included that prediction. "It is more important to have beauty in one's equations than to have them fit experiment," Dirac wrote many years later. "It seems that if one is working from the point of view of getting beauty in one's equations, and if one has really a sound insight, one is on a sure line of progress."

⑥　Here the scientist parts company with the artist. The insight must be sound. The dialogue is between what might be and what is in fact the case. The scientist is trying to get the thing right. The world is there.

⑦ And [Q10]. The social system of science begins with the apprenticeship of the graduate student with a group of his peers and elders in the laboratory of a senior scientist; it continues to collaboration at the bench or the blackboard, and on to formal publication—which is a formal invitation to criticism. The most fundamental function of the social system of science is to enlarge the interplay between imagination and judgment from a private into a public activity. The oceanic feeling of well-being, the true touchstone of the artist, is for the scientist, even the most fortunate and gifted, only the midpoint of the process of doing science.

*¹   In this article, "century" means "the 20th century."

Q 1. In paragraph ①, the author reiterates Bacon's statement - _knowledge is power_ in line 2 and Knowledge is power in line 5. What can be inferred from this usage?

1. The idea that knowledge is power is not only important but also meaningful for individuals equally across times.

2. The utility of seemingly universal statements such as "knowledge is power" may in fact be dependent upon social context.

3. Unlike the historical era when Bacon wrote the statement, knowledge is no longer considered power in the current world.

4. The lesson that we should derive from the statement "knowledge is power" is not at all useful for people in a contemporary era.

5. Modern bureaucrats would still present knowledge as power to develop public understanding for their decisions on federal budgets.

Q 2. According to paragraph ① (lines 9 and 10), the promise has brought scientists in the Western world unprecedented freedom of inquiry because -

1. art is our century's science.

2. the creativity of a scientist is limitless.

3. it is difficult to envision the future utility of basic research results.

4. freedom is not a cornerstone of Western modernization, including science.

5．the promise proposed would take an unpredictable amount of time to be embodied.

Q 3．In paragraph ① (line 13), the word <u>yet</u> is closest in meaning to –

1．after all

2．again

3．however

4．lastly

5．until this point

Q 4．In paragraph ② (line 5), the word <u>apprehend</u> is closest in meaning to –

1．apply

2．grasp

3．pretend

4．release

5．utilize

Q 5．Which of the following is true of the author's description in paragraphs ① and ②？

1．The exact beginning of all new eras has always been very easily identifiable.

2．In the 1930's, only one hundred people understood Einstein's landmark publication.

3．The discovery of the theory of relativity proves that the art is our century's science.

4．Even some high school students in our time would be able to understand the theory of relativity.

5．The groundbreaking paper written by Albert Einstein in 1904 overturned the inferiority of artists to scientists in the previous centuries.

Q 6．In paragraph ③ (line 5) the word <u>It</u> refers to –

1．science

2．the space

3．one strand that is winding up

4．the molecular structure of DNA

5．the idea that science is our century's art

2
0
2
4
年度

一般選抜

英語

Q7．In paragraph ③ (line 14), the word <u>entrancing</u> is closest in meaning to –

1．admitting

2．expanding

3．fascinating

4．mysterious

5．transmitting

Q8．Which of the following is NOT mentioned in the author's description in paragraph ④?

1．It is generally accepted that the artist imitates nature.

2．Logical thought process is generally inherent in what scientists and artists do.

3．Scientists may surpass artists in the rigorousness of their interactive reasoning.

4．At one level, scientists and artists are similar in that both engage in the imitation of nature.

5．Those who presume that science and art are incompatible may undervalue what science does.

Q9．Which of the following expresses essentially the same information as the underlined sentence in paragraph ⑥?

1．Here one finds that the scientist and the artist cooperate together.

2．This is the point at which the scientist and the artist diverge from each other.

3．It is important to realize that scientists and artists are always in good company.

4．This is where the scientist and the artist start to be interactively related each other.

5．It should be noted that the scientist and the artist show an unchanging commonality at this point.

Q10．In paragraph ⑦ (line 1), which of the following could be best added in [Q10]?

1．so all the artists are

2．so are all the artists

3．so are other scientists

4．so no other scientists are

5．so are scientists and artists

〔Ⅱ〕

Read the following article carefully and answer the questions that follow. For each question, choose ONE BEST answer. On your answer sheet, find the number of the question and fill in the space that corresponds to the number of the answer you have chosen. For Writing Answer Question One, write your answers in the corresponding spaces provided on the Writing Answer Sheet.

(Based on Tatsuya Amano, Clarissa Rios Rojas, Yap Boum II, Margarita Calvo and Biswapriya B. Misra, "Ten tips for overcoming language barriers in science", from *Nature Human Behaviour*, 5, 1119-1122, 2021)

① Language barriers are a multifaceted problem that has major consequences in science. Just as one would in many other situations, any scientist or user of science can face difficulties in conducting and communicating science when it involves a language other than their mother tongue. It has often been perceived as the 'English' barrier encountered specifically by non-native speakers of English due to their own lack of linguistic capabilities. It certainly does, often quite severely, affect educational and career opportunities for non-native English speakers, who [Q11] 95% of the global population. We often leave the task of overcoming the language (i.e., English) barrier almost entirely to the non-native English-speaking scientific community and ultimately to individuals trying to overcome the barrier through their own efforts and investments. However, tackling language barriers is clearly an urgent task for the entire scientific community if we are to address the existing inequality in academia.

② Also note that problems caused by language barriers can have major consequences for the entire scientific community including native English speakers, as (i) not taking full advantage of the global collection of scientific knowledge scattered across languages results in reliance on a heavily biased knowledge source and (ii) research being available only in English and thus inaccessible globally will exacerbate the already poor uptake of science in decision-making and its outreach to the public. Language barriers can thus critically impede the advancement of science and its contribution to [Q13] ongoing and forthcoming global challenges, such as pandemics, climate change, and the biodiversity crisis. Therefore, we believe language barriers are an issue worth tackling [Q14] both native and non-native speakers of English.

③　The reality is, however, that language barriers are rarely tackled seriously enough and remain a pervasive issue in science, although they keep being debated on various occasions. To change the current lack of concerted efforts, we believe scientific communities need a clear checklist for tackling and solving language barriers. Here we, as a group of non-native English speakers working in diverse scientific disciplines, focus on this critical issue: how to overcome existing language barriers in science. We have a number of tips to help everyone in science, technology, engineering, and mathematics (STEM) start tackling and solving this issue: disseminate research in multiple languages, use scientific knowledge sourced from multiple languages, translate scientific terms, be sure to distinguish language skills from scientific quality, be considerate of non-native speakers by providing support, be aware of language balance in a variety of scientific activities, utilize existing resources and opportunities, as well as acknowledge efforts to overcome language barriers.

④　Don't assume science is communicable to everyone through a single language. Scientists typically disseminate their research in English, and/or in their own languages, but usually not in other potentially relevant languages, which can lead to a poor uptake of scientific knowledge among the public and decision-makers. Providing non-English versions of papers, which journals and preprint servers increasingly encourage authors to do, and issuing press releases and summaries for policymakers in multiple languages should help spread the word across languages.

⑤　Despite this issue of language barriers not yet being resolved sufficiently, the situation in academia certainly has come a long way. This is mainly thanks to a variety of useful online resources, such as relatively reliable machine translations and sites providing pronunciation solutions for a number of languages. Mentorship programmes*1 can also help non-native English speakers improve their writing and communication skills and obtain general career advice through communications with mentors who speak local languages.

⑥　The tips provided here demonstrate what we believe would be a healthy, ideal environment for academia to overcome language barriers, i.e., an environment in which the latest research can be learnt in multiple languages, knowledge is widely applied regardless of the language in which it was initially discovered, non-native speakers of a language have access to sufficient language support throughout their career development, and everyone is considerate of those communicating in a non-mother-tongue language. Some of the suggested practices may require extra effort, resource, and cost, and may therefore affect scientific productivity in the near term. However, in the long run, it would be a tremendous gain for the entire scientific community if academia can indeed realise*[2] the above, as the wealth of talent and knowledge currently buried due to language barriers could, once deployed effectively, boost the advancement of science and its contribution to [Q13] ongoing and forthcoming global challenges.

⑦　Some of these tips may not necessarily be applicable to everyone in STEM. Nevertheless, we believe that in order to overcome language barriers in science we need to make societal changes by involving the whole of academia and users of science, and thus we deliberately avoided adding intended targets to each suggestion. At the same time, we would also stress the advantages of having English as a lingua franca*[3] in science, and thus the importance of non-native English speakers to continue making efforts to improve their English proficiency. We refer to non-native speakers of English facing difficulties in many of the points covered here, often simply due to the sheer dominance of English in academia and the broader society. However, it is important to remember that, although less obvious, other languages can present similar, significant barriers.

⑧　The reality we face today is that language is one of the many barriers that are seriously impeding the untapped potentials of non-native speakers (often of English) from being released. Undoubtedly, there must be other ways of overcoming language barriers in science that are not mentioned here, and we certainly welcome other suggestions for potential solutions. Meanwhile, we hope that these tips will help raise awareness and prompt actions in academia and beyond.

　　*[1,2] This article uses British English. The spelling for the word "programmes" (British English) and the word "realise" (British English) is "programs" and "realize", respectively, in American English.

　　*[3] lingua franca: a functional term which is essentially any language that is widely used to facilitate communication between speakers who speak different languages or whose native languages are different.

Q11.　Which of the following word could best be added to [Q11] in paragraph ① (line 7) ?
　1．combine
　2．conquer

3. consolidate

4. constitute

5. coverage

Q12. **Which of the following is true of the authors' description in the paragraph ② ?**

1. It should be noted that language barriers can have no impact on native English speakers.

2. The language barrier is an issue that should be tackled primarily by non-native English speakers.

3. Issues such as pandemics and climate change have the effect of facilitating the overcoming of language barriers.

4. Because all scientific knowledge is written in English, English speakers have access to all the world's most important knowledge.

5. Making research results more broadly accessible will also help to generally incorporate science into the decision-making process and public outreach.

Q13. **Which of the following could best be added to [Q13] in paragraph ② (line 7) and paragraph ⑥ (line 11) ?**

1. be solved

2. being solved

3. being a solution

4. solution

5. solving

Q14. **Which of the following words could best be added to [Q14] in paragraph ② (line 9) ?**

1. for the sake of

2. in accomplishing

3. in charge of

4. to compromise

5. to get rid of

Q15. **Which of the following is true of the authors' description in the paragraph ③ ?**

1．Scientists are fortunate to be able to easily overcome language barriers.

2．Very serious efforts have always been made to overcome language barriers.

3．The authors organized a number of things to consider in overcoming language barriers.

4．Native and non-native English speakers do not usually work in different scientific disciplines.

5．It is mandatory to learn not only science, but also all the fields of technology, engineering, and mathematics to overcome language barriers.

Q16. Which of the following is true of the underlined sentence in the paragraph ⑤ ?

1．The problem of language barriers is moving forward.

2．It is best to take a roundabout way to solve the problem of language barriers in science.

3．Overcoming the problem of language barriers is a very long road and minimal progress has been made.

4．While the problem of language barriers has not yet been fully resolved, there are very easy ways to solve it quickly.

5．Scientists in academia do not make enough effort to study the best ways to overcome the problem of language barriers.

Q17. Which of the following is true of the underlined phrase in the paragraph ⑦ ?

1．For non-native English speakers, it is too stressful to keep improving their English.

2．With the advent of machine translations, etc., the need to learn English is disappearing.

3．It is important to continue learning English, the common language of the scientific community.

4．Continued efforts by non-native English speakers to improve their English language skills will have no impact in pursuing science as a profession.

5．It is of primary importance that native English speakers continue to conduct research and explain why English has become the common language in science.

Q18. Which of the following is true of the authors' description in the paragraph ⑧ ?

1．If all the tips raised can be accomplished, then the language barriers in science can very easily be completely overcome.

2．The usefulness of the tips proposed here in overcoming language barriers can only be applied to researchers in laboratories.

3．The authors offered tips to help non-native English-speaking scientists in their efforts to break down language barriers so that their talents are buried.

4．The inability of non-native English-speaking researchers to contribute to the advancement of science, due to language barriers, is a challenge that must be overcome.

5．The authors emphasized that discontinuous efforts beyond removing language barriers are needed to capitalize on the talents of non-native English-speaking scientists.

Writing Answer Question One, for this Article

Choose one of the tips in the text (paragraph ③) that best applies to the following scenarios in overcoming language barriers. Write the specific <u>one</u> tip that <u>best</u> applies to each scenario (a, b, and c) given; write your answer in one grammatically correct sentence on the Writing Answer Sheet in the corresponding section for each scenario (a, b, and c). Punctuation and spelling must also be correct.

(Example Scenario) Providing non-English versions of papers and issuing press releases and summaries for policymakers in other languages should help spread the word across the world for more people to see and understand.

(Example Answer)

Disseminate research in multiple languages.

(a) A gathering of scientists at an international conference should emphasize in their instructions to all attendees that their ultimate evaluations—when presented at the completion of their conference—should be purely based on the content of the science that was discussed, not the linguistic fluency of the participants involved in the discussions that led to the formulation of those evaluations.

(b) When selecting speakers for a conference, inviting new members to a journal editorial board, or recruiting a new employee, make a conscious effort to involve non-native English speakers.

(c) In cases where international science conference attendees undertake a comprehensive search of the published scientific literature and relevant English language sources are simply not to be found or not practical, attendees should be encouraged to identify and cite relevant sources in other languages.

〔Ⅲ〕
Read the passage carefully and answer the questions that follow. For each question, choose ONE BEST answer. On your answer sheet, find the number of the question and fill in the space that corresponds to the number of the answer you have chosen. For Writing Answer Question Two, write your answer in the corresponding spaces provided on the Writing Answer Sheet.

(Based on Anastaplo, George. 1997. "Thursday Afternoons" in *S. Chandrasekhar: The Man Behind the Legend*. Editor Wali, Kameshwar.)

① I first came to know Subrahmanyan Chandrasekhar[1] a quarter of a century ago through his gifted wife, Lalitha, who had been a student in adult liberal education seminars I have conducted at the University of Chicago for some forty years. He and I would talk from time to time, usually for a few minutes during the tea hour before the Thursday Physics Seminar on the University campus.

② It was this relationship, marginal though it obviously was for him in an eventful life, that led to my being invited by Andrew Patner to join a professional physicist (Robert Wald) for a tribute to Professor Chandrasekhar broadcast by our local National Public Radio station on August 28, 1995. It was instructive to attempt to prepare myself properly for that assignment. I read a number of things by and about Mr. Chandrasekhar, including materials he had sent me over the years.

③ Particularly revealing were the Chandrasekhar papers in the University of Chicago Archives, which include handwritten manuscripts that are remarkably orderly. One can get a sense of the beneficial discipline to which an unusually intelligent and sensitive child had been subjected to by his tutors in India some eighty years ago. One can also get a sense of how limited one's own work is by comparison.

④ The respect I had for Mr. Chandrasekhar was reinforced by the conversations I had, during the week before our broadcast, with a number of his scientific colleagues on the

Chicago campus and elsewhere. Their ranking of him, as not far below Albert Einstein and Enrico Fermi, seemed both informed and sincere.

⑤ Perhaps most noteworthy for Mr. Chandrasekhar's fellow scientists was his ability to turn his attention every decade or so to a new field, usually a neglected field in astrophysics or physics, which he would study intensely and make his own, endowing his colleagues with a significant book on the subject. [Q21] critical to his ability to do this were his skills as a mathematician. Although the Nobel Prize awarded to him in 1983 emphasized his work done a half-century before (that led eventually to astonishing and, in a sense, still unbelievable, "black holes" conjectures), it was his entire body of work which was recognized by the Nobel Prize Committee.

⑥ Although most physicists are hardly likely to make much of it, the last project to which Mr. Chandrasekhar devoted himself wholeheartedly was an extended interpretation of those parts of Newton's *Principia* that seemed in the direct line leading to Newton's formulation of his universal law of gravitation. This culminated in his publication of a handsome volume on that subject not long before he died: *Newton's Principia for the Common Reader*. The [Q22] of this book reflects splendidly the [Q22] of the meticulous man that we had often seen stroll the sidewalks of Hyde Park in the evenings with his charming wife.

⑦ My preparation for our radio broadcast included laboring through the Chandrasekhar book on the *Principia* in which he provides for many of Newton's propositions the kind of proofs that modern physicists prefer. I had not realized, before talking to various distinguished scientists about these matters, how ill-equipped they consider themselves to be for reading Newton, something that they are not inclined to do anyway. Mr. Chandrasekhar has provided them a "translation" of Newton, enhancing it with comments of his own, many of which testify to his awe upon delving deeper and deeper into the *Principia*. His honoring of Newton in this fashion does honor to himself in turn.

⑧ The "progressive" character of modern science is reflected in the inaccessibility of Newton for practicing scientists today, however much they accept and build upon his discoveries. The isolation of modern science—a perhaps ominous isolation—is suggested by what has happened to the scientific literacy of the educated layman. In 1800 the educated layman could hope to understand some of Newton, working from his text. Two hundred years later, the educated layman can get little, if anything, from the ever-more-technical studies of nature by the most influential men of science of his own time.

⑨ Somehow or other, Newton and his readers for a century thereafter could make more use than can their counterparts today of the natural human understanding of things. The geometrical mode of demonstration employed by Newton seems closer to natural things—and thus defers more to the bodily aspects of things—than the algebraic (and hence ever more "abstract" and inventive) mode employed by his successors today, however much Galileo, Newton and their colleagues tried to distance themselves from Aristotle and his truly natural understanding. The contemporary, somewhat depressed, status of nature among educated folk these days does not seem to be sufficiently noticed, even though a proper grasp of nature is the basis not only of truly reliable science but also of an enduring morality among us. The modern physicist tends to be oblivious to the somewhat unintended effects of our science and its technology upon old-fashioned (if not genuine) philosophy as well as upon ordinary morality. Here, as elsewhere, we can notice the tension between the natural quest for truth, on the one hand, and the perhaps natural pursuit of justice and the common good, on the other.

⑩　Even so, Mr. Chandrasekhar's pioneering effort—perhaps the most serious reading of the *Principia* by a first-rate scientist in this century*² — should encourage a professional physicist here and there to begin thinking about the price in genuine understanding that has been paid in order to secure the undoubted marvels of modern science and its attendant technology.

⑪　Something more of the man, and of modern science, is suggested by a conversation that I had with Mr. Chandrasekhar in the Physics Common Room before a department seminar in April 1993. He remarked upon the fact that I was still attending the weekly seminar. I responded that it was like my going regularly to Orchestra Hall. He suggested that I overestimated the music I could hear at a seminar. It is not that I understand much of what I hear at either place, I explained, but I cannot help but admire the imagination, the competence, and the devotion I can observe in both places and occasionally I do get a glimpse of the wonderful things on display, all of which is quite instructive as well as edifying. I did not need to add what should be obvious to anyone who knows me: there is much that I have yet to learn about both music and physics.

⑫　I then asked Mr. Chandrasekhar, "I hear you are studying Newton these days. Are you finding him as interesting as you had hoped he would be?" He replied that somebody else who had heard he was studying Newton had recently asked him, "How do you feel?" And (Mr. Chandrasekhar continued) he had answered, "I am like a small boy going to the zoo for the first time and seeing a lion." There was, of course, something of the magisterial lion in Mr. Chandrasekhar as well, which encourages me to make this further observation about him. It chanced that my wife and I, upon returning home from an evening stroll on what proved to be the day of his death, noticed a very bright light in the sky. So striking was it that I called out of his house a neighbor who is on the astronomy faculty of the University of Chicago. He identified the light as Jupiter. It seemed fitting to me, upon learning the following morning of Professor Chandrasekhar's death, that this majestic heavenly display, should have appeared to the southwest of our house, which is where he had lived.

　　*1　Subrahmanyan Chandrasekhar (born on October 19, 1910 – died on August 21, 1995) was a theoretical physicist, who won the 1983 Nobel Prize for his work on stellar structure / evolution.

　　*2　In this article, "this century" means "the 20th century."

Q19. Based on paragraphs ① and ②, which of the following statements is true ?

1．All parties were exceptionally educated (outside of science), but Mr. Chandrasekhar would regularly teach them during a scientific seminar for about 25 years.

2．25 years of a close collaborating friendship between the author and Mr. Chandrasekhar, also resulted in the inevitable close friendship between their significant others — who were also noted scientists in other fields.

3．The author's spouse, an expert in another scientific field, was responsible for his introduction to Mr. Chandrasekhar and this resulted in a close relationship with Mr. Chandrasekhar that lasted for several decades.

4．Mr. Chandrasekhar's wife was close friends with the author's wife (both were nonscientists), and this resulted in a deep friendship between the author and Mr. Chandrasekhar that wound up lasting nearly 50 years.

5．The author's, in his view, insignificant association with Mr. Chandrasekhar began about two dozen years prior (of the time written), by means of Mr. Chandrasekhar's spouse, who was quite intelligent in areas of general studies.

Q20. Which of the following statements is true with regard to approximately the first half of this article?

1．Mr. Chandrasekhar was held in high esteem by his contemporaries.

2．The author was not acquainted with Professor Chandrasekhar before he won his Nobel Prize.

3．Einstein and Fermi were exactly on the same level as Professor Chandrasekhar's scientific accomplishments.

4. Mr. Chandrasekhar was not considered someone who knew a lot about many different fields, by other scientists of his time.

5. The University of Chicago was primarily the only place where physicists generally regarded Chandrasekhar's accomplishments as noteworthy.

Q21. Which of the following best could be inserted into space [Q21] in paragraph ⑤ (line 4)?

1. Discordantly
2. Evidently
3. Reluctantly
4. Turbulently
5. Unremarkably

Q22. Which of the following words could be inserted into the spaces [Q22] in paragraph ⑥ (line 6)?

1. acidity
2. blankness
3. elegance
4. roughness
5. tartness

Writing Answer Question Two, for this Article

On the writing answer sheet, in Japanese describe the meaning (general lesson) of the last underlined sentence ("His honoring of Newton in this fashion does honor to himself in turn.") in paragraph ⑦, as used in the context of this article, using 40–50 characters.

Q23. In paragraph ⑧, which of the following statements best represents the point the author is trying to make with regard to "ominous isolation" in terms of "modern science"?

1. It could potentially be harmful to have a public that doesn't adequately understand science.

2
0
2
4
年度

一般選抜

英語

2. The comprehensibility of science is much easier and common today, than it was in Newton's time.

3. The incomprehensibility of the early days of science is the opposite situation to that of modern times.

4. Scientific illiteracy should not be a concern to modern times, because we now have computers to fill in the gaps.

5. Literacy of the general lay population has always been adequate and is in fact one of the main reasons science has brought so many benefits to humankind.

Q24. In paragraph ⑨ (line 2), the underlined word counterparts represents –

1. physicists
2. educated laymen
3. Newton's successors
4. the author and his colleagues
5. Albert Einstein and Enrico Fermi

Q25. Which of the following best summarizes the author's description in paragraph ⑨ ?

1. A proper understanding of nature is important for both science and morality.

2. Newton preferred use of the algebraic mode of demonstration over the geometrical mode of demonstration.

3. Nowadays, educated laypeople have absolutely no difficulty whatsoever understanding some of Newton's work from his text.

4. Modern physicists are extremely concerned about the impact of their findings on old-fashioned philosophy and ordinary morality.

5. Newton and his readers were not better able to fall back on their understanding of the world than educated laypeople of current times.

Q26. Which of the following statements best represents the metaphors used in paragraph ⑫ ?

1. The goal of studying in order to become an expert in a field is one that—while massive—can be obtained so long as one conquers one's fear of the unknown.

2. The uncertainty of heavenly bodies induces apprehension of the unknown and ultimately causes an unrewarding struggle to understand the natural world more deeply.

3. Otherworldly pursuits are represented as exactly equal to the power of a caged lion,

the forever unapproachability of the *Principia*, and incomprehensibility of Chandrasekhar himself.

4. The mastering of science is exactly the same process as the taming of a wild animal, or seeking to visit other planetary bodies, in that such endeavors require authority, force, intimidation, and dedication, in order to achieve.

5. Just as a small boy would feel when viewing a beast for the first time, Chandrasekhar felt the same when viewing Newton. The author feels the same when viewing Subrahmanyan, seeing him as an imposing yet powerfully beautiful influence that invokes reverence.

数　学

（80 分）

《解答上の注意》

1. 解答が分数の場合は，既約分数で解答しなさい。

2. 解答が根号を含む場合は，根号の中はできる限り簡単な形にしなさい。また，解答が根号を含む
   分数の場合は，分母を有理化しなさい。

3. 複数の解答が考えられる場合は，解答用紙の所定の欄にすべて記入しなさい。

〔Ⅰ〕　以下の問の ア ～ セ にあてはまる適切な数，数の組，または式を解答用紙の所定の
　　　　欄に記入しなさい。

(1)　n を自然数とする。数列 $\{a_n\}$ は初項が 25，公差が 0 でない等差数列であり，
　　3 つの項 a_8, a_9, a_{10} を

$$a_9,\ a_{10},\ a_8$$

の順に並べると等比数列になる。この数列の初項から第 n 項までの和を S_n とする。

　(i)　一般項 a_n を n の式で表すと $a_n =$ ア である。

　(ii)　不等式 $S_n < 0$ を満たす最小の n の値は イ である。

(2)　a, b, c を実数とし，実数 x の関数 $f(x)$ を $f(x) = x^3 + ax^2 + bx + c$ とおく。
　　$f(x)$ は $x = -1$ で極値 3 をとり，方程式 $f(x) = 0$ は $x = -2$ を解に持つ。

　(i)　$a =$ ウ ，$b =$ エ ，$c =$ オ である。

　(ii)　K を実数とする。方程式 $f(x) = 4x + K$ が持つ異なる実数解の個数が 2 個となるとき，

K の値は　ボックス カ　である。

(3)　xy 平面上に連立不等式 $x + y \leqq 4$, $5x - 7y \geqq -40$, $x - 3y \leqq -8$ の表す領域 D がある。
点 P (x, y) が D 内を動くとき，$x^2 + y^2$ の最小値は　ボックス キ　であり，最大値は　ボックス ク　である。

(4)　O を原点とする xyz 空間に点 A $(0, 0, \sqrt{6})$ があり，y 軸上の点 B，点 C $\left(t, \dfrac{t}{\tan\theta}, 0\right)$ を，
$\angle$OBA $= 30°$，$\angle$BAC $= 45°$，$\angle$ACB $= 60°$ を満たすようにおく。ただし，t は $t > 0$ を
満たす実数の定数，θ は $0° < \theta < 90°$ を満たす実数の定数とする。

　(i)　$|\overrightarrow{\mathrm{BC}}| = $　ボックス ケ　である。

　(ii)　$|\overrightarrow{\mathrm{OC}}|^2 = $　ボックス コ　である。

　(iii)　θ は $\tan^2\theta$ の値が　ボックス サ　となる実数である。

(5)　自然数 a, b と素数 p は等式

$$a^4 - 4a^2b + 4b^3 - b^4 = p^2$$

を満たす。このとき，数の組 (a, b, p) をすべて求めると，$(a, b, p) = $　ボックス シ　である。

(6)　偶数個の実数のデータ x_i $(1 \leqq i \leqq 2n)$ があり，このデータの最大値を A_{2n}，最小値を B_{2n}，
中央値を C_{2n} とし，$\displaystyle\sum_{i=1}^{2n} x_i$ を S_{2n} とする。A_{2n}, B_{2n}, C_{2n} の値はわかっており，互いに異なる。
n は $n > 2$ を満たす整数とする。

　(i)　$A_8 = 6$, $B_8 = 1$, $C_8 = 3$ であるとき，S_8 のとりうる値の範囲は　ボックス ス　である。

　(ii)　S_{2n} のとりうる値の範囲を A_{2n}, B_{2n}, C_{2n} を用いて表すと，　ボックス セ　である。

〔**II**〕 以下の問の ソ 〜 テ にあてはまる適切な数または式を，解答用紙の所定の欄に記入しなさい。

原点を O とする xy 平面上に円 $x^2 + y^2 - 12y = 0$ があり，円の中心を P とする。円周上に動点 Q があり，半直線 PO を始線とする動径 PQ の回転角を θ とする。ただし，θ は $-\dfrac{\pi}{2} < \theta < \dfrac{\pi}{2}$ を満たす実数とする。

(1) 直線 PQ を表す方程式は，$\theta = 0$ のとき ソ であり，$\theta \neq 0$ のとき タ である。

(2) 点 Q を通る放物線 $y = ax^2 + b$ をおく。点 Q における放物線の接線は，点 Q における円の接線と一致する。ただし a, b は実数であり，a は $a > 0$ を満たす。

(i) $\theta \neq 0$ のとき，a と b を θ を用いて表すと，$a =$ チ ，$b =$ ツ である。

(ii) $\theta = -\dfrac{\pi}{3}$ のとき，直線 PQ と放物線で囲まれる部分の面積は テ である。

〔**III**〕 以下の問の ト 〜 ヌ にあてはまる適切な数を解答用紙の所定の欄に記入しなさい。

10 万人の集団があり，この集団に対してウイルス X とウイルス Y の保有および症状の有無を調べた。

この集団のうち 2 万人がウイルス X を保有し，ウイルス X 保有者の $\dfrac{1}{4}$，ウイルス X 非保有者の $\dfrac{1}{4}$ がウイルス Y を保有していた。ウイルス X が原因でみられる症状は発熱のみ，ウイルス Y が原因でみられる症状は腹痛のみであり，ウイルスを保有していなくても発熱や腹痛がみられることがある。

過去の研究から，発熱はウイルス X 保有者に確率 $\dfrac{3}{4}$，ウイルス X 非保有者に確率 $\dfrac{1}{10}$ でみられ，腹痛はウイルス Y 保有者に確率 $\dfrac{9}{10}$，ウイルス Y 非保有者に確率 $\dfrac{1}{5}$ でみられることがわかっている。なお，発熱と腹痛はそれぞれ独立に発症し互いに影響しないものとする。

(1) この集団から無作為に選ばれた 1 人がウイルス X を保有していないが発熱がみられる確率は ト である。

(2)　この集団から無作為に選ばれた 1 人がウイルス Y を保有し，かつ発熱がみられる
　　確率は　ナ　である。

(3)　この集団から無作為に 1 人を選んでウイルスの保有および症状の有無を調べて集団に戻す
　　試行を 3 回繰り返した。

　　(i)　3 回の試行で選ばれた人のうち，1 人のみに腹痛がみられる確率は　ニ　である。

　　(ii)　3 回の試行で選ばれた人のうち 1 人のみに腹痛がみられるとき，選ばれた人のうち
　　　　少なくとも 1 人がウイルス Y を保有している確率は　ヌ　である。

化　学

（100分）

マークシートの解答上の注意

　問題文中の $\boxed{(1)(2)}$，$\boxed{(3)}$ などの $\boxed{}$ には，数字またはマイナス符号（−）が入ります。以下の方法でこれらをマークシートの指定欄にマークしなさい。

　（1），（2），（3）・・・の一つ一つは，それぞれ0から9までの数字，またはマイナス符号（−）のいずれかに対応します。それらを（1），（2），（3）・・・で示された解答欄の該当する箇所にマークしなさい。

［例1］　$\boxed{(1)(2)}$ に −8 と答えるとき。

［例2］　$\boxed{(3).(4)}$ に 5.6 と答えるとき。

〔例 3〕　 (5)(6).(7) 　に 7.3 と答えるとき。

	(5)	(6)	(7)
0	⓪	⓪	⓪
1	①	①	①
2	②	②	●
3	③	●	③
4	④	④	④
5	⑤	⑤	⑤
6	⑥	⑥	⑥
7	●	⑦	⑦
8	⑧	⑧	⑧
9	⑨	⑨	⑨
0	⓪	⓪	⓪
−	⊖	⊖	⊖

解答上の注意

・必要に応じて，以下の値を使いなさい。

原子量：　　H = 1.0,　　　C = 12,　　　N = 14,　　　O = 16

　　　　　　Na = 23,　　　Al = 27,　　　K = 39,　　　Mn = 55

気体定数：　　8.31×10^3 Pa・L/(K・mol)

ファラデー定数：　　9.65×10^4 C/mol

0 ℃ = 273 K

$\log_{10} 2 = 0.30$, $\log_{10} 3 = 0.48$, $\log_{10} 7 = 0.85$

・計算結果は，四捨五入して，指定された桁で答えなさい。

・マス目に文章を記述するときは，英字，数字，記号，句読点も，それぞれ 1 マスを用いて書きなさい。

・構造式は下図の例にならって記入しなさい。

1. 次の文章を読み，問に答えなさい。

アルミニウムは，周期表の第 (1) 周期 (2)(3) 族に属する。①アルミニウムの単体は，その イオンを含む水溶液の電気分解では得られない。そのため，アルミニウムの単体は，工業的に 以下のようにつくられる。まず，鉱石である ア を粉砕して ②熱した水酸化ナトリウム 水溶液中に入れ， ア に含まれる酸化アルミニウムを溶解させる。このとき ア 中の他の成分は溶解しないので，ろ過することでこれらの不純物が除去される。ろ液を冷やし， 水で希釈すると，塩基性が弱まり イ が沈殿する。生じた ③ イ を高温で加熱する と，純粋な酸化アルミニウムが得られる。次に， ④氷晶石を高温で加熱して融解させたものに， この純粋な酸化アルミニウムを溶かした後， ⑤炭素電極を使って電気分解すると，陰極では単体 のアルミニウムが得られる。このようにして金属の単体を得る操作を， ウ という。なお， 陽極では電極の炭素が エ と反応して， オ および カ が生成する。

アルミニウムの粉末を酸素中で熱すると白い光を発して激しく燃える。また，⑥アルミニウム の粉末と酸化鉄 (III) を混合して点火すると多量の反応熱が発生し，単体の鉄が遊離する。この 反応は キ 反応と呼ばれ，鉄道のレールなどの溶接に利用される。

アルミニウムは酸の水溶液にも強塩基の水溶液にも，水素を発生して溶ける。このように，酸の 水溶液とも強塩基の水溶液とも反応する金属を ク 金属という。一方，⑦アルミニウム は濃硝酸にはほとんど溶解せず， ケ と呼ばれる状態になる。この現象を利用しアルミニ ウム表面を保護した製品を コ という。

問1 (1) ～ (3) に入る適切な数字をマークシートにマークしなさい。

問2 ア ～ コ にあてはまる適切な語を解答用紙に書きなさい。ただし， オ は カ よりも分子量が小さい。また，物質は化学式ではなく名称で 記しなさい。

問3 下線部①について，その理由を50字以内で解答用紙に書きなさい。

問4 下線部②について，反応式を解答用紙に書きなさい。

問5 下線部③について，反応式を解答用紙に書きなさい。

問6 下線部④を構成する物質の化学式を解答用紙に書きなさい。

問7　以下の　(4)　～　(9)　に入る適切な数字をマークシートにマークしなさい。ただし，
　　　(4)，(7)に入る数字は 0 ではない。

　　　下線部⑤について，$1.0×10^5$ A の電流で 60 時間電気分解したところ，陰極では
　　　(4).(5)×10^(6) kg のアルミニウムが得られ，陽極では (7).(8)×10^(9) kg の
　　　炭素が消費された。このとき，陽極で生成した　オ　と　カ　の物質量（mol）
　　　の比は 5：1 だった。

問8　下線部⑥について，反応式を解答用紙に書きなさい。

問9　下線部⑦について，その理由を 50 字以内で解答用紙に書きなさい。

2. 　次の文章を読み，問に答えなさい。ただし，気体は理想気体として扱えるものとし，反応に伴う
　　水溶液の体積変化および気体の水への溶解は無視できるものとする。

〔Ⅰ〕
　　反応速度は，単位時間当たりに減少する反応物の濃度，あるいは単位時間当たりに増加する
生成物の濃度で表すことができる。一般に化学反応が起こるためには，反応物の分子同士が衝突
する必要がある。多くの反応において，①反応物の濃度を高くするほど単位時間当たりに衝突する
分子の数が多くなるため，反応速度は大きくなる。そのほかに反応速度を大きくする方法として，
②温度を上げる，③触媒を用いる，などが挙げられる。
　　触媒は，はたらくときの状態によって　ア　触媒と　イ　触媒の 2 種類に分類できる。
例えば，過酸化水素水に塩化鉄（Ⅲ）飽和水溶液を数滴加えると，反応液は　ウ　色となり，
　エ　が発生する。この化学反応において，塩化鉄（Ⅲ）は　ア　触媒としてはた
らく。また，④過酸化水素水に粉末状の酸化マンガン（Ⅳ）を加えても，　エ　が発生する。
この化学反応において，酸化マンガン（Ⅳ）は　イ　触媒としてはたらく。

問1　　ア　～　エ　にあてはまる適切な語を解答用紙に書きなさい。

問2　下線部①～③により，反応速度定数はどうなるか。それぞれ適切なものを下記から選び，
　　　その番号をマークシートにマークしなさい。ただし，同じ選択肢を複数回使用できるもの
　　　とする。
　　　　①　反応物の濃度を高くする　　　(10)

    ② 温度を上げる   (11)

    ③ 触媒を用いる   (12)

   1　大きくなる   2　小さくなる   3　変化しない

問3　下線部②により，多くの化学反応では反応速度は急激に大きくなるが，その程度は単位時間当たりの反応物の分子同士の衝突回数の増加だけでは説明できない。温度を上げると反応速度が大きくなるもう1つの理由を，40字以内で解答用紙に書きなさい。

問4　下線部③により，反応速度が大きくなる理由を，30字以内で解答用紙に書きなさい。

問5　下線部④の化学反応において，粉末状の酸化マンガン（IV）の代わりに，同じ重量の塊状の酸化マンガン（IV）を用いると，反応速度定数はどうなるか。適切なものを下記から選び，番号を解答用紙に書きなさい。また，その理由を50字以内で解答用紙に書きなさい。

   1　大きくなる   2　小さくなる   3　変化しない

〔Ⅱ〕

　過酸化水素水に酸化マンガン（IV）を加えたときに起こる化学反応において，過酸化水素（H_2O_2）の反応速度定数を求めるために，以下の実験を行った。実験は 1.01×10^5 Pa の大気圧下，27℃ で行われ，水の蒸気圧は 4.00×10^3 Pa とする。

　⑤ふたまた試験管の一方に少量の酸化マンガン（IV）を入れ，他方に 0.640 mol/L の過酸化水素水を 10.0 mL 加え，誘導管付きのゴム栓をした。試薬を混合して，発生した気体をすべて水上置換法で 60 秒間捕集し，反応を止めた。捕集した容器内の気体の体積を，容器の内側と外側の液面の高さを一致させて測定したところ，31.2 mL であった。

問6　下線部⑤のふたまた試験管は，形状がわずかに異なる2つの試験管がつながったものである。この実験では，酸化マンガン（IV）をふたまた試験管のどちらの試験管に入れるべきか。ふたまた試験管を2つの試験管の形状の違いがわかるように解答用紙に図示した上で，酸化マンガン（IV）を入れる方を矢印で示しなさい。

問7　以下の1）〜4）の (13) 〜 (24) に入る適切な数字をマークシートにマークしなさい。ただし，(13)，(16)，(19)，(22) に入る数字は0ではない。

1) 反応開始から 60 秒後までに発生した気体の物質量は，$(13).(14) \times 10^{-(15)}$ mol であった。

2) 反応開始から 60 秒後の H_2O_2 の濃度は，$(16).(17) \times 10^{-(18)}$ mol/L であった。

3) 反応開始から 60 秒後までの H_2O_2 の平均の反応速度 $\bar{v}$ は，$(19).(20) \times 10^{-(21)}$ mol/(L·s) であった。

4) この実験では，反応開始から 60 秒後までの H_2O_2 の平均の反応速度 $\bar{v}$ と，反応開始時と 60 秒後の H_2O_2 濃度の平均値 $\overline{[H_2O_2]}$ を用いると，$\bar{v} = k\overline{[H_2O_2]}$ の式が成り立つと仮定する。このときの反応速度定数 k は，$(22).(23) \times 10^{-(24)}$ /s であった。

3. 次の文章を読み，問に答えなさい。

　物質が変化するとき，通常，熱エネルギーが出入りする。化学反応の進行にともない，放出または吸収される熱エネルギーを①反応熱という。その中には，②燃焼熱や③生成熱，④溶解熱などの名称をもつものがある。また，⑤酸と塩基を反応させ中和するときの反応熱を中和熱という。

　一方，⑥化学反応によってエネルギーが光として放出される場合があり，このとき発光が観測される。これを　ア　という。例えば，血痕の検出に用いられる　イ　反応では，塩基性水溶液中で　イ　が過酸化水素などにより　ウ　されると，青い発光が観察される。この反応では，血液中の成分が　エ　としてはたらき反応を促進する。

　物質に光を当て光が吸収されると，化学反応が起こる場合がある。このような化学反応を　オ　という。式 I で表される　オ　は式 II から式 IV の化学反応で進行する。まず，式 II のように，塩素（Cl_2）が光エネルギーによって⑦不対電子をもつ塩素原子となる。この塩素原子は，電子式において反応に関わる不対電子だけを残して Cl· と表す。この塩素原子のように不対電子をもつ原子や分子をラジカルといい，反応性が高い。これが式 III のようにメタンと反応し，不対電子をもつ反応性の高い　A　が生成する。この　A　が式 IV のように塩素とさらに反応して，再び不対電子をもつ塩素原子を生成する。⑧式 III と式 IV の反応が連続して繰り返されることで爆発的に反応が進行する。このような反応を連鎖反応という。

$$Cl_2 \quad + \quad CH_4 \quad \xrightarrow{\text{光}} \quad CH_3Cl \quad + \quad HCl \qquad \cdots \text{式 I}$$

$$Cl_2 \xrightarrow{\text{光}} 2Cl\cdot \qquad\qquad\qquad \cdots 式 II$$

$$Cl\cdot \quad + \quad CH_4 \quad \longrightarrow \quad HCl \quad + \quad \boxed{\text{A}} \qquad \cdots 式 III$$

$$\boxed{\text{A}} \quad + \quad Cl_2 \quad \longrightarrow \quad CH_3Cl \quad + \quad Cl\cdot \qquad \cdots 式 IV$$

問1　　ア　～　オ　にあてはまる適切な語を解答用紙に書きなさい。

問2　以下の1）～3）の (25) ～ (36) に入る適切な数字をマークシートにマークしなさい。
ただし，(25)，(28)，(31)，(34) に入る数字は 0 ではない。なお，必要に応じて，
表1の値を使いなさい。

表1　燃焼熱（kJ/mol）

H_2（気）	290
C（黒鉛）	390
$CH_3CH=CH_2$（気）	2036
$CH_3CH_2CH_3$（気）	2220
CH_3CH_2OH（液）	1370

1）下線部①について，式 V で表されるプロペン（$CH_3CH=CH_2$）と水素（H_2）との反応の
反応熱は (25).(26) $\times 10^{(27)}$ kJ/mol である。

$$CH_3CH=CH_2（気） \quad + \quad H_2（気） \quad \longrightarrow \quad CH_3CH_2CH_3（気） \qquad \cdots 式 V$$

2）下線部②について，フラーレン（C_{60}）の燃焼熱は (28).(29) $\times 10^{(30)}$ kJ/mol であり，
ダイヤモンドの燃焼熱は (31).(32) $\times 10^{(33)}$ kJ/mol である。なお，黒鉛またはダイヤ
モンドから 1.0 mol のフラーレンを生成させるときの生成熱を，それぞれ -3200 kJ および
-2600 kJ とする。

3）下線部③について，エタノール（液）の生成熱は (34).(35) $\times 10^{(36)}$ kJ/mol である。

問3　以下の (37) ～ (39) に入る適切な数字をマークシートにマークしなさい。ただし，(37)

に入る数字は 0 ではない。また，(40) に入る適切な語を下記の選択肢から選び，その番号をマークシートにマークしなさい。

下線部④について，硝酸カリウム（固）の溶解熱は -35.7 kJ/mol である。3.03 g の硝酸カリウム（固）を 197 g の水に溶かしたところ，(37).(38) $\times 10^{(39)}$ ℃ 温度が (40) した。なお，このとき水の量は十分に多いものとし，また，1 g の硝酸カリウム水溶液の温度を 1 K 上げるのに必要な熱量を 4.2 J とする。

1　上昇　　　　　2　低下

問4　以下の (41) ～ (43) に入る適切な数字をマークシートにマークしなさい。

下線部⑤について，0.40 mol/L の酢酸水溶液 500 mL に，0.20 mol/L の水酸化ナトリウム水溶液 500 mL を加えた水溶液の pH は，(41)(42).(43) である。なお，酢酸の電離定数は 2.7×10^{-5} mol/L とし，酢酸の電離度は 1 より十分に小さいものとする。

問5　下線部⑥の例として適切でないものを下記から1つ選び，その番号をマークシートの (44) にマークしなさい。

1　黄リンの発光　　　　2　ケミカルライト　　　　3　ネオンサイン
4　ホタルの発光

問6　下線部⑦について，原子の電子式において不対電子をもたない原子を下記からすべて選び，その番号を解答用紙に書きなさい。

1　Ar　　　2　He　　　3　N　　　4　O　　　5　P　　　6　Si

問7　　　A　　　にあてはまる適切な化学式を解答用紙に書きなさい。

問8　下線部⑧について，式 VI を含む 3 つの化学反応が起こることで，式 III，式 IV で表される連鎖反応が停止し CH_3Cl の生成が止まる。式 VI 以外の 2 つの化学反応の反応式を解答用紙に書きなさい。

$$Cl\cdot \ + \ Cl\cdot \ \longrightarrow \ Cl_2 \quad \cdots 式 VI$$

4. 次の文章を読み，問に答えなさい。ただし，構造式は「解答上の注意」にある例にならって書き
なさい。なお，本問において，不斉炭素原子の存在によって生じる立体異性体は区別しない。

分子量が 200 以下の化合物 A，B，C，D，E がある。化合物 A，B，C は水素原子，炭素原子，
窒素原子，酸素原子のみから構成される。一方，化合物 D，E は水素原子，炭素原子，酸素原子
のみから構成されるアルコールで，不斉炭素原子を含まない。化学構造を決定するために以下の
実験を行った。

実験1   645 mg の化合物 A を完全燃焼させたところ，二酸化炭素 1101 mg，水 316 mg が生じた。
また，別の分析手法によって 645 mg の化合物 A に含まれる窒素（N）の質量は 69 mg
であることがわかった。

実験2   化合物 A を炭酸水素ナトリウム水溶液に溶解させたところ，化合物 A に対して同じ
物質量の二酸化炭素を発生した。化合物 A を塩酸中で加水分解し，中和したところ，
分子量が 18 増加した化合物 F が得られ，化合物 F はタンパク質を構成するアミノ酸で
あった。

実験3   アミノ基転移酵素は，タンパク質を構成する α-アミノ酸に対し，以下の図1に示す反応
を触媒する。化合物 F をアミノ基転移酵素と反応させたところ，化合物 G が得られた。

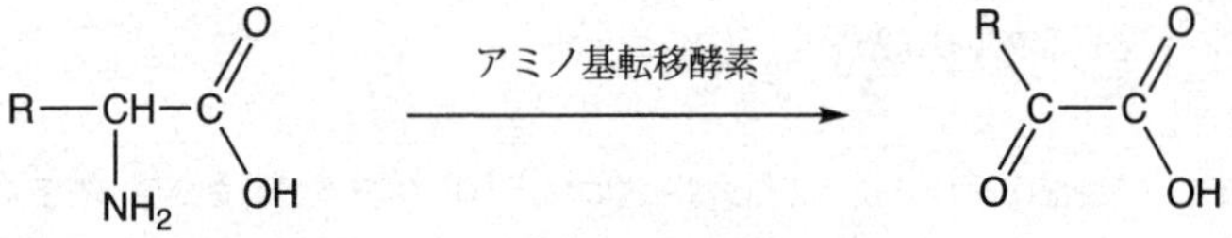

（R はアミノ酸の側鎖）

図1

実験4   化合物 B，C の元素分析により求めた分子式は，いずれも化合物 F の分子式と一致した。
化合物 B，C をそれぞれ水酸化ナトリウム水溶液で加水分解し，中和したところ，いずれ
からも分子量が 14 減少した化合物 H が得られた。

実験5   化合物 H をアミノ基転移酵素と反応させたところ，オキサロ酢酸が得られた。

実験6   化合物 D，E を炭酸水素ナトリウム水溶液に溶解させたところ，いずれも化合物 D，E
それぞれに対して 2 倍の物質量の二酸化炭素を発生した。

実験7　化合物 D をアルコールに対する適切な酸化条件で反応させたところ，分子量が 2 減少
　　　した化合物 I が得られた。化合物 I は銀鏡反応を起こさず，元素分析により求めた分子
　　　式は化合物 G の分子式と一致した。

実験8　化合物 E の元素分析により求めた分子式は，化合物 D の分子式と一致したが，化合物
　　　E は化合物 D のときと同様の酸化条件では反応しなかった。

問1　化合物 A の分子式を解答用紙に書きなさい。

問2　化合物 A，F の構造式を解答用紙に書きなさい。

問3　化合物 G の分子式を解答用紙に書きなさい。

問4　化合物 H の分子式を解答用紙に書きなさい。

問5　実験 5 で得られたオキサロ酢酸の構造式を解答用紙に書きなさい。

問6　化合物 D，E の構造式を解答用紙に書きなさい。

5. 次の文章を読み，問に答えなさい。

　リンは生体を構成する元素の一つで，成人の体重の約1％を占めている。その約80％がリン酸カルシウム，リン酸マグネシウムとして骨や歯を構成し，残りがリン脂質，核酸，リンタンパク質，アデノシン三リン酸などとして，細胞や細胞外液に含まれる。

　リン脂質とは，リン酸エステル構造をもつ脂質の総称である。図1に示すリン脂質は，脂肪酸，　 ア 　，リン酸，コリン〔HOC$_2$H$_4$N$^+$(CH$_3$)$_3$〕から構成され，セッケンと同様に分子内に　 イ 　基と　 ウ 　基をもつ。リン脂質は細胞膜の主成分で，　 イ 　性部分を膜の内側，　 ウ 　性部分を膜の外側に向けた脂質二重層を形成する。

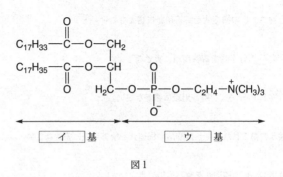

図1

　核酸は，五炭糖，塩基，リン酸が結合した　 エ 　が (45) してできた鎖状の高分子化合物である。①五炭糖がリボースのものをリボ核酸（RNA），デオキシリボースのものをデオキシリボ核酸（DNA）という。RNA，DNAはそれぞれ4種類の②塩基から構成され，アデニン，シトシン，　 オ 　が両者に共通で，残り一つがRNAは　 カ 　，DNAは　 キ 　である。DNAは，二本のポリ　 エ 　鎖間で水素結合によって③相補的な塩基対をつくり，二重らせん構造を形成する。

　リンタンパク質は，④構成アミノ酸の一部にリン酸が結合した複合タンパク質である。リンタンパク質の代表的な例として牛乳に多く含まれる　 ク 　がある。

問1　 ア 　～　 ク 　にあてはまる適切な語を解答用紙に書きなさい。

問2　(45) に入る適切な語を下記から選び，その番号をマークシートにマークしなさい。

　　　1　開環　　　　2　会合　　　　3　縮合　　　　4　付加　　　　5　付加縮合

問3　図1に示すリン脂質を加水分解して得られる飽和脂肪酸を下記から選び，その番号をマークシートの (46) にマークしなさい。

1　アジピン酸　　　　　　　2　オレイン酸　　　　　　3　ステアリン酸

4　リノール酸　　　　　　　5　リノレン酸

問4　下線部①について，リボース，デオキシリボースを水に溶かすと，六員環構造，鎖状構造，五員環構造の平衡状態となる。図2のフルクトースの例にならって，リボースの六員環構造と五員環構造を解答用紙の A 欄（六員環構造），B 欄（五員環構造）に書きなさい。なお，α型，β型どちらの構造でもよいものとする。

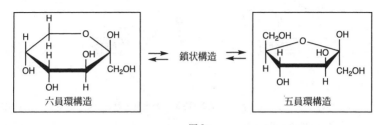

図2

問5　銀鏡反応を示さない糖を下記からすべて選び，その番号を解答用紙に書きなさい。

1　スクロース　　　　　　　2　デオキシリボース　　　3　マルトース

4　ラクトース　　　　　　　5　リボース

問6　以下の (47) ～ (49) にあてはまる番号を下記からそれぞれ選び，その番号をマークシートにマークしなさい。

下線部②について， オ は (47) ，シトシンは (48) ， カ は (49) の構造をもつ。

1　　　　　　　　　　　2 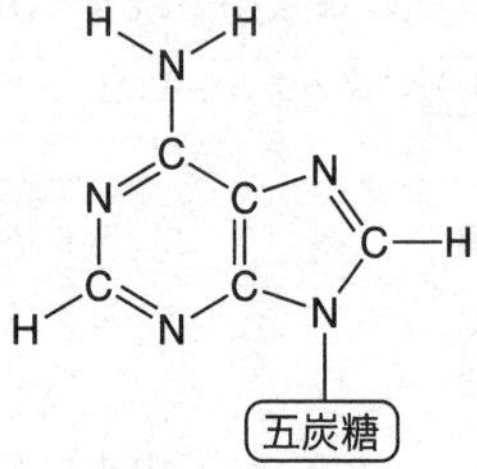　　　　　　　　　　　3

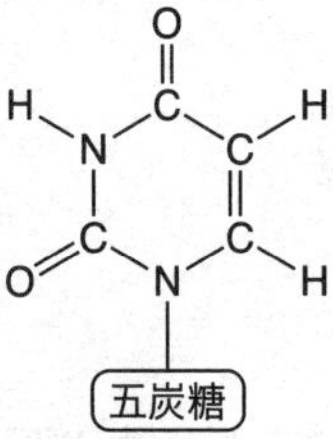

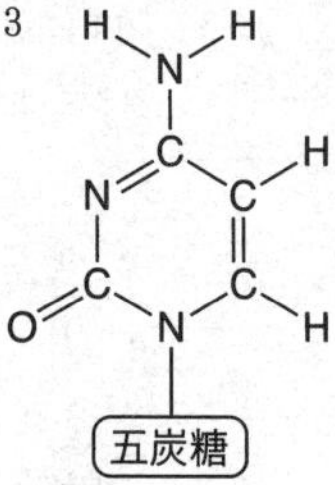

五炭糖　　　　　　　　五炭糖　　　　　　　　五炭糖

4 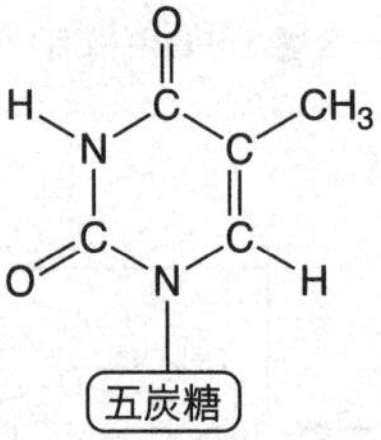　　　　　　　　　　　5

五炭糖　　　　　　　　五炭糖

問7　下線部③について，問6に示す選択肢5の塩基と対をつくる塩基を，問6の選択肢から選び，その番号をマークシートの　(50)　にマークしなさい。

問8　下線部③について，　オ　とシトシンの塩基対の方が，アデニンと　キ　の塩基対より塩基間の結合が強いとされている。その主な理由を15字以内で解答用紙に書きなさい。

問9　核酸塩基のように，環を構成する原子として炭素原子以外の原子を含む環状構造を複素環と呼ぶ。下記の高分子のうち，原料となる単量体が複素環を含むものをすべて選び，その番号を解答用紙に書きなさい。

1　ナイロン6　　　　　　　　2　尿素樹脂　　　　　　　3　フェノール樹脂
4　ポリエチレンテレフタラート　5　メラミン樹脂

問10　下線部④について，リン酸が結合する構成アミノ酸は側鎖R（図3）にヒドロキシ基を含む。側鎖にヒドロキシ基を含むアミノ酸を下記から1つ選び，その番号とそのアミノ酸の構造を「解答上の注意」にある例にならって解答用紙に書きなさい。ただし，鏡像異性体の区別は問わない。

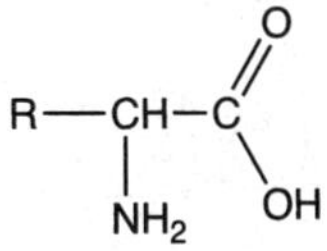

$$R-\overset{\displaystyle O}{\underset{\displaystyle NH_2}{CH-C}}-OH$$

図3

1	グリシン	2	システイン	3	チロシン
4	メチオニン	5	リシン		

//////////////// · **memo** · ////////////////

////////////////// · **memo** · //////////////////

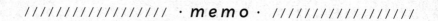

■一般選抜

問題編

▶試験科目・配点

教　科	科　　　　　　　目	配　点
外国語	コミュニケーション英語Ⅰ・Ⅱ・Ⅲ，英語表現Ⅰ・Ⅱ	100 点
数　学	数学Ⅰ・Ⅱ・A・B	100 点
理　科	化学基礎・化学	150 点

▶備　考

　数学Ａは「場合の数と確率」・「整数の性質」・「図形の性質」を，数学Ｂは「数列」・「ベクトル」を出題範囲とする。

（80 分）

〔 I 〕
Read the following article carefully and answer the questions. For each question, choose ONE BEST answer. On your answer sheet, find the number of the question and fill in the space that corresponds to the number of the answer you have chosen. For Writing Answer Question [A] write your answers in the corresponding spaces provided on the Writing Answer Sheet.

(Based on Kayla Good and Alex Shaw in "*Opinion*", "*Why Kids Are Afraid to Ask for Help*", from *Scientific American*, February 14, 2022.)

①　Adults are often embarrassed about asking for help. It's an act that can make people feel vulnerable. The moment you ask for directions, after all, you reveal that you may be lost. Seeking someone's assistance can make you feel like you are broadcasting your incompetence.

②　New research suggests young children don't seek help in school, even when they need it, for the same reason. Until relatively recently, psychologists [Q1a] that children did not start to care about their reputation and peer's perceptions until around age nine. But a wave of findings in the past few years has pushed back against that [Q1b]. This research has revealed that children as young as age five care deeply about the way others think about them. In fact, kids sometimes [　] [　] [　] [　] [　] cheat at [　] [　] [　] [　] [　] [　] [　].

③　Our research suggests that, as early as age seven, children begin to connect asking for help with looking incompetent in front of others. Their concern about reputation may have significant consequences, particularly when it comes to education. At some point, every child struggles in the classroom. If they are afraid to ask for help because their classmates are watching, learning will suffer. With this knowledge, teachers and caregivers should evaluate their practices and consider how they might make children more comfortable with seeking aid.

④　To learn more about how children think about reputation, we applied a classic technique from developmental psychology. Kids' reasoning about the world around them can be quite <u>sophisticated</u>, but they can't always explain what's going on in their mind. So we crafted simple stories and then asked children questions about these scenarios to allow kids to showcase their thinking.

⑤　Across several studies, we asked 576 children, ages four to nine, to predict the behavior of two kids in a story. One of the characters genuinely wanted to be smart, and the other merely wanted to *seem* smart to others. In one study, we told children that both kids did poorly on a test. We then asked which of these characters would be more likely to raise their hand in front of their class to ask the teacher for help.

⑥　The four-year-olds were equally likely to choose either of the two kids as the one who would seek help. But by age seven or eight, children thought that the kid who wanted to seem smart would be less likely to ask for assistance. And children's expectations were truly "reputational" in nature—they were specifically thinking about how the characters would act *in front of peers*. They could still conceive of situations in which the kid who wanted to seem smart would seek help: when assistance could be sought privately (on a computer rather than in person), children thought both characters were equally likely to ask for it.

⑦　We also asked kids about other scenarios. We found that they recognize several more behaviors that might make a child appear less smart in front of fellow kids, such as admitting to failure or modestly downplaying successes. Children are therefore acutely aware of several ways in which a person's actions might make them appear less astute in the eyes of others.

⑧　Given our findings, it seems quite possible that when children themselves are the ones struggling, they, too, might avoid seeking out help if they are concerned about reputation. If so, this <u>reluctance</u> to seek help when others are present could seriously impede academic progress. To improve in any domain, one must work hard, take on challenging tasks (even if those tasks might lead to struggle or failure) and ask questions. All of these efforts can be difficult when someone is concerned with their appearance to others.

⑨　How can we help children overcome these barriers? Our first instinct may be to motivate seeking help by emphasizing its educational benefits. But these efforts may not aid children whose primary concern is that they could appear incompetent. Research suggests that we may underestimate just how uncomfortable others feel when they ask for assistance.

⑩　Instead reputational barriers likely require reputation-based solutions. First, adults should lower the social stakes of seeking help. For instance, teachers could give children more opportunities to seek assistance privately by making themselves available to students for one-on-one conversations while classmates tackle group work. Teachers should couple this effort with steps that help students perceive asking questions in front of others as normal, positive behaviors. For example, instructors could create activities in which each student becomes an "expert" on a different topic, and then children must ask one another for help to master all of the material. If seeking help is understood as a commonplace classroom activity, kids may be less likely to think of it as indicative of one's ability.

⑪　Seeking help could even be framed as socially desirable. Parents could point out how a child's question <u>kicked off</u> a valuable conversation in which the whole family got to talk and learn together. After all, asking for help often benefits not just the help seeker but also others listening in who have similar questions or struggles. Moreover, adults could praise kids for seeking assistance. That response signals that they value a willingness to ask for help and not just effortless success.

⑫　Going forward, psychologists and educational researchers should evaluate these recommendations and develop new strategies that push young children past their fears about peer perceptions. There is one thing that they, as well as caregivers and teachers, need to keep clearly in mind: children think about their reputations, and try to manage them, more than we might assume.

Q 1 .　In paragraph ② (lines 2 and 4), which of the following contains a set of words that could be best added in [Q1a] and [Q1b], respectively ?

	Q1a	Q1b
1.	assumed	assumption
2.	deposited	deposition
3.	manipulated	manipulation
4.	punctuated	punctuation
5.	regulated	regulation

Q 2 .　In paragraph ② (line 3), the underlined word <u>peer</u> is closest in meaning to -

1 . adult

2 . classmate

3 . parents

4 . principal

5 . teacher

Q 3. In paragraph ④ (line 3), the underlined word <u>sophisticated</u> is closest in meaning to –

1. contracted
2. creative
3. knowledgeable
4. special
5. unique

Q 4. Which of the following is NOT mentioned by the authors in paragraphs ⑤, ⑥, and ⑦?

1. Children who are four years old do not expect others to care about their reputations.
2. Children who are the age of eight can begin to realize that others care about their reputations.
3. Children who are seven years old are capable of imagining some situations where it would be easier to ask for help.
4. Children who are seven years old can understand that admitting failure will result in damage to their reputations.
5. Children who are less than four years old often report their successes modestly, since they are concerned about their reputation in relation to others.

Q 5. In paragraph ⑧ (line 3), the underlined word <u>reluctance</u> is closest in meaning to –

1. alliance
2. displacement
3. hesitance
4. positives
5. receptive

Q 6. Which of the following is NOT true of the authors' descriptions in paragraphs ⑨ and ⑩?

1. Psychologists can somewhat understand how children feel when seeking help.
2. It is important for children to understand the educational value of asking questions.
3. A good way is to create a situation where children can ask one-on-one questions in class.

4．It is important for children to understand that asking questions does not measure their abilities.

5．It is vitally important for children to become completely accustomed to asking questions in front of their peers by the age of four or even younger.

Q 7．In paragraph ⑪ (line 2), the underlined phrase <u>kicked off</u> is closest in meaning to -

1．abolished

2．commenced

3．left

4．passed away

5．removed

Q 8．Which of the following is true of the authors' descriptions in this article ?

1．The reluctance to seek help can assist academic progress.

2．Children begin to feel embarrassed about asking for help at the age of four.

3．Adults should seek good strategies for children not to think that asking for help means lower abilities.

4．Parents should demand that teachers provide all children mandatory opportunities for one-on-one conversations.

5．Applying developmental psychology technique was unsuccessful to learn about how children think about reputations.

Writing Answer Question [A]

　　On the Writing Answer Sheet, put the following words into the proper order necessary to complete the sentence.　Please put them in the order that makes the best sense within the context of paragraph ②.

[as] [far] [games] [go] [in] [look] [order] [simple] [smart] [so] [to] [to]

In fact, kids sometimes [　　] [　　] [　　] [　　] [　　] cheat at [　　] [　　] [　　] [　　] [　　] [　　] [　　].

〔Ⅱ〕

Read the following article carefully and answer the questions. For each question, choose ONE BEST answer. On your answer sheet, find the number of the question and fill in the space that corresponds to the number of the answer you have chosen. For Writing Answer Question [B] write your answers in the corresponding spaces provided on the Writing Answer Sheet.

(Based on Donald W. Pfaff. *"The Altruistic Brain: How We Are Naturally Good."* Oxford University Press, 2015.)

① When approaching reciprocally altruistic*¹ behaviors from a biological perspective, scientists have followed two paths. One explains the cellular and physical steps involved in producing empathetic behaviors. This is my approach in the Altruistic Brain Theory (ABT). The other path to understanding such behavior, currently very popular, has aspects of *Indiana Jones*: biologists brave the jungle to observe animal behavior, emerging with evolutionary scenarios describing how animals—especially primates such as monkeys and chimpanzees—got to behave in a seemingly empathic way. Of course, these adventurers leave out a crucial step: evolutionary development must, in fact, *still* work through brain mechanisms. But because we only recently acquired the detailed knowledge based on brain research that makes such jungle forays seem less than ideal, the animal-based, evolutionary approach has provided a serviceable explanation.

② Indeed, understanding this "heroic" approach to altruism can help us <u>appreciate</u> the concept from a scientific perspective, providing a good precursor for a neuroscientific analysis. Before getting to brain mechanisms, therefore, let's discuss these evolutionary ideas. These ideas, originally [Q11] to explain how the brain's mechanisms for altruism came about, also support claims that we can describe mechanisms for how these behaviors *operate*. That is, evolutionary theories for altruistic behavior also stimulate scientific thinking about how such behavior works.

③ For background, let's begin with some basic concepts in evolutionary biology. The late Rockefeller University population geneticist Theodosius Dobzhansky observed that "Nothing in biology makes sense except in the light of evolution." If we accept this view, as I do, then the idea would be to determine how <u>it</u> bears on altruism and, indeed, moral reciprocity. Following Dobzhansky, other scientists note that humans are by "nature great cooperators." Well then, how is the puzzle of altruism explained? What exactly are the evolutionary mechanisms that produce reciprocally empathic behaviors?

④　To introduce this evolutionary thinking, I try to imagine a scene from our evolutionary past. Thousands of years ago, anthropologists tell us, the basis for empathic social interaction was already there. Where did it come from? Scientists have defined a new dividing line between humans and other animals, such that a "human" will possess our hyper-developed social skills. These skills include language, of course, but perhaps more importantly our ability to "read" others' minds. That is, we understand from someone's posture, tone, or facial expression what that person is feeling and/or what he or she may desire. For example, a human toddler readily perceives that an adult with full hands staring at a closed door wants to go through that door but needs help, so the toddler will try to lend the adult a hand. A monkey is unlikely to offer a paw, even to another monkey—not out of callousness but out of ignorance.

⑤　How did such helping behavior develop? How did we [Q15] such willing displays of beneficent behavior? Evolutionary biologists grappling with the evolution of human social behavior have tended to favor any one of three theoretical answers to how human social behaviors have gradually developed. Unfortunately, however, they treat such theories as though each were mutually exclusive of the others—indeed, competing in a tournament, so that if one were important, the others could not be. Such biologists argue with each other in the media, often assigning confusing, disparate terms to explain (and justify) their separate, uncompromising approaches.

⑥　Yes, the evolution of social behavior is a crucially important topic, but I disagree with theorists who treat the field as a zero-sum game, limited to one or another specific theory of kinship-based altruism. Instead of taking this conventional approach, I treat three different theories in a manner in which they could all operate at the same time, pulling in the same direction in a manner that will explain the evolution of human behavior toward the altruism explained by ABT. Viewing the field of evolutionary biology from the outside, it seems apparent that evolutionary theorists argue over which of the three mechanisms—"selfish DNA," or "kin selection," or "group selection"—is *the* most important. But as a neuroscientist, I can see how the three could work together to produce altruistic behaviors. As another outsider to the field, Ken Binmore, economics professor at University College London states, reciprocally altruistic acts serve the purpose of [Q18] each of the individuals against bad stuff; in this regard, he makes no distinctions between various evolutionary approaches. The same (if various) theories that address how food sharing by lower animals has evolved can also be called on to address how sophisticated cooperative behaviors among modern humans have developed over time.

⑦　Viewing the field from the perspective of a neuroscientist it appears, as mentioned, that while evolutionary biologists argue over the best path to cooperative behavior, in fact all three explanations for the evolution of altruism can augment each other. All three levels of evolutionary theory could be operating at the same time. Selfish DNA is most ruthlessly efficient, but is also the narrowest. Group selection is broadest, though the least direct and likely the slowest to benefit. Not only can the three add to each other, but the relative importance of each also will vary according to time period and the culture in question. Collectively, however, and no matter how the importance of each varies over time, the convergence of all three evolutionary paths ultimately points toward the development of brain mechanisms favoring altruism. It does not matter which of these paths was more important—a fact that in any case we cannot measure—so much as it *does* matter that they all support the notion that evolution allowed the brain to develop in ways that support compassionate behavior.

*¹ altruistic: an unselfish concern for the welfare of others

Q9. Which of the following is true of the author's description in paragraph ①?

1. Monkeys and chimpanzees lack empathic attitudes.
2. Biologists often travel to jungles and encounter ideal circumstances.
3. Studying evolutionary steps is useful to clarify empathic behaviors in humans.
4. To explain human altruistic behaviors, the scientific approach is not at all appropriate.
5. Scientists acquired precise knowledge of brain mechanisms before evolutionary studies.

Q10. In paragraph ② (line 1), the underlined word __appreciate__ is closest in meaning to –

1. distinguish
2. esteem
3. fulfill
4. thank
5. understand

Q11. In paragraph ② (line 4), which of the following could be best added in [Q11]?

1. equal
2. hesitated
3. intended

4．opposed

5．prior

Q12.　In paragraph ③, the underlined word <u>it</u> (line 4) refers to –

1．biology

2．evolution

3．nothing

4．thinking

5．view

Q13.　Which of the following corresponds to the author's description in paragraph ④?

1．Empathic social interactions only developed in the past century.

2．Both humans and other animals have social skills, including language.

3．Human toddlers help adults going through the door only if adults ask them for help.

4．Monkeys do not offer a helping paw to other monkeys, since they do not understand what it means for others to suffer.

5．Human toddlers cannot read the minds of others, even if they recognize something in another person's tone of voice.

Q14.　According to paragraph ④, human toddlers do not necessarily understand other peoples' –

1．actions

2．facial expressions

3．posture

4．tone of voice

5．words

Q15.　Which of the following could best be added to [Q15] in paragraph ⑤ (line 1)?

1．appreciate

2．become acclaimed to

3．become wired for

4．conclude

5．disengage

Q16. What is the main point the author is trying to make in paragraph ⑥?

1. Neuroscientists always prefer to verify a number of hypotheses together.

2. There are several complete and clear biological mechanisms known that can explain human altruistic behavior.

3. The evolution of social behaviors is the number one overriding critical theme for human beings to study and understand.

4. The assessment of food sharing in animals is the main clue to help us understand how altruistic behavior developed in humans.

5. It is important to try to remember that the integration of different ideas from various theories can all potentially help us to better understand human altruistic behavior.

Q17. Which of the following words, when pronounced, has the same primary stress location as the underlined word <u>reciprocally</u> in paragraph ⑥ (line 11)?

1. consideration

2. intelligible

3. legibility

4. representative

5. teleconference

Q18. Which of the following could best be added to [Q18] in paragraph ⑥ (line 11)?

1. "assuming"

2. "ensuring"

3. "noticing"

4. "pretending"

5. "sharing"

Q19. Which of the following is NOT true of the author's descriptions in the article?

1. "Selfish gene" evolution is directly controlled by the gene expression of selfish DNA.

2. Evolution in "group selection" theory takes a longer amount of time than in other theories.

3. Neuroscientists suggest that the three theories will cooperatively explain the evolution of altruism.

4. Evolutionary biologists insist that the three theories for the evolution of altruism

are mutually exclusive.

5. All three evolutionary theories, irrespective of importance, will merge toward the same brain developmental path that gives rise to altruism.

Writing Answer Question [B]

On the Writing Answer Sheet, in Japanese explain the specific underlined phrase **a zero-sum game** as used in the context of the article, in paragraph ⑥ (line 2), using **30-40 characters**. See the Writing Answer Sheet for details.

〔Ⅲ〕

Read the following article carefully and answer the questions. For each question, choose ONE BEST answer. On your answer sheet, find the number of the question and fill in the space that corresponds to the number of the answer you have chosen. For Writing Answer Question [C] write your answers in the corresponding spaces provided on the Writing Answer Sheet.

(Based on Madeleine Bunting. *"Labours of Love (The Crisis of Care)"*. Granta Publications, 2020, London.)

① [Definition: compassion, noun – Pity inclining one to help or be merciful, from Latin *pati pass*, to suffer.] The word is steeped in a long religious history, but has made a surprise comeback in healthcare policy documents in recent years. In a common statement of purpose, *Hard Truths*, in the [Q20] of the public inquiry into the ill treatment of patients at Stafford Hospital run by the Mid Staffordshire NHS*[1] Foundation Trust, fifteen senior officials in the NHS and Department of Health declared: 'We make certain that compassion is central to the care we provide and respond with humanity and kindness to each person's pain, distress, anxiety or need. We search for the things we can do, [Q21], to give comfort and relieve suffering. We find time for patients, their families and carers, as well as those we work alongside. We do not wait to be asked, because we care.'

② Compassion comes from the same Latin word as 'patient' – *pati*, meaning to suffer, so 'com-passion' literally means to suffer with someone. But it is not just about sharing an experience; ethical action is required and resilience is needed to avoid being overwhelmed by emotion. Each religious tradition has its own interpretation of the central role of compassion. In all three of the Abrahamic faiths*², compassion is a central attribute of God. The word is mentioned as a name of Allah in all but one of the 114 verses of the Quran. Compassion is considered one of the three distinguishing marks of being a Jew. In the Chinese Buddhist tradition, compassion is expressed in the form of Kuan Yin, with her arms and eyes open; her name means 'one who listens to the sounds of the universe'. In the Tibetan Buddhist tradition, Avalokiteśvara has a thousand eyes to see suffering and a thousand arms to reach out to help. Buddhism suggests that the first requirement of compassion is not to turn away, often the instinctive response to suffering. Compassion is one of four qualities which support and reinforce each other, along with joy, composure and open-minded acceptance. Without joy and composure, compassion can lead to exhaustion.

③　Compassion can easily be <u>marginalized</u> in institutions, suggests researcher Dr Paquita de Zuleta. Drawing on evolutionary psychology and <u>affective</u> neuroscience, she argues that compassion is inhibited in competitive or threatening environments. She points out that human beings have three emotion systems: the first detects and responds to threat and is associated with fear, anxiety, anger and disgust; the second is linked to feelings of achievement, excitement and pleasure; and the third is the soothing system linked to feelings of contentment, safeness, connection – and essential to the expression of compassion. All three should be in balance and are appropriate in different circumstances. The danger is that the first restricts the soothing system.

④　Much care work inevitably entails levels of anxiety, and when further pressure is added, such as targets for waiting times or bed throughput, fear can [Q25] the capacity for compassion. It may be an innate human capability, argues de Zuleta, but it is fragile. She warns that industrialized, marketized healthcare prioritises transactional care with measurable outcomes, and that squeezes out compassion. On a more positive note, she adds, it is inherently reciprocal, and is easy to recognize. It is also infectious – if you experience it, you are more likely to show it to another.

*¹ NHS: the National Health Service is the public funded healthcare system in the United Kingdom

*² Abrahamic faiths: primarily the monotheistic religions such as Christianity, Judaism, and Islam

Q20. In paragraph ① (line 4), which of the following could best be added to [Q20] ?
1. conquest
2. deception
3. fallout
4. insignificance
5. quarantine

Q21. In paragraph ① (line 8), which of the following phrases could best be added to [Q21] ?
1. albeit useful
2. greatly exaggerated
3. however small
4. ignoring details
5. with suppressed understanding

Q22. Which of the following statements best accurately summarizes the author's descriptions in paragraph ② ?
1. Simply feeling the physical pain of others, is the only way to help patients.
2. The concept of division is the sole core attribute to the Abrahamic faiths in the world.
3. All religious faiths of the world are exactly the same in their details in caring for others.
4. Being generous in and of itself, even if you disagree, is the only way to prevent being overwhelmed.
5. Concern for and caring for others requires a balance of several attributes in order to do so in an effective manner for everyone involved.

Q23. In paragraph ③ (line 1), what is meant by the author's usage of the word <u>marginalized</u>?

1．It means that personalized care is enhanced by the diminishment of sympathy for others.

2．Its usage demonstrates that it is merciful to at times bypass patient concerns in certain healthcare environments.

3．It is meant to convey that the embracing of feelings is effortlessly achieved as a primary focus when caring for others.

4．It is used as a reminder that kindness is the default feeling and behavior in all cases of patient care in clinical environments.

5．It emphasizes that grace and humanity can be pushed aside when other more aggressive factors are dominant in the care for others.

Q24. In paragraph ③ (line 2), what is meant by the author's usage of the word affective ?

1．The word is used to emphasize emotional cognitive processes.

2．Its usage illustrates that feelings are not able to be investigated.

3．It is meant to point out that mindful mechanisms are impenetrable.

4．It shows that the inherent effects in self-correcting mind mechanisms are vital operations in humans.

5．Without this clarification, it would be impossible to make any meaningful progress in studies of the human frontal lobe and how it changes and grows with time.

Q25. In paragraph ④ (line 2), which of the following words could best be added to [Q25] ?

1．accommodate

2．broaden

3．extend

4．generate

5．overwhelm

Q26. Which of the following represents a true statement regarding the descriptions in the article ?

1．The caring instinct should only be activated when it is requested by the patient.

2．The complete draining of energy is always the end result of the use of compassion.

3．Healthcare workers are inescapably always fully sympathetic to those whom they care for no matter what the circumstances.

4．Negative emotions hinder more positive ones, but the latter are mutually enhancing in that they tend to generate more of the same from others.

5．Humans can only manifest a couple of limited emotion systems, which are designed by nature to be exact polar opposites in composition and function.

Writing Answer Question [C]

　　Based on the discussion/descriptions in Article 〔Ⅲ〕 paragraph ③, choose which "Emotion System" and which "Specific Single Feeling" (as listed in section [C] on the Writing Answer Sheet section) <u>best fits</u> each situation (C1 and C2) and write your answers in the appropriate columns. Read the instructions on the Writing Answer Sheet very carefully.

〔解答欄〕

Be sure to read each situation <u>carefully.</u> Please note, the first Situation labeled "Ex." is <u>only an example</u> that is included to help you better understand the instructions. Some answers may be used once, more than once, or not at all. Use only the possible answer choices listed below. Please write clearly.

Possible "Emotion System" answer choices :

　first, second, third

Possible "Specific Single Feeling" answer choices :

　achievement, anger, anxiety, connection, contentment, disgust, excitement, fear, safeness

	Situation	Emotion System	Specific Single Feeling
Ex.	An allied healthcare professional has met sequential accomplished milestones in a difficult journey caring for a patient.	second	achievement
C1	A healthcare provider experiences a strong aversion, even to the point of feeling physically ill, in being forced to provide care for a person whose actions have intentionally physically harmed many other innocent people.		
C2	A patient feels protected, free from criticism, violence, and even personal or physical attacks in a non-judgmental location/space, while seeking assistance and relief.		

数学

(80 分)

《解答上の注意》

1．解答が分数の場合は，既約分数で解答しなさい。

2．解答が根号を含む場合は，根号の中はできる限り簡単な形にしなさい。また，解答が根号を含む
　分数の場合は，分母を有理化しなさい。

3．複数の解答が考えられる場合は，解答用紙の所定の欄にすべて記入しなさい。

4．複数の解答を選択する場合は，解答用紙の所定の欄の適切な選択肢をすべて丸で囲みなさい。

〔I〕　以下の問の ア ～ ト にあてはまる適切な数，数の組，座標または式を解答用紙の所定
　　　の欄に記入しなさい。

(1)　整式 $X = 6a^3bc + 11a^2b^2c + 3ab^3c$ がある。

　　(i)　X を因数分解すると，$X = $ ア である。

　　(ii)　$X = 6270$ を満たす (a, b, c) の組をすべて求めると，$(a, b, c) = $ イ である。
　　　　ただし，a, b, c はそれぞれ 2 以上の整数とする。

(2)　a は正の定数とする。原点を O とする xy 平面上に直線 $l : y = \dfrac{2}{3}x$ と 2 点 A $(0, a)$，
　　B $(17, 20)$ がある。直線 l 上にとった動点 P と 2 点 A，B それぞれを線分で結び，2 つの線分
　　の長さの和 AP + BP が最小となったとき，∠APO = 45° であった。AP + BP が最小である
　　とき，直線 BP を表す方程式は $y = $ ウ であり，三角形 ABP の内接円の半径は エ で
　　ある。

(3) a, b を実数とし，実数 x の関数 $f(x)$ を $f(x) = x^3 + ax^2 + bx - 6$ とおく。方程式 $f(x) = 0$ は $x = -1$ を解に持ち，$f'(-1) = -7$ である。

(i) $a = \boxed{\text{オ}}$, $b = \boxed{\text{カ}}$ である。

(ii) c は正の実数とする。$f(x) \geqq 3x^2 + 4(3c - 1)x - 16$ が $x \geqq 0$ において常に成立するとき，c の値の範囲は $\boxed{\text{キ}}$ である。

(4) 座標空間に球面 $S : (x - 3)^2 + (y + 2)^2 + (z - 1)^2 = 36$ がある。球面 S が平面 $y = 2$ と交わってできる円を C とおく。

(i) 円 C の中心の座標は $\boxed{\text{ク}}$ であり，半径は $\boxed{\text{ケ}}$ である。

(ii) 円 C と平面 $x = 3$ の交点を A, B とし，A と B 以外の球面 S 上の任意の点を P とする。三角形 PAB において，辺 PB を $4 : 3$ に内分する点を D，線分 AD を $5 : 3$ に内分する点を M とし，直線 PM と辺 AB との交点を E とする。このとき，AE の長さは $\boxed{\text{コ}}$ である。ただし，B の z 座標は A の z 座標よりも大きいとする。

(5) 地点 A と地点 B があり，K さんは時刻 0 に地点 A にいる。K さんは 1 秒ごとに以下の確率で移動し，時刻 0 から n 秒後に地点 A か地点 B にいる。

> ・地点 A にいるとき：
> $\dfrac{1}{2}$ の確率で地点 A にとどまり，$\dfrac{1}{2}$ の確率で地点 B に移動する。
> ・地点 B にいるとき：
> $\dfrac{1}{6}$ の確率で地点 B にとどまり，$\dfrac{5}{6}$ の確率で地点 A に移動する。

K さんが時刻 0 から n 秒後に地点 A にいる確率を a_n，地点 B にいる確率を b_n で表す。ただし，n は 0 以上の整数とする。

(i) a_{n+1} を a_n と b_n で表すと，$a_{n+1} = \boxed{\text{サ}}\, a_n + \boxed{\text{シ}}\, b_n$ であり，$a_4 = \boxed{\text{ス}}$ である。

(ii) 数列 $\{a_n\}$ の一般項 a_n を n の式で表すと $\boxed{\text{セ}}$ である。

(6)　a を実数とする。実数 x の関数 $f(x) = 4^x + 4^{-x} + a(2^x + 2^{-x}) + \dfrac{1}{3}a^2 - 1$ がある。

　　(i)　$t = 2^x + 2^{-x}$ とおくとき t の最小値は ソ であり，$f(x)$ を t の式で表すと タ
　　　　である。

　　(ii)　$a = -3$ のとき，方程式 $f(x) = 0$ の解をすべて求めると，$x =$ チ である。

　　(iii)　方程式 $f(x) = 0$ が実数解を持たないような a の値の範囲は ツ である。

(7)　整数 Z は n 進法で表すと $k + 1$ 桁であり，n^k の位の数が 4，$n^i\,(1 \leqq i \leqq k-1)$ の位の数
　　が 0，n^0 の位の数が 1 となる。ただし，n は $n \geqq 3$ を満たす整数，k は $k \geqq 2$ を満たす整数と
　　する。

　　(i)　$k = 2$ とする。Z を $n + 1$ で割ったときの余りは テ である。

　　(ii)　Z が $n - 1$ で割り切れるときの n の値をすべて求めると ト である。

〔**Ⅱ**〕　以下の問の ナ ～ ヌ にあてはまる適切な数または式を解答用紙の所定の欄に記入
　　しなさい。問 (3)(i) は解答用紙の所定の欄に図示しなさい。

　　　　原点を O とする xy 平面上に点 A $(1, -1)$ があり，点 B は $\overrightarrow{AB} = (2\cos\theta,\ 2\sin\theta)$
　　$(0 \leqq \theta \leqq 2\pi)$ を満たす点である。B の軌跡を境界線とする 2 つの領域のうち，点 A を含む
　　領域を領域 C とする。ただし，領域 C は境界線を含む。

(1)　点 B の軌跡の方程式は ナ である。

(2)　点 (x, y) が xy 平面上のすべての点を動くとき，点 $(x - y,\ xy)$ が xy 平面上で動く範囲は
　　式 ニ で表される領域である。

(3)　点 (x, y) が領域 C 上のすべての点を動くとき，点 $(x - y,\ xy)$ が xy 平面上で動く領域を
　　領域 D とする。

（ⅰ）領域 D を図示しなさい。ただし領域は斜線で示し，境界線となる式も図に記入すること。

（ⅱ）領域 D の面積は　ヌ　である。

〔Ⅲ〕　以下の問の　ネ　，　ノ　，　フ～ホ　，　ミ　にあてはまる適切な数を解答用紙の所定の欄に記入し，　ハ　，　ヒ　，　マ　，　ム　にあてはまる適切な文字を，解答用紙の所定の欄に記載された選択肢から選んで丸で囲みなさい。値が小数第 2 位までで割り切れない場合は，小数第 3 位を四捨五入して小数第 2 位まで求めなさい。

　　　ある病院に入院中の患者 20 名について，ある検査値と，薬 X と薬 Y の使用量との関係について調べた。その結果をまとめたものが以下の表であり，斜線は薬を使用していないことを示す。

患者番号	検査値 (mg/dL)	薬 X (mg)	薬 Y (mg)
1	7.0	3	
2	35.0	6	10
3	3.6		15
4	13.0	3	10
5	7.0		
6	9.0	3	
7	5.0		
8	7.0	4	10
9	43.0	10	10
10	15.0	4	
11	8.6		15
12	16.0	8	
13	5.2		10
14	5.4		
15	6.6		10
16	23.0	5	10
17	7.0	3	
18	12.0	6	
19	6.6		
20	5.0	2	10

(1) 薬 X のみを使用している患者の検査値の平均値は ┃ ネ ┃ (mg/dL)，薬 Y のみを使用して
いる患者の検査値の平均値は ┃ ノ ┃ (mg/dL) である。したがって，薬 X と薬 Y のどちらも
使用していない患者の検査値の平均値と比べ，薬 X のみを使用している患者の検査値の平均値
は ┃ ハ ┃，薬 Y のみを使用している患者の検査値の平均値は ┃ ヒ ┃。

〔解答欄〕 ハの選択肢： 低く　　変わらず　　高く

ヒの選択肢： 低い　　変わらない　　高い

(2) 薬 X と薬 Y を併用している患者の検査値の第 1 四分位数は ┃ フ ┃ (mg/dL)，第 3 四分位数
は ┃ ヘ ┃ (mg/dL)である。

(3) 薬 X の使用量と検査値との相関係数は，薬 X のみを使用している場合は <u>0.78</u> であり，薬 X と薬 Y を併用している場合は ホ である。よって薬 X と薬 Y を併用すると，薬 X の使用量と検査値との相関関係が マ と考えられる。

なお下線部の 0.78 は，小数第 3 位を四捨五入した値である。

ただし，$\sqrt{2} = 1.41$, $\sqrt{5} = 2.23$, $\sqrt{30} = 5.48$, $\sqrt{101} = 10.05$ として計算しなさい。

〔解答欄〕 マの選択肢： 弱くなる　　変わらない　　強くなる

(4) 薬 X と薬 Y を併用している患者全員について考える。

薬 X の使用量を半分に減らした結果，併用している患者全員の検査値の数値がそれぞれ 5.0 (mg/dL) 低下した。このとき，これらの患者の減量後の薬 X の使用量の分散は，減量前の薬 X の使用量の分散の ミ 倍であり，減量後の薬 X の使用量と検査値との相関関係は，減量前と比べて ム と考えられる。

〔解答欄〕 ムの選択肢： 弱くなる　　変わらない　　強くなる

化学

(100 分)

(注意)　問題文中の ⑴⑵ , ⑶ などの □□□□ には，数字またはマイナス符号
（－）が入ります。以下の方法でこれらをマークシートの指定欄にマークしなさい。

　　⑴, ⑵, ⑶…の一つ一つは，それぞれ 0 から 9 までの数字，またはマイナス符号
（－）のいずれかに対応します。それらを⑴, ⑵, ⑶…で示された解答欄の該当する
箇所にマークしなさい。

解答上の注意

・必要に応じて，以下の値を使いなさい。

　原子量：　H = 1.0,　　C = 12.0,　　N = 14.0,　　O = 16.0,　　S = 32.1

　　　　　　Cl = 35.5,　　Ar = 39.9,　　Ca = 40.1,　　Cu = 63.5,　　Zn = 65.4

　標準状態：　0 ℃, 1.01×10^5 Pa

　気体定数：　8.31×10^3 Pa·L/(K·mol)

　0 ℃ = 273 K

・計算結果は，四捨五入して，指定された桁で答えなさい。

・マス目に文章を記述するときは，英字，数字，記号，句読点も，それぞれ 1 マスを用いて書きなさい。

・構造式は下図の例にならって記入しなさい。

1. 次の文章を読み，問に答えなさい。

　　銅は，周期表の第 (1) 周期 (2)(3) 族に属する。銅の単体は，赤色の光沢をもつ金属であり，　ア　色の炎色反応を示す。銅の多くは，自然界では硫化物や酸化物として存在している。単体の銅を空気中で加熱すると酸化銅 (II) になり，さらに 1000 ℃ 以上の高温で加熱すると ①酸化銅 (I) になる。銅は塩酸や ②希硫酸には溶けないが，硝酸や熱濃硫酸に溶ける。③硫酸銅 (II) 水溶液に，過剰のアンモニア水を加えると ④錯イオンを形成し，深青色の水溶液になる。

　　銅の単体は，工業的には黄銅鉱（主成分 $CuFeS_2$）から得られた粗銅の電気分解を利用して作られる。⑤薄い純銅板を陰極，粗銅板を陽極に用いて硫酸酸性の硫酸銅 (II) 水溶液中で電気分解すると，陰極に純銅が析出する。このようにして金属の単体を得る操作を　イ　という。

　　金属と電解液による酸化還元反応を利用して，化学エネルギーを電気エネルギーとして取り出す装置を電池という。電池の両極間の電位差（電圧）の最大値を　ウ　といい，金属と電解液の組み合わせによって変化する。希硫酸に亜鉛板と銅板を浸して回路を形成した電池は，開発者の名前より　エ　電池と呼ばれる。　エ　電池は電極上で発生した気体により，電極表面が覆われすぐに電圧が低下する。一方，　オ　電池は，亜鉛板を浸した硫酸亜鉛 (II) 水溶液と，銅板を浸した硫酸銅 (II) 水溶液を素焼き板で仕切った構造をしている。この電池の電池式は，次の (I) 式のように表せる。

$$（一）\ Zn\ |\ ZnSO_4\,aq\ |\ CuSO_4\,aq\ |\ Cu\ （＋）\quad \cdots（I）$$

　　オ　電池を組み立てしばらく放電したところ，負極の金属板の質量が 0.530 g 減少した。この際，正極には金属が (4).(5) ×10⁻[(6)] g 析出した。

問1　(1)〜(6) に入る適切な数字をマークシートにマークしなさい。ただし，(4) に入る数字は 0 ではない。

問2　ア　〜　オ　にあてはまる適切な語を解答用紙に書きなさい。

問3　下線部①について，化合物の化学式と色を解答用紙に書きなさい。

問4　下線部②について，実験室で希硫酸を安全に調製するためには，濃硫酸と水をどのように混合すればよいか。濃硫酸は水と混合すると発熱することをふまえて，25 字以内で解答用紙に書きなさい。

問5　下線部③について，硫酸銅（II）水溶液に以下の1〜3の操作をそれぞれ行った。沈殿が
　　　生じる場合，その化合物の化学式を解答用紙に書き，完全に溶解して沈殿を生じない場合
　　　は「生じない」と解答用紙に書きなさい。

　　　1　水酸化ナトリウム水溶液を加えた。
　　　2　少量のアンモニア水を加え，加熱をした。
　　　3　硫化水素を通気させた。

問6　下線部④について，この水溶液に含まれる錯イオンの名称，およびイオン式を解答用紙に
　　　書きなさい。

問7　下線部⑤について，この操作に用いた粗銅板には不純物として金，鉄，ニッケル，鉛のみ
　　　が少量含まれているものとする。電気分解をすることで生じた沈殿に含まれる全ての物質
　　　の化学式を解答用紙に書きなさい。

問8　以下の1〜4に示す金属板と水溶液の組み合わせからなる電極を用意した。これらのうち
　　　の二つの電極と素焼き板を組み合わせて電池を作製したときに，一番　　　ウ　　　が高く
　　　なるものの電池式を（I）式にならって解答用紙に書きなさい。

　　　1　スズ板と硫酸スズ（II）水溶液　　　　2　鉄板と硫酸鉄（II）水溶液
　　　3　銅板と硫酸銅（II）水溶液　　　　　　4　ニッケル板と硫酸ニッケル（II）水溶液

問9　　　オ　　　電池の電極板を変えずに，以下の1〜5の操作をそれぞれ行った。この電池が
　　　流すことができる電気量をより多くするためにはどの操作が適切か。正しいものをすべて
　　　選び，その数字を解答用紙に書きなさい。

　　　1　硫酸銅（II）水溶液の濃度を濃くした
　　　2　硫酸亜鉛（II）水溶液の濃度を濃くした
　　　3　素焼き板をガラス板に変更した
　　　4　素焼き板をセロハンに変更した
　　　5　素焼き板をイオン交換膜に変更した

2. 次の文章を読み，問に答えなさい。ただし，すべての気体は理想気体とし，水素と酸素は水に溶解しないものとする。すべての液体と固体の体積は無視してよい。また，87℃ の水の飽和蒸気圧は 6.3×10^4 Pa とする。

図1に示す容器は，容器内部の圧力，体積，温度を自由に調節することができる。この容器を用いて以下の実験1，実験2をそれぞれ行った。以下の記述において，圧力，体積，温度は容器内部のものを指す。

点火装置
ピストン
容器内部
ピストン駆動装置

図1

実験1

操作1　容器に 2.0 mol の H_2 と 0.80 mol の O_2 を入れ，温度を 27℃，圧力を 2.0×10^5 Pa にした。十分に時間が経つと体積は V_1(L) で一定になった。

操作2　体積を一定に保ったまま，容器内部の気体に点火して完全燃焼させた後，温度を 87℃ とした。十分に時間が経つと，燃焼反応により生じた H_2O は気体と液体が共存した気液平衡になり，圧力は P_1(Pa) で一定になった。

操作3　温度一定のまま，体積をすばやく $V_2 = 1.7 \times V_1$(L) とした。<u>①体積変化の直後は容器内の液体の H_2O は沸騰していたが，②やがて H_2O の沸騰は止まった。</u>その後，新たな平衡状態に達し，そのときの圧力が P_2(Pa) であった。

操作4　温度一定のまま，ゆっくりと体積を増加させたところ，体積が V_3(L) 以上で容器内の H_2O はすべて気体になった。

実験2

操作1　容器に 1.0×10^{-3} mol の NaCl を入れた。その後，実験1の操作1と同じ操作を行った。十分に時間が経つと体積は V_1(L) で一定になった。

操作2　実験1の操作2と同じ操作を行った。十分に時間が経つと，燃焼反応により生じた H_2O は気体と液体が共存した気液平衡になり，圧力は P_3(Pa) で一定になった。このとき，容器内の NaCl は H_2O に完全に溶解していた。

問1　実験1の操作1において，体積 V_1 は $\boxed{(7)}.\boxed{(8)} \times 10^{\boxed{(9)}}$ L であった。$\boxed{(7)}$ ～ $\boxed{(9)}$ に入る適切な数字をマークシートにマークしなさい。ただし，$\boxed{(7)}$ に入る数字は 0 ではない。

問2　実験1の操作2において，十分に時間が経ったとき，容器内の H_2 の物質量は $\boxed{(10)}.\boxed{(11)} \times 10^{-\boxed{(12)}}$ mol，分圧は $\boxed{(13)}.\boxed{(14)} \times 10^{\boxed{(15)}}$ Pa であった。また，容器内の液体の H_2O の物質量は $\boxed{(16)}.\boxed{(17)} \times 10^{-\boxed{(18)}}$ mol であった。$\boxed{(10)}$ ～ $\boxed{(18)}$ に入る適切な数字をマークシートにマークしなさい。ただし，$\boxed{(10)}$，$\boxed{(13)}$，$\boxed{(16)}$ に入る数字は 0 ではない。

問3　実験1の操作3において，下線部①，②のようになった理由をそれぞれ 45 字以内で解答用紙に書きなさい。

問4　実験1の操作4において，$V_3 = V_1 \times \boxed{(19)}.\boxed{(20)} \times 10^{\boxed{(21)}}$ であった。$\boxed{(19)}$ ～ $\boxed{(21)}$ に入る適切な数字をマークシートにマークしなさい。ただし，$\boxed{(19)}$ に入る数字は 0 ではない。

問5　グラフ $\boxed{(22)}$ は，実験1の操作4において V を V_2(L) から増加させたときの圧力 P の変化を，x 軸を V，y 軸を P として表したものである。グラフ中の○印は $V = V_2$(L) のときの圧力を，●印は $V = V_3$(L) のときの圧力をそれぞれ示している。$\boxed{(22)}$ に入る最も適切なグラフの番号を下記から選び，マークシートにマークしなさい。

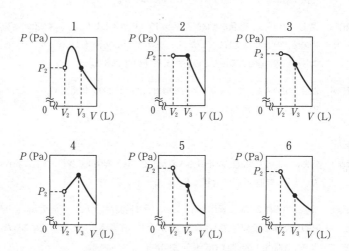

問6　以下の1）〜2）について答えなさい。

1）　実験2の操作2における P_3 (Pa) と，実験1の操作2における P_1 (Pa) の大小関係を下記から選び，その番号を解答用紙に書きなさい。

1　$P_3 > P_1$　　　　　2　$P_3 = P_1$　　　　　3　$P_3 < P_1$

2）　1）の解答の理由を 30 字以内で解答用紙に書きなさい。

3.　次の文章を読み，問に答えなさい。

　窒素酸化物のうち，大気汚染の原因となるものを総称して NOx と呼ぶ。NOx は，工場のボイラーや自動車のエンジンなどで生じ，光化学スモッグや酸性雨，呼吸器系の疾患を引き起こすとされている。例えば，実験室では銅に濃硝酸を反応させることで発生する気体である ①ア は，酸性雨の原因の一つとされる。一方，NOx の中でも実験室では銅に希硝酸を反応させると発生する イ は，生体内でもつくられ，血管を拡張させるなどの作用があるため，体内で イ を生成する物質が医薬品として用いられている。

　図1に示す容器 A（2.0 L）と容器 B（7.0 L）はコック1によって連結されており，容器 A と容器 B の容積は変化しない。また，容器 A と容器 B にはコック2とコック3がそれぞれ付いており，コック2からは気体の注入が，コック3からは気体の排出が可能である。いずれの容器も最初は真空状態であり，すべてのコックは閉じられている。

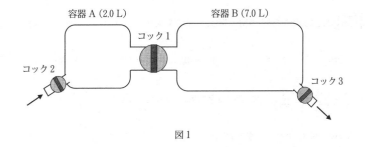

図 1

　このような容器 A と容器 B を用いて，以下の実験を行った。ただし，いずれの物質も常に気体として存在する。化学反応によって発生させた ア の気体を (a) 置換で捕集し，

1.5 mol の ［　ア　］ をコック 2 から容器 A に入れた。しばらくすると ［(23)］ 色である反応物 ［　ア　］ から無色の生成物 ［　ウ　］ が生成し，②(I)式で表される平衡状態になった。このときの平衡定数は 0.50 (mol/L)⁻¹ であった。

$$\underset{(\text{反応物})}{\boxed{\text{X}}} \quad \rightleftarrows \quad \underset{(\text{生成物})}{\boxed{\text{Y}}} \quad \cdots (\text{I})$$

　温度一定のまま，この平衡状態にある混合気体に，コック 2 から ③［　ア　］ をさらに 2.5 mol 加え，しばらくすると，容器内の気体は平衡状態になった。次に，④コック 1 を開き，しばらくした後に，容器内の気体は再び平衡状態に達した。さらに，温度一定のままで，コック 2 から 1.5 mol のアルゴン（Ar）を容器に注入し均一な混合気体とした。その後，温度一定のままで，コック 3 を開き混合気体の一部を容器外に素早く排出し，容器内の気体の圧力を，Ar を注入する前の圧力に戻した。最後に，容器の温度を変え，しばらくすると⑤容器内の混合気体が平衡状態になった。このとき，［　ア　］ のモル濃度は 0.20 mol/L であった。

問 1　［　ア　］～［　ウ　］ にあてはまる適切な物質名を解答用紙に書きなさい。

問 2　下線部①について，［　ア　］ と水との反応式を解答用紙に書きなさい。

問 3　［　(a)　］ に入る適切な語を解答用紙に書きなさい。また，［　(a)　］ 置換が適切な捕集方法である気体を下記からすべて選び，その番号を解答用紙に書きなさい。

　　　1　H₂　　　　2　HCl　　　　3　H₂S　　　　4　N₂　　　　5　NH₃

問 4　［(23)］ に入る適切な語を下記から選び，その番号をマークシートにマークしなさい。

　　　1　青紫　　　　2　赤紫　　　　3　赤褐　　　　4　黒　　　　5　緑

問 5　［　X　］，［　Y　］ に入る式を解答用紙に書きなさい。

問 6　以下の 1）～ 3）について答えなさい。
　1）（I）式で表される化学反応の熱化学方程式は以下の式で表される。

$$\boxed{\text{X}}\,(\text{気}) = \boxed{\text{Y}}\,(\text{気}) + Q\,(\text{kJ})$$

　　　［　ア　］（気）の生成熱を −34.0 kJ/mol，［　ウ　］（気）の生成熱を −8.50 kJ/mol

としたときの Q を求め，解答用紙に書きなさい。なお，小数点以下 1 桁で表しなさい。

2）下線部②の平衡状態から，この気体の入った容器全体を温め，気体の温度を上昇させる
　と，気体の色はどのように変化するかを下記から選び，その番号を解答用紙に書きなさい。

　　1　色が濃くなる　　　　　2　色が薄くなる　　　　　3　色は変化しない

3）2）の解答の理由を下記の語のいずれかを用いて，60 字以内で解答用紙に書きなさい。

　　発熱反応　　　　吸熱反応

問7　下線部③について，この前後で　ア　のモル濃度は (24) した。その変化量は
　(25).(26) ×10⁻(27) mol/L であった。(24) に入る適切な語を下記から選び，その
　番号をマークシートにマークしなさい。また，(25)〜(27) に入る適切な数字をマーク
　シートにマークしなさい。ただし，(25) に入る数字は 0 ではない。

　　1　増加　　　　2　減少

問8　下線部④について，平衡状態に達した後，　ア　のモル濃度は (28).(29) ×10⁻(30)
　mol/L になった。(28)〜(30) に入る適切な数字をマークシートにマークしなさい。
　ただし，(28) に入る数字は 0 ではない。

問9　下線部⑤のときの(I)式で表される化学平衡の平衡定数は，(31).(32) ×10^(33)
　(mol/L)⁻¹ であった。(31)〜(33) に入る適切な数字をマークシートにマークしな
　さい。ただし，(31) に入る数字は 0 ではない。なお，コック3を開き混合気体の一部を
　容器外に排出している間は，(I)式で表される化学平衡は変化しないものとする。

4. 次の文章を読み，問に答えなさい。なお，本問においては不斉炭素原子の存在によって生じる
立体異性体は区別しない。

　化合物 A は水素原子，炭素原子，酸素原子，窒素原子から構成され，その分子量は 500 以下
である。化合物 A の化学構造を決定するために実験を行ったところ，以下に示す（1）〜（9）
の結果が得られた。

（1）　607 mg の化合物 A を完全燃焼させたところ，二酸化炭素 1760 mg，水 347 mg が生じた。
　　　また，別の分析手法によって 607 mg の化合物 A に含まれる窒素の質量は 20 mg である
　　　ことがわかった。

（2）　化合物 A に塩酸を加え，加熱して加水分解したところ，化合物 B，C，D が同じ物質量
　　　ずつ得られた。化合物 B，C，D はいずれもその構造中にベンゼン環を 1 個含んでいた。

（3）　化合物 A に水酸化ナトリウム水溶液を加え，加熱して加水分解したところ，化合物 C，E
　　　が同じ物質量ずつ得られた。

（4）　化合物 A，B，C，D，E にそれぞれ水酸化ナトリウム水溶液，炭酸水素ナトリウム水溶液，
　　　または希塩酸を加えた。塩となって溶けた場合は ○，塩を形成せずほとんど溶けなかった
　　　場合は × として表 1 に記した。

表 1

加えた溶液	化合物 A	化合物 B	化合物 C	化合物 D	化合物 E
水酸化ナトリウム水溶液	×	○	○	○	○
炭酸水素ナトリウム水溶液	×	×	○	○	×
希塩酸	×	○	×	×	×

（5）　化合物 B の分子量は 109 であり，そのベンゼン環の水素原子のいずれか 1 個を塩素原子に
　　　置き換えた場合，2 種類の異性体が考えられる。化合物 B に無水酢酸を作用させたところ，
　　　解熱鎮痛剤であるアセトアミノフェンが得られた。

（6）　アルケンを含む化合物にオゾンを作用させ，続けて過酸化水素水によって酸化すると二重
　　　結合が切断され，二重結合の置換基の数や位置の違いによって，図 1 に示すようにケトン
　　　やカルボン酸が生成する。

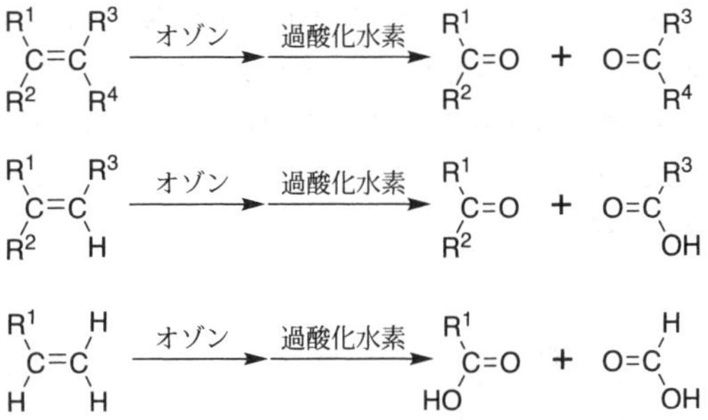

（R¹〜 R⁴ は炭化水素基）

図 1

　　化合物 C にオゾンを作用させ，続けて過酸化水素水によって酸化したところ，ジカルボン
　酸 F とギ酸が同じ物質量ずつ得られた。化合物 D にオゾンを作用させ，続けて過酸化水素水
　によって酸化したところ，ジカルボン酸 G とアセトンが同じ物質量ずつ得られた。

（7）　ジカルボン酸 F を加熱したところ，分子内で脱水反応が起こり分子量 148 の化合物 H が
　　　得られた。

（8）　化合物 D のベンゼン環の水素原子のいずれか 1 個を塩素原子に置き換えた場合，2 種類
　　　の異性体が考えられる。化合物 D に対して適切な触媒を用いて水素を付加させたところ，
　　　化合物 D と同じ物質量の水素が付加して解熱鎮痛剤であるイブプロフェンが得られた。

（9）　化合物 D は不斉炭素原子を 1 個含んでいる。化合物 D に臭素を作用させたところ，化合
　　　物 D と同じ物質量の臭素が付加して化合物 I が得られた。化合物 I は不斉炭素原子を 2 個
　　　含むが，その不斉炭素原子は互いに隣接していない。

問 1　化合物 A の分子式を解答用紙に書きなさい。

問 2　化合物 B および化合物 C の構造式を，26 ページにある例にならって解答用紙に書きなさい。

問 3　化合物 D の分子式を解答用紙に書きなさい。

問 4　化合物 D および化合物 A の構造式を，26 ページにある例にならって解答用紙に書きなさい。

問 5　ロキソプロフェンは解熱鎮痛剤として広く使用されている医薬品の一つである。ロキソ
　　　プロフェンはその構造中に不斉炭素原子を 2 個含み，それらはベンゼン環の異なる置換基

にそれぞれ含まれている。モノカルボン酸 X に対して適切な触媒を用いて水素を付加させたところ，モノカルボン酸 X と同じ物質量の水素が付加してロキソプロフェンが得られた。またモノカルボン酸 X を，（6）で示した反応と同様にオゾンを作用させ，続けて過酸化水素水によって酸化したところ，ジカルボン酸 G と図 2 に示す 1,2-シクロペンタンジオンが同じ物質量ずつ得られた。

$$
\begin{array}{c}
\text{O} \\
\| \\
\text{H}_2\text{C}-\overset{}{\text{C}}-\overset{}{\text{C}}=\text{O} \\
| \quad | \\
\text{H}_2\text{C}-\text{CH}_2 \quad 1,2\text{-シクロペンタンジオン}
\end{array}
$$

図 2

ロキソプロフェンの構造式を，26 ページにある例にならって解答用紙に書きなさい。

5． 次の文章を読み，問に答えなさい。

　スチレンは様々な合成高分子化合物の原料として使われる。例えば①熱可塑性樹脂のポリスチレンはスチレンの　ア　重合により合成される。また，スチレンにブタジエンを混ぜて重合させると，②スチレン-ブタジエンゴムが得られる。このように 2 種類以上の単量体を混ぜて重合を行うことを　イ　重合という。スチレンと③p-ジビニルベンゼンを　イ　重合させて得られた合成樹脂を濃硫酸で処理すると，ベンゼン環に　ウ　基が導入された　エ　樹脂が得られる。一方，$-\text{N}^+(\text{CH}_3)_3$ など塩基性の官能基をもつ樹脂を　オ　樹脂と呼ぶ。　エ　樹脂や　オ　樹脂はカラムクロマトグラフィーの吸着剤としてアミノ酸の分離などに用いられる。アミノ酸は，水溶液中では陽イオン（X^+），双性イオン（$\text{X}^\pm$），陰イオン（X^-）として存在し，電離定数を K_1，K_2 とすると以下の電離平衡が成り立つ。X^+，$\text{X}^\pm$，X^- の割合は pH により変化する。

$$
\underset{(\text{X}^+)}{\text{H}_3\overset{+}{\text{N}}-\underset{\underset{\text{R}}{|}}{\text{CH}}-\text{COOH}} \underset{\xleftarrow{\hspace{1cm}}}{\overset{K_1}{\xrightarrow{\hspace{1cm}}}} \underset{(\text{X}^\pm)}{\text{H}_3\overset{+}{\text{N}}-\underset{\underset{\text{R}}{|}}{\text{CH}}-\text{COO}^-} + \text{H}^+ \underset{\xleftarrow{\hspace{1cm}}}{\overset{K_2}{\xrightarrow{\hspace{1cm}}}} \underset{(\text{X}^-)}{\text{H}_2\text{N}-\underset{\underset{\text{R}}{|}}{\text{CH}}-\text{COO}^-} + 2\text{H}^+
$$

　ここで，④水溶液中でアミノ酸のイオンの電荷が分子全体として 0 になるときの pH をアミノ酸の　カ　という。　エ　樹脂や　オ　樹脂によるアミノ酸の分離は，アミノ酸

の 　カ 　の違いを利用している。

問1 　ア 　〜 　カ 　にあてはまる適切な語を解答用紙に書きなさい。

問2 下線部①の熱可塑性とはどのような性質か。【軟化点】を用いて 40 字以内で解答用紙に書きなさい。

問3 下線部②について，スチレン-ブタジエンゴム 29.3 g に，適切な触媒を用いて水素を完全に付加したところ，標準状態で水素は 7.84 L 必要だった。この合成ゴムに含まれるスチレンとブタジエンの物質量の比は 1：(34).(35) である。(34)，(35) に入る適切な数字をマークシートにマークしなさい。ただし，スチレンのベンゼン環には水素が付加しないものとする。

問4 下線部③の *p*-ジビニルベンゼンの構造式を，26 ページにある例にならって解答用紙に書きなさい。

問5 アラニンについて，下線部④で示す pH は 25℃ において 6.0 である。25℃ におけるアラニンの電離定数 K_2 を 2.0×10^{-10} mol/L とするとき，電離定数 K_1 は (36).(37)$\times 10^{-}$(38) mol/L である。(36) 〜 (38) に入る適切な数字をマークシートにマークしなさい。ただし，(36) に入る数値は 0 ではない。

問6 十分量の 　エ 　樹脂を希塩酸で処理後カラムに詰め，蒸留水を流して十分に洗浄した。その後，以下の操作を行った。

　　操作1： 1.0 g の塩化カルシウムを 10 mL の蒸留水に溶かし，そのうち 1.0 mL をカラムに通した。その後，十分量の蒸留水で洗浄した。

　　操作2： 0.20 mol/L の塩酸を 10 mL 流し，その後十分量の蒸留水で洗浄した。

操作2における流出液を全て集め，0.10 mol/L の水酸化ナトリウム水溶液で中和したところ，(39).(40)$\times 10^{-}$(41) L 必要だった。(39) 〜 (41) に入る適切な数字をマークシートにマークしなさい。ただし，(39) に入る数値は 0 ではない。なお，操作1でカルシウムイオンは全て吸着され，操作2でカルシウムイオンは全て流出したものとする。

問7 あるジペプチド X を塩酸に溶解して加熱すると，アミノ酸 A とアミノ酸 B に加水分解された。この溶液を 　エ 　樹脂を詰めたカラムに通し 2 種類のアミノ酸を吸着させた後，pH 4.0 の緩衝液を流したところアミノ酸 A が流出した。さらに pH 7.0 の緩衝液を

流してもアミノ酸は流出しなかったが，pH 11 の緩衝液を流したところアミノ酸 B が流出
した。次に，ジペプチド X と無水酢酸を反応させた後，ペプチド結合のみを加水分解できる
酵素で反応させると，化合物 C と化合物 D の混合物が得られた。この混合物を緩衝液に
溶かし pH 2.0 とした後，再び ［　エ　］ 樹脂を詰めたカラムに通したところ，化合物 C
は吸着されたが化合物 D は流出した。さらに pH 4.0 の緩衝液を流しても化合物 C は流出
しなかったが，pH 7.0 の緩衝液を流したところ化合物 C が流出した。

1) アミノ酸 A およびアミノ酸 B は下記のうちいずれかである。最も適切なものをそれぞれ
選び，その番号をマークシートにマークしなさい。

アミノ酸 A : (42)　　　　　アミノ酸 B : (43)

1　アラニン　　　2　グリシン　　　　　　3　グルタミン酸　　　4　システイン
5　セリン　　　　6　フェニルアラニン　　7　メチオニン　　　　8　リシン

2) 化合物 D の構造を，26ページにある例にならって解答用紙に書きなさい。なお，不斉炭素
原子の存在によって生じる立体異性体は区別しない。

2022
年度

問 題 編

■一般選抜

問題編

▶試験科目・配点

教 科	科　　　　　目	配　点
外国語	コミュニケーション英語Ⅰ・Ⅱ・Ⅲ，英語表現Ⅰ・Ⅱ	100 点
数　学	数学Ⅰ・Ⅱ・A・B	100 点
理　科	化学基礎・化学	150 点

▶備　考

　数学Aは「場合の数と確率」・「整数の性質」・「図形の性質」を，数学B
は「数列」・「ベクトル」を出題範囲とする。

英語

(80 分)

〔Ⅰ〕

Read the following article carefully and answer the questions. For each question, choose ONE BEST answer. On your answer sheet, find the number of the question and fill in the space that corresponds to the number of the answer you have chosen. For Writing Answer Question "A", write your answers in the corresponding spaces provided on the Writing Answer Sheet.

(Based on Karen S. Cosby *"Do Teams Make Better Diagnoses?"* from *"Diagnosis Interpreting the Shadows"* by Pat Croskerry, Karen S. Cosby, Mark L. Graber, Hardeep Singh. 2017.)

① We tend to view the work of diagnosis and treatment as a solo task with images of the doctor sitting, thinking, and deciding. In academia, we envision a gray-haired professor encircled by captivated young trainees. After all, diagnosis and treatment are important tasks requiring [Q1a] and [Q1b]. The doctor is the leader; the surgeon is the captain of the ship.

② [Q2] model for diagnosis and treatment, suited to work as it actually happens today, is one that includes cross-discipline collaboration and teamwork. Admittedly, no single person possesses all the necessary expertise. Knowledge, skills, and expertise are shared across the spectrum of medicine. Diagnosis and treatment are no longer the domains of a single person but rather the joint work products of many individuals. They are also best seen as processes that are incremental, occurring over time and space, involving multiple testing modalities, consultations, and cooperation. Whether we realize it or not, our skill in working and collaborating with other professionals may be a significant factor in our success. The effective use of teams and teamwork principles has been suggested as one strategy to improve the process.

③ Everyone loves the concept of teams and teamwork. The idea of teamwork conjures up images of the *esprit de corps**¹ of a group of individuals working (even racing) toward a goal, supporting one other, and sacrificing for the good of the whole. But does a teamwork model fit the work of diagnosis and treatment, particularly diagnosis which is a process that is largely intangible and unseen?

④　Many have argued that teamwork is one solution for some diagnostic and/or treatment failures, but simply assigning people to teams will likely do little to achieve better results. The argument for teamwork is based on the recognition that a lack of teamwork and poor task design often lead to diagnostic or treatment errors. Good, effective, and highly functioning teams can address many of the problems that manifest in healthcare, but teams tend to reflect the culture that gives rise to them, and may reproduce the same flaws that exist in the underlying organization.

⑤　Potential problems with team structure include the following:

- Teamwork implies effective, timely, and accurate communication. However, many communication failures are the result of a complex dynamic in relationships between people. If we fail to address the cultural issues that impact how individuals communicate in healthcare, much of the improvement we seek in team structures will fail.
- Individuals tend to contribute less to a project as more people are added to the task, a concept described as *social loafing*. One such example is when workers are asked to pull a rope, the effort they expend decreases with the successive addition of more workers.
- Teams may lead to the diffusion of responsibility, such that no one feels, or takes, responsibility for team actions. This tendency has been observed outside the field of medicine where bystanders are less inclined to intervene in an emergency if others are present. This tendency may be compounded further in medicine when members are uncertain of their roles, or fearful of taking charge when there are others with greater authority or seniority.
- Healthcare providers work in hierarchical settings, and the role of any given team member may be ambiguous. The willingness to take charge, make a decision, or speak for the team may be influenced by *authority gradients*, fears of criticism or reprisal, or uncertainty.
- Teams can develop an illusion of invulnerability and become overly confident.
- Very dominant teams may have unquestioned belief in their group. Strong groups may give the appearance of unanimity, when in fact, less dominant members feel discouraged from questioning or challenging the team. *Groupthink* may sway the team members to buy into a decision simply because it seems to reflect the majority opinion. Unquestioned belief in *Groupthink* can have devastating and even fatal consequences.

⑥　Team training is now integrated into many medical schools and the healthcare community is widely adopting strategies to teach and promote teamwork. However, we should use caution to ensure that the teams we build are [Q5a] and [Q5b]. And ultimately, we need to understand that the change we seek is not necessarily one of team structure, but rather a change in attitudes and culture.

⑦　We can describe diagnosis and treatment as decisions that are made in a single moment by a single person, or decisions made by a number of individuals acting in sequence, or a process that occurs over space and time depending on numerous people and processes, or as real-time face-to-face collaborative processes. These differing images reflect the varied settings in which diagnosis and treatment take place. Individual excellence in cognition is essential for all diagnostic work. But some diagnostic work and treatments also require interpersonal communication skills and professional collaboration. Diagnostic and treatment excellence within healthcare organizations also require institutional commitment to reliable processes for the timely and accurate flow of information, support for second opinions, and structures for team development. The concept of multidisciplinary medical teams has become rather expansive and open to a number of new voices and opinions. <u>Regardless of setting, a culture of safe and accurate diagnosis and treatment is one that engages the patient, the only constant throughout the clinical journey.</u>

⑧　Are diagnosis and treatment team efforts or based on individual skills? The answer is both. No amount of team structure can compensate for poor decision-making skills or a lack of individual expertise. However, we can also argue that individual skills are insufficient for diagnosis and treatment in the complex medical system that clinicians and patients must navigate. Future work in building team structures and support for diagnosis and treatment looks promising, but we should recognize that it will require a significant investment in resources to ensure that we form reliable and effective teams.

　　*¹ esprit de corps: (French) refers to a common group spirit.

Q1. In paragraph ① (line 4), which of the following contains a set of words that could best be added to [Q1a] and [Q1b], respectively ?

	Q1a	Q1b
1.	connections	devotees
2.	expertise	leadership
3.	persistence	solitude
4.	repetition	imagination
5.	uniformity	concentration

Q2. Which of the following phrases could best be added to [Q2] to start off paragraph ② ?

　1. A more realistic

　2. A purely theoretical

　3. An inherently inferior

　4. A simpler and unconditioned

　5. A hierarchical from the top down

Q3. In paragraph ③ (line 2), why does the author use the underlined parenthetical phrase (<u>even racing</u>) in the context of this article ?

　1. It is used to suggest that sprinting towards a midpoint is necessary.

　2. It is used to emphasize that charging forward at all costs is the way to go.

　3. It is used to illustrate that competition can sometimes be beneficial in accomplishing

goals.

4. The reason for its use is to point out that sharing information in one direction is vital to success.

5. The reason for its use is to show that a head-to-head confrontational approach is always better when aiming for desired outcomes.

Q4. Which of the following statements best represents the key information the author is trying to make in paragraph ④?

1. Teams reflect the best that diverse cultures have to offer.

2. Mistakes in decision-making are invariably based on a lack of cooperative teamwork.

3. Working in teams is the only solution to addressing diagnostic and treatment errors.

4. Best results are consistently obtained by carefully assigning the proper tasks to individual members.

5. Groups created to solve problems and come up with solutions are only as good as the original source pool from which the individual members were selected from.

Q5. In paragraph ⑥ (line 3), which of the following contains a set of words that could best be added to [Q5a] and [Q5b], respectively?

	Q5a	Q5b
1.	coping	flawless
2.	dominant	commanding
3.	healthy	effective
4.	quick	punctual
5.	rich	repetitive

Q6. What is the main message the author is trying to convey in the last underlined sentence of paragraph ⑦?

1. Diversity enhances, engages, and creates safe cultures.

2. The less people involved in identifying the disorder, the better the final decision that is reached.

3. Discussions based on real people coming together to help others should be the priority in some healthcare settings.

4. The process of solving problems and finding solutions should never lose sight of those whom the process is created to serve.

5. Communication and rules among departments are the most important concerns when working together in a clinical environment.

Q7. **Which of the following is not mentioned by the author in paragraph ⑧ ?**

1. A group's ability.

2. A person's ability.

3. The complicated nature of the healthcare environment.

4. The fundamental qualities needed for successful group outcomes.

5. Precisely, the step-by-step sequence as to how teams are constructed.

Q8. **Based on a reading of the entire article, which of the following best represents the author's overall thinking on this topic ?**

1. Good spirits are critical to form good teams.

2. There are three primary problems with structuring teams.

3. The best decision-making will always result from teamwork.

4. Training for good goals will result in the best teams for healthcare institutions.

5. The process of building teams is important, but the quality of the teams being built should also be considered.

Writing Answer Question "A"

　　Based on the discussions in Article〔Ⅰ〕, write the appropriate descriptive term (or the single word "None" if none apply) in the "Descriptive Term" column that best describes the team structure problem presented in the "Situation" column. The descriptive term answers can be found in Article〔Ⅰ〕(particularly paragraph ⑤) and are also listed for your convenience in alphabetical order on the Writing Answer Sheet to choose from.

　　Be sure to read each situation in the first column on the Writing Answer Sheet carefully and then write your Descriptive Term answers (that best fit each situation) in the second column. (Please note, the first Situation labeled "Ex." is only an example that is included to help you better understand the instructions.)

〔解答欄〕

Possible descriptive term answer choices:

Authority gradients, Groupthink, None, Social loafing

Situation	Descriptive Term
(Ex.) A group of onlookers witness a person suddenly collapse to the ground, yet take no action to offer any assistance.	*None*
(1)An overbearing group of very confident individuals setting a course of action based on their own decisions without adequate consideration of other―especially quieter―members of the group or team.	
(2)A group of students in a class not questioning a distinguished professor who has made an obvious mistake in either action or reasoning.	
(3)An excellent team with many outstanding members being added, making effective and beneficial decisions that others on the committee are content to go along with by decreasing their input efforts.	

〔Ⅱ〕

Read the following article carefully and answer the questions. For each question, choose
ONE BEST answer. On your answer sheet, find the number of the question and fill in
the space that corresponds to the number of the answer you have chosen. For Writing
Answer Question "B", write your answer in the corresponding spaces provided on the
Writing Answer Sheet.

(Based on Yuval Noah Harari. 2018. *"21 Lessons for the 21ˢᵗ Century."*)

① The liberal belief in the feelings and free choices of individuals is neither natural nor
very ancient. For thousands of years people believed that authority came from divine*¹
laws rather than from the human heart, and that we should therefore sanctify the word of
God rather than human liberty. Only in the last few centuries did the source of authority
shift from celestial deities*² to flesh-and-blood humans.

② Soon authority might shift again — from humans to algorithms. Just as divine
authority was legitimised*³ by religious mythologies, and human authority was justified
by the liberal story, so the coming technological changes might establish the authority of
Big Data algorithms, while underlining the very idea of individual freedom.

③ Scientific insights into the way our brains and bodies work suggest that our feelings
are not some uniquely human spiritual quality, and they do not reflect any kind of 'free
will'. Rather, feelings are biochemical mechanisms that all mammals and birds use in order
to quickly calculate probabilities of survival and reproduction. Feelings aren't based on
intuition, inspiration or freedom — they are based on calculation.

④ For we are now at the confluence of two immense revolutions. On the one hand
biologists are deciphering the mysteries of the human body, and in particular, of the brain
and of human feelings. At the same time computer scientists are giving us unprecedented
data-processing power. When the biotech [Q12] merges with the infotech [Q12], it will
produce Big Data algorithms that can monitor and understand my feelings much better
than I can, and then authority will probably shift from humans to computers. My illusion
of free will is likely to disintegrate as I daily encounter institutions, corporations and
government agencies that understand and manipulate what was hitherto my inaccessible
inner realm.

⑤ The most important medical decisions in our life rely not on our feelings of illness or
wellness, or even on the informed predictions of our doctor — but on the calculations of
computers which understand our bodies much better than we do. Within a few decades,
Big Data algorithms informed by a constant stream of biometric data could monitor our
health twenty-four hours a day, seven days a week. They could detect the very beginning
of influenza, cancer or Alzheimer's disease, long before we feel anything is wrong with us.
They could then recommend appropriate treatments, diets and daily regimens, custom-
built for our unique physique, DNA and personality.

⑥　People will enjoy the best healthcare in history, but for precisely this reason they will probably be sick all the time. There is always something wrong somewhere in the body. There is always something that can be improved. In the past, you felt perfectly healthy as long as you didn't sense pain or you didn't suffer from an apparent disability such as limping*⁴. But by 2050, thanks to biometric sensors and Big Data algorithms, diseases may be diagnosed and treated long before they lead to pain or disability. As a result, you will always find yourself suffering from some 'medical condition' and following this or that algorithmic recommendation. If you refuse, perhaps your medical insurance would become invalid, or your boss would fire you — why should they pay the price of your obstinacy*⁵?

⑦　It is one thing to continue smoking despite general statistics that connect smoking with lung cancer. It is a very different thing to continue smoking despite a concrete warning from a biometric sensor that has just detected seventeen cancerous cells in your upper left lung. And if you are willing to <u>defy</u> the sensor, what will you do when the sensor forwards the warning to your insurance agency, your manager and your mother?

⑧　Who will have the time and energy to deal with all these illnesses? In all likelihood, we could just instruct our health algorithm to deal with most of these problems as it sees fit. At most, it will send periodic updates to our smartphones, telling us that 'seventeen cancerous cells were detected and destroyed'. Hypochondriacs*⁶ might dutifully read these updates, but most of us will ignore them just as we ignore those annoying anti-virus notices on our computers.

　　*¹ divine: directly from God.

　　*² celestial deities: Gods.

　　*³ legitimised: made acceptable.

　　*⁴ limping: to walk unevenly.

　　*⁵ obstinacy: stubbornness.

　　*⁶ Hypochondriac: a person who continuously worries about their health without any
　　　real reason to do so.

Q 9.　Which of the following is true of the author's descriptions in paragraphs ①, ②, and ③?

1．Humans' feelings are determined only by their free will.

2．In the 19th century, individuals had no choice in making decisions.

3．Data algorithms can predict biochemical mechanisms in all life forms.

4．Ancient people believed in their own will, rather than the words of God.

5．Birds' feelings are the results of calculating the probability of their survival.

Q10.　In paragraph ② (line 4), the underlined word <u>undermining</u> is closest in meaning to –

　1．admitting

　2．constructing

　3．destroying

　4．exaggerating

　5．integrating

Q11.　In paragraph ④ (line 3), the underlined word <u>unprecedented</u> is closest in meaning to –

　1．customary

　2．extraordinary

　3．perfect

　4．strange

　5．traditional

Q12.　In paragraph ④ (line 4), which of the following could best be added to [Q12] ?

　1．businesses

　2．choice

　3．commercials

　4．material

　5．revolution

Q13.　Which of the following is true of the author's descriptions in paragraphs ⑤, ⑥, and ⑦ ?

　1．Most medical decisions are made solely by doctors.

　2．Big Data algorithms will not alter the number of sick people.

　3．The diagnosis of disease will be postponed by using biometric sensors.

　4．Monitoring of biometric data could recommend to each patient what to eat.

　5．The number of treatments covered by medical insurance will increase in the future.

Q14.　In paragraph ⑦ (line 4), the underlined word <u>defy</u> is closest in meaning to –

　1．check

　2．decide

　3．obey

　4．research

　5．resist

Q15.　Which of the following is most suitable as the theme of this article ?

1 . The words of God.

2 . Listen to the algorithm.

3 . Mechanisms of feelings.

4 . Development of medicine.

5 . Management of business corporate data.

Writing Answer Question "B"

　　On the Writing Answer Sheet, put the following words into the proper order necessary to complete the summary sentence about Article 〔Ⅱ〕. Please put them in the order that makes the best sense within the context of the entire article. Write your answer in the space provided in the Writing Answer Question "B" section. The word "You" should be the first word and the word "from" should be the seventh word.

　　[always] [condition] [find] [medical] [some] [suffering] [yourself] [will]

　　You [　　] [　　] [　　] [　　] [　　] from [　　] [　　] [　　] .

〔Ⅲ〕

Read the following article carefully and answer the questions. For each question, choose ONE BEST answer. On your answer sheet, find the number of the question and fill in the space that corresponds to the number of the answer you have chosen. For Writing Answer Question "C" write your answers in the corresponding spaces provided on the Writing Answer Sheet.

(Based on Loren Eiseley. 2016. *"Eiseley Collected Essays on Evolution, Nature, and the Cosmos, Volume One."* The Library of America.)

① Man*1 is at heart a romantic. He believes in thunder, the destruction of worlds, the voice out of the whirlwind. Perhaps the fact that he himself is now in possession of powers seized from the atom's heart has enhanced the appeal of violence in natural events. The human generations are short-lived. We have difficulty in visualizing the age-long processes involved in the rising of mountain systems, the advance of continental freezing or the creation of life. In fact, scarcely two hundred years have past since a few wary pioneers began to suspect that the earth might be older than the 4004 years B.C. assigned to it by the theologians.

② Man has always had two ways of looking at nature, and these two divergent approaches to the world can be observed among modern primitive peoples, as well as being traceable far into the primitive past. Man has a belief in seen and unseen nature. He is both [Q16a] and [Q16b]. He has been so from the beginning, and it may well be that the quality of his inquiring and penetrating intellect will cause him to remain so till the end.

③　Primitive man, grossly superstitious though he may be, is also scientist and technologist. He makes tools based upon his verifiable observation of the simple forces around him. Man would have vanished long ago if he had been content to exist in the wilderness of his own dreams. Instead he compromised. He accepted a world of reality, a natural, everyday, observable world in which he existed, and whose forces he utilized in order to survive. The other aspect of his mind, the mystical part seeking answers to final questions, clothed this visible world in a glowing fog of magic. Unseen spirits moved in the wood. Today in our sophistication we smile, but we are not satisfied with the appearances of the phenomenal world around us. We wish to pierce beneath to ask the question, "Why does the universe exist?" We have learned a great deal about secondary causes, about the *how* of things. The why, however, eludes us, and as long as this is the case, we will have a yearning for the marvelous, the explosive event in history. Indeed, so restless is man's intellect that were he to penetrate to the secret of the universe tomorrow, the likelihood is that he would grow bored on the day after.

④　A scientist writing around the turn of this century*² remarked that all of the past generations of men have lived and died in a world of illusions. The unconscious irony in his observation consists in the fact that this man assumed the progress of science to have been so great that a clear vision of the world without illusion was, by his own time, possible. It is needless to add that he wrote before Einstein, before the spread of Freud's doctrines, at a time when Mendel was just about to be rediscovered, and before advances in the study of radioactivity had made their impact—of both illumination and confusion—upon this century*².

⑤　Certainly science has moved forward. But when science progresses, it often opens vaster mysteries to our gaze. Moreover, science frequently discovers that it must abandon or modify what it once believed. Sometimes it ends by accepting what it has previously scorned. The simplistic idea that science marches undeviatingly down an ever broadening highway can scarcely be sustained by the historian of ideas. As in other human affairs, there may be prejudice, rigidity, timid evasion and sometimes inability to reorient oneself rapidly to drastic changes in world view.

⑥　The student of scientific history soon learns that a given way of looking at things, a kind of unconscious conformity which exists even in a free society, may prevent a new contribution from being followed up, or its implications from being fully grasped. The work of Gregor Mendel, founder of modern genetics, suffered such a fate. Darwin's forerunners endured similar neglect. Semmelweis, the discoverer of the cause of childbed fever*³, was <u>atrociously</u> abused by his medical colleagues. To rest uneasy consciences, we sometimes ascribe such examples of intolerant behavior to religious prejudice—as though there had been a clean break, with scientists all arrayed under the white banner of truth while the forces of deception parade under the black flag of prejudice.

⑦　The truth is better, if less appetizing. Like other members of the human race, scientists are capable of prejudice. They have occasionally persecuted other scientists, and they have not always been able to see that an old theory, giving a <u>hairsbreadth</u> twist, might open an entirely new vista to the human reason.

⑧　I say this not to defame the profession of learning but to urge the extension of education in scientific history. The study leads both to a better understanding of the process of discovery and to that kind of humbling and [Q22] wisdom which comes from a long knowledge of human folly in a field supposedly devoid of it. The man who learns how difficult it is to step outside the intellectual climate of his or any age has taken the first step on the road to emancipation, to world citizenship of a high order.

⑨　He has learned something of the forces which play upon the supposedly [Q23] mind of the scientist; he has learned how difficult it is to see differently from other men, even when that difference may be incalculably important. It is a study which should bring into the laboratory and the classroom not only greater tolerance for the ideas of others but a clearer realization that even the scientific atmosphere evolves and changes with the society of which it is a part. When the student has become consciously aware of this, he is in a better position to see farther and more impartially in the guidance of his own research. A not unimportant by-product of such an awareness may be an extension of his own horizon as a human being.

*1 Man: this term is used to represent humanity as a whole.

*2 this century: originally published in 1960.

*3 childbed fever: an elevated body temperature in the mother following the birth of a child.

Q16. In paragraph ② (line 4), which of the following contains a set of words that could best be added to [Q16a] and [Q16b], respectively ?

	Q16a	Q16b
1.	brave	courageous
2.	cool	calm
3.	objective	quantifying
4.	reasonable	illogical
5.	vigorous	weak

Q17. Which of the following is not true of the author's descriptions in paragraph ③ ?

1. Scientific progress has made mankind proud, but not content.

2. Humans have always been overly simple, believing completely in storytelling narratives.

3. Scientific inquiry has allowed mankind to detect patterns that would otherwise have remain hidden.

4. Humans have developed devices to manipulate the environment in response to the detected patterns encountered.

5．Even answering the ultimate questions through science would not mark the end of the search for even more answers.

Q18. What is the main point the author trying to say in paragraph ④ ?

1．Albert Einstein's discoveries are all that physics has to offer.

2．Sigmund Freud's writings are the final word on psychological insight.

3．Gregor Mendel's studies in genetics were not added to by the ideas of others.

4．The process of scientific discovery is an ongoing search without an endpoint.

5．Scientific discoveries always add a clearer understanding of the world around us.

Q19. Which of the following is true of the author's descriptions in paragraph ⑤ ?

1．Quick corrections in worldviews are easily made possible by science.

2．Scientific discoveries lead only to clearer and narrower destination points.

3．The self-correcting mechanisms inherent in science allow for a recalibration of positions.

4．Historical precedence validates the fact that the scientific road always heads in the correct direction.

5．Adhering to the scientific way of thinking excludes the possibility of prejudging things and others.

Q20. Which of the following words, when pronounced, has the same primary stress location as the underlined word <u>atrociously</u> in paragraph ⑥ (line 6) ?

1．agriculture

2．characterize

3．diagnosis

4．facilitate

5．variable

Q21. In paragraph ⑦ (line 3), the underlined word <u>hairsbreadth</u> is closest in meaning to -

1．considerable

2．exhaustive

3．gross

4．minute

5．vast

Q22. In paragraph ⑧ (line 3), which of the following could best be added to [Q22] ?

1．antagonistic

2．boastful

3．error-free

4．prejudiced

5．regretful

Q23. In paragraph ⑨ (line 1), which of the following could best be added to [Q23] ?

1．adventurous

2．contented

3．dispassionate

4．invisible

5．mythmaking

Writing Answer Question "C" (includes C1 and C2)

　　On the writing Answer Sheet, write the appropriate word in the blocks provided in the Writing Answer Question "C" (C1 and C2) section to complete the summary sentence below. C1 requires <u>exactly ten letters</u> and C2 requires <u>exactly five letters</u>. <u>The words required appear in the main text.</u> You must use the appropriate word, exactly as it appears in the main text, that correctly best completes the meaning and context of the sentence. Please write clearly. [C1] begins with the letter "s" and [C2] begins with the letter "f".

　　The [C1] method can be seen as a potential counterbalance to the [C2] of human self-importance when it comes to understanding our physical world.

〔Ⅳ〕

Read the following question carefully and answer the question. Chose ONE BEST
answer. On your answer sheet, find the number of the question and fill in the space
that corresponds to the number of the answer you have chosen. The following question
pertains to <u>all three articles</u> (Ⅰ, Ⅱ, and Ⅲ).

Q24. Which of the following expresses a statement that correctly summarizes and could
best be considered representative of the overall concepts for all three articles (Ⅰ,
Ⅱ, and Ⅲ)?

1. Large groups always make the best objective decisions that are fair and just.

2. Free choice, teamwork, and instinctive decision-making are the preferred ways to
navigate the world by.

3. Reorienting from a wrong direction is an easy task so long as individual expert opinions
guide the decision making process.

4. Input from wide and varied sources collectively working together can potentially
lead to improved and beneficial outcomes.

5. Advanced flowcharts, based on previous errors, so long as multidisciplinary inputs
have been achieved, are always the wisest maps to guide going forward.

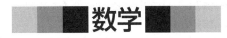

数学

(80 分)

《解答上の注意》

1．解答が分数の場合は，既約分数で解答しなさい。

2．解答が根号を含む場合は，根号の中はできる限り簡単な形にしなさい。また，解答が根号を含む
　分数の場合は，分母を有理化しなさい。

3．複数の解答が考えられる場合は，解答用紙の所定の欄にすべて記入しなさい。

4．複数の解答を選択する場合は，解答用紙の所定の欄の適切な選択肢をすべて丸で囲みなさい。

〔**Ⅰ**〕 以下の問の $\boxed{\text{ア}}$ ～ $\boxed{\text{シ}}$ にあてはまる適切な数，または式を解答用紙の所定の欄に記入
　　しなさい。

(1) 整数 a, b は等式 $(a + bi)^3 = -16 + 16i$ を満たす。ただし，i は虚数単位とする。

　(i) $a = \boxed{\text{ア}}$, $b = \boxed{\text{イ}}$ である。

　(ii) $\dfrac{i}{a + bi} - \dfrac{1 + 5i}{4}$ を計算すると，$\boxed{\text{ウ}}$ である。

(2) a, b は実数とする。x の 3 次方程式 $x^3 + (a + 4)x^2 - 3(a + 4)x + b = 0$ の実数解が
　$x = 3$ のみであるとき，a の値の範囲は $\boxed{\text{エ}}$ である。

(3) 3 つの部屋 A，B，C がある。この 3 つの部屋に対して，複数の生徒が以下の試行（∗）を
　くり返し行うことを考える。

$$
(*)\begin{cases}
\text{・生徒それぞれが部屋を無作為に 1 つ選んで入る。}\\
\text{・生徒全員が部屋に入ったら，各部屋の生徒の人数を確認する。}\\
\text{・生徒全員が部屋を出る。}\\
\text{・1 人の生徒しかいない部屋があった場合，その部屋に入った生徒は次回以降の試行}\\
\text{　に参加しない。}
\end{cases}
$$

(i)　4 人の生徒が試行 (*) を 1 回行ったとき，2 回目の試行に参加する生徒が 3 人になる確率は ┃ オ ┃ である。

(ii)　5 人の生徒が試行 (*) を続けて 2 回行ったとき，3 回目の試行に参加する生徒が 2 人になる確率は ┃ カ ┃ である。

(4)　$f(x)$ は x の 2 次関数である。$f(x)$ は $x = -2$ で極値をとり，$\displaystyle\int_{-3}^{0} f(x)\,dx = 0$ を満たす。また，xy 平面上において，$f(x)$ のグラフ $y = f(x)$ は x 軸と異なる 2 点で交わり，$y = f(x)$ と x 軸で囲まれる部分の面積は $\dfrac{8}{3}$ である。このとき $f(x) = $ ┃ キ ┃ である。

　　　ただし，解答欄には，あてはまるすべての $f(x)$ の式を記入しなさい。

(5)　$x \neq 2$ である正の実数 x に対して，方程式

$$
\log_{10} x + \log_{100} x^2 - \log_{0.1}|x - 2| = \log_{10} a \qquad (a > 0)
$$

がある。

(i)　$x = 6$ のとき，a の値は ┃ ク ┃ である。

(ii)　この方程式が異なる 3 個の実数解を持つとき，a の値の範囲は ┃ ケ ┃ である。

(6)　$0 \leqq x \leqq \pi$，$0 \leqq y \leqq \pi$ を満たす x, y に対して，等式 $2\sin x + \sin y = 1$ が成り立つとする。

(i)　この等式を満たす x の値の範囲は ┃ コ ┃ である。

(ii)　x, y が $2\cos x + \cos y = 2\sqrt{2}$ を満たすとき，$\sin(x + y)$ の値を求めると ┃ サ ┃ である。

(7)　1辺の長さが $\sqrt{2}$ の正三角形を底面とし，高さが 4 の直三角柱を考える。この直三角柱を以下の条件 ① と条件 ② を共に満たす平面で切断するとき，切断面の面積の最小値は　シ　である。ただし，直三角柱は底面と側面が垂直である三角柱のことである。

条件 ①　切断面が直角三角形になる。
条件 ②　切断面の図形のすべての辺が直三角柱の側面上にある。

〔**Ⅱ**〕　以下の問の　ス　〜　ナ　にあてはまる適切な数または式を，解答用紙の所定の欄に記入しなさい。

数列 $\{a_n\}$ の初項から第 n 項までの和 S_n，数列 $\{b_n\}$ の初項から第 n 項までの和 T_n はそれぞれ

$$S_n = \sum_{k=1}^{n} {}_n\mathrm{C}_k,$$

$$T_n = \sum_{k=1}^{n} k \cdot {}_n\mathrm{C}_k$$

で表される。

(1)　$x > y \geqq 1$ を満たす自然数 x, y について，

$$ {}_x\mathrm{C}_y = {}_{x-1}\mathrm{C}_y + {}_i\mathrm{C}_j, $$

$$ y \cdot {}_x\mathrm{C}_y = x \cdot {}_p\mathrm{C}_q $$

が成り立つ。i, j, p, q をそれぞれ x, y を用いて表すと，$i =$　ス　，$j =$　セ　，$p =$　ソ　，$q =$　タ　である。

(2)　a_2, b_4 の値をそれぞれ求めると，$a_2 =$　チ　，$b_4 =$　ツ　である。

(3)　S_n, a_n をそれぞれ n の式で表すと，$S_n =$　テ　，$a_n =$　ト　である。

(4)　b_n を n の式で表すと，$b_n =$　ナ　である。

〔Ⅲ〕　以下の問の　ニ　～　ネ　，　ヒ　，　ヘ　にあてはまる適切な数を解答用紙の所定の欄
に記入し，　ノ　，　ハ　，　フ　，　ホ　にあてはまる適切な文字を解答用紙の所定の欄
に記載された選択肢から選んで丸で囲みなさい。

　　　ただし，平均値および標準偏差は小数点以下2桁で記入しなさい。

　　　ある病院の入院患者 10 人に対して，病院内で作っている粉薬の評価を調査した。調査の評価
項目は，粉薬の「飲みやすさ」と，「飲みやすさ」の要因と考えられる「匂い」，「舌触り」，「味」
の計 4 項目についてである。10 人の患者が，評価項目について最も満足な場合は 10，最も不満
な場合は 1 として，1 以上 10 以下の整数で評価した。その結果をまとめたものが以下の表で
ある。なお，表内の平均値，分散，共分散の数値は四捨五入されていない正確な値である。

患者番号	評価項目			
	飲みやすさ	匂い	舌触り	味
1	1	5	1	7
2	4	8	2	7
3	8	8	6	7
4	5	8	4	8
5	10	8	(t)	8
6	2	4	4	6
7	9	6	9	7
8	7	7	8	6
9	4	3	3	7
10	6	3	5	6
平均値	5.60	6.00	4.80	6.90
分散	7.84	4.00	5.76	0.49
「飲みやすさ」との共分散		2.60	5.52	0.56

　　　「飲みやすさ」との共分散は，「飲みやすさ」に対する評価の偏差と，各評価項目に
対する評価の偏差の積の平均値である。

(1)　(i)　患者番号 5 の「舌触り」に対する評価 (t) の値は　ニ　である。

　　(ii)　「飲みやすさ」に対する評価の標準偏差の値は　ヌ　である。

(2) 「飲みやすさ」に対する評価と「舌触り」に対する評価の相関係数の値を分数で表すと $\boxed{\text{ネ}}$ である。

(3) 「飲みやすさ」と「匂い」,「飲みやすさ」と「舌触り」,「飲みやすさ」と「味」の相関係数の値をそれぞれ r_1, r_2, r_3 と表し,「匂い」,「舌触り」,「味」の評価の平均値をそれぞれ a_1, a_2, a_3 と表す。a_i, r_i $(1 \leqq i \leqq 3)$ に対し,$\bar{r}$ と $\bar{a}$ は以下の式で定める。

$$\bar{r} = \frac{r_1 + r_2 + r_3}{3}, \qquad \bar{a} = \frac{a_1 + a_2 + a_3}{3}$$

「飲みやすさ」との相関係数の値が最も 1 に近い評価項目は $\boxed{\text{ノ}}$ である。また,「$r_i - \bar{r} < 0$ かつ $a_i - \bar{a} > 0$」を満たす評価項目をすべて挙げると $\boxed{\text{ハ}}$ である。

〔解答欄〕ノ・ハの選択肢：匂い　　舌触り　　味

(4) 「匂い」,「舌触り」,「味」のうち,$\boxed{\text{ハ}}$ にあてはまらない評価項目（以降,この評価項目を X と表す）に関して改良を行った。改良後の粉薬に対して,同じ 10 人の患者が X と「飲みやすさ」について再び評価した。

　　改良後の調査結果では,X の評価は 10 人全員の評価が改良前に比べてそれぞれ 1 上がっていた。改良後の X の評価の平均値を求めると $\boxed{\text{ヒ}}$ であり,標準偏差は改良前の調査における値と比べて $\boxed{\text{フ}}$ 。また「飲みやすさ」の評価については,改良前の調査において評価が 1 以上 4 以下の場合は 2 上がり,5 以上 9 以下の場合は 1 上がり,10 の場合は評価が変わらず 10 であった。よって改良後の「飲みやすさ」に対する評価の平均値を求めると $\boxed{\text{ヘ}}$ であり,標準偏差は改良前の調査における値と比べて $\boxed{\text{ホ}}$ 。

〔解答欄〕フ・ホの選択肢：減少した　　変化しなかった　　増加した

化学

（100 分）

（注意）　問題文中の $\boxed{(1)(2)}$，$\boxed{(3)}$ などの $\boxed{}$ には，数字またはマイナス符号（－）が入ります。以下の方法でこれらをマークシートの指定欄にマークしなさい。

(1)，(2)，(3)…の一つ一つは，それぞれ 0 から 9 までの数字，またはマイナス符号（－）のいずれかに対応します。それらを(1)，(2)，(3)…で示された解答欄の該当する箇所にマークしなさい。

解答上の注意

・必要に応じて，以下の値を使いなさい。

原子量：　H ＝ 1，　C ＝ 12，　O ＝ 16

$\log_{10} 2 = 0.30$，$\log_{10} 3 = 0.48$

・計算結果は，四捨五入して，指定された桁で答えなさい。

・マス目に文章を記述するときは，英字，数字，記号，句読点も，それぞれ 1 マスを用いて書きなさい。

・構造式は下図の例にならって記入しなさい。

1. 次の文章を読み，問に答えなさい。

原子は，中心にある原子核とそのまわりに存在する電子により構成されている。原子核は　ア　と　イ　からなる。　ア　の数は元素によってすべて異なり，原子がもつ　ア　の数を　ウ　という。また，　ア　と　イ　の数の和を　エ　という。元素によっては，　イ　の数が異なる原子が複数存在するものがある。これらの原子どうしを互いに　オ　という。原子や①単原子イオンの大きさは，主に原子核中の　ア　の数と電子配置により決まる。

元素の周期表は，元素を　ウ　の順に，周期律に従って並べたものである。周期表の　(1)(2)　～　(3)(4)　族の元素を遷移元素，それ以外を典型元素という。②典型元素では，周期表の同じ族に属する元素（同族元素）の化学的性質はよく似ている。遷移元素では，同一周期の隣り合う元素どうしの化学的性質が似ていることが多い。

原子から電子を1個取り去って，1価の陽イオンにするのに必要なエネルギーを　カ　という。また，原子が電子1個を取り込んで，1価の陰イオンになるときに放出されるエネルギーを　キ　という。これらのエネルギーを　ウ　の順に並べると，周期性があることが分かる。

陽イオンと陰イオンが　ク　力により結びついてできたイオン結晶では，陽イオンと陰イオンが交互に規則正しく配列している。臭化カリウムのイオン結晶における，カリウムイオンと臭化物イオンの配位数は，ともに6である。この結晶の単位格子に含まれるカリウムイオン，臭化物イオンの数は，それぞれ　(5)　個，　(6)　個である。③ハロゲン化カリウムのイオン結晶は，ハロゲン化物イオンのイオン半径が小さいものほど融点が　A　くなる。

問1　　ア　～　ク　にあてはまる適切な語を解答用紙に書きなさい。

問2　　(1)　～　(6)　に入る適切な数字をマークシートにマークしなさい。

問3　下線部①に関して，F^-，Na^+，Mg^{2+}，Al^{3+}はすべて Ne と同じ電子配置をとるが，　ア　の数が異なるため，イオン半径が異なっている。これらのイオンのうち，イオン半径の最も大きいもののイオン式を解答用紙に書きなさい。また，そのイオンのイオン半径がこれらのなかで最も大きい理由を30字以上50字以内で解答用紙に書きなさい。

問4　下線部②の理由を，「同族元素」で始まる25字以内の文で解答用紙に書きなさい。

問5　下記の元素のなかで，　カ　が最も大きいものは　(7)　であり，　キ　が最も大きいものは　(8)　である。　(7)，　(8)　に入る適切な元素を下記から選び，その

番号をマークシートにマークしなさい。ただし，同じ番号を複数回使用してもよい。

1	Al	2	Ar	3	Cl	4	Mg
5	Na	6	P	7	S	8	Si

問6 　　A　　にあてはまる適切な語を漢字1字で解答用紙に書きなさい。また，下線部③の理由を，下記の3つの語を用いて70字以内で解答用紙に書きなさい。
【イオン半径，カリウムイオン，ハロゲン化物イオン】

2. 次の文章を読み，問に答えなさい。

　アルミニウムイオン（Al^{3+}）を含む溶液にアンモニア水または少量の水酸化ナトリウムなどの塩基を加えると，白色ゲル状沈殿が生成し，水酸化アルミニウム〔$Al(OH)_3$〕の飽和水溶液となる。このとき，沈殿した水酸化アルミニウム〔$Al(OH)_3$（固）〕はわずかに水に溶解した水酸化アルミニウム〔$Al(OH)_3$ aq〕と（1）式の平衡にある。また，$Al(OH)_3$ aq は，（2）式の電離平衡の状態になっている。$Al(OH)_3$ の飽和水溶液中における $Al(OH)_3$ aq の濃度が pH に依存せず一定とすると，$Al(OH)_3$ の溶解度積 $K_1 = \boxed{}$ （mol/L）^{4} は一定の値となる。$Al(OH)_3$ の飽和水溶液に水酸化ナトリウムを加えると，（1）式および（2）式の平衡は左右方向に移動し，$Al(OH)_3$（固）がさらに生成する。このような現象を　　ア　　効果という。

$$Al(OH)_3（固） \rightleftarrows Al(OH)_3\,aq \quad \cdots（1）$$

$$Al(OH)_3\,aq \rightleftarrows Al^{3+} + 3OH^- \quad \cdots（2）$$

　$Al(OH)_3$ の飽和水溶液に過剰のアンモニア水を加えても $Al(OH)_3$（固）は溶けないが，過剰の水酸化ナトリウムを加えて強アルカリ性にすると　　B　　を生成し溶解する。　　B　　のように，　　イ　　をもつ分子や陰イオンが金属イオンに配位結合したイオンを　　ウ　　という。$Al(OH)_3$ の飽和水溶液において，（1）式および下記の（3）式の平衡が成立し，$Al(OH)_3$ の飽和水溶液中における $Al(OH)_3$ aq の濃度が pH に依存せず一定とすると，　　B　　と　　C　　の濃度の積 K_2 は一定の値となる。過剰の水酸化ナトリウムを加えると，（1）式および（3）式の平衡は右方向に移動し，　　B　　が生成し $Al(OH)_3$（固）は溶解する。

$$Al(OH)_3\,aq + H_2O \rightleftarrows \boxed{} + \boxed{} \quad \cdots（3）$$

　温度一定の条件下，①さまざまな pH における $Al(OH)_3$ の飽和水溶液を調製した。これらの水溶液に溶解している $Al(OH)_3$ aq，Al^{3+}，　　B　　のモル濃度を [$Al(OH)_3$ aq]，[Al^{3+}]，

[　　B　　] とし，その和を S としたとき，水溶液の pH と $\log_{10} S$ の関係を表す図 1 のグラフ
が得られた。

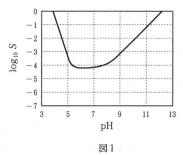

図 1

　なお，本問では $Al(OH)_3$（固），$Al(OH)_3$ aq，Al^{3+}，OH^-，[　　B　　]，[　　C　　]，H_2O
のみを考慮し，アルミニウムイオンへの水和，また共存するその他のイオン，物質の影響はない
ものとする。また，温度は一定，水のイオン積は 1.0×10^{-14} $(mol/L)^2$ とし，$Al(OH)_3$ の飽和
水溶液中における $Al(OH)_3$ aq の濃度は pH に依存せず一定とする。

問1　[　　ア　　] ～ [　　ウ　　] にあてはまる適切な語を解答用紙に書きなさい。

問2　[　　A　　] にあてはまる適切な式を解答用紙に書きなさい。なお，Al^{3+}，OH^- のモル
　　濃度は，$[Al^{3+}]$，$[OH^-]$ と表記することとする。

問3　[　　B　　]，[　　C　　] にあてはまる適切なイオンのイオン式を解答用紙に書きなさい。

問4　Al^{3+} と同様に，少量の水酸化ナトリウムを加えると白色の沈殿を形成し，過剰の水酸化
　　ナトリウムを加えると [　　ウ　　] を形成し水に溶解する金属イオンを，下記から 2 つ
　　選び，その番号を解答用紙に書きなさい。

　　1　Ag^+　　　　2　Cu^{2+}　　　　3　Fe^{3+}　　　　4　Pb^{2+}　　　　5　Zn^{2+}

問5　下線部①の水溶液において，pH が 11 のとき [　　B　　] のモル濃度 $[$ [　　B　　] $]$ は，
　　$\boxed{(9).(10)} \times 10^{-\boxed{(11)(12)}}$ mol/L であった。この値から $\log_{10}[$ [　　B　　] $]$ を
　　求めると -1.22 であった。このとき，[　　B　　] と [　　C　　] の濃度の積 K_2 は
　　$\boxed{(13).(14)} \times 10^{-\boxed{(15)(16)}}$ $(mol/L)^2$ であった。$\boxed{(9)}$ ～ $\boxed{(16)}$ に入る適切な数字を
　　マークシートにマークしなさい。ただし，$\boxed{(9)}$，$\boxed{(13)}$ に入る数字は 0 ではない。

問 6　pH を X，$\log_{10}$[　　B　　] を Y とする。　B　と　C　の濃度の積 K_2 が
　　　問 5 より導き出される値であるとき，Y を X の式で表し，解答用紙に書きなさい。なお，
　　　定数項は小数点以下 2 桁で表しなさい。

問 7　下線部①の水溶液において，pH を X，$\log_{10}[Al^{3+}]$ を Z とする。$Al(OH)_3$ の溶解度積 K_1
　　　が 4.0×10^{-31} $(mol/L)^4$ であるとき，Z を X の式で表し，解答用紙に書きなさい。なお，
　　　定数項は小数点以下 2 桁で表しなさい。

問 8　すべての pH において一定量の $Al(OH)_3$ を用いて，下線部①の飽和水溶液を調製した。
　　　このとき，K_1 が問 7 に示す値，K_2 が問 5 で求められる値とすると，$Al(OH)_3$（固）の
　　　量が理論上最大となる pH の値は $\boxed{(17)}.\boxed{(18)}$ である。$\boxed{(17)}$，$\boxed{(18)}$ に入る適切な数字
　　　をマークシートにマークしなさい。

3.　次の文章を読み，問に答えなさい。

〔 I 〕

　一般に，物質が電子を受け取ったとき，その物質は還元されたといい，物質が電子を失った
とき，その物質は酸化されたという。還元されやすい物質は酸化剤になり，酸化されやすい物質
は還元剤になる。

　過マンガン酸カリウム（$KMnO_4$）は代表的な酸化剤の一つである。①硫酸（H_2SO_4）を加え
酸性にした $KMnO_4$ 水溶液に過酸化水素（H_2O_2）の水溶液を加えると，（1）式のように MnO_4^-
が電子を受け取り，（2）式のように H_2O_2 が電子を失い②酸素（O_2）が発生する。

$$MnO_4^- + \boxed{(19)}\, H^+ + \boxed{(20)}\, e^- \rightarrow Mn^{2+} + 4H_2O \quad \cdots (1)$$

$$H_2O_2 \rightarrow O_2 + 2H^+ + 2e^- \quad \cdots (2)$$

　（1）式と（2）式を用いることにより，硫酸酸性における $KMnO_4$ と H_2O_2 との酸化還元反応
として，（3）式が得られる。

$$\boxed{\quad A \quad} \rightarrow \boxed{\quad B \quad} \quad \cdots (3)$$

　O_2 の　ア　であるオゾン（O_3）も，酸化剤としてはたらく。（4）式に示すように，O_3
をヨウ化カリウム（KI）水溶液に通じるとヨウ素（I_2）を生じる。

$$O_3 + 2KI + H_2O \rightarrow \boxed{\quad C \quad} \quad \cdots (4)$$

二酸化硫黄（SO_2）は（5）式のように還元剤としてはたらく。この反応にともない硫黄原子の酸化数は $+\boxed{(21)}$ から $+\boxed{(22)}$ に変化する。一方，硫化水素（H_2S）のような強い還元剤に対しては，SO_2 は（6）式のように酸化剤としてはたらく。

$$SO_2 + I_2 + 2H_2O \rightarrow \boxed{\quad D \quad} \quad \cdots (5)$$

$$SO_2 + 2H_2S \rightarrow \boxed{\quad E \quad} \quad \cdots (6)$$

問1　$\boxed{(19)}$ ～ $\boxed{(22)}$ に入る適切な数字をマークシートにマークしなさい。ただし，係数が1の場合は1にマークしなさい。

問2　$\boxed{\quad A \quad}$ ～ $\boxed{\quad E \quad}$ に入る式を解答用紙に書きなさい。

問3　$\boxed{\quad ア \quad}$ にあてはまる適切な語を解答用紙に書きなさい。

問4　下線部① について，（3）式の反応が進行するに伴って水溶液の $\boxed{(23)}$ 色が消えていく。$\boxed{(23)}$ に入る適切な色を下記から選び，その番号をマークシートにマークしなさい。

| 1 | 青紫 | 2 | 赤紫 | 3 | 褐 |
| 4 | 黄 | 5 | 赤橙 | 6 | 緑 |

問5　下線部②について，O_2 は（3）式の化学反応だけでなく，電気分解によっても発生させることができる。白金を電極に用いて，硝酸銀水溶液に 0.60 A の電流を 10 分間流して電気分解したとき，理論上，標準状態で $\boxed{(24)}.\boxed{(25)} \times 10^{-\boxed{(26)}}$ L の酸素を得ることができる。$\boxed{(24)}$ ～ $\boxed{(26)}$ に入る適切な数字をマークシートにマークしなさい。ただし，$\boxed{(24)}$ に入る数値は0ではない。なお，標準状態における気体1 mol の体積は 22.4 L，ファラデー定数は 9.65×10^4 C/mol とする。

〔Ⅱ〕

濃度不明の塩素（Cl_2）水溶液 X の Cl_2 の濃度を，酸化還元滴定によって決定した。まず水溶液 X（30 mL）に過剰量の KI を加え，（7）式のように I_2 を生成させた。

$$\text{Cl}_2 + 2\text{KI} \rightarrow \text{I}_2 + 2\text{KCl} \quad \cdots (7)$$

　この水溶液に物質 Y を少量添加し，③ 0.10 mol/L のチオ硫酸ナトリウム（$\text{Na}_2\text{S}_2\text{O}_3$）水溶液を用いて滴定した。この時，（8）式の反応が起こり，④ I_2 と過不足なく反応させるのに，$\text{Na}_2\text{S}_2\text{O}_3$ 水溶液が 20 mL 必要であった。

$$\boxed{(27)}\ \text{I}_2 + \boxed{(28)}\ \text{Na}_2\text{S}_2\text{O}_3 \rightarrow \boxed{(29)}\ \text{NaI} + \boxed{(30)}\ \text{Na}_2\text{S}_4\text{O}_6 \quad \cdots (8)$$

　これらの結果から，水溶液 X の Cl_2 濃度は $\boxed{(31)}.\boxed{(32)} \times 10^{-\boxed{(33)}}$ mol/L であるとわかった。

問6　下線部③の滴定実験において，$\text{Na}_2\text{S}_2\text{O}_3$ 水溶液を滴下するために用いるガラス器具の名称を解答用紙に書きなさい。

問7　物質 Y は下線部④の滴定の終点を判定するために加えた物質である。この滴定の終点をどのように判定すればよいか。物質 Y の名称を含めて，40 字以内で解答用紙に書きなさい。

問8　$\boxed{(27)}$ 〜 $\boxed{(30)}$ に入る適切な数字をマークシートにマークしなさい。ただし，係数が 1 の場合は 1 にマークしなさい。

問9　$\boxed{(31)}$ 〜 $\boxed{(33)}$ に入る適切な数字をマークシートにマークしなさい。ただし，$\boxed{(31)}$ に入る数値は 0 ではない。なお，本実験において（7）式と（8）式以外の反応は起こらないこととする。

4. 次の文章を読み，問に答えなさい。なお，本問においては不斉炭素原子の存在によって生じる立体異性体は区別しない。また，ヒドロキシ基が炭素−炭素二重結合を構成する炭素原子に直接結合した構造は考慮しない。

　化合物 A，B，C，D，E はいずれも，水素原子，炭素原子，酸素原子のみから構成され，互いに異性体の関係にある。これらの化合物の分子量は 200 以下であり，その構造中にベンゼン環を 1 個，炭素−炭素二重結合を 1 個含む。化合物 A は不斉炭素原子を 1 個含み，化合物 B，C，D，E は不斉炭素原子を含まない。

　化合物 A，B，C，D，E の性質を調べたところ，以下に示す（1）〜（9）の結果が得られた。

（1）　335 mg の化合物 A を完全燃焼させたところ，二酸化炭素 990 mg と水 225 mg が生じた。

（2）　金属ナトリウムとの反応を調べたところ，化合物 A，B，C，D に作用させたときには気体が発生したが，化合物 E は反応しなかった。

（3）　塩化鉄（III）水溶液を作用させたところ，化合物 C，D が呈色反応を示し，化合物 A，B，E は示さなかった。

（4）　化合物 B，C，D を適切な酸化剤を用いて酸化したところ，ベンゼン環に炭素原子で結合した置換基のみがカルボキシ基へと酸化され，それぞれ化合物 F，G，H が得られた。

（5）　化合物 F を加熱したところ，化合物 F よりも分子量が 18 減少した化合物 I が得られた。化合物 G，H をメタノールに溶かし少量の濃硫酸を作用させると，それぞれ分子量が 14 および 28 増加した化合物 J，K が得られた。化合物 J は強い芳香をもち消炎鎮痛剤として用いられる。

（6）　化合物 C をオゾン分解して得られる 2 種類の化合物を，それぞれフェーリング液とともに加熱したところ，いずれも①沈殿が生成した。なお，オゾン分解の反応例を図 1 に示す。

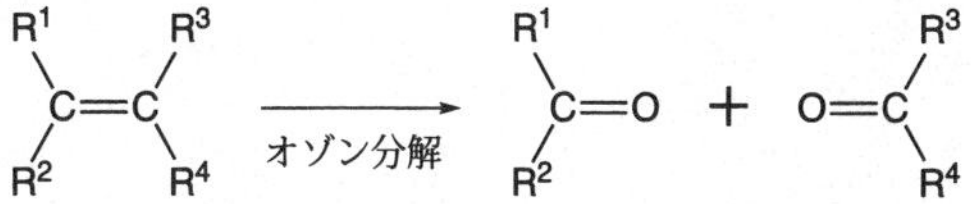

R¹〜R⁴ は水素原子あるいは炭化水素基

図 1

（7）　化合物 C に対して塩素を作用させたところ，1 分子の塩素が付加した化合物 L が得られた。化合物 L は 1 個の不斉炭素原子をその構造中に含んでいた。

（8） 化合物 K のベンゼン環の水素原子のいずれか 1 個を塩素原子に置き換えた場合，2 種類の異性体が考えられる。また，化合物 K のベンゼン環には互いに隣接する位置に置換基が存在していた。

（9） 化合物 E に対して適切な②触媒を用いて水素を付加させたところ，1 分子の水素が付加した化合物 M が得られた。化合物 M は 1 個の不斉炭素原子をその構造中に含んでいた。

問 1　化合物 A の分子式を解答用紙に書きなさい。

問 2　下線部①の化学式とその色をそれぞれ解答用紙に書きなさい。

問 3　化合物 I，J の化合物名を解答用紙に書きなさい。

問 4　下線部②にあるように，触媒はさまざまな化学反応において用いられる。触媒とは一般にどのような性質を持った物質か，40 字以内で解答用紙に書きなさい。

問 5　化合物 A，B，C，D，E の構造式を，24 ページにある例にならって解答用紙に書きなさい。

5. 次の文章を読み，問に答えなさい。

グルコースは，分子式 $C_6H_{12}O_6$ で表される $_①$ 単糖で，結晶中では炭素原子 5 個と酸素原子 1 個が環状につながった六員環構造をとり，1 位のヒドロキシ基の向きによって α -グルコースと β -グルコースの 2 種類の立体異性体が存在する（図 1）。グルコースは水によく溶け，$_②$ その水溶液は銀鏡反応を示す。

デンプンは，多数の α -グルコースが脱水縮合し，　ア　結合でつながった高分子化合物で，熱水に溶けやすく直鎖状構造の　イ　と，熱水に溶けにくく枝分かれ構造をもつ　ウ　の混合物である。　イ　は α -グルコースの 1 位と (34) 位のヒドロキシ基どうしの間で脱水縮合し，　ウ　は 1 位と (34) 位のヒドロキシ基間に加え，枝分かれ部分では 1 位と (35) 位のヒドロキシ基間で脱水縮合した構造をもつ。ヒトが摂取したデンプンは，だ液などに含まれる　エ　やマルターゼにより，分子量がデンプンより小さい　オ　やマルトースを経て，グルコースまで加水分解される。生体内でエネルギー源として使われた余りのグルコースは，動物デンプンとも呼ばれる　カ　として肝臓や筋肉に蓄えられる。

セルロースは，多数の β -グルコースが 1 位と (34) 位のヒドロキシ基どうしの間で脱水縮合し，　ア　結合でつながった高分子化合物である。$_③$ セルロースの分子は，グルコース単位が六員環構造の上下を交互に反転した形でつながった直線状構造をしており，隣接するグルコース単位間でヒドロキシ基が分子内で水素結合を形成している。$_④$ この直線状の分子が平行に並び，さらにヒドロキシ基が分子間で水素結合を形成し，強い繊維状物質となる。セルロースは熱水にも溶けないが，$_⑤$ 水酸化銅 (II) を濃アンモニア水に溶かして得られるシュワイツァー（シュバイツァー）試薬には溶ける。セルロースはデンプンと異なり，ヒトの消化酵素ではグルコースに加水分解できないため，ヒトではエネルギー源とならない。丈夫な繊維として衣料品や紙製品などに広く利用されている。

セルロースなどの天然高分子を適切な溶媒に溶解した後，再び凝固させて繊維として再生したものを再生繊維という。セルロースをシュワイツァー試薬に溶かし，これを細孔から希硫酸中に押し出し繊維を再生すると，セルロースの再生繊維である　キ　が得られる。一方，天然繊維を化学的に処理し，官能基を化学変化させてつくられた繊維を　ク　繊維という。$_⑥$ セルロースを無水酢酸と反応させ，すべてのヒドロキシ基をアセチル化すると　ケ　が生成する。　ケ　の一部のアセチル基を加水分解してジアセチルセルロースとし，アセトンに溶解したのち，これを細孔から温かい空気中に押し出しアセトンを蒸発させると，セルロースの　ク　繊維である　コ　が得られる。　キ　，　コ　を用いた中空状の糸は，血液の人工透析などにも利用されている。

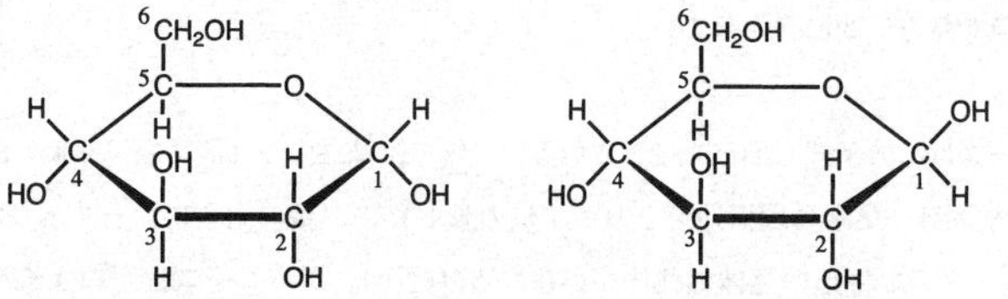

図 1

炭素原子に付した番号は炭素原子およびヒドロキシ基の位置番号を示す。

問 1　　ア　～　コ　にあてはまる適切な語を解答用紙に書きなさい。

問 2　(34)，(35)に入る適切な数字をマークシートにマークしなさい。なお，位置番号は図 1 に示す番号に従いなさい。

問 3　下線部①に関する下記の記述のうち，正しい記述を 2 つ選び，その番号を解答用紙に書きなさい。

1　ガラクトースはケトースの一種である。
2　それ以上加水分解されない糖を単糖という。
3　単糖の分子式はすべて $C_6H_{12}O_6$ で表される。
4　転化糖はグルコースとスクロースの等量混合物である。
5　フルクトースはグルコースの構造異性体である。

問 4　下線部②について，グルコースの水溶液がこの反応を示す理由を，グルコースの水中における構造と状態，グルコースに含まれる官能基の名称，その官能基が示す性質を含め，75 字以内で解答用紙に書きなさい。

問 5　下線部③に記述するセルロースの直線状構造において，グルコース単位の(36)位のヒドロキシ基は，隣接するグルコース単位の六員環を形成する酸素原子と近接し，分子内で水素結合を形成している。(36)に入る適切な数字をマークシートにマークしなさい。なお，位置番号は図 1 に示す番号に従いなさい。

問 6　下線部③および④のように，水素結合は高分子化合物の構造安定性，強度を保つため重要な役割を担っている。水素結合によって安定な構造や強度が保たれている高分子化合物，またはその構造を下記から 3 つ選び，その番号を解答用紙に書きなさい。

1　タンパク質の α-ヘリックス構造　　　　2　DNA の二重らせん構造

3　天然ゴム　　　　　　　　　　　　　　4　トリニトロセルロース

5　ナイロン 66　　　　　　　　　　　　6　ポリエチレンテレフタラート

問7　下線部⑤の試薬には，深青色を呈するイオンが含まれ，このイオンがセルロースのヒド
　　　ロキシ基と配位結合することによりセルロースは溶解する。この深青色を呈するイオンの
　　　イオン式を解答用紙に書きなさい。

問8　下線部⑥の方法で，$\boxed{(37).(38)(39)} \times 10^{\boxed{(40)}}$ g のセルロースから，理論上 1.23×10^4 g
　　　の $\boxed{\quad コ \quad}$ が得られる。$\boxed{(37)} \sim \boxed{(40)}$ に入る適切な数字をマークシートにマーク
　　　しなさい。ただし，$\boxed{(37)}$ に入る数値は 0 ではない。なお，セルロースの分子量は十分に
　　　大きいものとする。

問9　問 8 に示す 1.23×10^4 g の $\boxed{\quad コ \quad}$ を下線部⑥の方法でつくるために必要な
　　　無水酢酸を，下記の反応経路でつくる。このとき，理論上，必要なセルロースは
　　　$\boxed{(41).(42)(43)} \times 10^{\boxed{(44)}}$ g である。$\boxed{(41)} \sim \boxed{(44)}$ に入る適切な数字を
　　　マークシートにマークしなさい。ただし，$\boxed{(41)}$ に入る数値は 0 ではない。なお，セルロースの分子量は
　　　十分に大きいものとする。

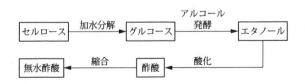

2021
年度

問題編

■一般選抜

▶試験科目・配点

教　科	科　　　　　目	配　点
外国語	コミュニケーション英語Ⅰ・Ⅱ・Ⅲ，英語表現Ⅰ・Ⅱ	100 点
数　学	数学Ⅰ・Ⅱ・A・B	100 点
理　科	化学基礎・化学	150 点

▶備　考

　数学Aは「場合の数と確率」・「整数の性質」・「図形の性質」を，数学B
は「数列」・「ベクトル」を出題範囲とする。

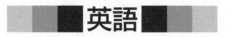

英語

(80 分)

〔Ⅰ〕

Read the following article carefully and answer the questions. For each question, choose ONE BEST answer. On your answer sheet, find the number of the question and fill in the space that corresponds to the number of the answer you have chosen. For Writing Answer Question "A", write your answers in the corresponding spaces provided on the Writing Answer Sheet.

(Based on Jerome Groopman, M.D., and Pamela Hartzband, M.D.. 2017. *"The Power of Regret."* The New England Journal of Medicine – Perspective.)

① 　When we consider regret in medicine, we typically think of the feeling that follows a poor clinical outcome. The possibility of regret shadows almost every medical decision a patient makes. At each step, from choosing a doctor or a hospital to accepting a diagnosis, embracing a prognosis, and selecting or declining a treatment, there is an element of uncertainty and therefore a risk of regret. To be sure, disappointment is an unavoidable aspect of making difficult choices; sometimes the results <u>fall short of</u> what we hope for. But disappointment is not associated with [Q2] and thus differs notably from regret. Regret with its core of [Q2] can be one of the greatest burdens in a patient's life.

② 　When we began exploring this issue, we were surprised to discover that the experience of a poor outcome does not always result in regret. An acquaintance had knee surgery for chronic pain due to osteoarthritis*1. The surgery was unsuccessful, and his pain was not made more bearable. Yet, though disappointed, he had no regret. He explained that he had followed a process, considered his options, and made an informed choice. Researchers describe "process regret" that occurs, for example, when patients do not consider information about all available choices before making a decision. This patient had avoided process regret and experienced no [Q2].

③ 　Some experiments have addressed various medical situations including cancer screening and treatment, prenatal testing, and elective surgery. In particular, this research has been invoked to explain the low rate of vaccination against illnesses such as influenza.

"Omission bias" — the tendency toward inaction or inertia — reflects "anticipated regret" and results in many people avoiding influenza vaccination. While they're feeling healthy, they anticipate the regret they would experience if they got sick from the injection. Even though the risk of side effects from the vaccine is low and symptoms are usually mild, many people omit the vaccination and take the risk of the later development of influenza.

④　On the other hand, "commission bias," the tendency to believe that action is better than inaction, can result in regret arriving later when a bad outcome occurs — "experienced regret." The psychologist George Loewenstein distinguishes between decision making in "hot" and "cold" emotional states. When we're in pain or acutely anxious, we are "hot" and apt to make choices that we imagine will rapidly remedy our condition, which predisposes us to commission bias. In a hot state, patients may discount too deeply the risks posed by a treatment and overestimate its likelihood for success, paving the way for later regret if the outcome is poor. Patients who choose elective procedures while in a hot state and end up with a bad outcome may be at particular risk for regret due to commission bias.

⑤　Physicians are acutely aware of the element of uncertainty in medicine, but less often recognize its close companion, regret. Regret in all its forms can be a powerful undercurrent, moving patients to act in ways that may baffle us. We should recognize that anticipated regret can leave a patient mired in decisional conflict, unable to choose. For these patients, it is vital to bring anticipated regret to the surface by openly discussing their fears and helping them gain a clear perspective on the risks and benefits of their options in order to move forward. To mitigate the possibility of future experienced regret, doctors can try to reduce the emotional temperature and, when feasible, avoid having patients make their decisions while in a hot state. [Q5] in the most urgent circumstances, physicians can set in motion a deliberate process, exploring all treatment options to avert process regret. When patients are heavily influenced by others in making a decision, one can also be alert to the possibility of role regret.

⑥　Regret is typically viewed as a negative emotion. It is notable that existing patient regret scales have largely failed to assess for a positive impact of regret. However, awareness of regret can be positive or functional, a potent force in modifying behavior and enhancing decision making. Physicians can help their patients make better decisions by understanding the power of regret in all its forms.

*¹ osteoarthritis: an inflammation, degeneration, and eventual loss of material (cartilage) in the bone joints.

Q 1. In paragraph ① (line 6), the underlined phrase <u>fall short of</u> is closest in meaning to —

1. decrease
2. drop off
3. fail to satisfy
4. hurry up
5. shorten

Q 2. In paragraphs ① (lines 7 and 8) and ② (line 8), which of the following could best be added to [Q2] ?

1. diagnosis
2. hope
3. information
4. self-blame
5. treatment

Q 3. Which of the following is true of the authors' descriptions in paragraphs ① and ② ?

1. Patients cannot regret things even if a clinical outcome is poor.
2. Regret in medicine is always associated with a poor clinical outcome.
3. Disappointment after a poor clinical outcome always results in regret.
4. Even if a clinical outcome is poor, patients may not regret things as long as they made an informed choice.
5. "Process regret" occurs, for example, when patients experience an unsuccessful surgery after receiving informed consent.

Q 4. Which of the following is true of the authors' descriptions in paragraphs ③ or ④ ?

1. "Cold" emotional states of patients are the only risks of regret.
2. Patients who disregard the risks of a particular treatment may have regret if the outcome is poor.
3. "Omission bias" is solely associated with preventative medicine such as influenza vaccinations.
4. People should not have influenza vaccinations in order to avoid the risk of getting sick from the actual injection process.
5. To avoid the risk of regret due to "commission bias", patients should obtain treatment as soon as possible after a diagnosis.

Q 5. In paragraph ⑤ (line 9), which of the following could best be added in [Q5] ?

　1. Although

　2. Despite

　3. Except

　4. If

　5. When

Q 6. Which of the following is true of the authors' overall description in this article ?

　1. The existing patient regret scales are useful to assess for positive and negative impacts of regret.

　2. Since regret is very well recognized in recent studies, physicians should use its power in medicine.

　3. In order to avoid regret in medicine, patients should be very careful of choosing a doctor and a hospital.

　4. It is important to understand patient regret in all its forms for physicians to make better decisions in medicine.

　5. Patients always need to think only about "omission bias" and "commission bias" when they make a decision for treatments.

Writing Answer Question "A"

　　Based on the discussions in Article 〔Ⅰ〕, write the appropriate single word regret and bias types (or the single word "None" if none apply) as applicable in the appropriate columns. The single word regret and bias type answers can be found in Article 〔Ⅰ〕 and are also listed for your convenience in alphabetical order on the Writing Answer Sheet to choose from.

　　Be sure to read each situation in the first column on the Writing Answer Sheet carefully and then write your single word answers (that best fit each situation) in the second and third columns separately. (Please note, the first Situation labeled "Ex." is <u>only an example</u> that is included to help you better understand the instructions.)

〔解答欄〕
Possible answer choices:
　Anticipated, Commission, Experienced, None, Omission, Process, Role.

Situation	Regret Type	Bias Type
(Ex.) John forgot his glasses, but still drove; he got into a minor car accident.	Process	Commission
(1)While in severe discomfort, a patient strongly begs for a medication that has a high risk for side-effects and the patient later develops some of the actual side-effects.		
(2)A young adult is having great difficulty deciding whether or not to try e-cigarettes, because many of his friends are using them. He ultimately decides not to, but feels left out.		
(3)An adult with a lifelong gender identity crisis underwent transgender (gender reassignment) surgery, but later developed complications from the surgery. She is shocked to learn afterwards that hormonal therapy would likely have accomplished her desired treatment goals without the surgery.		

〔Ⅱ〕

Read the following article carefully and answer the questions. For each question, choose ONE BEST answer. On your answer sheet, find the number of the question and fill in the space that corresponds to the number of the answer you have chosen. For Writing Answer Question "B", write your answer in the corresponding spaces provided on the Writing Answer Sheet.

(Based on Nassim Nicholas Taleb. 2012. "*Antifragile: Things That Gain from Disorder.*")

① Some things benefit from shocks; they thrive and grow when exposed to volatility, randomness, disorder, and stressors and love adventure, risk, and uncertainty. Yet, in spite of the ubiquity of the phenomenon, there is no word for the exact opposite of fragile. Let us call it antifragile.

② Antifragility is beyond resilience or robustness. The resilient resists shocks and stays the same; the antifragile gets better. This property is behind everything that has changed with time: evolution, culture, ideas, revolutions, political systems, technological innovation, cultural and economic success, corporate survival, good recipes, the rise of cities, legal systems, equatorial forests, bacterial resistance . . . even our own existence as a species on this planet. And antifragility determines the boundary between what is living and organic (or complex), say, the human body, and what is inert, say, a physical object like the stapler on your desk.

③ It is easy to see things around us that like a measure of stressors and volatility: economic systems, your body, your nutrition (diabetes and many similar modern ailments seem to be associated with a lack of randomness in feeding and the absence of the stressor of occasional starvation), your psyche. There are even financial contracts that are antifragile: they are explicitly designed to benefit from market volatility.

④　Antifragility makes us understand fragility better. Just as we cannot improve health without reducing disease, or increase wealth without first decreasing losses, antifragility and fragility are degrees on a spectrum.

⑤　Consider the story of the wheeled suitcase. I carry a large wheeled suitcase mostly filled with books on almost all my travels. In June 2012, I was rolling that generic, heavy, book-filled suitcase outside the JFK international terminal and, looking at the small wheels at the bottom of the case and the metal handle that helps pull it, I suddenly remembered the days when I had to haul my book-stuffed luggage through the very same terminal, with regular stops to rest and let the lactic acid flow out of my sore arms. I could not afford a porter, and even if I could, I would not have felt comfortable doing it. I have been going through the same terminal for three decades, with and without wheels, and the contrast was eerie. It struck me how lacking in imagination we are: we had been putting our suitcases on top of a cart with wheels, but nobody thought of putting tiny wheels directly under the suitcase.

⑥　Can you imagine that it took close to six thousand years between the invention of the wheel (by, we assume, the Mesopotamians) and this brilliant implementation (by some luggage maker in a drab industrial suburb)? And billions of hours spent by travelers like myself schlepping luggage through corridors full of rude customs officers. Indeed, though extremely consequential, we are talking about something trivial: a very simple technology.

⑦　But the technology is only trivial retrospectively—not prospectively. There is something sneaky in the process of discovery and implementation—something people usually call evolution. We are managed by small (or large) accidental changes, more accidental than we admit. We talk big but hardly have any imagination, except for a few visionaries who seem to recognize the optionality of things. We need some randomness to help us out—with a double dose of antifragility. For randomness plays a role at two levels: the invention and the implementation. The first point is not overly surprising, though we play down the role of chance, especially when it comes to our own discoveries.

⑧　It took me a lifetime to figure out the second point: implementation does not necessarily proceed [Q11] invention. It, too, requires luck and circumstances. The history of medicine is littered with the strange sequence of discovery of a cure followed, much later, by the implementation—as if the two were completely separate ventures, the second harder, much harder, than the first. This is where all you need is the wisdom to realize what you have on your hands.

⑨　There is a category of things that we can call half-invented and taking the half-invented into the invented is often the real breakthrough. Sometimes you need a visionary to figure out what to do with a discovery, a vision that he/she and only he/she can have. For instance, take the computer mouse, or what is called the graphical interface: it took Steve Jobs to put it on your desk, then laptop—only he had a vision of the dialectic between images and humans—later adding sounds to a trilectic. The things, as they say, that are "staring at us."

⑩ As we saw with stories of the wheel, antifragility (thanks to the asymmetry effects of trial and error) supersedes intelligence. But *some* intelligence is needed. From discussions on rationality, we can see that all we need is the ability to accept that what we have on our hands is better than what we had before—in other words, to recognize the existence of the option. And from the history of technology, this ability to use the option given to us by antifragility is not guaranteed: things can be looking at us for a long time. We saw the gap between the wheel and its use. Medical researchers call such lag the "translational gap," the time difference between formal discovery and first implementation, which, if anything, owing to excessive noise and academic interests, has been shown to be lengthening in modern times.

⑪ The historian David Wootton relates a gap of two centuries between the discovery of germs and the acceptance of germs as a cause of disease, a delay of thirty years between the germ theory of putrefaction and the development of antisepsis, and a delay of sixty years between antisepsis and drug therapy.

Q 7. Paragraphs ①, ②, ③ and ④ taken together make the point that —

1. Life and lifeless objects have no separation.

2. Economic and biological systems are completely dissimilar.

3. The new terminology being discussed represents a new way of thinking.

4. Previous common language usage adequately describes a paradigm shift.

5. Legal and economic systems are inherently strong and stable regardless of outside influences.

Q 8. In paragraph ⑤ (line 5), when the underlined word <u>haul</u> is pronounced, which of the following has the same vowel sound ?

1. bowel

2. down

3. house

4. poll

5. tall

Q 9. In paragraph ⑥ (line 5), the underlined word <u>consequential</u> is closest in meaning to —

1. cheerful

2. popular

3．significant

4．strange

5．useful

Q10. In paragraph ⑦ (line 7), the underlined words <u>play down</u> are closest in meaning to —

1．discount

2．enjoy

3．indicate

4．know

5．respect

Q11. In paragraph ⑧ (line 2), which of the following could best be added to [Q11] ?

1．against

2．at

3．from

4．into

5．on

Q12. Which of the following does NOT correspond to the author's descriptions in paragraphs ⑧ and ⑨ ?

1．Implementation is not always paired with inventions.

2．Discovering something is much harder than actually utilizing it.

3．It is necessary to carefully look at a discovery to make it more useful.

4．Some medical treatments have been established from implementation.

5．Steve Jobs could find out how to interface computers with human activities

Q13. Which of the following is true of the author's descriptions in any of the last three paragraphs of the article ?

1．We should be careful to find the impossibility behind the facts.

2．It is easy to complete new treatment methods if the remain half-discovered.

3．Intelligence is not necessary for implementation when accidental effects work well.

4．Academic interests are indispensable prerequisites for the development of new technology.

5．Medical research is often experiencing "translational gaps," because things are sometimes taken for granted for extended periods of time.

Writing Answer Question "B"

　　On the Writing Answer Sheet, put the following words into the proper order necessary to complete the summary sentence about Article [Ⅱ]. Please put them in the order that makes the best sense within the context of the entire article. Write your answer in the space provided in the Writing Answer Question "B" section. The word "Large" should be the first word, the word "from" should be the fifth word, the phrase "something is" should comprise the eighth and ninth words, and the word "until" should be the eleventh word.

　　[discovered]　[exist]　[gaps]　[implementation]　[occurs]　[often]　[the]　[time]

Large [　　] [　　] [　　] from [　　] [　　] something is [　　] until [　　]
[　　].

[Ⅲ]

Read the following article carefully and answer the questions. For each question, choose ONE BEST answer. On your answer sheet, find the number of the question and fill in the space that corresponds to the number of the answer you have chosen. For Writing Answer Question "C", write your answers in the corresponding spaces provided on the Writing Answer Sheet.

(Based on Michael G. Cordingley. 2017. "*Viruses: Agents of Evolutionary Invention.*")

①　Viruses play an inextricable role in the evolution of all life. They are not themselves life-forms, a fact that is <u>difficult to reconcile</u> with the complexity and vitality of the events they trigger in their hosts. Like [Q15], viruses depend on their living hosts for the arsenal needed to support their campaign to replicate their genetic information. Their fundamental need is energy. The cell is a source of energetically rich components and structures that viruses must tap to fuel their propagation. The genius of viruses is to incorporate the energy of living systems into their energy-rich and highly "ordered" virus particles, returning "disorder" to their environment. Their encoded information multiplies and evolves in the slipstream and at the expense of energy from living organisms. Viruses may only be sophisticated [Q16a] in this reaction [Q16b], obeying the laws of thermodynamics, but their evolution is governed by the same laws of Darwinian evolution that rule the living world.

②　The viral metagenome*1 is the greatest repository of novel existing genetic information in the [Q17]. The creation of this genetic diversity is a feat unequalled by any of the three domains of life*², and much of it remains dark matter. As a consequence of its promiscuity and continued diversification it will continue to be the dominant source of genetic innovation in the [Q17]. The viruses that we know about are a significant minority; the oceanic virome*³, the viromes*³ of rodents, bats, and primates, and our own viromes*³ are certainly more complex than yet documented and will inevitably be sources of future evolutionary innovation. The virus metagenome*¹ will continue to fuel evolution, particularly in response to change. Change, interpreted in its broadest sense, will be the [Q19] that unlocks the evolutionary invention of the viral metagenome*¹ and the capacity of viruses for rapid and opportunistic evolutionary change.

③　There should be a broader appreciation of viruses: they are not simply life's pathogens. They are life's obligate partners and a formidable force in nature on our planet. As you contemplate the ocean under a setting sun, consider the multitude of virus particles in each milliliter of seawater; flying over wilderness forestry, consider the collective viromes*³ of its living inhabitants. The stunning number and diversity of viruses in our environment should engender in us greater awe that we are safe among these multitudes than fear that they will harm us.

④　The balancing of benefit versus threat to humanity is a fruitless task. The viral metagenome*¹ will contain new and useful gene functionalities for biomedicine; viruses may become essential biomedical tools and phages*⁴ will continue to optimize the health of our oceans, ensuring optimal primary production. Viruses may also accelerate the development of antibiotic drug resistance in the post-antibiotic era and emerging viruses may threaten our [Q21] and challenge our society economically and socially. Simply comparing these pros and cons, however, does not do justice to viruses and acknowledge their rightful place in nature.

⑤　In humility, we should acknowledge that we are one and the same with viruses, products of Darwinian evolution. Jonathan Swift, the Irish poet (1667-1745) who would have been a skeptic of evolution, wrote: "That the universe was formed by a fortuitous concourse of atoms, I will no more believe than that the accidental jumbling of the alphabet would fall into a most ingenious treatise of philosophy." Viruses and life are, however, just such a "treatise of philosophy," born in random events and selected under nature's universal laws of thermodynamics and natural selection.

⑥　Life and viruses are inseparable. Viruses are life's complement, sometimes dangerous but always beautiful in design. All autonomous self-sustaining replicating systems that generate their own energy will foster various forms of interdependency. Viruses are the inescapable by-products of life's success on the planet. We owe our own evolution to them; the fossils of many are recognizable in endogenous retroviruses and endogenous viral elements that were certainly powerful influences in the evolution of our ancestors. Like viruses and prokaryotes, we are also a patchwork of genes, acquired by inheritance and horizontal gene transfer during our evolution from the primitive RNA-based world.

⑦ It is a common saying that "beauty is in the eye of the beholder." It is a natural response to a visual queue: a sunset, the drape of a designer dress, or the pattern of a silk tie, but it can also be found in a line of poetry, a particularly effective kitchen implement, or even the ruthless efficiency of a firearm. The latter are uniquely human acknowledgments of beauty in design. It is humanity that allows us to recognize the beauty in the evolutionary design of viruses. They are unique products of evolution, the inevitable consequence of life, infectious egotistical genetic information that taps into life and the laws of nature to fuel evolutionary invention.

*¹ viral/virus metagenome: all viral DNA that exists in environmental samples.

*² three domains of life: 古細菌，細菌，真核生物.

*³ virome(s): the collection of viruses contained within an organism or environment.

*⁴ phages: viruses that infect bacteria.

Q14. What is the intended meaning of the underlined phrase in paragraph ① (line 2) difficult to reconcile ?

1 . The two must become friends.

2 . Distinguishing between organisms is not a complex task.

3 . The creation of highly detailed systems result in limited optional roles.

4 . Preconceived notions can influence perspectives on biological processes.

5 . The amount of energy expended coincides with how life doesn't influence life.

Q15. In paragraph ① (line 3), which of the following phrases best fits into [Q15] ?

1 . atypical voters

2 . soliciting tours

3 . cells disrupting

4 . invading armies

5 . penetrating insights

Q16. In paragraph ① (line 10), which of the following contains a set of words that could be best added in [Q16a] and [Q16b], respectively ?

	Q16a	Q16b
1 .	chemistries	division
2 .	disassociations	attachment
3 .	organs	ecology
4 .	products	ladder
5 .	substances	mixture

Q17. In paragraph ② (lines 2 and 5), which word could best be inserted in both spaces marked [Q17] ?

1 . biosphere

2 . layers

3 . margins

4 . scenery

5 . undercurrents

Q18. In paragraph ②, what meaning does the author wish to convey by using the underlined words dark matter in line 3 ?

1 . It is something unknown.

2 . Understanding is achieved.

3 . Colors influence knowledge.

4 . Principles are easily separated.

5 . Determining differences is paramount.

Q19. In paragraph ② (line 10), which word can best be inserted into the space marked [Q19] ?

1 . activator

2 . drawback

3 . enemy

4 . suppressor

5 . volunteer

Q20. Which of the following statements is true regarding paragraph ③ ?

1 . Conditions for biological life are highly restrictive.

2 . The danger posed by viral life-forms is greatly underestimated.

3 . Sunsets, the sea, and the sky are not common domains for viruses.

4 . The persuasiveness of life can be found only in limited territorial locales.

5 . The highly varied types of biology that pervade our environment is worthy of appreciation.

Q21. In paragraph ④ (line 6), which of the following words could be inserted into [Q21] to best complete the intended meaning of the sentence ?

1 . comfortableness

2 . farsightedness

3 . gracefulness

4 . intrusiveness

5 . madness

Q22. In paragraph ④, what is meant by the underlined phrase <u>not do justice to</u> in line 7?
1. Social fairness is a factor that is rarely considered in such evaluations.
2. Inequalities are eliminated when distinguishing differences are considered.
3. Socioeconomic imbalances in the world are natural occurrences and expected.
4. The violation of rights in the natural world is an inevitable consequence of diligent studies.
5. Built-in unfairness and the overlooking of deeper connections will appear even when carefully analyzing the reality of the situation.

Q23. What is the point the author is trying to make by comparing the words of a poet to scientific principles in paragraph ⑤?
1. Life origins are the result of happenstance.
2. Atoms and alphabets are completely unalike.
3. Natural law does not extend to the principles of literature.
4. Poetry makes thermodynamics completely understandable.
5. Evolutionary concepts have a strong basis and are validated in philosophy.

Q24. Which of the following statements is true of paragraph ⑥?
1. Prehistoric circumstances are rare to identify.
2. Transverse movement does not coincide with life.
3. Parasitic relationships are always perfect in the viral world.
4. Our common evolutionary origins over time are demonstrable.
5. Beneficial relationships are the sole arrangement in coadaptation with other life forms on this planet.

Q25. In paragraph ⑦, what is meant by the portion of the sentence underlined in line 5?
1. Charity is a quality that is forever encouraged.
2. The quality of kindness is the driving force in life.
3. Dispassionate analysis is the only requisite in science.
4. Empathy must be forgotten when examining interrelationships.
5. By virtue of our intelligence we are able to discern deeper perspectives.

Q26. Which of the following is NOT true of the entire article?
1. Simplicity can thrive in the biological world.
2. Pro and con comparisons justifying life-forms are done in vain.
3. Complexity is the singular criterion that influences life the most.
4. Dangerous and harmful things may possess a subjective elegance.

5. The general concept of self-centeredness at the gene level is a driving factor in propelling evolutionary changes.

Writing Answer Question "C" (includes C1 and C2)

On the Writing Answer Sheet, write the appropriate word in the blocks provided in the Writing Answer Question "C" (C1 and C2) section to complete the summary sentences below. C1 requires <u>exactly nine letters</u> and C2 requires <u>exactly six letters</u>. <u>The words required appear in the main text</u>. You must use the appropriate word, exactly as it appears in the main text, that correctly best completes the meaning and context of the sentence. Please write clearly. Each word begins with the letter "p".

There seems to be a preoccupation with viruses as existing apart from us solely as [C1]. However, they are as much a part of our [C2] as human beings are.

[IV]

Read the following question carefully and answer the question. Choose ONE BEST answer. On your answer sheet, find the number of the question and fill in the space that corresponds to the number of the answer you have chosen. The following question pertains to <u>all three articles</u> (I , II , and III).

Q27. Which of the following expresses a statement that correctly summarizes and could be considered representative of the overall concepts for all three articles (I , II , and III)？

1. Complex developments always stem from the opposite principles of strength, treatment, and evolutionary progress.

2. Controlled predictable influences result in reinforced global health with a minimum of negative guilt development.

3. Behavior modification is under operation on individual as well as larger community scales and results in a greatly improved future form.

4. Bold decision making is required in order to ensure the best possible results based on a dispassionate independent examination of all possibilities influencing the decisions.

5. A certain degree of chaos or uncertainty carries with it an inherent risk in terms of future developments and decisions, while at the same time potential benefits for improved outcomes.

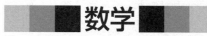

数学

(80 分)

《解答上の注意》

1．解答が分数の場合は，既約分数で解答しなさい。

2．解答が根号を含む場合は，根号の中はできる限り簡単な形にしなさい。また，解答が根号を含む
　分数の場合は，分母を有理化しなさい。

3．複数の解答が考えられる場合は，解答用紙の所定の欄にすべて記入しなさい。

〔 **I** 〕　以下の問の　ア　～　シ　にあてはまる適切な数，数の組，または式を解答用紙の所定の
　　　欄に記入しなさい。

(1)　$(1+i)^{10}$ を展開して得られる複素数は　ア　である。ただし，i は虚数単位とする。

(2)　x の関数 $f(x) = x^2 + ax + b$ がある。方程式 $f(x) = 0$ の 2 つの実数解の差が 1 であり，
　　x の値が 2 から 5 まで変わるときの $f(x)$ の平均変化率が $\frac{13}{2}$ であるとき，a の値は　イ　，
　　b の値は　ウ　である。

(3)　xy 平面上において，点 P は 2 点 A $(0, 0)$，B $(7, 0)$ に対して AP：BP $= 3：4$ を満たす。

　　(i)　点 P の軌跡の方程式は　エ　である。

　　(ii)　点 P の軌跡を境界線とする 2 つの領域のうち，点 A を含む領域と，不等式
　　　　$y \leqq \sqrt{3}\,|x + 9|$ の表す領域の共通部分の面積は　オ　である。

(4) θ は実数で，$-\dfrac{\pi}{2} \leqq \theta \leqq \dfrac{\pi}{2}$ を満たす。方程式

$$4\cos\frac{\theta}{2}\left(\cos\frac{\theta}{2} + \sin\frac{\theta}{2}\right) = 1$$

を満たすとき，$\sin\theta + \cos\theta$ の値は $\boxed{\ \text{カ}\ }$ であり，$\sin\theta$ の値は $\boxed{\ \text{キ}\ }$ である。

(5) 3 進法で表された $3n$ 桁(けた)の整数

$$\overbrace{2\ 1\ 0\ 2\ 1\ 0\ \cdots\ 2\ 1\ 0}^{3n\ 桁}{}_{(3)}$$

がある（ただし，n は自然数とする）。この数は，$1 \leqq k \leqq n$ を満たすすべての自然数 k に対して，最小の位から数えて $3k$ 番目の位の数が 2，$3k-1$ 番目の位の数が 1，$3k-2$ 番目の位の数が 0 である。この数を 10 進法で表した数を a_n とおく。

(i) $a_2 = \boxed{\ \text{ク}\ }$ である。

(ii) a_n を n の式で表すと，$\boxed{\ \text{ケ}\ }$ である。

(6) 整数 $x,\ y$ が $x > 1,\ y > 1,\ x \neq y$ を満たし，等式

$$6x^2 + 13xy + 7x + 5y^2 + 7y + 2 = 966$$

を満たすとする。

(i) $6x^2 + 13xy + 7x + 5y^2 + 7y + 2$ を因数分解すると $\boxed{\ \text{コ}\ }$ である。

(ii) この等式を満たす x と y の組をすべて挙げると $(x,\ y) = \boxed{\ \text{サ}\ }$ である。

(7) 座標空間内に 4 点 A $(0,\ -2,\ 2)$，B $(0,\ 2,\ 2)$，C $(2,\ 0,\ -2)$，D $(-2,\ 0,\ -2)$ がある。この 4 点を頂点とする四面体 ABCD の体積は $\boxed{\ \text{シ}\ }$ である。

〔II〕　以下の問の ス ～ チ にあてはまる適切な数または式を，解答用紙の所定の欄に記入
　　　しなさい。

　　与えられた図形の頂点から無作為に異なる 3 点を選んで三角形をつくる試行を考える。
　ただし，この試行におけるすべての根元事象は同様に確からしいとする。

(1)　正 n 角形における全事象を U_n とし，その中で面積が最小の三角形ができる事象を A_n と
　　する。ただし，n は $n \geqq 6$ を満たす自然数とする。

　　(i)　事象 U_6 において，事象 A_6 の確率は ス である。

　　(ii)　事象 U_n において，事象 A_n の確率を n の式で表すと セ であり，
　　　　この確率が $\dfrac{1}{1070}$ 以下になる最小の n の値は ソ である。

　　(iii)　事象 $U_n \cap \overline{A_n}$ において，面積が最小となる三角形ができる確率を n の式で表すと タ
　　　　である。

(2)　1 辺の長さが $\sqrt{2}$ である**立方体**における全事象を V とすると，事象 V に含まれるすべての
　　三角形の面積の平均値は チ である。

〔Ⅲ〕　以下の問の ツ ～ 二 にあてはまる適切な数，座標または式を，解答用紙の所定の欄
に記入しなさい。

xy 平面上に，x の関数

$$f(x) = x^3 + (a+4)x^2 + (4a+6)x + 4a + 2$$

のグラフ $y = f(x)$ がある。$y = f(x)$ が任意の実数 a に対して通る定点を P，点 P における
接線が $y = f(x)$ と交わる点を Q とおく。

(1)　点 P の座標は ツ であり，点 P における接線の方程式は $y =$ テ である。

(2)　$a = 5$ のとき，$y = f(x)$ 上の点における接線は，$x =$ ト において傾きが最小になる。

(3)　$x =$ ト において $f(x)$ が極値をとるとき，$a =$ ナ であり，
点 $\left(\boxed{ト}, f\left(\boxed{ト} \right) \right)$ を S とおくと，三角形 SPQ の面積は 二 である。

化学

（100 分）

（注意）　問題文中の (1)(2) ， (3) などの □□□□ には，数字またはマイナス符号
（−）が入ります。以下の方法でこれらをマークシートの指定欄にマークしなさい。

　　(1), (2), (3)…の一つ一つは，それぞれ 0 から 9 までの数字，またはマイナス符号
（−）のいずれかに対応します。それらを(1), (2), (3)…で示された解答欄の該当する
箇所にマークしなさい。

解答上の注意

・必要に応じて，以下の値を使いなさい。

　原子量：　H = 1，　　C = 12，　N = 14，　O = 16，　Na = 23，　　K = 39

　気体定数：　　8.31×10^3 Pa・L/(K・mol)

　0℃ = 273 K

　$\sqrt{2}$ = 1.41, $\sqrt{3}$ = 1.73

　$\log_{10} 2 = 0.30$, $\log_{10} 3 = 0.48$

・計算結果は，四捨五入して，指定された桁で答えなさい。

・マス目に文章を記述するときは，英字，数字，記号，句読点も，それぞれ 1 マスを用いて書きな
さい。

・構造式は下図の例にならって記入しなさい。

1. 次の文章を読み，問に答えなさい。

〔 I 〕

　周期表第3周期の金属元素には，ナトリウム，マグネシウム，アルミニウムがある。

　①ナトリウムの単体は，常温の水と激しく反応する。一方，マグネシウムの単体は，常温の水とは反応せず，熱水と穏やかに反応する。ナトリウムと水の反応で生成する水溶液を白金線の先端につけ，ガスバーナーの外炎に入れると ア 色の炎色反応を示す。ナトリウムの化合物である炭酸ナトリウムは，工業的には イ 法でつくられる。この方法では，②塩化ナトリウムの飽和水溶液にアンモニアを吸収させ，二酸化炭素を吹き込むと A の沈殿が生じる。この沈殿を焼くと熱分解によって炭酸ナトリウムが得られる。 イ 法で使用する二酸化炭素は， B の熱分解によって得られる。

　アルミニウムの単体は，鉱石のボーキサイトから得られる C を，氷晶石とともに溶融塩電解してつくられる。アルミニウムの単体は③両性金属であり，④酸とも強塩基とも反応する。アルミニウムの化合物であるミョウバンは， D と E の混合水溶液を冷却すると得られる。ミョウバンのように，二種類以上の塩が結合した化合物で，水に溶けると個々の成分イオンに電離する塩を ウ という。

問1　 ア ～ ウ に入る適切な語を解答用紙に書きなさい。

問2　 A ～ E に入る化合物の化学式を解答用紙に書きなさい。ただし，
　　　 A ～ E は互いに異なる化合物であり， D と E は
　　　順不同である。

問3　下線部①について，マグネシウムのほうが水との反応性が低い理由を 25 字以内で解答用紙に書きなさい。

問4　下線部②の反応の化学反応式を解答用紙に書きなさい。

問5　下線部②で使用する二酸化炭素の電子式を解答用紙に書きなさい。

問6　単体が下線部③の性質を示す元素を下記からすべて選び，その番号を解答用紙に書きなさい。

　　　　1　Cu　　　　2　Fe　　　　3　Mg　　　　4　Sn　　　　5　Zn

問7　下線部④について，（a）アルミニウムと塩酸，（b）アルミニウムと水酸化ナトリウム
　　　水溶液の反応の化学反応式を，それぞれ解答用紙に書きなさい。

〔Ⅱ〕

　　金属元素の原子は，イオン化エネルギーが小さく価電子を放出しやすい。金属では，隣接した
金属原子の最外殻が重なり合い，価電子はこれを伝って金属内を動き回る。このような電子を
　エ　電子という。金属の性質として，　エ　電子を持つ金属は金属光沢があり，熱
伝導性や電気伝導性が大きい。また，金属は金箔やアルミニウム箔のように，⑤たたいて箔状に
広げることができる性質を持つ。　エ　電子による金属原子の間の結合を金属結合といい，
金属結合によって生じる結晶を金属結晶という。金属結晶の原子配列は，　オ　，面心立
方格子，六方最密構造のいずれかになることが多い。金属結晶において，１個の原子に隣接する
原子の数を配位数という。　オ　の配位数は，(1)(2) であり，面心立方格子と六方最密
構造の配位数はともに (3)(4) である。

　　X線を用いて銅の結晶を解析すると，単位格子の１辺が 3.6×10^{-10} m の面心立方格子をつくっ
ていることがわかる。銅結晶の単位格子中に含まれる原子の数は，(5) 個である。この結晶
の密度を 8.96×10^3 kg/m^3 とすると，銅原子１個の質量は，(6).(7) $\times 10^{-(8)(9)}$ gとなる。
金属結晶では，単位格子の１辺の長さから原子半径も求められる。面心立方格子の構造をとる
金属では，単位格子の１辺の長さを a，原子の半径を r とすると，$r = (10)$ と表される。この
式より，銅原子の原子半径は，(11).(12) $\times 10^{-(13)(14)}$ mとなる。

　　一方，固体の原子や分子の配列に規則性がないものを　カ　という。　カ　は，結晶
のように構成粒子が規則的な配列をしていないため，結晶と異なり，　キ　。石英ガラスは
代表的な　カ　であり，共有結合の結晶である⑥石英を加熱して融解し，それを冷却して
凝固させると得られる。

問8　　エ　～　カ　に入る適切な語を解答用紙に書きなさい。

問9　下線部⑤の性質を何というか。解答用紙に書きなさい。

問10　(1)～(9) に入る適切な数字をマークシートにマークしなさい。ただし，(6) に
　　　入る数値は 0 ではない。

問11　(10) に入る適切な式を下記から選び，その番号をマークシートにマークしなさい。

$$1 \quad \frac{\sqrt{3}}{4}a \qquad\qquad 2 \quad \frac{\sqrt{3}}{8}a \qquad\qquad 3 \quad \frac{\sqrt{2}}{4}a$$

$$4 \quad (\sqrt{2}-1)a \qquad\qquad 5 \quad (\sqrt{3}-1)a$$

問12　(11) ～ (14) に入る適切な数字をマークシートにマークしなさい。ただし，(11) に入る数値は 0 ではない。

問13　　キ　に入る適切な文章を，【融点】を用いて 15 字以内で解答用紙に書きなさい。

問14　下線部⑥の化学式を解答用紙に書きなさい。

2. 次の文章を読み，問に答えなさい。

〔Ⅰ〕

　ブレンステッドとローリーは，酸とは (15) 分子・イオンであり，塩基とは (16) 分子・イオンであると定義した。酸，塩基には強さがある。(17) は溶液の酸性の強さを示し，(17) が大きいほど溶液の酸性が強い。電離度は水溶液中における酸や塩基の電離の程度を表し，通常，電離度が (18) ほど強い酸または塩基である。しかし，①電離度は温度や濃度によって変化するため，電離度で酸・塩基の強さを評価することは適切でない。一方，酸の電離定数 K_a および塩基の電離定数 K_b は平衡定数であり，同じ温度では濃度によらず一定の値をとる。そのため，K_a または K_b は濃度に関係なく酸または塩基の強さを表し，K_a が (19) ほど強い酸，K_b が (20) ほど強い塩基である。例えば，酢酸は水溶液中で下記の電離平衡が成り立つ。

$$CH_3COOH \overset{K_a}{\rightleftharpoons} CH_3COO^- + H^+$$

この時，水溶液中の各分子またはイオンのモル濃度を $[CH_3COOH]$, $[CH_3COO^-]$, $[H^+]$ と表記すると，水素イオンのモル濃度 $[H^+]$ は，$[CH_3COOH]$, $[CH_3COO^-]$，酢酸の電離定数 K_a を用いて，（1）式で表される。

$$[H^+] = \boxed{\quad ア \quad} \quad \cdots (1)$$

（1）式より，酢酸が　イ　%電離しているとき，水素イオンのモル濃度 $[H^+]$ は K_a と等しい。

問1　(15) ～ (20) に入る適切な語句を下記から選び，その番号をマークシートにマークしな

さい。ただし，同じ語句を複数回使用できるものとする。

1　水素イオンを与える	2　水素イオンを受け取る	3　電子を与える
4　電子を受け取る	5　水酸化物イオン濃度	6　水素イオン濃度
7　pH	8　大きい	9　小さい

問2　　ア　　に入る式を解答用紙に書きなさい。

問3　　イ　　に入る適切な数字を解答用紙に書きなさい。

問4　下線部①について，温度一定の条件下，弱酸である酢酸の濃度と電離度の関係を示す最も適切な図を下記から選び，その番号をマークシートの　(21)　にマークしなさい。なお，電離度は 1 よりも十分に小さい値とする。

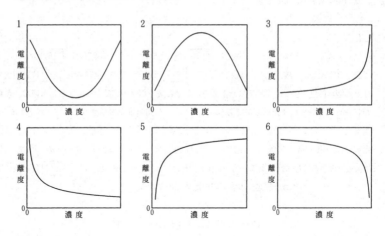

〔Ⅱ〕

　塩酸と酢酸の混合液Aから 10 mL を (22) で正確にとり，乾燥した②コニカルビーカーに全量を入れ，(23) を用いて 1.0×10⁻¹ mol/L の水酸化ナトリウム水溶液で滴定した。pH指示薬Bを用いて滴定すると，③塩化水素のみが中和される第一中和点までに 10 mL を要した。一方，pH指示薬Bの代わりに④pH指示薬Cを用いて最初から再び滴定すると，酢酸が中和される第二中和点までに 15 mL を要した。よって，混合液A中の塩化水素の濃度は (24).(25) ×10⁻ (26) mol/L，酢酸の濃度は (27).(28) ×10⁻ (29) mol/L である。次に，この滴定過程の pH 変化を pH メー

ターで測定したところ，滴定前の混合液 A の pH は $\boxed{(30).(31)}$，水酸化ナトリウム水溶液を
10 mL 添加した第一中和点の pH は $\boxed{(32).(33)}$ であった。水酸化ナトリウム水溶液をさらに
2.5 mL 添加した時の pH は $\boxed{(34).(35)}$ であり，⑤さらに 2.5 mL 添加した第二中和点の pH は
$\boxed{(36).(37)}$ であった。

問5 $\boxed{(22)}$，$\boxed{(23)}$ に入る最も適切な器具を下記から選び，その番号をマークシートにマーク
しなさい。

1 駒込ピペット 2 ビュレット 3 ホールピペット
4 メスシリンダー 5 メスフラスコ 6 ろうと

問6 混合液 A の酸の濃度を求める目的には，下線部②のコニカルビーカーは純粋な水でぬれた
まま使用してもよい。その理由を 30 字以内で解答用紙に書きなさい。

問7 下線部③の中和反応について，中和熱を 56 kJ とし，この中和反応の熱化学方程式を解答
用紙に書きなさい。

問8 下線部④の pH 指示薬 C として適切な物質の名称を解答用紙に書きなさい。

問9 $\boxed{(24)}$ ～ $\boxed{(35)}$ に入る適切な数字をマークシートにマークしなさい。ただし，$\boxed{(24)}$，$\boxed{(27)}$
に入る数値は 0 ではない。なお，pH 指示薬の体積は無視できるものとし，酢酸の電離定数
を $K_a = 2.7\times10^{-5}$ mol/L とする。

問10 下線部⑤の溶液には酢酸ナトリウムが溶けているため，溶液が塩基性を示す。
酢酸ナトリウムの水溶液中では，以下の電離平衡が成り立つ。

$$CH_3COO^- + H_2O \overset{K_h}{\rightleftharpoons} CH_3COOH + OH^-$$

この時，水溶液中の水酸化物イオンのモル濃度を $[OH^-]$ と表記すると，加水分解定数 K_h は
（2）式で表される。

$$K_h = \frac{[CH_3COOH]\,[OH^-]}{[CH_3COO^-]} \quad \cdots (2)$$

水溶液中の酢酸ナトリウムのモル濃度を c とすると，加水分解する酢酸イオンは非常に少ない
ため，$[CH_3COO^-] \fallingdotseq c$ と近似できる。加水分解により生じる水酸化物イオンのモル濃度は

酢酸のモル濃度と等しいため，[OH⁻] は K_h と c を用いて次のように表される。

$$[OH^-] = \boxed{\text{ウ}}$$

また，（2）式より K_h は K_a と K_w を用いて次のように表される。

$$K_h = \boxed{\text{エ}}$$

$\boxed{\text{ウ}}$，$\boxed{\text{エ}}$ に入る式を解答用紙に書きなさい。

問11　$\boxed{(36)}$，$\boxed{(37)}$ に入る適切な数字をマークシートにマークしなさい。なお，pH 指示薬の体積は無視できるものとし，酢酸の電離定数を $K_a = 2.7 \times 10^{-5}$ mol/L，水のイオン積を $K_w = 1.0 \times 10^{-14}$ (mol/L)² とする。

3. 次の文章を読み，問に答えなさい。

　　図1に示す反応容器 A と B は，細いコック付き連結管により接続され，コックは閉じられている。反応容器 A と B の内容積は共に 6.72 L で等しく，連結管と点火線の体積は無視できるものとする。反応容器 A にはメタンとエタンの混合気体が合計で 0.30 mol 含まれており，反応容器 B には酸素が 1.00 mol 含まれていた。温度は 0℃ に保たれ，このとき，反応容器 B 内の酸素の圧力は $\boxed{(38).(39)} \times 10^{\boxed{(40)}}$ Pa であった。コックを開いて十分な時間放置した後，点火し，①メタンとエタンの混合気体を完全燃焼させた。その後，コックを開いたまま 273℃ まで冷却したところ，容器内の物質はすべて気体で存在していた。このとき，容器内の圧力を測定したところ，4.79×10⁵ Pa であった。このときの圧力から，燃焼前のメタン，エタンの混合気体には，エタン $\boxed{(41).(42)} \times 10^{-\boxed{(43)}}$ mol が含まれていたことがわかった。さらに 50℃ まで冷却したところ，②反応容器内に水滴が生じた。このとき，容器内の圧力を測定したところ，$\boxed{(44).(45)} \times 10^{\boxed{(46)}}$ Pa であった。

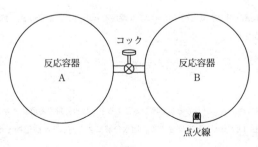

図1

問1　$\boxed{(38)}$ ～ $\boxed{(40)}$ に入る適切な数字をマークシートにマークしなさい。ただし，$\boxed{(38)}$ に入る数値は 0 ではない。

問2　下線部①について，エタンが完全燃焼する化学反応式を解答用紙に書きなさい。

問3　燃焼前に反応容器 A に含まれていたメタンの物質量を x mol，エタンの物質量を y mol とし，燃焼後に容器内に残っている酸素の物質量を x と y を含む式で表し解答用紙に書きなさい。

問4　$\boxed{(41)}$ ～ $\boxed{(43)}$ に入る適切な数字をマークシートにマークしなさい。ただし，$\boxed{(41)}$ に入る数値は 0 ではない。

問5　下線部②の状態変化を表す適切な語を解答用紙に書きなさい。

問6　$\boxed{(44)}$ ～ $\boxed{(46)}$ に入る適切な数字をマークシートにマークしなさい。ただし，$\boxed{(44)}$ に入る数値は 0 ではない。なお，水の蒸気圧は 50 ℃ で 1.2×10^4 Pa とし，液体の水の体積と，容器内の気体の水への溶解は無視できるものとする。

問7　下線部②について，液体になった水の物質量を求めたところ $\boxed{(47)}.\boxed{(48)} \times 10^{-\boxed{(49)}}$ mol であった。$\boxed{(47)}$ ～ $\boxed{(49)}$ に入る適切な数字をマークシートにマークしなさい。ただし，$\boxed{(47)}$ に入る数値は 0 ではない。なお，水の蒸気圧は 50 ℃ で 1.2×10^4 Pa とし，液体の水の体積と，容器内の気体の水への溶解は無視できるものとする。

4. 次の文章を読み，問に答えなさい。

　　化合物 A は，水素原子，炭素原子，酸素原子のみから構成され，ベンゼン環を 2 個含む
分子量 500 以下のエステルである。0.846 g の化合物 A を完全燃焼すると，二酸化炭素 2.51 g と
水 0.594 g を生じた。化合物 A に水酸化ナトリウム水溶液を加えて加熱し加水分解すると，化
合物 B のナトリウム塩と化合物 C が生成した。化合物 B を過マンガン酸カリウムで酸化すると
化合物 D が生成した。化合物 D と化合物 E を次々と縮合重合させると，高分子化合物 F が得ら
れ，これは繊維として衣料品に用いられる他，樹脂としてペットボトルの原料となる。

　　一方，化合物 C に濃硫酸を加え 170℃ で加熱したところ，化合物 G およびその構造異性体
H，I が生成した。化合物 H と化合物 I はシス－トランス異性体の関係にあり，化合物 H はシス
形，化合物 I はトランス形である。化合物 G をオゾン分解したところ，化合物 J と化合物 K が
得られた。また，化合物 H をオゾン分解したところ，ベンズアルデヒドと化合物 L が得られた。
化合物 J と化合物 L はフェーリング液を還元し赤色沈殿を生成した。化合物 K はフェーリング液
を還元しなかったが，ヨードホルム反応は陽性だった。なお，オゾン分解の反応例を図 1 に示す。

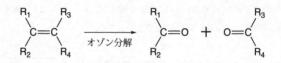

R₁ ～ R₄ は水素，アルキル基あるいはフェニル基

図 1

問 1　化合物 A の分子量は (50)(51)(52) である。(50) ～ (52) に入る適切な数字をマーク
　　　シートにマークしなさい。

問 2　化合物 D，E，K の化合物名を解答用紙に書きなさい。

問 3　化合物 A，I，J，L の構造式を，22 ページにある例にならって解答用紙に書きなさい。

問 4　高分子化合物 F の平均分子量が 3.84×10^4 のとき，500 g の高分子化合物 F を完全に加水
　　　分解するのに必要な水酸化ナトリウムの量は，理論上 (53).(54)(55) ×10^(56) g である。
　　　(53) ～ (56) に入る適切な数字をマークシートにマークしなさい。ただし，(53) に
　　　入る数値は 0 ではない。

問5　化合物 G，H，I を混ぜた溶液に臭素を加え，付加反応を行ったところ，生成物は鏡像
　　　異性体も区別すると (57) 種類だった。(57) に入る適切な数字をマークシートにマーク
　　　しなさい。

5.　次の文章を読み，問に答えなさい。

〔I〕

　　生体を構成する細胞は，タンパク質，①核酸，②糖類，脂質などを含んでいる。タンパク質は，
その構成成分により　ア　タンパク質と　イ　タンパク質に分類される。　ア
タンパク質は③アミノ酸のみで構成されるが，　イ　タンパク質はアミノ酸以外に核酸,
色素，脂質，糖類，　ウ　などを構成成分として含む。例えば，カゼインは　ウ　を
含む　イ　タンパク質である。一方，脂質には，油脂，リン脂質，コレステロールなどが
ある。油脂は脂肪酸とグリセリンのエステルで，油脂を構成する脂肪酸は，天然では炭素数が
　エ　と　オ　のものが多い。脂肪酸のうち，炭素間二重結合を含まないものを飽和
脂肪酸，含むものを不飽和脂肪酸という。例えば，パルミチン酸は炭素数が　エ　の飽和
脂肪酸，リノレン酸は炭素数が　オ　，炭素間二重結合の数が　カ　の不飽和脂肪酸
である。

問1　　ア　～　ウ　に入る適切な語と，　エ　～　カ　に入る数字を解答
　　　用紙に書きなさい。

問2　下線部①について，DNA を構成する 4 種類の核酸塩基のうち，構造に酸素原子を含む
　　　核酸塩基の名称をすべて解答用紙に書きなさい。

問3　下線部②について，マルトースの構造異性体を下記からすべて選び，その番号を解答
　　　用紙に書きなさい。

　　　1　ガラクトース　　　2　グルコース　　　3　スクロース

　　　4　セロビオース　　　5　フルクトース　　　6　ラクトース

問4　下線部②について，デンプンを二糖を経てグルコースまで加水分解するために必要な
　　　2 種類の酵素の名称を解答用紙に書きなさい。

問5　下線部③について，等電点が pH 9.7 のヒトの必須アミノ酸を下記から選び，その番号を
　　　マークシートの (58) にマークしなさい。

　　　1　アルギニン　　　　2　グルタミン酸　　　　3　システイン

　　　4　セリン　　　　　　5　フェニルアラニン　　6　リシン

〔Ⅱ〕

　感染症の予防には，④セッケン，流水を用いた手洗い，あるいは消毒液を用いた手指の消毒が有効である。約 80 ％の濃度の⑤エタノール水溶液は，速乾性の消毒液として使用され，湿潤剤として⑥グリセリンや⑦尿素が添加される場合もある。手洗い，手指の消毒に加えて，医療に従事する者は感染，汚染防止のため，マスク，手袋，ガウン，キャップなどの防護具も使用する。防護具は，合成高分子製の使い捨てのものがよく用いられ，例えばマスクは，⑧ポリプロピレンの不織布で作られているものが多い。

問 6　下線部④について，界面活性剤であるセッケンは，細菌やウイルスの表面を覆う脂質の膜を破壊したり，脂質を乳化して水中に分散させる作用をもつ。セッケンが，脂質のような疎水性の物質を水中に分散させる乳化作用をもつ理由を，次の 6 つの語を用いて 60 字以内で解答用紙に書きなさい。

　　　【内側，外側，コロイド粒子，親水性部分，疎水性部分，疎水性の物質】

問 7　下線部④および⑥について，セッケンとグリセリンは，油脂を水酸化ナトリウムで加水分解すると生じる。けん化価が 2.10×10^2 の油脂 1.00 kg を水酸化ナトリウムで完全に加水分解すると，$\boxed{(59)}.\boxed{(60)}\boxed{(61)}$ kg のセッケンと $\boxed{(62)}.\boxed{(63)}\boxed{(64)} \times 10^{-\boxed{(65)}}$ kg のグリセリンが生じる。$\boxed{(59)}$ ～ $\boxed{(65)}$ に入る適切な数字をマークシートにマークしなさい。ただし，$\boxed{(62)}$ に入る数値は 0 ではない。なお，けん化価とは，油脂 1 g を完全にけん化するのに必要な水酸化カリウムの質量（mg）である。

問 8　下線部⑤について，デンプンを加水分解し得られるグルコースから，酵母によるアルコール発酵でエタノール 18 L をつくるとき，理論上 $\boxed{(66)}.\boxed{(67)} \times 10^{\boxed{(68)}}$ kg のデンプンが必要である。$\boxed{(66)}$ ～ $\boxed{(68)}$ に入る適切な数字をマークシートにマークしなさい。ただし，$\boxed{(66)}$ に入る数値は 0 ではない。なお，エタノールの密度は 0.80 g/cm³ とする。

問 9　下線部⑦の尿素は，合成高分子の原料としても用いられ，尿素樹脂が尿素とホルムアルデヒドから $\boxed{(69)}$ で合成される。一方，下線部⑧のポリプロピレンは，プロピレンから $\boxed{(70)}$ で合成される。尿素樹脂は $\boxed{(71)}$ 樹脂，ポリプロピレンは $\boxed{(72)}$ 樹脂である。$\boxed{(69)}$ ～ $\boxed{(72)}$ に入る適切な語を下記から選び，その番号をマークシートにマークしなさい。ただし，同じ語を複数回使用できるものとする。

1	開環重合	2	縮合重合	3	付加重合
4	付加縮合	5	熱可塑性	6	熱硬化性

問　題　編

■一般入試

問題編

▶試験科目・配点

教　科	科　　　　目	配　点
外国語	コミュニケーション英語Ⅰ・Ⅱ・Ⅲ，英語表現Ⅰ・Ⅱ	100 点
数　学	数学Ⅰ・Ⅱ・A・B	100 点
理　科	化学基礎・化学	150 点

▶備　考

　数学Aは「場合の数と確率」・「整数の性質」・「図形の性質」を，数学B
は「数列」・「ベクトル」を出題範囲とする。

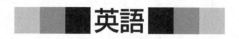

英語

(80 分)

〔 I 〕

Read the following article carefully and answer the questions. For each question, choose ONE BEST answer. On your answer sheet, find the number of the question and fill in the space that corresponds to the number of the answer you have chosen. For Writing Answer Question "A", write your answers in the corresponding spaces provided on the Writing Answer Sheet.

(Based on Enrico Coen. 2012. *"Cells to Civilizations: The Principles of Change That Shape Life."*)

① Most of the ocean is in perpetual darkness, but near its surface there is sufficient light to support a thriving community of microscopic plants. These unicellular algae*[1] form a vast lawn of marine plankton. There are, however, hazards to this way of life. Plankton is helplessly swept along by currents and turbulent seas. If the microscopic plants are carried down to the lower depths, light levels rapidly fall and they may die in the vast darkness, unless they can swim or float back to the surface. Closer to the shoreline, the shallowness of the seas prevents the fall to gloom. But there is no guarantee that a plant living near the coast might not be swept away into the immense ocean, unless it attaches itself to a rock. Some species of unicellular algae fasten onto the seabed, allowing them to live permanently near the coast. These cells often have two different ends — one is specialized for holding onto the rock and the other is specialized for harvesting energy from sunlight. With this arrangement, they embody an aspect of their surroundings; the interface between opaque, solid rock and transparent, fluid seawater.

② [Q2] this way of life, individuals that are able to extend upwards and grow away from the rock will gain more light. Their chances for survival may be better than those of their overshadowed neighbors, and they therefore may be favored by natural selection. One means of achieving this growth would be for the cells themselves to become bigger. But there are limits to how large a single-celled organism can grow. As size increases, it becomes more difficult for processes to be coordinated across a large volume of cytoplasm*[2].

A partial solution to this difficulty is the inclusion of many nuclei in the cell; this is often the case in the largest single-celled creatures. Still, continual mixing of cytoplasm can make it difficult to establish patterns of gene activity.

③　Another solution to these problems is for cells to adhere to one another after division, allowing the organism to grow into a multicellular individual. With several cells, each with their own nucleus, the possibility arises of switching different genes on in different cells. Cells near the rock face might switch on genes for [Q3a], while cells at the exposed water end could switch on genes involved in [Q3b]. The evolution of such specialized cells does not require a completely new set of mechanisms. It could arise by the combination of ingredients that were already present in the unicellular organisms. Principles that apply to single cells can apply to several cells in proximity. Then the interface between rock and sea can be dealt with in a new way, through differences between cells rather than within them. The alga*¹ has captured or embodied a spatial feature of its environment, the distinction between rock and the sea around it, through its organization of cell types. It has carved up the world by carving up itself.

④　Our primitive alga is able to achieve this organization by following a relatively simple, circuitous path in developmental space. The initial cell of the alga starts with a particular combination of regulatory proteins, corresponding to one location in developmental space. This context provides the molecular conditions that drive the cell to divide and produce a few more cell types in the early embryo, some better suited to gripping the rock and others to harvesting light. The embryo has been propelled to a new location in developmental space. This in turn provides the context that drives the next step. Eventually, cells are also set aside for the formation of the reproductive cells that give rise to the next generation. In this way, the alga [Q7] a looped path through developmental space, governed by a set of molecular and cellular principles that were already operating in its unicellular ancestors.

⑤　This scenario demonstrates how ingredients already present in the unicellular world may have come together during evolution to provide a basic recipe for development. Once this recipe was in place, more elaborate forms of development could evolve. Our simple multicellular algae stuck to the rock strive for light, so forms that can proliferate and grow taller during their life cycle may be favored by natural selection. In growing taller, additional issues crop up, like the stresses brought about by the plant being wrenched by currents, or the problems of cells at the rock face staying alive as they lie further from the photosynthetic cells. Additional cell [Q9] may be helpful, such as a collar of stronger cells that prevent the plant from being torn off by the currents, or a transportation system for moving sugars from the tip to the base of the plant. No fundamentally new mechanism is needed for such [Q9] to evolve. They can arise from the same process of patterning being repeated as the organism develops. By recurrently building pattern upon pattern as the organism grows, different forms of [Q9] can arise in an organized fashion. The overall result is that our looped path through developmental space has become extended and modified.

⑥ Many single-celled animals live successfully by consuming other organisms. But there are some advantages for animals being larger, including the ability to swallow other creatures, and avoid being swallowed in return. Increasing size by becoming multicellular has the added benefit of allowing different cells to acquire specialized jobs; some cells might be dedicated to eating and others to digesting food. And as the animals living at a greater scale encounter further challenges, such as moving around effectively or coordinating different body parts, further cell types and arrangements could arise through recurrent patterning that deal with these challenges.

⑦ Greater size and complexity does not come without some costs. For example, it delays reproduction because the organism needs more [Q10] to grow to its mature form. The benefits of size therefore need to be set against the costs of an increased generation time. Trade-offs like this abound in the living world because improving in one way can often be at the expense of growing worse in another. For this reason multicellular organisms have not replaced unicellular ones: single-celled creatures like bacteria continue to vastly outnumber their many-celled relatives. As Stephen Jay Gould*³ has pointed out, we still live in the "Age of Bacteria," a period which has lasted about 3.5 billion years. Rather than an overall progression of life to ever greater size and complexity, ecosystems contain many different forms that coexist, each capturing relationships at various scales, from the microscopic to the macroscopic.

*¹ alga/algae (plural): a primitive plant that grows near or in water.

*² cytoplasm: the fluid-like material filling much of the inside of cells.

*³ Stephen Jay Gould: (1941-2002) An American evolutionary biologist who taught at Harvard University.

Q1. **In paragraph ① (line 7), the author's usage of the underlined phrase is meant to emphasize the point that —**

1. Happiness is a desirable state.

2. Despair must not be allowed to occur.

3. The loss of available light is the enemy.

4. There is hopelessness in the waters nearest to the land.

5．Strong water movements resulting in turning over must be allowed to happen.

Q2. In paragraph ② (line 1), which of the following words could best be added to [Q2]?

1．Because

2．Concluding

3．Fixed

4．Inside

5．With

Q3. In paragraph ③ (lines 4 and 5), which of the following contains a set of words that could be best added in [Q3a] and [Q3b], respectively?

	Q3a	Q3b
1.	attaching	photosynthesizing
2.	breathing	diving
3.	concentrating	moving
4.	expanding	diminishing
5.	standing	spreading

Q4. In paragraph ③ (line 8), the underlined phrase is closest in meaning to —

1．almost

2．apart

3．mostly

4．nearby

5．often

Q5. Which of the following can best be inferred from the author's discussion in paragraph ③?

1．Genes orchestrate the way a life form adjusts to its surroundings.

2．Different principles apply to single and multicellular environments.

3．The structural features of genes precisely mirror the cells and the habitat perfectly.

4．As many ingredients as possible always make for the best recipe for genes to be matched.

5．Adjacent nuclei come together to form a single physically enlarged nucleus that controls all mechanisms.

Q6. Which of the following accurately describes the light harvesting process mentioned in paragraph ③? (Note: the details of the process are not specifically discussed in the text.)

1. Carbon dioxide and water are reactants yielding oxygen and glucose as products.

2. Water and oxygen react together to produce carbon dioxide and glucose as products.

3. Sugars and water are reactants that yield both oxygen and carbon dioxide gas as products.

4. Oxygen and carbon dioxide combine to produce simple sugars and water as reactant products.

5. Oxygen and sugars combine as reactants to produce carbon dioxide and water as end products.

Q7. In paragraph ④ (line 9), which of the following words could best be added to [Q7] ?

1. attends

2. cranks

3. forges

4. ranks

5. wets

Q8. In paragraph ④ (line 10), the underlined word is closest in meaning to —

1. alternatives

2. children

3. colleague

4. neighbors

5. roots

Q9. In paragraph ⑤ (lines 8, 11, and 13), which of the following words (same word for all three blanks) could best be added to [Q9] ?

1. concentration

2. globalization

3. immortalization

4. recommendation

5. specialization

Q10. In paragraph ⑦ (line 2), which of the following words could best be added to [Q10] ?

1. light

2. money

3．size

4．time

5．value

Writing Answer Question "A" (includes A1 and A2)

On the Writing Answer Sheet, write the appropriate words in the blocks provided in the Writing Answer Question "A" (A1 and A2) section to complete the summary sentence below. A1 requires exactly nine letters and A2 requires exactly seven letters. The words required appear in the main text. You must use the appropriate word from the main text that correctly completes the meaning and context of the sentence. You must use the appropriate word exactly as it appears in the main text. Please write clearly.

The overall main process driving most life from simple to more complex organisms is referred to as [A1], but many different types can [A2].

〔Ⅱ〕

Read the following article carefully and answer the questions. For each question, choose ONE BEST answer. On your answer sheet, find the number of the question and fill in the space that corresponds to the number of the answer you have chosen. For Writing Answer Question "B", write your answer in the corresponding spaces provided on the Writing Answer Sheet.

(Based on Joanna Bourke. 2014. "*The Story of Pain: From Prayer to Painkillers*.")

① Figurative languages are indispensable when we seek to communicate unpleasant sensations to ourselves and to others. The metaphors we choose have a profound impact on the way we *feel* pain as well as upon the ways our suffering is treated. If we are to understand how people in the past suffered, we need to pay attention to the languages they seized hold of in order to overcome some of the obstacles to pain-speech.

② It may be useful to begin with a very few words about figurative languages in general before moving on to a more detailed analysis of the ways people-in-pain employ them. Figurative languages are rhetorical figures of speech that employ association, comparison, or resemblance, as in analogies between two things ('pain gnawed*1 at his stomach'), similes*² ('the pain felt like a rat, gnawing his stomach'), and metonyms*³ ('the gnawing continued'). As shorthand, the term 'metaphor' will be used to refer to all these figures of speech.

③　Abstract, metaphorical concepts emerge from bodily experiences and environmental interactions. Bodies are actively engaged in figurative processes and social interactions that constitute painful sensations. And culture collaborates in the creation of physiological bodies and metaphorical systems.

④　Metaphorical clues are often extremely complex (for example, when a person describes their pain as 'sharp', do they mean 'narrowly confined, of high intensity, or of short duration'?). They are also often confusing, especially if taken literally. For instance, what does it mean to say that a pain 'hurts like blue blazes'? [Q13a] of a man who states that 'I literally felt a physical pain in my gut. [Q13b]: a physical pain — like an elephant kicking me in the ribs'? Not only is the biological distance between guts and ribs fairly well determined, but readers might also ask how he knows what being kicked by an elephant might 'literally' feel like.

⑤　In 1957, a physician from the National Hospital in London observed that "we say 'pins and needles', knowing that the common experience so described does not resemble the actual sensation provided by multiple and successive applications of 'real' pins and needles. 'Burning' and 'tearing' pains are manifestly unlike the feeling of being burnt or torn".

⑥　The 'selection of metaphors' seems to be 'based on an entirely different principle from an extension of the effects of a tool or weapon on the human body'. Instead, the metaphor is itself an analogy, based largely on visual and temporal correspondences. Thus, "if a painful experience has a temporal form of starting suddenly and ending abruptly, while being limited spatially to a small region, we call it a shooting pain. It resembles the 'visual form' of a shot, not the painful properties of the shot's consequences. . . . A 'sawing' pain projects the temporary structure of sawing (rhythmic, repetitive, and possessing frequent highs and lows) on to the visual characterizations of a saw". What is being described is the 'spatiotemporal patterns of the sensation'. Correspondences between the body and metaphor are central to understanding the way people experience their worlds, including painful ones.

⑦　Wild descriptions actually express the pain for the sufferer. Similar to words such as 'absolute, infinite, and eternal', they marked 'the negation of definitive conception and helplessness of thought'. They reveal the 'extreme disabling effect' of pain on the sufferer's most basic self. Perhaps even more importantly, the use of immoderate descriptions was an attempt to "excite in the minds of others a proportionate feeling of the really inexpressible misery of the strange and confusing sensation. They are endeavors not to convey ideas, but to express feelings that are inexpressible".

⑧　Through language, then, sufferers not only attempted to render their own worlds less chaotic, but they also sought to reach out to others for help and sympathy. Human experience 'emerges from our bodily being-in-the-world'. People are born into worlds that are not of their own making: they must navigate within this world, and they do so by employing not only the existing metaphorical tools but also the ability to <u>imaginatively</u> create other conceptual domains from bodily experiences. These metaphors don't merely reflect pain but are crucial in constituting it, within interactive social contexts.

*¹ gnawed: chewed or to be troubled.

*² similes: comparison words.

*³ metonyms: substitute words.

Q11.　Which of the following is true of the author's description in paragraphs ①, ②, and ③ ?

1．Figurative explanations are non-symbolic and vary little worldwide.

2．Metaphors represent dissimilar ways of expressing facts, common to all cultures.

3．The language used to communicate pain is superficial and has a modest bearing on how suffering is treated.

4．Literal expressions of feelings are crucial to understanding a person's interactions with pain and suffering.

5．Rich varieties in manners of communication and expression exist and reflect the many different ways that humans interact with their world.

Q12.　Select the proper example representing a metaphorical clue as discussed in paragraph ④ (first mentioned in line 1) —

1．"I lost 10 kilograms in 6 months."

2．"My heart races into my neck when I worry."

3．"My field of vision is worsening year by year."

4．"I feel I have a high fever of about 39 degrees."

5．"I can't move my right ankle, because of the pain."

Q13.　In paragraph ④ (lines 4 and 5), which of the following contains a set of phrases that could be best added in [Q13a] and [Q13b], respectively ?

	Q13a	Q13b
1.	Can there be another way	In an instance
2.	Is it not clear at all	For the experience
3.	Is there no literal meaning	Indirectly speaking
4.	What are we to make	I mean that
5.	When it is said	A straightforward episode

Q14. In paragraph ⑥, the main message that the author intends to convey is that —

1. The world is experienced only through metaphors.

2. The timing of pain does not strongly influence the way it is seen.

3. The location of discomfort is equally as important as the day it occurs.

4. The perception of pain can involve various senses and the imagination.

5. Describing the way devices cut into our world is the single way to comprehend physical impacts.

Q15. In paragraph ⑦ (line 4), the underlined phrase is used to convey the meaning that —

1. Suffering can never be expressed in an untamed manner.

2. Long and tedious explanations help others understand better.

3. All feelings expressed are marginal to the concerns of daily life.

4. One is able to adequately show how they deal with life's problems.

5. Such expressions are based on the sum of one's experiences to being human as a whole.

Q16. When the underlined word imaginatively (paragraph ⑧, line 5) is pronounced, one part (syllable) of the word should be emphasized the strongest. Which of the following has the same part that needs to be emphasized the strongest when pronounced?

1. audiovisual

2. cardiovascular

3. discriminatory

4. incomprehensible

5. underestimated

Q17. Which of the following is NOT mentioned in this article?

1. Word replacements are needed to relay the suffering one goes through.

2. There are constraints imposed on the ability to share distressing events.

3. Pain expressions involve descriptions incorporating both time and space.

4. Different environments in which one grows up can impact the manner in which feelings are communicated.

5. It is easy to adequately compare physical experiences with subjective feelings by use of literal language.

Writing Answer Question "B"

On the Writing Answer Sheet, put the following words into the proper order necessary to complete the summary sentence about Article [Ⅱ]. Please put them in the order that makes the best sense within the context of the entire article. Write your answer in the space provided in the Writing Answer Question "B" section. The word "The" should be the first word and the word "is" should be the sixth word.

[background]　[based]　[expresses]　[he/she]　[his/her]　[on]　[pain]　[way]

The [　　] [　　] [　　] [　　] is [　　] [　　] [　　] [　　].

〔Ⅲ〕

Read the following article carefully and answer the questions. For each question, choose ONE BEST answer. On your answer sheet, find the number of the question and fill in the space that corresponds to the number of the answer you have chosen. For Writing Answer Question "C", write your answer in the corresponding spaces provided on the Writing Answer Sheet.

(Based on David H. Rosen and Uyen B. Hoang. 2017. "*Patient-Centered Medicine: A Human Experience.*")

① To become ill, even slightly so, is always disruptive. We forget just how disruptive, of course, as soon as we recover; but think back and recall how troublesome your last cold actually was. A cold is trivial enough, yet at the infection's height you probably could not think clearly and felt too uncomfortable to enjoy reading, music, friendship, or even food — and this was just a cold. When a person enters the realm of more serious illness, wrenching disruptions and profound feelings of anxiety and loss are inevitable. Moreover, illness forces change in a person: altered expectation, dashed hopes, and a fragmented self image. Ill people do not choose to change; they must. In fact, <u>the Chinese symbol for crisis is composed of two characters</u> representing danger and opportunity, respectively.

②　Much attention has been given to the phenomenon of <u>health-seeking behavior</u>. What are the factors that lead people to identify themselves as patients? What motivates them to call a healthcare professional for an appointment or to drive to an emergency room and seek medical care actively? Obviously, the answer is multifaceted and based on much more than the mere presence or absence of a given symptom. *Who* these people are is critical, as is their previous experiences with illness, their perception of healthcare professionals, the reactions and pressures of their family, and the symbolism of the symptom; these and many other influences go into any person's decision to seek help.

③　<u>Health-seeking behavior</u> is also affected greatly by the emotional, psychological, and social context in which physical symptoms appear. A complete and thorough healthcare professional *must* include an assessment of these as part of the evaluation of any patient. Consider, for example, the hypothetical case of two young mothers. Both are 26 years old and both have 5-month-old nursing infants. Let us assume also that both have "identical" headaches located in the same place, with attributes that are completely alike. Yet, the headaches turn out to be vastly different for each when we consider the life setting in which they occur. Mother "A" feels overwhelmed currently and terrified. At times she feels suicidal. This is something she has not told anyone and does not tell her doctor voluntarily unless they discern how distraught she is and tactfully, but firmly, inquire into her depression. This mother will tell her doctor (*if* they asked) how, everyday, she struggles with an urge to beat her screaming, colicky*¹ infant. On several occasions, in fact, she has come close. She is terrified that the urge will get out of hand. Nor would such an occurrence be foreign for her. As a young child she was beaten repeatedly and severely by her own mother. When she calls her doctor for an appointment, however, she reports only "headaches."

④　Mother "B", our other woman with headaches, can fortunately be dealt with more briefly. Her life is reasonably happy, her family setting is safe and secure, and she is well integrated psychologically, with a stable sense of self-esteem. She does not, in fact, think to call the health professional. Two aspirin tablets seem to <u>do the trick</u> and she never actually picks up the phone.

⑤　Identical headaches, but vastly different problems. To discern this, however, healthcare professionals must appreciate their patients' difficulty at different levels of the systems hierarchy. A note in the chart that reads "tension headaches likely, rule out CNS*² tumor or bacterial infection" is just not adequate. Yet, some health professionals limit the focus of their inquiry to just this degree. If a health professional were to put on such blinders in her assessment of Mother "A", she would doubtless leave the office with a <u>muttered</u>, "Thank you," most likely with a prescription*³ in her hand (that may never be filled*⁴, much less taken, or conversely, might be filled and taken all at once). She will have left with her real pain unexpressed, possibly to go home and explode. And the healthcare professional might well believe that they have a satisfied patient and have done a competent job.

⑥　Finally, we wish to emphasize one [Q21a], yet [Q21b] point regarding the management of these "identical" headaches. The proper intervention is derived from an understanding of systems theory; it is not a matter of "bedside manner" or "clinical intuition." Nonsystems-oriented healthcare providers might or might not see value in inquiring about patients' circumstances and life. They might think of this as interpersonal warmth, humanism, viewing the patient holistically — or they might consider such matters basically trivial. Healthcare providers who understand systems theory know differently; viewed from this perspective, understanding patients <u>comprehensively</u> is essential. A systems approach makes it clear that mother "A's" headache is affected, possibly even precipitated, by the [Q23] she faces. To inquire of her about these is not being "kind" or "sensitive," it is being diagnostically complete. The rage, frustration, and despair that mother "A" feels at the level of the two-person system (she and the child) and at the family level of the system (Where is her husband? What roles has her own child abuse played in her life?) have effects at the organ system level. The precise nature of these effects has yet to be well delineated, although research continues to be promising. For example, high levels of stresses (and chronic stress) such as the ones mother "A" is experiencing are reported in patients with tension headaches, and is said to alter protective adaptive responses of the brain with resultant pathophysiological*⁵ changes in brain structure and function, including immunological changes.

⑦　The reason why it is so critical to grasp the highly interactive nature of different levels in the systems hierarchy is because, without such an understanding, health professionals are not able to prescribe the best treatment for their patients. For mother "A", this treatment obviously involves more than the prescription of pain tablets. It is true that a relaxant may relieve her muscle spasm and a pain killer, the subjective experience of pain, but these interventions do nothing to alter the disturbances at higher levels in the systems hierarchy that are precipitating the problem. The healthcare professional must help mother "A" to deal with her concerns about her parenting capacities and the current relationship with her husband and child, whether through referral to a psychotherapist for individual therapy or through family and parenting support services in the community. It is the only rational treatment strategy to be applied in this case. Finally, healthcare professionals who truly understand systems theory (after proper diagnosis and treatment at all levels of the system) do understand *why* the headache got better — and why the 20-minute counseling session the therapist conducted with mother "A" and her husband was a potent therapeutic intervention resulting in effective treatment of her headaches and painful situation.

⑧　Others have proposed that one way to conceptualize reactions to illness is to view serious illness as a *development crisis*, occurring within the overall context of a person's life. From such a perspective, illness may be viewed as a new, and sometimes critical, challenge to a person's homeostasis*⁶ and sense of identity. Bear in mind, however, that people are inevitably more complicated than the outlines we use to categorize them. Still, there may be some value in recognizing that illness is an evolving process with often critical implications for human development, and not just some unfortunate moment frozen [Q25] time, quickly to be forgotten.

*¹ colicky: discomfort or pain in the stomach area.

*² CNS: central nervous system.

*³ prescription: a medication order from a doctor

*⁴ fill: a pharmacy or pharmacist distributing the doctor ordered medications to a patient

*⁵ pathophysiological: pertaining to a state of abnormal body function.

*⁶ homeostasis: a biological state of balance or equilibrium.

Writing Answer Question "C"

According to the underlined phrase (the last sentence of paragraph ①), write the most appropriate Japanese word consisting of two KANJI characters in the blocks provided on the Writing Answer Sheet Question "C" section, that most corresponds to the concepts discussed in the text. Please write clearly.

Q18. In paragraphs ② and ③, the author's usage of the underlined phrase in the first sentence of each paragraph means —

1 . The patient's disease is the only concern here.

2 . Optimum daily lifestyle choices are preventative.

3 . A person's word should speak louder than their actions.

4．There are motivations to turn to others to provide relief.

5．Violence can be hidden and may not always be easily seen.

Q19. In paragraph ④ (line 4), the author's usage of the underlined phrase is meant to emphasize the point that —

1．The problem was eliminated.

2．Good luck is mentally encouraging.

3．Pieces to the puzzle magically came together.

4．More pleasure was added to the nuclear family unit.

5．Not being able to make the telephone call forced the decision.

Q20. In paragraph ⑤ (line 7), the underlined word is used to convey the meaning that —

1．The speaker's source of pain was properly addressed.

2．The speaker expressed a form of dissatisfaction.

3．The speaker clearly and gratefully stated their pleasure with the results.

4．The speaker was happy to be able to share their problems with the health professional.

5．The speaker was genuinely relieved, but simply too shy to adequately express their gratitude.

Q21. In paragraph ⑥ (line 1), which of the following contains a set of words that could be best added in [Q21a] and [Q21b], respectively？

	Q21a	Q21b
1．	abstract	secondary
2．	important	feeling
3．	major	minor
4．	puzzling	incomplete
5．	subtle	critical

Q22. In paragraph ⑥ (line 8), the underlined word is closest in meaning to —

1．generously

2．obviously

3．personally

4．specifically

5．totally

Q23. In paragraph ⑥ (line 10), which of the following words or phrases could best be added to [Q23]？

1. aspirin tablets
2. CNS tumor
3. emotional stresses
4. fever
5. virus

Q24. **Which of the following is true regarding the author's descriptions in paragraph ⑥ ?**
1. A non-systems level evaluation considers societal factors.
2. The context from which the sufferer arises could exert causal effects.
3. A systems level approach refers to only the human body organ systems.
4. Identical symptoms for non-identical patients appear from identical system origins.
5. Deemphasizing a whole body approach is the best way for health management.

Q25. **In paragraph ⑧ (line 7), which of the following words could best be added to [Q25] ?**
1. against
2. below
3. in
4. on
5. to

Q26. **Which of the following could best serve as an appropriate title for this entire article ?**
1. Non-System Abnormality Patients
2. Minor Causes of Disease in Patients
3. Social Context Disease Considerations
4. Organ System Centered Focus: Primary Concern
5. Temporary Spatiotemporal Disease Non-Systems

〔IV〕
Read the following question carefully and answer the question. Choose ONE BEST answer. On your answer sheet, find the number of the question and fill in the space that corresponds to the number of the answer you have chosen. The following question pertains to <u>all three articles</u> (I , II, and III).

Q27. Which of the following expresses a statement that correctly summarizes and could be considered representative of the overall concepts for all three articles (I , II, and III)?

1 . Complexities in system organizations require figurative communication methods.

2 . Identical patterns of human, cellular, and language communication create the best formed systems.

3 . It takes many generations of slow, temporary change to improve the general quality of health, pain, and suffering.

4 . Bacterial diseases cause inexpressible pain and suffering in systems, requiring optimal organization and approaches.

5 . An active effort to approach and evaluate things from deeper and multiple perspectives is very important for a better understanding.

数学

(80 分)

《解答上の注意》

1. 解答が分数の場合は，既約分数で解答しなさい。

2. 解答が根号を含む場合は，根号の中はできる限り簡単な形にしなさい。また，解答が根号を含む
   分数の場合は，分母を有理化しなさい。

3. 複数の解答が考えられる場合は，解答用紙の所定の欄にすべて記入しなさい。

〔 I 〕 以下の問の ア ～ サ にあてはまる適切な数または式を，解答用紙の所定の欄に記入
しなさい。

(1) x の関数 $f(x)$ が等式

$$f(x) = 2x^2 - 4x - \int_0^1 f(t)\,dt$$

を満たすとき $f(x)$ を求めると，$\displaystyle\int_0^1 f(t)\,dt =$ ア である。

(2) 不等式 $x^2 - 5x + 3 - 2\log_3 x < 0$ を満たす自然数 x は イ 個ある。

(3) 5 人が着席できる円形のテーブル ①，②，③ がある。A と B を含む 15 人全員が無作為に
テーブルに着席する。

(i) A と B が，ともに ① のテーブルに着席する確率は ウ である。

(ii) A と B が，隣り合って着席する確率は エ である。

(4)　∠ABC と ∠ACB が鋭角である三角形 ABC において，頂点 A から辺 BC におろした垂線と辺 BC との交点を Q とおくと，BQ = 10，QC = 8 である。また，辺 AB 上に動点 P をおき，2 つの線分 AQ と PC の交点を R とする。PR = 7 となる位置に点 P を動かすと，RC = 9 である。

　(i)　PR = 7 のとき，PB = ┃オ┃である。

　(ii)　辺 AB を 4：1 に内分する位置に点 P を動かすと，AR = ┃カ┃である。

(5)　xy 平面上の放物線 $y = x^2$ 上を動く 2 点 A, B と原点 O を線分で結んだ三角形 AOB において，∠AOB = 90° である。このとき，三角形 AOB の重心 G の軌跡の方程式は $y = $ ┃キ┃である。

(6)　正の整数の列 $\{a_n\}$：

　　　　　1, 2, 8, 3, 12, 27, 4, 16, 36, 64, 5, 20, 45, 80, 125, 6, …

がある。この数列 $\{a_n\}$ を次のように群に分け，第 s 群には s 個の整数が入るようにする。

　　　　　1 ｜ 2, 8 ｜ 3, 12, 27 ｜ 4, 16, 36, 64 ｜ 5, 20, 45, 80, 125 ｜ 6, …
　　　　　第1群　第2群　　第3群　　　　第4群　　　　　　第5群

　(i)　第 s 群の t 番目の項を s と t の式で表すと ┃ク┃である。ただし，t は $t \leq s$ を満たす。

　(ii)　$\{a_n\}$ の 77 番目の項は $a_{77} = $ ┃ケ┃である。

　(iii)　群内の項の総和が，初めて群内の最後の項の 5 倍以上になるのは，第 ┃コ┃群である。

(7)　xy 平面上に点 P$(9, 3)$ と点 Q$(3, 1)$ がある。点 Q を中心に，点 P を反時計回りに 15° 回転させた点を P′ とする。ただし，PQ = P′Q である。このとき，点 P′ の座標を求めると，x 座標は ┃サ┃である。

〔**II**〕　以下の問の　シ　～　ツ　にあてはまる適切な数または式を，解答用紙の所定の欄に記入しなさい。

xy 平面上に不等式 $(k^2 - 2k)x^2 + (2k - 2)xy - 10(k - 2)x - 10y + y^2 \leqq 0$ で表される領域 D がある。D の境界線である 2 直線のうち，傾きが正であるものを l_1，もう一方を l_2 とおく。l_1 と x 軸の正の向きとの成す角を θ とおく。

また，放物線 $C : y = \alpha(x - 5)^2 + \beta$ の $x = k + 5$ における接線は l_2 に一致する。

ただし，α, β は実数であり，k は $0 < k < 2$ を満たす実数とする。

(1)　l_1 の方程式は $y = $ シ であり，l_2 の方程式は $y = $ ス である。

(2)　α の値は セ であり，β を k の式で表すと ソ である。

(3)　C が l_1 と異なる 2 点で交わる k の値の範囲は タ である。

(4)　$\tan\theta = \dfrac{5}{4}$ のとき，k の値は チ であり，このとき $y \leqq \alpha(x - 5)^2 + \beta$ の表す領域と D の共通部分の面積は ツ である。

〔**Ⅲ**〕　以下の問 (1), (3) の　テ ,　ナ　にあてはまる適切な数を，解答用紙の所定の欄に記入し，　ト　にあてはまる適切な文字を，解答用紙の所定の欄にあるアルファベットから選び，丸で囲みなさい。

　　　問 (2) の箱ひげ図は，解答用紙の所定の欄に作図しなさい。ただし，平均値は記入しなくてもよい。

　　　ある大学で，複数の科目を受験科目とする入学試験を実施した。下記の表は，すべての科目の合計点が上位 10 名に入る受験者について，数学の点数のみを抜き出したものである。この 10 名の数学の点数の平均値は 84.0 点，分散は 53.0 である。ただし，試験の点数はすべて整数値であり，平均値と分散は四捨五入されていないものとする。また，x, y は $x > y$ を満たす。

受験者	数学の点数（点）
A	95
B	70
C	88
D	84
E	91
F	79
G	83
H	81
I	x
J	y

(1)　受験者 I の数学の点数は　テ　点である。

(2)　この 10 名の数学の点数の箱ひげ図を作図しなさい。

(3)　入学試験に合格した受験者のうち，一部はこの大学に入学しなかった。入学した受験者のすべての科目の合計点上位 10 名を調べたところ，受験者 A から J の 10 名のうち 9 名と受験者 K であった。この受験者 K を含む 10 名の数学の点数の平均値は 83.0 点，分散は 62.0 である。ただし，平均値と分散は四捨五入されていないものとする。このとき，受験者 A から J の中で入学しなかった受験者は　ト　であり，受験者 K の数学の点数は　ナ　点である。

化学

（100 分）

（注意）　問題文中の $\boxed{(1)(2)}$，$\boxed{(3)}$ などの $\boxed{}$ には，数字またはマイナス符号
（－）が入ります。以下の方法でこれらをマークシートの指定欄にマークしなさい。

　(1), (2), (3)…の一つ一つは，それぞれ 0 から 9 までの数字，またはマイナス符号
（－）のいずれかに対応します。それらを(1), (2), (3)…で示された解答欄の該当する
箇所にマークしなさい。

解答上の注意
・必要に応じて，以下の値を使いなさい。

　原子量：　H＝1，　C＝12，　N＝14，　O＝16，　Na＝23，　　Fe＝56

　標準状態：　0℃，1.01×10⁵ Pa

　気体定数：　8.31×10³ Pa・L/(K・mol)

　アボガドロ定数：　6.02×10²³/mol

　0℃＝273 K

・計算結果は，四捨五入して，指定された桁で答えなさい。

・マス目に文章を記述するときは，英字，数字，記号，句読点も，それぞれ 1 マスを用いて書きな
さい。

・構造式は下図の例にならって記入しなさい。

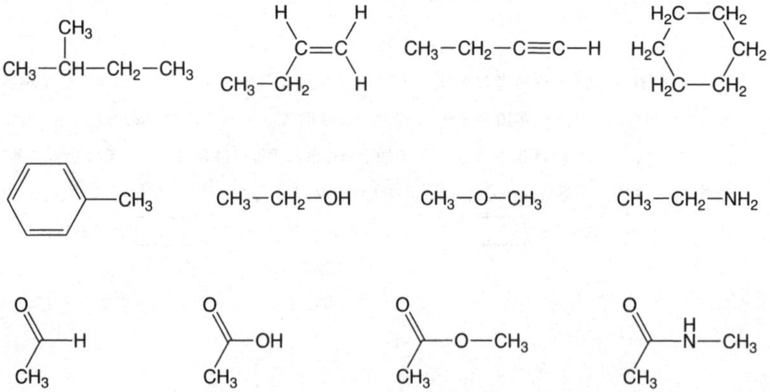

1. 次の文章を読み，問に答えなさい。

〔 I 〕

　　周期表の $(1)(2)$ 族に属する元素は一般にハロゲンと呼ばれ，いずれも (3) 個の価電子を持つ。代表的なハロゲンとして，フッ素，塩素，臭素，ヨウ素がある。

　　①単体のフッ素（F_2）は水と激しく反応する。また，②フッ化水素の水溶液はフッ化水素酸と呼ばれ，ガラスの成分である二酸化ケイ素を溶かすので，ガラス製ではなくポリエチレン製の容器に保存する。

　　単体の塩素（Cl_2）の製法としては，さらし粉に塩酸を加える方法や，③酸化マンガン（IV）に濃塩酸を加えて熱する方法などがある。工業的には，④陽イオン交換膜によって仕切られた容器に塩化ナトリウム水溶液を入れ電気分解する方法がある。

　　Cl_2 は水と反応し，塩化水素と次亜塩素酸を生じる。次亜塩素酸はその殺菌作用から水道水の消毒に用いられる。また，衣類の漂白にも使われる。⑤次亜塩素酸を含む塩素系漂白剤と過酸化水素を含む酸素系漂白剤を混ぜると酸化還元反応が起こり，お互いの漂白作用を打ち消し合うことになる。

問1　　(1) ～ (3) に入る適切な数字をマークシートにマークしなさい。

問2　　下線部①，②，③および⑤の反応の化学反応式を，それぞれ解答用紙に書きなさい。

問3　　下線部④について，陽極および陰極で起こる反応を，それぞれ e^- を含むイオン反応式で解答用紙に書きなさい。

問4　　フッ素，塩素，臭素，ヨウ素のうち，フッ素が最も大きい，あるいは高い値を持つ性質はどれか。下記から 3 つ選び，その番号を解答用紙に書きなさい。

　　　　1　原子量　　　　　2　電気陰性度　　　　3　単体の酸化力　　　4　単体の融点
　　　　5　単体分子間に働く分子間力　　　　6　水素化合物の沸点
　　　　7　水素化合物を水に溶かしたときの酸の強さ

問5　　単体の臭素（Br_2）は様々な有機化合物と反応する。下記のうち，室温で Br_2 を加えると付加反応を起こす化合物を 1 つ選び，その番号をマークシートの (4) にマークしなさい。

　　　　1　コハク酸　　　2　酒石酸　　　3　フタル酸　　　4　フマル酸
　　　　5　マロン酸

問6　ヨウ化カリウム水溶液とデンプン水溶液を混ぜて紙に塗ったものをヨウ化カリウムデンプ
　　　ン紙と呼ぶ。下記のうち，ヨウ化カリウムデンプン紙を青紫色に変化させない物質を1つ
　　　選び，その番号をマークシートの (5) にマークしなさい。

　　　　1　Cl_2　　　　2　H_2O_2　　　　3　$KMnO_4$　　　　4　NH_3　　　　5　O_3

〔Ⅱ〕

　　　錯イオンや錯塩などの錯体は，アンモニアやシアン化物イオンのように非共有電子対を持った
　 ア 　と金属イオンが結合した複合体であり，金属，　 ア 　の種類によって，正四面
体構造や　 イ 　構造など様々な構造をとることが知られている。　 イ 　構造をとる例
として ⑥ヘキサシアニド鉄（Ⅲ）酸イオンがある。ヘキサシアニド鉄（Ⅲ）酸カリウム水溶液に
　 ウ 　価の鉄イオンを加えると，濃青色（ターンブル青）の沈殿が生じる。一方，ヘキ
サシアニド鉄（Ⅱ）酸カリウム水溶液に　 ウ 　価の鉄イオンを加えると　 エ 　色の沈殿
が生じる。

　　　錯体を含むタンパク質として筋肉中に存在するミオグロビンがある。1個のミオグロビンには，
ヘムと呼ばれる鉄イオンを中心とした円盤構造の錯体が1つ存在する。鉄イオンを介してミオグ
ロビンは酸素と可逆的に結合することで，生体内において酸素の貯蔵庫の役割を担っている。

　　　ミオグロビン（Mb）と酸素が，結合状態（MbO_2）と解離状態（$Mb+O_2$）の平衡関係にある
とき，下記の式が成り立つ。

$$MbO_2 \rightleftarrows Mb + O_2$$

　　Mb と結合していない酸素の濃度を $[O_2]$，酸素と結合していない Mb の濃度を $[Mb]$，酸素と
結合している Mb の濃度を $[MbO_2]$ とすると，濃度平衡定数 K_{Mb} は下記の式で表される。

$$K_{Mb} = \frac{[Mb][O_2]}{[MbO_2]}$$

　　また，全 Mb に対して酸素と結合した Mb の割合を S_{Mb} とすると，S_{Mb} は下記の式で表すこ
とができる。

$$S_{Mb} = \frac{[MbO_2]}{[Mb] + [MbO_2]}$$

　　生理的条件下で，酸素濃度が 1.86×10^{-4} mol/L のとき Mb の半数が酸素と結合するものとし，
動脈血および静脈血の血液中の酸素濃度をそれぞれ 6.65×10^{-3} mol/L，2.66×10^{-3} mol/L とす
ると，動脈血の S_{Mb} は (6).(7)(8) ，静脈血の S_{Mb} は (9).(10)(11) となる。このように，
Mb は酸素濃度の低い条件においても大半の Mb が酸素と結合状態にあり，酸素濃度の低い条件
において酸素の貯蔵を可能としている。

問7　　ア　　～　　エ　　に入る適切な語あるいは数字を解答用紙に書きなさい。

問8　下線部⑥の化学式を解答用紙に書きなさい。

問9　S_{Mb} は K_{Mb} と $[O_2]$ のみを用いて，下記の式で表される。　　オ　　に入る式を解答用紙に書きなさい。

$$S_{Mb} = \frac{[O_2]}{\boxed{\text{オ}}}$$

問10　(6)　～(11)　に入る適切な数字をマークシートにマークしなさい。

2.　次の文章を読み，問に答えなさい。

〔 Ⅰ 〕

①反応が一定体積中で進行する場合，反応物 X から生成物 Y が生じる反応の反応速度 v は，単位時間に減少する反応物 X の濃度，あるいは単位時間に増加する生成物 Y の濃度で表される。

反応速度 v は，反応物 X の濃度を $[X]$ として，一般に以下の式で表すことができる。

$$v = k[X]^n$$

このように，反応物の濃度と反応速度の関係を表した式を反応速度式といい，②比例定数 k は反応速度定数，n は反応次数である。反応次数 n は実験によって求められる。

温度・体積が一定の条件で，水中における化合物 X_A，X_B，X_C の濃度 $[X_A]$，$[X_B]$，$[X_C]$ をいずれも 8.0×10^{-3} mol/L として分解反応を開始したところ，$[X_A]$，$[X_B]$，$[X_C]$ は時間とともに，それぞれ表1のように変化した。このとき，分解反応開始から20分後の $[X_A]$，$[X_B]$，$[X_C]$ はいずれも 4.0×10^{-3} mol/L であり，開始時の半分であった。これらの化合物の分解反応について，縦軸に反応物の濃度，横軸に時間をとると図1のグラフのように表される。

表1

時間（min）	0	5	10	20	30
$[X_A]$（$\times 10^{-3}$ mol/L）	8.0	6.4	5.3	4.0	3.2
$[X_B]$（$\times 10^{-3}$ mol/L）	8.0	6.7	5.7	4.0	2.8
$[X_C]$（$\times 10^{-3}$ mol/L）	8.0	7.0	6.0	4.0	2.0

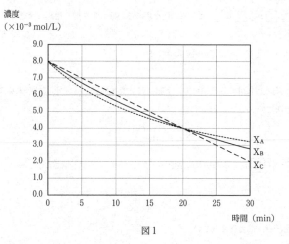

濃度
(×10⁻³ mol/L)

図 1

　これらの反応の実験結果より，化合物 X_A の反応次数は (18)，化合物 X_B の反応次数は (19)，化合物 X_C の反応次数は (20) と求められる。時間 0～5 分までの間の平均分解速度と，0 分と 5 分における反応物の濃度の平均値から反応速度定数を求めると，化合物 X_A では (21).(22) ×10⁻^(23)(24) ア，化合物 X_B では (25).(26) ×10⁻^(27)(28) イ，化合物 X_C では (29).(30) ×10⁻^(31)(32) ウ になる。

問1　下線部①について，1 分子の X から 2 分子の Y が生じる反応 X → 2Y における X の減少速度が $4.0×10^{-3}$ mol/(L・min) であるとき，Y の増加速度は (12).(13) ×10⁻ (14) mol/(L・min) である。 (12) ～ (14) に入る適切な数字をマークシートにマークしなさい。ただし， (12) に入る数値は 0 ではない。

問2　下線部②について，反応条件を以下の（a）～（c）のように変化させると一般に k はどのように変化するか。最も適切なものを選択肢から 1 つ選び，その番号をマークシートの (15) ～ (17) にマークしなさい。ただし，同じ選択肢を複数回使用できるものとする。

（a）反応物の濃度を高くする。 (15)
（b）温度を高くする。 (16)
（c）触媒を加える。 (17)

［選択肢］
1　大きくなる　　　2　小さくなる　　　3　変わらない

問3　(18) ～ (20) には 0，1，2 のいずれかが入る。適切な数字をマークシートにマークし

なさい。ただし，各数字は1回のみ使用できるものとする。

問4　(21)～(32) に入る適切な数字またはマイナス符号（−）をマークシートにマークしな
　　　さい。ただし，(21)，(25)，(29) に入る数値は0ではない。

問5　　ア　，　イ　，　ウ　には下記のいずれかの単位が入る。それぞれ適切
　　　なものを下記から選び，　ア　に入るものを (33)，　イ　に入るものを (34)，
　　　　ウ　に入るものを (35) のマークシートにマークしなさい。

　　　1　mol/L　　　　　　　2　L/mol　　　　　　3　/min
　　　4　mol/(L・min)　　　5　(L・min)/mol　　　6　L/(mol・min)
　　　7　(mol・min)/L

〔Ⅱ〕
　　化合物Zは固体では分解しないが，水に溶けると加水分解される。この化合物Zを水に完全
　に溶かし，加水分解の反応次数nを求めたところ，$n=1$であった。次に，水に対する溶解度を
　超える量の化合物Zを水に懸濁し，加水分解反応を開始した。この反応について，縦軸に懸濁液
　中の化合物の量（溶け残った固体の化合物の量と溶液中の化合物の量の和），横軸に時間をとって
　グラフを書いて反応次数nを求めたところ，溶け残った化合物の固体がなくなるまでは$n=0$，
　その後は$n=1$であった。

問6　最初の反応次数nが0であった理由を，次の3つの語を用いて40字以内で解答用紙に書き
　　　なさい。【一定，濃度，飽和】

3. 次の文章を読み，問に答えなさい。

　　①塩化鉄（III）水溶液を沸騰した水に加えると，水酸化鉄（III）の微粒子が分散したコロイ
ド溶液が生成する。この微粒子の直径は，約 (36) m 程度であり，このような大きさの粒子を
コロイド粒子と呼ぶ。

　　水酸化鉄（III）の②コロイド溶液に強い光を当てると，光の通路が見える。また，コロイド
粒子を限外顕微鏡により観察すると，③コロイド粒子が不規則に動いている様子が観察できる。

　　水酸化鉄（III）の④コロイド溶液に二本の電極を浸し，直流電圧をかけると水酸化鉄（III）
のコロイド粒子は　ア　極の方へ移動する。また，水酸化鉄（III）のコロイド粒子は水と
の親和性が低いため，　イ　コロイドと呼ばれる。⑤この水酸化鉄（III）のコロイド溶液
にイオンを含む水溶液を加えると沈殿が生成する。

問 1　(36) に入る適切な値を下記から選び，その番号をマークシートにマークしなさい。

　　　1　$10^{-17} \sim 10^{-15}$　　　2　$10^{-13} \sim 10^{-11}$　　　3　$10^{-9} \sim 10^{-7}$　　　4　$10^{-5} \sim 10^{-3}$

問 2　　ア　，　イ　に入る適切な語を解答用紙に書きなさい。

問 3　下線部②，③，④および⑤の現象を表す適切な語を解答用紙に書きなさい。

問 4　下線部①の反応で，2.0 mol/L の塩化鉄（III）水溶液 5.0 mL を沸騰した水に加えたところ，
　　　生成したコロイド溶液の全量は 80 mL だった。これを全てセロハン膜の袋に入れ，100 mL
　　　の水に浸して透析した。長時間経過し平衡状態に達した後，セロハン膜の内側のコロイド
　　　溶液は 90 mL，セロハン膜の外側の水溶液は 90 mL だった。このとき，セロハン膜の袋の
　　　外側の水溶液を中和させるのに必要な水酸化ナトリウムの物質量は (37).(38) ×10⁻ (39)
　　　mol である。(37) 〜 (39) に入る適切な数字をマークシートにマークしなさい。ただし，
　　　(37) に入る数値は 0 ではない。なお，塩化鉄（III）は全て水酸化鉄（III）のコロイド
　　　粒子となるものとする。

問 5　問 4 と同様の操作を繰り返し，セロハン膜の袋の内側のコロイド溶液に含まれるコロイド粒
　　　子以外のイオンや分子を完全に除去するまで透析し，100 mL の精製コロイド溶液が得られ
　　　た。図 1 に示すような中央部分をセロハン膜で隔てた断面積 1.0 cm² の U 字管の片側にこの
　　　コロイド溶液を全て入れ，もう片側に 100 mL の水を入れた。温度 27℃，圧力 1.01×10⁵ Pa
　　　の条件下で長時間経過後に平衡状態に達した後，6.0 cm の液面の高さの違いが生じた。こ
　　　のときのコロイド溶液中のコロイド粒子の数は (40).(41) ×10^{(42)(43)} 個である。また，

水酸化鉄 (III) のコロイド溶液のコロイド粒子 1 つあたりには，平均 $\boxed{(44)}.\boxed{(45)} \times 10^{\boxed{(46)}}$ 個の鉄 (III) イオンが含まれる。$\boxed{(40)}$ 〜 $\boxed{(46)}$ に入る適切な数字をマークシートにマークしなさい。ただし，$\boxed{(40)}$，$\boxed{(44)}$ に入る数値は 0 ではない。なお，高さ 1.0 m の水柱が示す圧力を 1.0×10^4 Pa，コロイド溶液および水の密度をともに 1.0 g/cm³ とする。

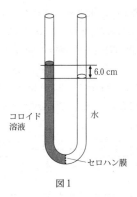

6.0 cm

コロイド
溶液

水

セロハン膜

図 1

問 6　下線部⑤で加えるイオンのうち，最も少ない物質量で沈殿が生成するイオンを下記から 1 つ選び，その番号をマークシートの $\boxed{(47)}$ にマークしなさい。

1　Ca^{2+}　　　　　2　Na^+　　　　　3　SO_4^{2-}　　　　4　Cl^-

4. 次の文章を読み，問に答えなさい。

〔 I 〕

　化合物 A，B は，水素原子，炭素原子，酸素原子，窒素原子のみから構成される分子量 300
以下の分子であり，互いに異性体の関係にある。<u>①53.4 mg の化合物 A を完全燃焼すると，二酸化
炭素 140.8 mg と水 23.4 mg を生じた。</u>化合物 A，B にそれぞれ水酸化ナトリウム水溶液を加え
て加熱し加水分解すると，化合物 A から化合物 C，D，E が，化合物 B から化合物 C，D，F が
それぞれ生成した。なお，加水分解後の生成物がナトリウム塩の場合は，希塩酸を加えて遊離さ
せた。化合物 E，F はそれぞれニッケル触媒の存在下で水素と反応し，いずれからも化合物 G が
生成した。化合物 E を加熱すると分子量が 18 少ない化合物が生成した。

　化合物 C，D は図 1 に示す方法でベンゼンからも合成できる。

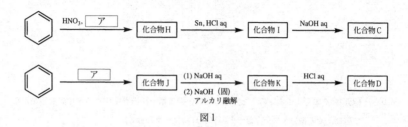

図 1

問 1　下線部①の実験において，試料を完全燃焼させて生成した気体は，窒素酸化物を窒素に
　　　還元した後，(48) を含む水の吸収管，(49) を含む二酸化炭素の吸収管の順に通して分
　　　析した。(48) と (49) に入る物質として最も適切なものを下記からそれぞれ選び，その
　　　番号をマークシートにマークしなさい。ただし，各選択肢は 1 回のみ使用できるものとする。

　　　　1　塩化カルシウム　　2　塩化銀　　3　酸化銅（II）　　4　ソーダ石灰　　5　白金

問 2　問 1 で述べた実験において，(49) を含む二酸化炭素の吸収管，(48) を含む水の吸収管
　　　の順に気体を通すと，生成した二酸化炭素と水の質量を正しく分析できない。その理由を，
　　　物質 (49) の名称を含めて 25 字以内で解答用紙に書きなさい。

問 3　化合物 A の分子式を解答用紙に書きなさい。

問 4　　ア　　に入る物質の分子式を解答用紙に書きなさい。

問 5　化合物 C を硫酸酸性の二クロム酸カリウム水溶液で酸化すると生成し，染料として用い

られる物質の名称を解答用紙に書きなさい。

問6　化合物 A，D，F の構造式を，24ページにある例にならって解答用紙に書きなさい。

〔II〕

　化合物 L，M，N，O は，いずれも水素原子，炭素原子，酸素原子のみから構成される分子量 122 の分子である。化合物 L，M はベンゼン環に置換基が 1 個，化合物 N，O はベンゼン環に置換基が 2 個結合した構造を持ち，化合物 N，O はいずれも p-異性体である。化合物 L，M，N，O を含むジエチルエーテル溶液に炭酸水素ナトリウム水溶液を加え，分液漏斗に入れて振り混ぜ静置したところ，いずれの化合物も水層にはほとんど移動せずジエチルエーテル層に残った。さらに，化合物 L，M，N，O が持つ官能基を調べるため，表 1 に示す実験をそれぞれ行い，その結果を表にまとめた。

表1

化合物	銀鏡反応	ヨードホルム反応	塩化鉄（III）水溶液による呈色反応	金属ナトリウムによる水素の発生（注）
L	陽性	陰性	呈色しない	
M	陰性	陰性	呈色しない	発生する
N	陽性	陰性	呈色する	
O	陰性	陰性	呈色しない	発生しない

（注）化合物に金属ナトリウム片を加えて，水素の発生の有無を調べた。化合物 L，N の
　　　実験は行っていない。

問7　化合物 L，M，N，O の構造式を，24ページにある例にならって解答用紙に書きなさい。

5. 次の文章を読み，問に答えなさい。

〔 I 〕

核酸は，塩基，糖，及びリン酸が結合したヌクレオチドと呼ばれる構成単位（図 1）が，多数縮合してできた直鎖状の高分子化合物である。核酸には DNA と RNA があり，DNA を構成する糖は①デオキシリボース，RNA を構成する糖はリボース（$C_5H_{10}O_5$）である。DNA を構成する塩基には，　ア　，グアニン，　イ　，チミンの 4 種類がある（図 2）。二本の鎖状の DNA 分子は，縄のように互いに巻き合わされた　ウ　構造をとっている。この二本の DNA 分子の間では，②グアニンと　イ　，　ア　とチミンがそれぞれ水素結合で塩基対を形成し，　ウ　構造を安定に保っている。

一般に，ヒトは 37 兆個の細胞から成り立ち，1 つの細胞には 60 億塩基対の DNA が存在する。このとき，ヒトの DNA における 4 つの塩基中のグアニンの割合を 20% とすると，ヌクレオチド単位 1 個の平均式量は $(50)(51)(52)$ であり，1 つの細胞が有する DNA の質量は $(53).(54) \times 10^{-(55)(56)}$ g となる。よってヒト 1 人が有する DNA の総量は $(57).(58) \times 10^{(59)}$ g となる。

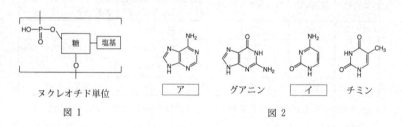

ヌクレオチド単位　　　　　　　　ア　　　グアニン　　　イ　　　チミン

図 1　　　　　　　　　　　　　　　　図 2

問 1　　ア　〜　ウ　に入る適切な語を解答用紙に書きなさい。

問 2　下線部①の構造式を，図 3 にならって解答用紙に描きなさい。

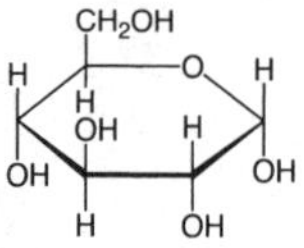

図 3

問 3　下線部②に関して，図 4 のグアニンと　イ　の塩基対にならって，　ア　とチミンの塩基対を左から DNA の主鎖，　ア　の構造，チミンの構造，DNA の主鎖の順に解答用紙に描きなさい。なお，塩基間の水素結合は点線で書きなさい。

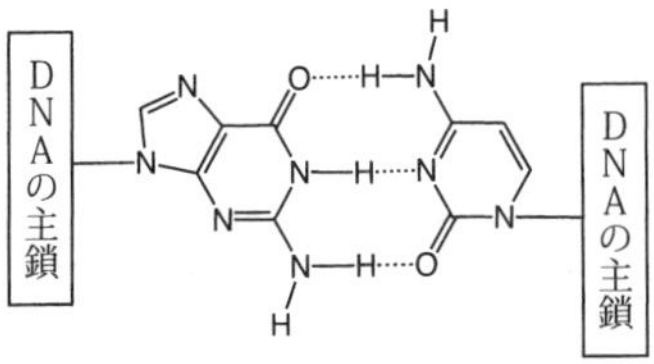

図 4

問 4　(50) ～ (59) に入る適切な数字をマークシートにマークしなさい。ただし，(53)，(57) に入る数値は 0 ではない。なお，鎖状に縮合した状態における，　ア　，グアニン，　イ　，チミンを塩基としたヌクレオチド単位のそれぞれの式量を 313，329，289，304 とする。

〔Ⅱ〕

　ヒトは炭水化物（糖類）や脂質などの栄養素を摂取し，呼吸による代謝を経て生命活動に必要なエネルギーを得ている。このとき生体内で呼吸による代謝から得られるエネルギー量は，生体外で完全燃焼したときに生じるエネルギー量と等しい。呼吸により発生する二酸化炭素の物質量を，消費した酸素の物質量で割った値を呼吸商と呼び，炭水化物と脂質では呼吸商が異なっている。例えば，グルコース（$C_6H_{12}O_6$）が呼吸により代謝される場合の化学反応式は　A　である。一方で，油脂は　エ　と　オ　がエステル結合した構造であり，パルミチン酸（$C_{16}H_{32}O_2$）のみを構成成分とする油脂（トリパルミチン）が呼吸により代謝される場合の化学反応式は　B　である。このとき，グルコースの呼吸商は 1.00 であり，トリパルミチンの呼吸商は (60).(61)(62) ×10⁻(63) となる。グルコースとトリパルミチンの燃焼熱はそれぞれ 2800 kJ，31600 kJ であることから，標準状態で 5.60 L の酸素を消費する呼吸から生成する熱量（エネルギー）は，グルコースでは (64).(65) ×10(66) kJ，トリパルミチンでは (67).(68) ×10(69) kJ となる。

問 5　エ，オ に入る適切な語を解答用紙に書きなさい。

問 6　トリパルミチンの分子式を解答用紙に書きなさい。

問 7　A，B に入る化学反応式を解答用紙に書きなさい。

問 8　(60) ～ (69) に入る適切な数字をマークシートにマークしなさい。ただし，(60)，(64)，(67) に入る数値は 0 ではない。

2019 年度

問 題 編

■一般入試

問題編

▶試験科目・配点

教　科	科　　　　　目	配　点
外国語	コミュニケーション英語Ⅰ・Ⅱ・Ⅲ，英語表現Ⅰ・Ⅱ	100 点
数　学	数学Ⅰ・Ⅱ・A・B	100 点
理　科	化学基礎・化学	150 点

▶備　考

　数学Aは「場合の数と確率」・「整数の性質」・「図形の性質」を，数学B
は「数列」・「ベクトル」を出題範囲とする。

英語

(80 分)

〔 I 〕

Read the following article carefully and answer the questions. For each question, choose ONE BEST answer. On your answer sheet, find the number of the question and fill in the space that corresponds to the number of the answer you have chosen.

(Based on Michael D. Gordin. 2015. "*Scientific Babel.*")

① First, is English bad for science — not because it is English, but because it is a single language? Does science benefit when it is multilingual? The contrary position — that it is simpler to have one <u>vehicular</u> language than to have three, let alone dozens — although ignored when Esperantists*¹ proffered it, now seems to <u>hold sway</u>. There are plenty of examples of facts delayed in transit, as when it took the rest of the world several years to catch up to what the Japanese were finding out about the plant hormone gibberellin, simply because the publications were trapped in *kanji* and *katakana*. So maybe everyone wins when communication expands.

② Or do they? The earliest losers in the lottery of scientific languages are younger students. Imagine a child in sub-Saharan Africa who is being taught chemistry. In what language is the class? If in a Bantu language, who translated the word for "oxygen"? Such a concept has been around for long enough that it might have filtered down to local languages around the world. But how about more contemporary concepts, like ozone depletion, or the Planck length, or object-centric debugging? Educational research to date indicates that children understand scientific concepts better when presented in their native language, but that requires textbooks and lesson plans in all the world's languages. Those don't exist. The further one advances in science, the greater the scarcity of non-English educational materials. If you want to study topological theory or stereochemistry in college, your English needs to be <u>up to snuff</u>. How many students are lost not because of weak scientific skills, but weak linguistic ones?

③ In the <u>less mathematical sciences</u>, even professional scientists — those who have already cleared the hurdles of advanced education and who presumably are more than passingly familiar with English texts — sometimes suggest that something has been lost with monolingualism. All science develops through making connections between seemingly unrelated phenomena, and much of this work begins through linguistic metaphors. "If everyday speech is no longer the source of the specialized languages, the linguistic images will be lacking which are necessary to make something novel vividly understandable," noted one frustrated German scientist. "Since every language affords a different point of view onto reality and offers individual patterns of argumentation, this leads to a spiritual impoverishment if teaching and research are <u>hemmed</u> into English." This resembles the Whorfian hypothesis*² — that languages carve up nature, and we all live in different worlds shot through with our native languages — but it is hardly so ambitious. Rather, the claim is that insights come more quickly in words that are more familiar. It is, simply, a plea for identity. <u>One might also anticipate harmful consequences for public policy. It is challenging enough to persuade politicians to act on scientific, technological, or medical evidence given the paucity of public officials with scientific training and the difficulty of understanding the nuances of the data. Add to this a language barrier, and the situation rapidly worsens.</u> These are problems only for the non-English speakers, but there are burdens on the other side as well, as native speakers of English are imposed upon to translate or correct their peers' papers, and locked out of private foreign-language conversations between lab-mates and at conferences.

④　Does the English language itself suffer when, as is currently the case for perhaps the first time in history, nonnative speakers of a living language start to greatly outnumber native speakers? If you wanted to isolate an effect, science would be a good place to look, because it has been English-speaking longer and more completely than any other domain of cultural endeavor. The "English" that is used in scientific communication — particularly in written form, but also quite often in oral interchange — is simplified, reduced, stereotyped to highlight communication and minimize stylistic nuance. German sociologist Wolf Lepenies has called this dialect "English Ⅱ," which another commentator worries has become nothing more than "a practical, reduced communications code."

⑤　Imagine one ironic outcome: To the extent Scientific English resembles Basic English, and Basic English was dreamed up in part to minimize the "pidginization" of English in colonial contexts, Scientific English might itself become the pidgin*³. "Under certain circumstances English as a scientific language in non-English-speaking countries would degenerate into a <u>cookie-cutter-language</u>," linguist Sabine Skudlik observes, "in cases where constant feedback from mother-tongue speakers is not to be expected. This development would be desirable for nobody."

⑥　Almost certainly true, if the effect is in fact happening. The reader may have noticed that we are discussing scientists' and linguists' rampant speculations about the future, ill-disguised as a conversation about the present. There seems no way to talk about English speaking in science without willy-nilly drifting into ruminations over where this all might lead. Before fully indulging that impulse, it is important to not lose the central lesson of our discussion so far: English has attained its current position owing to a series of historical transformations that it also in turn shaped, exploiting a perception of neutrality that it gained through being distinctly non-neutral in either its British or American guise. There is a circularity to studying language and history together, scrambling our notions of time even in the buttoned-down domain of science. The history of scientific language ends here, until it no longer does.

　　*¹ Esperantists: a person who uses the language Esperanto (an internationally created
　　　artificial language).
　　*² Whorfian hypothesis: linguistic relativity that affects a speaker's perspective.
　　*³ pidgin: a simplified mixture of languages.

Q1．In paragraph ① (line 3), the underlined word vehicular is closest in meaning to —

　　1．contented way for people

　　2．insufficiently transporting

　　3．knowledge transmitting

　　4．manually multidirectional

　　5．principally delayed

Q2．In paragraph ① (line 4), the underlined phrase hold sway is closest in meaning to —

　　1．consider the alternative

　　2．grip loosely

　　3．maintain dominance

　　4．move side to side away from favor

　　5．weaken over time

Q3．In paragraph ② (line 10), the underlined phrase up to snuff is closest in meaning to —

　　1．able to look up completely

2. at a functional degree

3. elevated to just below a minimum level

4. effective in one of the three areas of reading, writing, and speaking

5. occasionally understandable

Q 4 . Which of the following is true of the author's description in paragraph ② ?

1. Linguistic discussions in science are critical at advanced levels.

2. Modern frontiers of science are mainly accessible through one language.

3. New concepts are better understood by younger students in any country.

4. Basic terms are so universal that most languages have definitely adopted them for use.

5. Students understand material deeply only when organized into a standardized format.

Q 5 . In paragraph ③ (line 1), the author's usage of the underlined phrase less mathematical sciences is meant to emphasize the point that −

1. Mathematical sciences are entirely concerned with the abstract.

2. Mathematical sciences generally do not rely heavily on languages.

3. More mathematical sciences easily clear obstacles at higher levels of study.

4. Sciences not reliant on mathematics excel in the ability to establish relationships between events.

5. Sciences lacking mathematics require that one be able to pass in understanding in a single language.

Q 6 . In paragraph ③ (line 10), the underlined word hemmed is closest in meaning to −

1. balanced

2. destroyed

3. edged

4. opened

5. torn

Q 7 . Which of the following best expresses the key information in the underlined sentences in paragraph ③ (lines 13–17) ?

1. Language barriers cause pauses in understanding and scientific actions.

2. If elected officials were more familiar with scientific illiteracy, language barriers would be of no consequence.

3. The challenge in science, technology, and medicine is to adopt an understanding of

any language barriers.

4. Public policy can be anticipated and avoided by understanding language barriers and subtle scientific differences.

5. The impact on people by those who make decisions and cannot comprehend scientific terminology is intensified by language barriers.

Q 8.　Which of the following does NOT correspond to the author's description in paragraph ④ ?

1. Scientific communication can be viewed as a local form of writing.

2. Science excels at studying isolated effects, because of its methodology.

3. Decreasing style variations permit a simple, functional means to share information.

4. The process of identifying general patterns in language can serve to emphasize dialect.

5. Native English speakers have been greater in number in scientific endeavors, but that is no longer the situation.

Q 9.　In paragraph ⑤ (line 5), the underlined word cookie-cutter-language is closest in meaning to —

1. advisable language

2. ideal language

3. limited pattern language

4. unused language

5. varied language

Q10.　In paragraph ⑥ (line 3), the underlined word ill-disguised is closest in meaning to —

1. apparent

2. indifferent

3. practical

4. unhealthy

5. widespread

Q11.　In paragraph ⑥ (line 4), the underlined word willy-nilly is closest in meaning to —

1. defensively

2. organized

3. precise

4. random

5. studied

Q12. When the underlined word <u>circularity</u> (paragraph ⑥, line 9) is pronounced, one part (syllable) of the word should be emphasized the strongest. Which of the following has the same part that needs to be emphasized the strongest when pronounced?

1. apologetic
2. desegregated
3. diagnostician
4. indivisible
5. obligatory

Q13. Which of the following is NOT mentioned in this article?

1. Metaphors have a place in the process of science.
2. Scientific language development remains in flux, yet nothing has really changed.
3. The development of an uncomplicated manner of speaking can be a form of descent.
4. Some scientific discoveries are held in a corner when concentrated only in local languages.
5. Because research advances do not need education, the language used for communication conveys multilingual perspectives.

〔Ⅱ〕

Read the following article carefully and answer the questions. For each question, choose ONE BEST answer. On your answer sheet, find the number of the question and fill in the space that corresponds to the number of the answer you have chosen.

(Based on David Wootton. 2015. '*The Invention of Science: A New History of the Scientific Revolution*'.)

① It is easy to think that a new knowledge comes from new types of apparatus — Galileo's telescope, Boyle's air pump, Newton's prism — not from new intellectual tools. Often this is a mistaken view: in a hundred years time the randomized clinical trial (streptomycin, 1948) may look much more significant than the X-ray (1895) or even the MRI scanner (1973). New instruments are plain as pikestaffs*[1]; new intellectual tools are not. As a result we tend to overestimate the importance of new technology and underestimate the rate of production and the impact of new intellectual tools. A good example is Descartes' [Q14] of using letters from near the end of the alphabet (x, y, z) to represent unknown quantities in equations, or William Jones's introduction of the symbol π in 1706. Leibniz believed that the reform of mathematical symbols would improve reasoning just as effectively as the telescope had improved sight. Another example is the graph: graphs are now [Q15], so it comes as something of a shock to discover that they only began to be put to use in the natural sciences in the 1830s, and in the social sciences in the 1880s. The graph represents a powerful new tool for thinking. An absolutely fundamental concept, that of statistical significance*², was first propounded by Ronald Fisher in 1925. [Q16] it, Richard Doll would not have been able to prove, in 1950, that smoking causes lung cancer.

② Physical tools work very differently from intellectual tools. Physical tools enable you to act in the world: a saw cuts through wood, and a hammer drives home nails. These tools are technology-dependent. The screwdriver only came into existence in the nineteenth century, when it became possible to mass produce identical screws; before that the few handmade screws that were used were turned with the tip of a knife blade. Telescopes and microscopes depended on pre-existing techniques for making lenses, and thermometers and barometers depended on pre-existing techniques for blowing glass. Telescopes and thermometers do not change the world around them as saws and hammers do, but they change our awareness of the world. They transform our senses. Montaigne*³ said that people can see only with their own eyes; when they look through a telescope (which of course Montaigne never did) they still see only with their own eyes, but they see things they could never see with their unaided eyesight.

③ Intellectual tools, by contrast, manipulate ideas, not the world. They have [Q18a] preconditions, not [Q18b] preconditions. Some instruments are both physical and intellectual tools. An abacus*⁴ is a physical tool for carrying out complicated calculations; it enables you to add and subtract, multiply and divide. It is perfectly material, but what it produces is a number, and a number is neither material nor immaterial. An abacus is a physical tool for performing mental work. So too are the Arabic numerals we take for granted. I write 10, 28, 54, not, as the Romans did, x, xxviii, liv. Arabic numerals are tools which enable me to add and subtract, multiply and divide on a piece of paper far more fluently than I could with Roman numerals. They are tools that exist as notations on the page and in my mind; like the abacus, they transform the way I operate on numbers. The number zero (unknown to the Greeks and the Romans), the decimal point (invented by Christoph Clavius in 1593), algebra, calculus: these are intellectual tools which transform what mathematicians can do.

④ Modern science, it should now be apparent, depends on a set of intellectual tools which are every bit as important as the abacus or algebra, but which, unlike the abacus, do not exist as material objects, and which, unlike arabic numerals, algebra, or the decimal point, do not require a particular type of inscription. They are, at first sight, merely words ('facts', 'experiments', 'hypotheses', 'theories', 'laws of nature', and indeed 'probability'); but the words encapsulate new ways of thinking. The peculiar thing about these intellectual tools is that (unlike the intellectual tools employed by mathematicians) they are conditional, uncertain, [Q22]; yet they make possible reliable and robust knowledge. They imply philosophical claims which are difficult, perhaps impossible, to defend, yet in practice they work well. They served as a passage between Montaigne's world, a world of belief and misplaced conviction, and our world, the world of reliable and effective knowledge. They explain the puzzle that we still cannot make a fistful bigger than a fist, or a stride longer than our legs can stretch, but that we can now know more than Montaigne could know. Just as the telescope improved the capacities of the eye, these tools improved the capacities of the mind.

⑤　Alongside these intellectual tools we can see the emergence of a community accustomed to using them: the new language of science and the new community of scientists are two aspects of a single process, since languages are never private. What [Q23] was not just the new language, but a set of competitive and cooperative values which were expressed in the language used to describe the scientific enterprise (rather than in scientific arguments themselves), expressed in terms of discovery and progress and eventually institutionalized in eponymy*5. What is striking about these intellectual tools and cultural values is that they have proved to have a history quite unlike that of paradigms. Paradigms flourish; some then die, and others get relegated to introductory textbooks. The new language and the new values of science have now survived for 300 years (500 years if we go back to their common origin in 'discovery'), and there is nothing to suggest they are likely to go out of fashion soon. Just like algebra and calculus, these tools and these values represent acquisitions which are too powerful to be discarded, and which remain not as museum pieces but are in constant use. Why? Because the new language and culture of science still constitute (and I believe will always constitute) the basic framework within which the scientific enterprise is conducted. Their invention is part and parcel of the invention of science.

*1 pikestaff: the long pole portion of a spear.

*2 statistical significance: differences proven by analyzing numerical data.

*3 Montaigne: Michel de Montaigne (1533-1592), French philosopher who influenced Western literature/writers, most known for his creation of the literary category of composition called the essay.

*⁴ abacus: a frame with sliding beads used for counting.

*⁵ eponymy: names formed from other preexisting words.

Q14.　In paragraph ① (line 7), which of the following could best be added in [Q14] ?

1．condensation

2．elimination

3．fragmentation

4．innovation

5．punctuation

Q15.　In paragraph ① (line 11), which of the following could best be added in [Q15] ?

1．odd

2．questionable

3．restricted

4．ubiquitous

5．weak

Q16.　In paragraph ① (line 15), which of the following could best be added to [Q16] ?

1．Because of

2．Embracing

3．Including

4．Turning to

5．Without

Q17.　**Which of the following can best be inferred from the author's discussion in paragraph ① ?**

1．Any alphabet letters are an integral part of graphs.

2．New mathematical symbols and telescopes equally enhance physical sight.

3．Approximations regarding technology and production rates are often in harmony.

4．Fisher, Leibniz, and Doll created new architectural physical structures that transformed technology.

5．Intellectual tools tend to be underestimated in their power and capabilities in comparison to physical tools.

Q18.　**In paragraph ③, which of the following contains a set of words that could be best** added in [Q18a] and [Q18b], respectively?

	Q18a	Q18b
1.	actual	theoretical
2.	conceptual	technological
3.	manufacturing	civic
4.	substantial	remarkable
5.	undetectable	psychological

Q19. **In paragraph ③ (lines 9-10), the key information of the underlined sentence means —**

1. Paper notation tools cannot have a physical counterpart to coexist.

2. Unlike intellectual tools, physical tools must be immaterial to function.

3. All physical tools require an attachment to numbers so that they can carry out conversions.

4. Intellectual and physical tools are both capable of greatly altering the way concepts are managed.

5. Existing notations do not need to function in multiple places and therefore cannot still exert an influence.

Q20. **Which of the following is true regarding the author's descriptions in paragraphs ② and ③?**

1. Microscope technology was heavily centered on glass blowing skills.

2. Physical and intellectual tools greatly impact our world in different ways.

3. Awareness tools change physical surroundings in a direct and ordinary manner.

4. Supplemented vision is inefficient for altering perspectives on the environment.

5. Knives were the only tools to rotate screws when they were indistinguishable in character.

Q21. **In paragraph ④ (line 4), the author's usage of the underlined phrase at first sight is meant to emphasize the point that —**

1. One must first see the small form.

2. The meaning is watchful to the eye.

3. Vision is always the beginning step.

4. A second look is as good as the first.

5. Initial impressions should be reconsidered.

Q22. Which of the following phrases could best be added to [Q22] in paragraph ④ (line 8) ?

　　1. absolute

　　2. enriched

　　3. imperfect

　　4. independent

　　5. unchangeable

Q23. In paragraph ⑤ (line 3), which of the following phrases could best be added to [Q23] ?

　　1. blocked community development

　　2. created community suppression

　　3. held this community together

　　4. pushed back community resources

　　5. transferred community members

Q24. Which of the following is true of the author's description in paragraph ⑤ ?

　　1. Gains in science are just like display items that do not remain in use for all to see.

　　2. Science is built on findings that are strengthened with gains that later follow.

　　3. Cultural values are the main components in science communication, discovery, and future changes.

　　4. All scientific facts are entirely created, shaped, eventually become included in textbooks, and quickly fade from use.

　　5. Physical tools like algebra and calculus are ineffective ways to expressfundamental scientific disagreements.

〔Ⅲ〕

Read the following article carefully and answer the questions. For each question, choose ONE BEST answer. On your answer sheet, find the number of the question and fill in the space that corresponds to the number of the answer you have chosen (Questions 25 to 34). For Writing Questions "A", "B", and "C", write your answer(s) in the corresponding spaces provided on the Writing Answer Sheet.

(Based on Neil Canavan. 2018. "*A Cure Within: Scientists Unleashing the Immune System to Kill Cancer.*")

① Elizabeth Jaffee was born in 1959 in Brooklyn, New York, and for a while there, it was a blast.

② "I loved living there!" says Jaffee, pushing forward in her chair, direct, speaking right into your face. "You walked everywhere. I walked to Hebrew school, to the library, to my favorite pizza shop. It was freedom!" The family home was modest at best, but it didn't matter. "Who knew you were poor? You didn't know you were poor." They had riches to spare; they owned the streets. "We played stoopball, yeah, that was big, and ring-a-levio." Ring-a-levio is a game like hide-and-seek, ... games (sometimes played all day) often were only called on account of darkness.

③ As a child, Jaffee wanted to be an astronaut, a dream eventually crushed by the harshness of certain realities. "It turns out I don't like tight spaces," Jaffee laughs, "And I don't like heights." Luckily, her fallback plan was to be a scientist, and that was a good thing because you should not dither about such things forever and she was already in the fourth grade.

④ "I read a very important book, the story of Marie Curie," says Jaffee, "And I just fell in love with the whole concept of doing science." Curie was a pioneer in the research of radioactivity, and the first woman to win the Nobel Prize. Units of radioactivity, curies, honor her name.

⑤ "I think I picked her because she was a woman scientist," but the choice had nothing to do with feminism. "In the fourth grade you don't really think that there are differences between men or women who go into science. I saw the challenge as doing science, not the challenge of being a woman in science."

⑥ That raises a curious question though: When does a little girl first become aware of gender bias in science? Jaffee tries to find some humor in thinking about it. "I was my girls' Brownie troop*¹ leader when they were growing up, and one time I took them to a Science

Day." It was an event featuring a group entirely of women scientists, ranging from a NASA (National Aeronautics and Space Administration) scientist to a high school science teacher. They did these little experiments with the kids. "Then we sat around and each of the scientists told how they got into science, and then it was time for Q and A and one of the fourth-grade kids raises her hand and she said, 'Do boys go into science too?' And, 'if so, how do you work with them in the workplace?' I mean, this is classic. And it just makes you realize that [A]."

⑦　So what happens? Why do so few of these fearless girls go into science? <u>The answer to that question is likely a book in itself.</u> "It's getting better, I think, but it's still an issue." And gender bias is not just an issue for little girls. "When I started here, they wanted me to start at $25,000 less than someone who was contributing less and starting at the same time. I started the whole translational program in immunotherapy*². If I had left, I don't know that all this would have happened, at least not this quickly."

⑧　After high school came college at Brandeis University, where Jaffee's mentor was less inspiring. The time was 1977 and Jaffee had read a paper just the year before on hybridoma*³ technology. It was a revelation and, with eyes opened maybe a bit too wide, she went looking for an immunology mentor.

⑨　"I wanted to use that technology to understand B cells*⁴, and I was working with this young faculty member at the time, Joan Press," says Jaffee, eyes narrowing. "She was one of these people who didn't like pre-med students, and she thought I just wanted to work there to get a good recommendation." Although mentor Press was willing to impart scientific knowledge, when it came to advising on career choices, "I was on my own."

⑩　So, off to New York Medical College, then a year at the National Institutes of Health (NIH), then to Johns Hopkins University, and all during this time the concept of cancer immunotherapy was starting to play out as a real thing. "It was good timing because when I was in my residency*⁵ we were just learning that IL-2*⁶ was good to grow T cells*⁷." At the same time, other nascent tools and technologies were <u>spurring</u> the field, so much so that not long after she got into the show Jaffee was contributing to the parade of new techniques.

⑪　Innovations aside, initial support for her Immuno-Oncology*⁸ efforts was wobbly at best. "In fact, Mike Kastan, a good friend of mine . . . was meeting with me to discuss my career. He says, 'Okay, immunotherapy, yeah, you can do that,' but then he says, 'Vaccines? Shouldn't you be doing something else?'" The reputation for cancer vaccines at the time was that they were fundamentally flawed; tumors were simply thought to be nonimmunogenic. The immune system can't see them. Vaccines don't work.

⑫　"I probably should have listened," says Jaffee, "Who knows? Maybe I would have been rich and famous by now." But she didn't listen because the science made too much sense. "I really believed that vaccines were the best way to specifically activate T cell and B cell responses against any foreign antigen*⁹, and we were looking at cancer as making foreign antigens."

⑬　However, all of these ideas were still speculation at the time that Jaffee threw in with the "Vax-Heads*¹⁰." What prompted her choice were the new tools. "I got in as genetics was finally catching up," says Jaffee, explaining that many of the genes responsible for mediating the immune response had recently been sequenced, and genes, like ingredients in a cake recipe, can be used to bake all sorts of things. What Jaffee and other colleagues baked was the first ever genetically engineered tumor vaccine.

* ¹ Brownie troop: the name of a subgroup within the Girl Scouts (an American young girls organization), specifically for girls ages 7 to 9.

* ² translational program in immunotherapy: transferring lab discoveries into treatments for patients (to assist in body defense mechanisms).

* ³ hybridoma: a cell created by combining a white blood cell with a tumor cell, used for the creation of antibodies (proteins that fight disease).

* ⁴ B cells: one type of white blood cell.

* ⁵ residency: advanced medical training after graduation from medical school.

* ⁶ IL-2 (interleukin-2): a chemical messenger involved in cell-to-cell communication.

* ⁷ T cells: another type of white blood cell.

* ⁸ Immuno-Oncology: a field of study involving body defenses and cancer therapy.

* ⁹ antigen: a substance that triggers a body defense response.

* ¹⁰ Vax-Heads: a group of people devoted to studying vaccines.

Q25. In paragraph ② (lines 1-2), the underlined portion of the sentence is intended to convey the meaning that —

1 . Jaffee is eager to share her story.

2 . Humbleness is a personality trait of the speaker.

3 . It is important that you talk subtly to other people.

4 . There is favoritism behind the relaying of the information.

5 . Both the author and Jaffee are surprised by their shared memories of that time and place.

Q26. In paragraph ② (line 5), the underlined phrase <u>they owned the streets</u> is included to convey the meaning that —

1. The street's resources could not be found on every corner.

2. A huge amount of value was to be found only inside the home.

3. It cannot be forgotten that street games could only be played in one's spare time.

4. The most dependent way to access pizza shops, schools, and libraries was to go by foot.

5. The concept of "home" extended to include a wide volume of space that included the neighborhood.

Q27. In paragraph ② (line 7), the underlined word <u>called</u> means —

1. conducted

2. labeled

3. simplified

4. terminated

5. voiced

Q28. In paragraph ③ (line 4), the underlined word <u>dither</u> is closest in meaning to —

1. be strong-minded

2. decide quickly

3. hesitate

4. move forward

5. turn over

Writing Answer Question "A" (paragraph ⑥ line 9)

On the Writing Answer Sheet, put the following words into the proper order necessary to complete the sentence in [A] so that it makes best sense within the context of paragraph ⑥. Write your answer in the space provided in the Writing Answer Question "A" section. The word "at" should be the first word and the word "girls" should be the fourth word.

[age] [anything] [can] [do] [that] [they] [think]

at [　　] [　　] girls [　　] [　　] [　　] [　　] [　　].

Q29. In paragraphs ④, ⑤, and ⑥, collectively, which of the following is NOT true of the author's descriptions?

1．Jaffee fell in love with the contents of a book that eventually changed her life.

2．Gender bias is not an awareness that usually affects elementary school age children.

3．Curie was honored primarily as a dedicated pioneer in the advocacy of human gender equality in all areas of life.

4．Looking back, Jaffee chose to mainly focus on the positive side of her memories as they relate to science and education.

5．Curie served as an inspiration to Jaffee, because it was natural to aspire to becoming someone like Curie — a person who loved doing their job.

Q30. In paragraph ⑦ (lines 1-2), the underlined sentence "The answer to that question is likely a book in itself." means —

1．Only authors are qualified to discuss the issue fairly.

2．There are many, possibly complicated and far-reaching, reasons.

3．Fearlessness is something that is learned best from stories and books.

4．Explaining things will help things get better in a shortened time period.

5．Jaffee plans to write a book explaining how her field was quickly formulated.

Q31. In paragraphs ⑧ and ⑨, which of the following is true of the author's descriptions?

1．Mentors in one's chosen field are easily found anywhere.

2．Press was perfect for helping Jaffee with technical know-how and job hunting.

3．Jaffee's optimism in high school carried over into her college years and grew stronger.

4．One has to exert minimal effort, with a dependent initiative, in order to obtain excellent recommendations.

5．Jaffee was wrong in her belief that all her instructors would understand her eagerness for science and help her connect with others in the field.

Q32. In paragraph ⑩ (line 5), the underlined word spurring is closest in meaning to —

1．criticizing

2．delaying

3．mixing

4．prompting

5．sticking

Q33. Paragraphs ⑪ and ⑫ need to be considered together. Which of the following can best be inferred from the author's message in the underlined sentence in paragraph ⑫ (line 2)?

1. Many people strongly urged Jaffee to pursue her ideas at all costs.
2. Jaffee's friend was the only person to support her vaccine studies.
3. It is important to know when to listen, because your peers are always right.
4. Improvement and support for Jaffee were strong and substantial from the beginning.
5. Standing by one's own convictions is important if the evidence in support of your position is strong.

Q34. In paragraph ⑬ (line 1), the underlined phrase threw in means —

1. dissolved
2. divided
3. linked
4. mocked
5. use make-believe

Writing Answer Question "B"

On the Writing Answer Sheet, complete Elizabeth Jaffee's biographical profile in the table provided, based on information contained in Article Ⅲ. Write your answers in the appropriate row of the table, provided in the Writing Answer Question "B" section. Please write clearly and be careful of spelling.

〔解答欄〕

Birth Country :
Year of Birth (For example, 2018) :
University just after High School (Name) :
Medical School just after University (Name) :
Latest Research Location (Organization Name) :

Writing Answer Question "C" (includes C1 and C2)

On the Writing Answer Sheet, write the appropriate words in the blocks provided in the Writing Answer Question "C" (C1 and C2) section to complete the summary sentence below. C1 requires exactly seven letters and C2 requires exactly six letters. The words required appear in the main text. You must use the appropriate words from the main text. Please write clearly.

Elizabeth Jaffee created a new [C1] that could be injected into human bodies to help them fight against [C2].

[IV]

Read the following question carefully and answer the question. Choose ONE BEST answer. On your answer sheet, find the number of the question and fill in the space that corresponds to the number of the answer you have chosen.

The following question pertains to all three articles (I, II, and III).

Q35. Which of the following expresses a statement that correctly summarizes and could be considered representative of the overall concepts for all three articles (I, II, and III)?

1. Advances in science are made when language is the only factor in communication, regardless of tools and technology.

2. Scientific research is easier when the technological physical tools delay the history of its communication allowing for intellectual tool creation.

3. Science requires that only intellectual language and culture, not physical and technological considerations, excessively influence developments.

4. Scientific advances involve historical changes that influence the way of communication and the timing that is right for physical and intellectual tool development.

5. Progress in science occurs when language does not interfere with the historical creation of intellectual concepts that never allow for technological combinations.

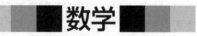

（80 分）

《解答上の注意》

1．解答が分数の場合は，既約分数で解答しなさい。

2．解答が根号を含む場合は，根号の中はできる限り簡単な形にしなさい。また，解答が根号を含む
   分数の場合は，分母を有理化しなさい。

3．複数の解答が考えられる場合は，解答用紙の所定の欄にすべて記入しなさい。

〔 I 〕 以下の問の $\boxed{\text{ア}}$ ～ $\boxed{\text{ソ}}$ にあてはまる適切な数，座標または式を，解答用紙の所定の欄
にすべて記入しなさい。

(1) a は，$-1 < a < \dfrac{1}{3}$ を満たす実数とする。

$$\frac{3+i}{\sqrt{a^2+2a+1}+\sqrt{9a^2-6a+1}\,i}$$ が実数であるとき，a の値は $\boxed{\text{ア}}$ である。

ただし，i は虚数単位とする。

(2) a は自然数とする。a が 2 つの不等式

$$\begin{cases} \sqrt[3]{3} < \sqrt[6]{a} \\ \sqrt[6]{(a^3)^4 \times a^2 \div a^5} < 24\sqrt{3} \end{cases}$$

を満たすとき，a の値は $\boxed{\text{イ}}$ である。

(3) 数列 $\{a_n\}$ は，初項が 2，公差が 1 の等差数列である。数列 $\{b_n\}$ を $b_1 = 1$，

$b_{n+1} = a_n + b_n$ と定めるとき，$\displaystyle\sum_{k=1}^{n} \frac{1}{b_k}$ を求めると　$\boxed{\text{ウ}}$　である。

(4) 自然数 x, y, z は方程式

$$15x + 14y + 24z = 266$$

を満たす。

　(i) $k = 5x + 8z$ としたとき，y を k の式で表すと $y = \boxed{\text{エ}}$ である。

　(ii) x, y, z の組は $(x, y, z) = \boxed{\text{オ}}$ である。

(5) O を原点とする xy 平面上に 2 つの直線 $l_1 : y = -3x + 10$ と $l_2 : y = 7x$ がある。
点 A は 2 直線 l_1, l_2 の交点である。点 B は，2 つのベクトル $\overrightarrow{\text{OA}}$ と $\overrightarrow{\text{OB}}$ のなす角が 45° と
なる直線 l_1 上の点である。

　(i) 点 B の座標は　$\boxed{\text{カ}}$　である。

　(ii) 実数 s, t に対して，点 P を $\overrightarrow{\text{OP}} = s\overrightarrow{\text{OA}} + t\overrightarrow{\text{OB}}$ で定める。s, t が 3 つの不等式
$s \geqq 0$, $t \geqq 0$, $10s + 6t \leqq 3$ を満たすとき，点 P の存在する領域の面積は　$\boxed{\text{キ}}$　である。

(6) 関数 $y = 3\sqrt{3}\sin^2\theta + 2\sqrt{3}\cos^2\theta + \sin\theta\cos\theta$ がある。θ が $0 \leqq \theta \leqq \dfrac{\pi}{2}$ を満たすとき，

　(i) この関数を $y = a\sin 2\theta + b\cos 2\theta + c$ で表すと，$a = \boxed{\text{ク}}$，$b = \boxed{\text{ケ}}$，
$c = \boxed{\text{コ}}$ となる。ただし，a, b, c は三角関数を含まない実数とする。

　(ii) この関数の最大値は $\boxed{\text{サ}}$ であり，そのとき $\theta = \boxed{\text{シ}}$ である。また，最小値は
$\boxed{\text{ス}}$ であり，そのとき $\theta = \boxed{\text{セ}}$ である。

(7)　正四角錐 ABCDE のすべての頂点は半径 3 の球面上にある。この正四角錐の体積 V の最大値
は　ソ　である。

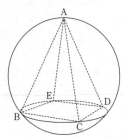

〔**Ⅱ**〕　以下の問の　タ　，　ト　にあてはまる適切な数を，解答用紙の所定の欄に記入しなさい。
また，　チ　〜　テ　にあてはまる適切な文字を，解答用紙の所定の欄にあるアルファベット
から選び，丸で囲みなさい。

　アルファベットが 1 文字ずつ書かれたカードがある。C，E が書かれたカード C ，E を
それぞれ 2 枚ずつ，I，N，S が書かれたカード I ，N ，S をそれぞれ 1 枚ずつ，合計 7 枚
のカードをすべて使用して，左から 1 列に並べて文字列を作る。
　作ることのできるすべての種類の文字列を，英和辞典の単語の順序に従って並べる。この
とき，n 番目にくる文字列を a_n とすると，

$$a_1 : \boxed{C}\,\boxed{C}\,\boxed{E}\,\boxed{E}\,\boxed{I}\,\boxed{N}\,\boxed{S}$$

$$a_2 : \boxed{C}\,\boxed{C}\,\boxed{E}\,\boxed{E}\,\boxed{I}\,\boxed{S}\,\boxed{N}$$

$$a_3 : \boxed{C}\,\boxed{C}\,\boxed{E}\,\boxed{E}\,\boxed{N}\,\boxed{I}\,\boxed{S}$$

$$a_4 : \boxed{C}\,\boxed{C}\,\boxed{E}\,\boxed{E}\,\boxed{N}\,\boxed{S}\,\boxed{I}$$

$$a_5 : \boxed{C}\,\boxed{C}\,\boxed{E}\,\boxed{E}\,\boxed{S}\,\boxed{I}\,\boxed{N}$$

$$\vdots$$

となる。

(1)　作ることのできる文字列は，全部で　タ　通りである。

(2) a_{500} の左から 2 番目の文字は　チ　，4 番目の文字は　ツ　，6 番目の文字は　テ　である。

(3) a_n : S C I E N C E であるとき，$n =$　ト　である。

〔**III**〕 以下の問の　ナ　〜　ヌ　にあてはまる適切な数または式を，解答用紙の所定の欄に記入しなさい。

xy 平面上に直線 $l : y = k$ と，x の関数 $f(x) = |x(x-2)| + |x(x-a)|$ のグラフ $y = f(x)$ がある。a と k は実数であり，a は不等式 $a > 2$ を満たす。

(1) $a = 4$ とする。直線 l と $y = f(x)$ のグラフが異なる 4 点で交わるとき，k の値の範囲は　ナ　である。

(2) $k = f(a)$ とする。直線 l と $y = f(x)$ のグラフが異なる 2 点で交わるとき，a の値の範囲は　ニ　である。

(3) a の値が　ニ　を満たす最小の整数であるとき，$y = f(a)$ と $y = f(x)$ とで囲まれた部分の面積は　ヌ　である。

化学

(100 分)

(注意)　問題文中の $\boxed{(1)(2)}$，$\boxed{(3)}$ などの $\boxed{}$ には，数字またはマイナス符号（−）が入ります。以下の方法でこれらをマークシートの指定欄にマークしなさい。

(1), (2), (3)…の一つ一つは，それぞれ 0 から 9 までの数字，またはマイナス符号（−）のいずれかに対応します。それらを(1), (2), (3)…で示された解答欄の該当する箇所にマークしなさい。

解答上の注意

・必要に応じて，以下の値を使いなさい。

原子量：　H = 1,　　C = 12,　　N = 14,　　O = 16,　　Na = 23,

S = 32,　　Cl = 35.5,　　K = 39,　　Fe = 56,　　Cu = 63.5,

Zn = 65,　　I = 127,　　Ba = 137

標準状態：　0℃，1.01×10^5 Pa

気体定数：　8.31×10^3 Pa・L/(K・mol)

ファラデー定数：　9.65×10^4 C/mol

0℃ = 273 K

$\sqrt{2} = 1.41$, $\sqrt{3} = 1.73$, $\sqrt{5} = 2.24$

$\log_{10}2 = 0.301$, $\log_{10}3 = 0.477$, $\log_{10}5 = 0.699$, $\log_{10}7 = 0.845$

・計算結果は，四捨五入して，指定された桁で答えなさい。

・マス目に文字を記入するときは，英字，数字，記号，句読点も，それぞれ1マスを用いて書きなさい。

・構造式は下図の例にならって記入しなさい。

1. 次の文章を読み，問に答えなさい。

〔 I 〕

　硫黄の同素体には　ア　，　イ　，　ウ　の3種類がある。　ア　を 120℃に熱して生じる液体硫黄を冷やすと　イ　が得られ，　ア　を250℃に熱して生じる液体硫黄を水中に注いで急激に冷やすと　ウ　が得られる。

　硫黄の酸化物あるいはオキソ酸として　エ　，　オ　，　カ　および硫酸などがあげられる。　エ　は無色の気体であり，①黄鉄鉱（主成分 FeS_2）の燃焼により発生する。実験室的には②亜硫酸ナトリウムに希硫酸を加えるか，③銅に濃硫酸を加えて熱することで　エ　が得られる。　エ　を水に溶かすことで　オ　が生成し，酸化バナジウム(V)を触媒にして　エ　を空気中の酸素と反応させることで　カ　を作ることができる。　カ　を水と反応させると硫酸が生成する。

　一方，硫化鉄 (II) に希硫酸を入れると　キ　が気体として発生する。④　キ　は強い還元剤として働く。また，⑤　キ　を，金属イオンを含む水溶液に通じると沈殿を生成することが多い。この反応は，金属イオンの検出に利用される。

問1　　ア　～　ウ　に入る適切な語を解答用紙に書きなさい。

問2　　エ　～　キ　に入る化学式を解答用紙に書きなさい。

問3　下線部①，②および③の反応の化学反応式を，それぞれ解答用紙に書きなさい。

問4　下線部④に関して，次の実験を行った。ヨウ化カリウム 5.00 g とヨウ素 0.508 g を溶かした水溶液（ヨウ素水溶液）200 mL に，ある量の　キ　を完全に溶解させた。この水溶液を，デンプン溶液を指示薬として，0.100 mol/L の $Na_2S_2O_3$ 水溶液で滴定したところ，終点までに 24.2 mL を要した。ヨウ素水溶液に溶解させた　キ　の気体の標準状態における体積は (1).(2) ×10⁻ (3) Lである。 (1) ～ (3) に入る適切な数字をマークシートにマークしなさい。ただし， (1) に入る数値は 0 ではない。なお，$S_2O_3^{2-}$ は酸化されると $S_4O_6^{2-}$ になる。

問5　下線部⑤に関して，強酸性条件下において沈殿を生じる金属イオンを下記からすべて選び，その番号を解答用紙に書きなさい。

　　1　Al^{3+}　　2　Cu^{2+}　　3　Fe^{2+}　　4　Mn^{2+}　　5　Pb^{2+}　　6　Zn^{2+}

〔Ⅱ〕

　純物質の状態は，温度と圧力により決まる。水の場合，氷（固体），水（液体），水蒸気（気体）の 3 つの状態は図 1 のような状態図としてあらわされ，図中の 3 本の曲線で分けられる。図中の曲線 AC を ク 曲線，曲線 BC を ケ 曲線といい，点 B を臨界点，点 C を コ という。

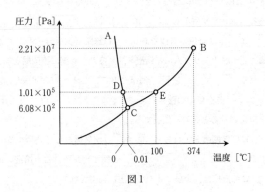

図 1

　海抜 0 m の地表では気圧はおよそ1.01×10^5 Pa であり，この条件では氷は 0℃で溶けて水になり，100℃で沸騰して水蒸気になる。一方，富士山の山頂では，水は 100℃より サ 温度で沸騰する。また，圧力を6.08×10^2 Pa よりも十分に低くして温度を上げると，⑥氷は液体の状態を経ることなく，直接水蒸気に変化する。

　図 2 は，14 族元素と 16 族元素の水素化合物の分子量と沸点の関係を示したグラフである。14 族元素の水素化合物では，分子量が大きくなるほど沸点は高くなる。一方，16 族元素の水素化合物の中では，⑦水の沸点はほかの水素化合物の沸点に比べて著しく高い。

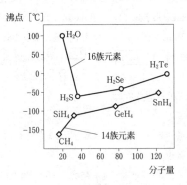

図 2

問6　　ク 〜 サ 　に入る適切な語を解答用紙に書きなさい。

問7　温度，圧力ともに図1の点B（374℃，$2.21×10^7$ Pa）を超えると，水は超臨界状態になる。このとき，水はどのような状態で存在するか，25字以内で解答用紙に書きなさい。

問8　図1の点Dの氷45 gを加熱して，点Eですべて水蒸気にした。このときに必要な熱量は　(4).(5)　$×10^{(6)}$ kJである。(4) 〜 (6) に入る適切な数字をマークシートにマークしなさい。ただし，(4) に入る数値は0ではない。また，水の融解熱を6.0 kJ/mol，水の蒸発熱を41 kJ/mol，水1 gの温度を1 K上げるのに必要な熱量を4.2 Jとする。

問9　下線部⑥の状態変化を何というか。漢字2字で解答用紙に書きなさい。

問10　以下の文章は，下線部⑦のようになる理由である。 シ ， ス 　に入る適切な語を解答用紙に書きなさい。

　　　酸素原子は，ほかの16族元素に比べ水素原子との間の　 シ 　の差が大きいので，水分子では，より強い　 ス 　結合が分子間に形成されるためである。

2. 次の文章を読み，問に答えなさい。ただし，大気圧は 1.01×10^5 Pa，空気中の酸素の割合は体積パーセントで21％とする。

　血液は，肺から取り入れられた酸素を体内に運ぶ役割を果たしている。血液は血球成分と血漿成分から構成され，酸素はおもに赤血球により運ばれるが，血漿中にも溶解する。血漿のみを37℃，大気圧において空気と接触させて血漿中の酸素濃度が平衡状態に達したとき，血漿100 mL中に含まれる酸素の物質量は (7).(8) $\times 10^-$ (9) molである。

　赤血球の酸素運搬機能を代替する方法の一つとして，酸素溶解能の高いFDCと呼ばれる化合物を用いた人工血液が開発された。FDCは炭化水素の水素原子をすべてフッ素原子で置き換えた化合物の一つで高い酸素溶解能を持つが，疎水性が大きく水に溶けないため界面活性剤を用いて乳濁液として用いられる。血漿 90 mLとFDC 10 mLから調製した人工血液を37℃，大気圧において空気と接触させて酸素濃度が平衡状態に達したとき，この人工血液に含まれる酸素の物質量は (10).(11) $\times 10^-$ (12) molである。

　一方，血漿中には電解質や①タンパク質が溶解しており，血漿はこれらの物質を運搬する役割も担っている。血漿の浸透圧は一定に保たれており，②血漿と同等の浸透圧を持つ輸液剤と呼ばれる水溶液は，体内から失われた水分・電解質・栄養などを補う目的に利用される。

問1 (7) ～ (12) に入る適切な数字をマークシートにマークしなさい。ただし，(7)，(10) に入る数値は0ではない。また，37℃，大気圧における酸素の，血漿に対する溶解度を 1.03×10^{-3} mol/L，FDCに対する溶解度を 2.06×10^{-2} mol/Lとし，界面活性剤は酸素の溶解度に影響せず，人工血液への酸素の溶解量は血漿とFDCそれぞれへの溶解量の和として求めることができるものとする。

問2 下線部①について，血漿中に含まれているタンパク質P 0.500 gを水に溶解し 100 mLの水溶液とした。このタンパク質Pの水溶液の浸透圧を37℃で測定したところ，2.08×10^2 Paであった。このタンパク質Pの分子量は (13).(14) $\times 10^{(15)}$ である。(13) ～ (15) に入る適切な数字をマークシートにマークしなさい。ただし，(13) に入る数値は0ではない。また，水溶液にはタンパク質Pのみが溶解しており，タンパク質Pの電離による分子量の変化は無視できるものとする。

問3 下線部②について，グルコース 3.60 gおよび塩化ナトリウムを水に溶解して，37℃で血漿と同じ浸透圧となる輸液剤 200 mLを調製する。このとき，必要となる塩化ナトリウムの質量は (16).(17) gである。(16)，(17) に入る適切な数字をマークシートにマー

クしなさい。ただし，37℃における血漿の浸透圧は7.34×10^5 Paとし，塩化ナトリウムは100％電離するものとする。

3. 次の文章を読み，問に答えなさい。

〔 I 〕

　　化学エネルギーを電気エネルギーに変換する装置を，電池（化学電池）という。電池の正極では　ア　反応，負極では　イ　反応が起こる。正極と負極を導線で結ぶと，導線中を電子が　ウ　極から　エ　極の向きに移動することで電流が流れる。①ダニエル電池は，亜鉛板を浸した硫酸亜鉛水溶液と，銅板を浸した硫酸銅水溶液を，②素焼き板で仕切ったものであり，亜鉛板と銅板を導線で結ぶと③電流が流れる。このように，　オ　の大きさが異なる金属からなる電極を組み合わせると，起電力が生じ，導線中を電子が移動する。

問1　　ア　～　オ　に入る適切な語を解答用紙に書きなさい。

問2　下線部①について，放電時に正極と負極で起こる反応を，それぞれe⁻を含むイオン反応式で解答用紙に書きなさい。また，電池全体の反応式を解答用紙に書きなさい。

問3　放電時に下線部②の素焼き板を通る主なイオンについて，(18)，(19)に入る適切なイオン式を下記から選び，その番号をマークシートにマークしなさい。

　　　正極側から負極側へ移動するイオン：(18)
　　　負極側から正極側へ移動するイオン：(19)

　　 1　Cu^{2+}　　　2　H^+　　　3　OH^-　　　4　$SO_4{}^{2-}$　　　5　Zn^{2+}

問4　下線部③について，60分間の放電後に金属板の質量を測定したところ，一方が 180 mg 増加していた。この間に流れた電流の大きさの平均値は (20).(21)(22) $\times 10^{-}$ (23) A である。(20) ～ (23) に入る適切な数字をマークシートにマークしなさい。ただし，(20) に入る数値は 0 ではない。

問5　電池に関する以下の選択肢のうち，正しいものをすべて選び，その番号を解答用紙に書きなさい。

1　ダニエル電池の亜鉛板をアルミニウム板に代えると，起電力が低くなる。

2　鉛蓄電池では，負極に酸化鉛を使う。

3　希硫酸に亜鉛板と銅板を浸した電池では，銅板で水素が発生する。

4　水素や酸素といった気体も，活物質として用いることができる。

5　アルカリマンガン乾電池は，二次電池である。

〔Ⅱ〕

図1のように，硫酸亜鉛水溶液に亜鉛板を浸した容器Aと容器Bを用意し，硫酸亜鉛水溶液を塩橋で，亜鉛板を導線でつないで電池を作った。塩橋とはKCl，KNO₃などの高濃度の電解質溶液を寒天などで固めたものであり，両電解質溶液を電気的につなぐはたらきをする。容器Aと容器Bに同じ濃度の硫酸亜鉛水溶液を入れた場合には電流は流れなかったが，④容器　　カ　　に低濃度，容器　　キ　　に高濃度の硫酸亜鉛水溶液を入れたところ，導線中を容器Aから容器Bの向きに電流が流れた。放電後に亜鉛板を取り出して質量を測定すると，容器　　ク　　では亜鉛板の質量が増大し，容器　　ケ　　では亜鉛板の質量が減少していた。

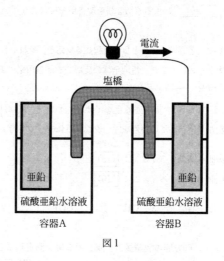

図1

問6　　　カ　　～　　ケ　　にはAまたはBが入る。それぞれ適切なアルファベットを解答用紙に書きなさい。

問7　下線部④について，容器Aと容器Bで起こる反応を，それぞれe⁻を含むイオン反応式で解答用紙に書きなさい。

4. 次の文章を読み，問に答えなさい。ただし，化合物 A 〜 P はすべて異なる化合物である。

　　化合物 A 〜 E は，水素原子，炭素原子，酸素原子のみから構成される分子量 160 以下の異性体
であり，いずれも分子内にベンゼン環を 1 つ，エステル結合を 1 つ持つ化合物である。化合物 A を
　[ア]　mg 完全燃焼すると，二酸化炭素が 198 mg と水が 36 mg 生成した。化合物 A 〜 E を
それぞれ塩基を用いて加水分解した後に酸性にすると，表 1 に示す化合物 F 〜 M がそれぞれ
生成した。

表 1

化合物	生成した化合物
A	F, G
B	H, I
C	I, J
D	K, L
E	M

　　化合物 A から生成した化合物 G は，①ヨードホルム反応陽性だった。
　　化合物 B には二重結合に関する幾何異性体が存在し，化合物 B はトランス形の構造を持つ。
　　化合物 C のベンゼン環の 1 つの水素を塩素原子に置換した化合物は 2 種類のみである。
　　化合物 D から生成した化合物 K は，クメン法でカルボニル基を持つ化合物 N と共に合成される。
化合物 K のナトリウム塩を，高温高圧で　[イ]　と反応させると，化合物 O のナトリウム塩が
生成した。②化合物 O にメタノールと濃硫酸を作用させると，消炎鎮痛作用を持つ化合物 P が
生成した。
　　化合物 E，M は不斉炭素原子を持ち，化合物 M は塩化鉄（III）水溶液で呈色した。

問 1 　[ア]　に当てはまる数字を整数で解答用紙に書きなさい。

問 2 　化合物 A 〜 E の構造式を，化学冒頭にある例にならって解答用紙に書きなさい。

問 3 　下線部①で生成した黄色沈殿の分子式を解答用紙に書きなさい。

問 4 　化合物 N の名称を解答用紙に書きなさい。

問5　　　イ　　に当てはまる物質を下記から1つ選び，その番号をマークシートの (24) に
マークしなさい。

　　1　エチレン　　　2　酢酸　　　3　酸素　　　4　二酸化炭素　　　5　メタノール

問6　下線部②の反応の種類を下記から1つ選び，その番号をマークシートの (25) にマーク
しなさい。

　　1　還元　　　2　けん化　　　3　酸化　　　4　重合　　　5　縮合

問7　化合物F〜Mの中で，銀鏡反応を示す化合物の記号をすべて解答用紙に書きなさい。

5. 次の文章を読み，問に答えなさい。

〔 I 〕

　ヒトの体内には，糖類，脂質，タンパク質など，それぞれ特有の機能をもつ有機化合物が存在し，
生命活動に利用されている。

　デンプンやセルロースは，多数のグルコースが　　ア　　結合を介して重合した構造をもつ
多糖類である。食物から摂取されたデンプンは，だ液中のアミラーゼや小腸中のマルターゼにより
消化されてグルコースに分解された後，腸管から吸収される。①グルコースは主にエネルギー源
として利用されるが，過剰な分は肝臓や筋肉に多糖類である　　イ　　として蓄えられる。一方，
セルロースは，植物の細胞壁に多く含まれる多糖類である。ヒトはセルロースを消化できないが，
ウシやウマの消化管内には　　A　　を産生する微生物が生息しており，セルロースを分解する
ことができる。

　脂質は，主に食用油や食物中に含まれる油脂として摂取される。油脂は，グリセリンに
　　ウ　　結合を介して高級脂肪酸が結合した化合物である。脂肪酸は，パルミチン酸や
ステアリン酸などの，炭素原子間に二重結合をもたない　　エ　　脂肪酸と，オレイン酸や
リノール酸などの，二重結合をもつ　　オ　　脂肪酸に分類される。摂取された油脂は，すい液
などに含まれる　　B　　によって加水分解され，腸管から吸収される。

　タンパク質は，多数のアミノ酸がペプチド結合を介して重合した化合物であり，アミノ酸のみで
構成される単純タンパク質と，②アミノ酸以外に糖やリン酸，核酸，色素を含む複合タンパク質
に分類される。食物から摂取されたタンパク質は，胃の中で胃酸や　　C　　による消化を
受けた後，すい液に含まれる　　D　　によりペプチドまで消化され，さらに小腸でアミノ酸

まで分解される。アミノ酸の中には体内で合成できない，または合成しにくく，外部から摂取する
必要があるものがあり，これらは　カ　と呼ばれる。

問1　　ア　～　カ　に入る適切な語を解答用紙に書きなさい。

問2　　A　～　D　に入る適切な消化酵素名を解答用紙に書きなさい。

問3　下線部①について，酵母菌はグルコースを利用してアルコール発酵を行うことでエネル
　　　ギーを得ることができる。グルコースを原料としたアルコール発酵の化学反応式を解答
　　　用紙に書きなさい。

問4　下線部②について，色素を含む複合タンパク質を下記から1つ選び，その番号をマーク
　　　シートの (26) にマークしなさい。

　　　1　アルブミン　　　　2　カゼイン　　　　3　グロブリン　　　4　ケラチン
　　　5　コラーゲン　　　　6　フィブロイン　　7　ヘモグロビン　　8　ムチン

〔Ⅱ〕
　アミノ酸Xは水溶液中で陽イオン（X^+），双性イオン（$X^\pm$），陰イオン（X^-）として存在し，
電離定数をK_1，K_2とすると次の電離平衡が成り立つ。

$$H_3N^+-\underset{R}{CH}-COOH \overset{K_1}{\rightleftharpoons} H_3N^+-\underset{R}{CH}-COO^- + H^+ \overset{K_2}{\rightleftharpoons} H_2N-\underset{R}{CH}-COO^- + 2H^+$$

$$(X^+) \qquad\qquad (X^\pm) \qquad\qquad (X^-)$$

　表1は，4種の異なるアミノ酸X_A，X_B，X_C，X_Dの電離平衡と25℃における電離定数を示して
いる。なお，置換基Rの性質の違いにより，アミノ酸X_B，X_Cのように2価の陰イオンX_B^{2-}，X_C^{2-}
になるものや，アミノ酸X_Dのように2価の陽イオンX_D^{2+}になるものがあり，それぞれ表1に
示す電離平衡が成り立つ。

表 1

アミノ酸	電離平衡	電離定数（mol/L）
X_A	$X_A{}^+ \xrightleftharpoons{K_1} X_A{}^\pm + H^+ \xrightleftharpoons{K_2} X_A{}^- + 2H^+$	$K_1 = 6.30 \times 10^{-3}$ $K_2 = 1.26 \times 10^{-10}$
X_B	$X_B{}^+ \xrightleftharpoons{K_1} X_B{}^\pm + H^+ \xrightleftharpoons{K_2} X_B{}^- + 2H^+ \xrightleftharpoons{K_3} X_B{}^{2-} + 3H^+$	$K_1 = 1.00 \times 10^{-2}$ $K_2 = 1.00 \times 10^{-4}$ $K_3 = 6.30 \times 10^{-10}$
X_C	$X_C{}^+ \xrightleftharpoons{K_1} X_C{}^\pm + H^+ \xrightleftharpoons{K_2} X_C{}^- + 2H^+ \xrightleftharpoons{K_3} X_C{}^{2-} + 3H^+$	$K_1 = 1.00 \times 10^{-2}$ $K_2 = 6.30 \times 10^{-9}$ $K_3 = 2.00 \times 10^{-11}$
X_D	$X_D{}^{2+} \xrightleftharpoons{K_1} X_D{}^+ + H^+ \xrightleftharpoons{K_2} X_D{}^\pm + 2H^+ \xrightleftharpoons{K_3} X_D{}^- + 3H^+$	$K_1 = 1.00 \times 10^{-2}$ $K_2 = 6.30 \times 10^{-10}$ $K_3 = 2.00 \times 10^{-11}$

　各イオンの存在比は水溶液の pH とアミノ酸の種類により異なる。アミノ酸 X_C の 25℃ におけ
る陽イオンと双性イオンの存在比 $\dfrac{[X_C{}^\pm]}{[X_C{}^+]}$ は，K_1 と $[H^+]$ を用いて，

$$\frac{[X_C{}^\pm]}{[X_C{}^+]} = \boxed{\quad キ \quad}$$

と表され，pH 2.0 の緩衝液中では，

$$[X_C{}^+] : [X_C{}^\pm] = \boxed{\quad ク \quad}$$

となる。同様に pH 2.0 のとき，

$$[X_C{}^\pm] : [X_C{}^-] = 1 : \boxed{(29).(30)} \times 10^{\boxed{(31)(32)}}$$

$$[X_C{}^-] : [X_C{}^{2-}] = 1 : \boxed{(33).(34)} \times 10^{\boxed{(35)(36)}}$$

となる。

　次にアミノ酸 X_B について考える。全イオンのうち存在率が 0.1% 以下のイオンを無視すると，
pH 2.0 のときアミノ酸 X_B の平均電荷 [注] は $\boxed{(37).(38)(39)}$ であり，pH $\boxed{(40).(41)}$ のとき
アミノ酸 X_B の平均電荷は 0 となる。このように平均電荷が 0 となる pH は等電点と呼ばれ，
アミノ酸ごとに異なる値を示す。

　このような性質を利用して，複数のアミノ酸を電気泳動により分離することができる。図 1 の
ように，緩衝液で湿らせたろ紙の中央にアミノ酸 X_A，X_B，X_C，X_D を混合した水溶液を塗布し，
ろ紙の両端に電極を取り付けて 25℃，一定電圧下で電気泳動を行った。図 2 は，pH の異なる緩
衝液を用いて電気泳動を行った後のろ紙にニンヒドリン溶液を噴霧し，分離したアミノ酸を呈色
させた結果を示している。ただし，pH のみを変化させたとき，電気泳動によるアミノ酸の移動の
向きと距離は，各 pH における各アミノ酸の平均電荷にのみ依存し，平均電荷が 0 となる pH では
アミノ酸は電気泳動により移動しない。なお，電気泳動中に温度および pH は変化しないものと
する。

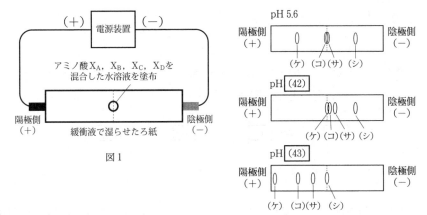

図 1

図 2

(注) m価の陽イオンの電荷を ＋m，n価の陰イオンの電荷を −n としたときの，各イオンの電荷に存在率を乗じたものの和

問5　┌───キ───┐ に入る適切な式を下記から選び，その番号をマークシートの (27) にマークしなさい。

1　K_1　　　　2　$\dfrac{1}{K_1}$　　　　3　$[H^+]$　　　　4　$\dfrac{1}{[H^+]}$

5　$K_1[H^+]$　　6　$\dfrac{1}{K_1[H^+]}$　　7　$\dfrac{K_1}{[H^+]}$　　8　$\dfrac{[H^+]}{K_1}$

問6　┌───ク───┐ に入る適切な比を下記から選び，その番号をマークシートの (28) にマークしなさい。

1　1：1　　　2　1：10　　　3　10：1　　　4　1：100　　　5　100：1
6　1：1000　　7　1000：1　　8　1：10000　　9　10000：1

問7　(29) ～ (41) に入る適切な数字またはマイナス符号（−）をマークシートにマークしなさい。ただし，(29) と (33) に入る数値は 0 ではない。

問8　図2の (42)，(43) に入るpHとして最も適切なものを下記からそれぞれ選び，その番号をマークシートにマークしなさい。

1	2.1	2	3.0	3	3.9	4	4.8	5	7.3
6	8.2	7	9.1	8	10.0	9	10.9		

問9　図2の (ケ) ～ (シ) に当てはまるアミノ酸を下記からそれぞれ選び，その番号をマークシートの [(44)] ～ [(47)] にマークしなさい。

(ケ) [(44)]　　　(コ) [(45)]　　　(サ) [(46)]　　　(シ) [(47)]

1　X_A　　　　　2　X_B　　　　　3　X_C　　　　　4　X_D

問10　下記のpHで一定時間電気泳動を行うとき，アミノ酸X_CとX_Dの距離が最大になるpHはどれか。その番号をマークシートの [(48)] にマークしなさい。ただし，電気泳動中にアミノ酸X_CとX_Dのいずれもろ紙の端に到達しないものとする。

1	2.7	2	4.2	3	5.7	4	7.2
5	8.7	6	10.2	7	11.7	8	13.2

///////////////// · **memo** · /////////////////

////////////////// · memo · //////////////////

教学社 刊行一覧

2025年版　大学赤本シリーズ

374大学556点　全都道府県を網羅

国公立大学（都道府県順）

全国の書店で取り扱っています。店頭にない場合は，お取り寄せができます。

1　北海道大学(文系-前期日程)
2　北海道大学(理系-前期日程) 医
3　北海道大学(後期日程)
4　旭川医科大学(医学部〈医学科〉) 医
5　小樽商科大学
6　帯広畜産大学
7　北海道教育大学
8　室蘭工業大学／北見工業大学
9　釧路公立大学
10　公立千歳科学技術大学
11　公立はこだて未来大学 総推
12　札幌医科大学(医学部) 医
13　弘前大学 医
14　岩手大学
15　岩手県立大学・盛岡短期大学部・宮古短期大学部
16　東北大学(文系-前期日程)
17　東北大学(理系-前期日程) 医
18　東北大学(後期日程)
19　宮城教育大学
20　宮城大学
21　秋田大学 医
22　秋田県立大学
23　国際教養大学 総推
24　山形大学 医
25　福島大学
26　会津大学
27　福島県立医科大学(医・保健科学部) 医
28　茨城大学(文系)
29　茨城大学(理系)
30　筑波大学(推薦入試) 医 総推
31　筑波大学(文系-前期日程)
32　筑波大学(理系-前期日程) 医
33　筑波大学(後期日程)
34　宇都宮大学
35　群馬大学 医
36　群馬県立女子大学
37　高崎経済大学
38　前橋工科大学
39　埼玉大学(文系)
40　埼玉大学(理系)
41　千葉大学(文系-前期日程)
42　千葉大学(理系-前期日程) 医
43　千葉大学(後期日程) 医
44　東京大学(文科) DL
45　東京大学(理科) DL 医
46　お茶の水女子大学
47　電気通信大学
48　東京外国語大学 DL
49　東京海洋大学
50　東京科学大学(旧 東京工業大学)
51　東京科学大学(旧 東京医科歯科大学) 医
52　東京学芸大学
53　東京藝術大学
54　東京農工大学
55　一橋大学(前期日程)
56　一橋大学(後期日程)
57　東京都立大学(文系)
58　東京都立大学(理系)
59　横浜国立大学(文系)
60　横浜国立大学(理系)
61　横浜市立大学(国際教養・国際商・理・データサイエンス・医〈看護〉学部)

62　横浜市立大学(医学部〈医学科〉) 医
63　新潟大学(人文・教育〈文系〉・法・経済科・医〈看護〉・創生学部)
64　新潟大学(教育〈理系〉・理・医〈看護を除く〉・歯・工・農学部)
65　新潟県立大学
66　富山大学(文系)
67　富山大学(理系) 医
68　富山県立大学
69　金沢大学(文系)
70　金沢大学(理系) 医
71　福井大学(教育・医〈看護〉・工・国際地域学部)
72　福井大学(医学部〈医学科〉) 医
73　福井県立大学
74　山梨大学(教育・医〈看護〉・工・生命環境学部)
75　山梨大学(医学部〈医学科〉) 医
76　都留文科大学
77　信州大学(文系-前期日程)
78　信州大学(理系-前期日程) 医
79　信州大学(後期日程)
80　公立諏訪東京理科大学 総推
81　岐阜大学(前期日程) 医
82　岐阜大学(後期日程)
83　岐阜薬科大学
84　静岡大学(前期日程)
85　静岡大学(後期日程)
86　浜松医科大学(医学部〈医学科〉) 医
87　静岡県立大学
88　静岡文化芸術大学
89　名古屋大学(文系)
90　名古屋大学(理系) 医
91　愛知教育大学
92　名古屋工業大学
93　愛知県立大学
94　名古屋市立大学(経済・人文社会・芸術工・看護・総合生命理・データサイエンス学部)
95　名古屋市立大学(医学部〈医学科〉) 医
96　名古屋市立大学(薬学部)
97　三重大学(人文・教育・医〈看護〉学部)
98　三重大学(医〈医〉・工・生物資源学部) 医
99　滋賀大学
100　滋賀医科大学(医学部〈医学科〉) 医
101　滋賀県立大学
102　京都大学(文系)
103　京都大学(理系) 医
104　京都教育大学
105　京都工芸繊維大学
106　京都府立大学
107　京都府立医科大学(医学部〈医学科〉) 医
108　大阪大学(文系) DL
109　大阪大学(理系) 医
110　大阪教育大学
111　大阪公立大学(現代システム科学域〈文系〉・文・法・経済・商・看護・生活科〈居住環境・人間福祉〉学部-前期日程)
112　大阪公立大学(現代システム科学域〈理系〉・理・工・農・獣医・医・生活科〈食栄養〉学部-前期日程) 医
113　大阪公立大学(中期日程)
114　大阪公立大学(後期日程) 医
115　神戸大学(文系-前期日程)
116　神戸大学(理系-前期日程) 医

117　神戸大学(後期日程)
118　神戸市外国語大学 DL
119　兵庫県立大学(国際商経・社会情報科・看護学部)
120　兵庫県立大学(工・理・環境人間学部)
121　奈良教育大学／奈良県立大学
122　奈良女子大学
123　奈良県立医科大学(医学部〈医学科〉) 医
124　和歌山大学
125　和歌山県立医科大学(医・薬学部) 医
126　鳥取大学 医
127　公立鳥取環境大学
128　島根大学 医
129　岡山大学(文系)
130　岡山大学(理系) 医
131　岡山県立大学
132　広島大学(文系-前期日程)
133　広島大学(理系-前期日程) 医
134　広島大学(後期日程)
135　尾道市立大学 総推
136　県立広島大学
137　広島市立大学
138　福山市立大学 総推
139　山口大学(人文・教育〈文系〉・経済・医〈看護〉・国際総合科学部)
140　山口大学(教育〈理系〉・理・医〈看護を除く〉・工・農・共同獣医学部) 医
141　山陽小野田市立山口東京理科大学 総推
142　下関市立大学／山口県立大学
143　周南公立大学 新 総推
144　徳島大学 医
145　香川大学 医
146　愛媛大学 医
147　高知大学 医
148　高知工科大学
149　九州大学(文系-前期日程)
150　九州大学(理系-前期日程) 医
151　九州大学(後期日程)
152　九州工業大学
153　福岡教育大学
154　北九州市立大学
155　九州歯科大学
156　福岡県立大学／福岡女子大学
157　佐賀大学 医
158　長崎大学(多文化社会・教育〈文系〉・経済・医〈保健〉・環境科〈文系〉学部)
159　長崎大学(教育〈理系〉・医〈医・歯・薬・情報データ科・工・環境科〈理系〉・水産学部) 医
160　長崎県立大学 総推
161　熊本大学(文・教育・法・医〈看護〉学部・情報融合学環〈文系型〉)
162　熊本大学(理・医〈看護を除く〉・薬・工学部・情報融合学環〈理系型〉) 医
163　熊本県立大学
164　大分大学(教育・経済・医〈看護〉・理工・福祉健康科学部)
165　大分大学(医学部〈医・先進医療科学科〉) 医
166　宮崎大学(教育・医〈看護〉・工・農・地域資源創成学部)
167　宮崎大学(医学部〈医学科〉) 医
168　鹿児島大学(文系)
169　鹿児島大学(理系) 医
170　琉球大学 医

2025年版　大学赤本シリーズ

私立大学③

医 医学部医学科を含む
⑩⑩ 総合型選抜または学校推薦型選抜を含む
DL リスニング音声配信　飯 2024年 新刊・復刊

掲載している入試の種類や試験科目、収載年数などはそれぞれ異なります。詳細については、それぞれの本の目次や赤本ウェブサイトでご確認ください。

akahon.net

赤本 ［検索］

難関校過去問シリーズ

出題形式別・分野別に収録した
「入試問題事典」
20大学 73点

定価**2,310〜2,640**円（本体2,100〜2,400円）

先輩合格者はこう使った！
「難関校過去問シリーズの使い方」

61年，全部載せ！
要約演習で，総合力を鍛える
東大の英語
要約問題 UNLIMITED

DL リスニング音声配信
飯 2024年 新刊
飯 2024年 改訂

いつも受験生のそばに──赤本

大学入試シリーズ＋α
入試対策も共通テスト対策も赤本で

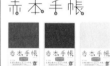

英語の過去問、解きっぱなしにしていませんか？

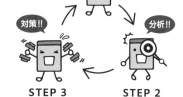

大学合格のカギとなる勉強サイクル

STEP 1 解く!!
対策!! STEP 3
分析!! STEP 2

過去問を解いてみると、自分の弱い部分が見えてくる！

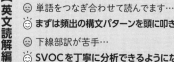
受験生は、英語のこんなことで悩んでいる…!?

こんな悩み😣をまるっと解決😊してくれるのが、赤本プラスです。

【英文読解編】
- 😣 単語をつなぎ合わせて読んでます…
- 😊 まずは頻出の構文パターンを頭に叩き込もう
- 😣 下線部訳が苦手…
- 😊 SVOCを丁寧に分析できるようになろう

→ 大学入試 ひと目でわかる 英文読解

英文構造がビジュアルで理解できる！

【英語長文編】
- 😣 いつも時間切れになってしまう…
- 😊 速読を妨げる原因を見つけよう
- 😣 何度も同じところを読み返してしまう…
- 😊 展開を予測しながら読み進めよう

→ 大学入試 ぐんぐん読める 英語長文 BASIC/STANDARD/ADVANCED

6つのステップで、英語が「正確に速く」読めるようになる！

【英作文編】
- 😣 ［和文英訳］ってどう対策したらいいの？
- 😊 頻出パターンから、日本語⇒英語の転換に慣れよう
- 😣 いろんな解答例があると混乱します…
- 😊 試験会場でも書けそうな例に絞ってあるので覚えやすい

New → 大学入試 正しく書ける 英作文

頻出パターン×厳選例文でムダなく「和文英訳」対策！

【自由英作文編】
- 😣 何から手をつけたらよいの…？
- 😊 志望校の出題形式や頻出テーマをチェック！
- 😣 自由と言われてもどう書き始めたらよいの…？
- 😊 自由英作文特有の「解答の型」を知ろう

→ 大学入試 すぐ書ける 自由英作文

頻出テーマ×重要度順 最大効率で対策できる！

計14点刊行中 **赤本プラスは、数学・物理・古文もあるよ**
（英語8点・古文1点・数学2点・物理3点）

くわしくは